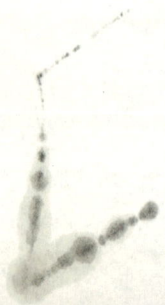

Psicología cognitiva, cultura y educación

Cartografía de la mente
Volumen I

Lawrence A. Hirschfeld
y Susan A. Gelman
compiladores

Serie dirigida por
José A. Castorina

BIBLIOTECA de EDUCACIÓN

BIBLIOTECA de EDUCACIÓN

La BIBLIOTECA DE EDUCACIÓN tiene el propósito de difundir los estudios teóricos y las experiencias prácticas más avanzadas que surgen hoy en el ámbito internacional, y de dar a conocer también las investigaciones, ideas y propuestas innovadoras que se van generando en los países de habla hispana. Las distintas series de esta Biblioteca se editan bajo la responsabilidad de reconocidos especialistas y están dedicadas a la formación de los docentes, a los métodos didácticos, a la psicología y los procesos cognitivos del aprendizaje, a las nuevas tecnologías y las herramientas para investigar en su aplicación a todas las materias que constituyen los currículos escolares y planes de estudio universitarios.

SERIE PSICOLOGÍA COGNITIVA, CULTURA Y EDUCACIÓN

JOSÉ A. CASTORINA
(Compilador)
*Representaciones sociales
y conocimientos infantiles*
(próxima aparición)

LAWRENCE A. HIRSCHFELD
Y SUSAN A. GELMAN
(Compiladores)
*Cartografía de la mente
La especificidad de dominio
en la cognición y en la cultura*
(2 Volúmenes)

JOSÉ A. CASTORINA
Y ALICIA M. LENZI
(Compiladores)
*La formación de los conocimientos
sociales en los niños.
Investigaciones psicológicas y
perspectivas educativas*

Cartografía de la mente

La especificidad de dominio en la cognición y en la cultura

Volumen I
Orígenes, procesos y conceptos

Lawrence A. Hirschfeld
y Susan A. Gelman
compiladores

gedisa
editorial

Título del original en inglés:
Mapping the Mind. Domain Specificity in Cognition and Culture.
Published by the Press Syndicate of the University of Cambridge 1994, 1998
© Cambridge University Press 1994

Traducción: Adelaida Ruiz

Revisión técnica: Gustavo Faigenbaum y Jordi Mundó

Diseño de cubierta: Sebastián Puiggrós

Primera edición: junio del 2002, Barcelona

Derechos reservados para todas las ediciones en castellano

© Editorial Gedisa, S. A.
   Paseo Bonanova, 9, 1o 1a
   08022 Barcelona, España
   Tel. 93 253 09 04
   Fax 93 253 09 05
   correo electrónico: gedisa@gedisa.com
   http://www.gedisa.com

ISBN (obra completa): 84-7432-936-1
ISBN (Vol. 1): 84-7432-782-2
Depósito legal: B. 26466-2002

Impreso por: Carvigraf
Cot, 31, Ripollet

Impreso en España
Printed in Spain

Para Adam, Bruno, Stephanie y Tessa

Índice

Parte III. Los orígenes del conocimiento por dominios: abordajes conceptuales

VOLUMEN II

Parte IV. ¿Son teorías los dominios?

Los autores

Scott Atran
Centre de recherche en
   épistémologie appliquée
Ecole Polytechnique/CNRS
París, Francia

Pascal Boyer
Department of Anthropology
Cambridge University
Cambridge, Inglaterra

Kimberly Brenneman
Department of Psychology
University of California
Los Ángeles, California

Alfonso Caramazza
Department of Psychology
Dartmouth College
Hanover, New Hampshire

Susan Carey
Department of Brain and
   Cognitive Sciences
Massachusetts Institute of
   Technology
Cambridge, Massachusetts

John D. Coley
Department of Psychology
Northwestern University
Evanston, Illinois

Leda Cosmides
Department of Psychology
University of California, Santa
   Bárbara
Santa Bárbara, California

Rochel Gelman
Department of Psychology
University of California, Los
   Ángeles
Los Ángeles, California

Susan A. Gelman
Department of Psychology
University of Michigan
Ann Arbor, Michigan

Alison Gopnik
Department of Psychology
University of California,
   Berkeley
Berkeley, California

Gail M. Gottfried
Department of Psychology
University of Michigan
Ann Arbor, Michigan

Paul L. Harris
Department of Experimental
    Psychology
Oxford University
Oxford, Inglaterra

Argye Hillis
Department of Cognitive
    Science
Johns Hopkins University
Baltimore, Maryland

Lawrence A. Hirschfeld
Department of Anthropology,
    School of Social Work, and
    Research Center for Group
    Dynamics, Institute for
    Social Research
University of Michigan
Ann Arbor, Michigan

Frank C. Keil
Department of Psychology
Cornell University
Ithaca, Nueva York

Elwyn C. Leek
Department of Cognitive
    Science
Johns Hopkins University
Baltimore, Maryland

Alan M. Leslie
MRC Cognitive Development
    Unit
Londres, Inglaterra, and
Center for Cognitive Science
Rutgers University
Piscataway, New Jersey

Michele Miozzo
Department of Psychology
Dartmouth College
Hanover, New Hampshire

Ann James Premack
Laboratoire Psycho-Biologie de
    l'Enfant
CNRS
París, Francia

David Premack
Laboratoire Psycho-Biologie de
    l'Enfant
CNRS
París, Francia

Lauren B. Resnick
Learning Research and
    Development Center
University of Pittsburgh
Pittsburgh, Pennsylvania

Tamar Shilony
School of Education
Tel Aviv University
Tel Aviv, Israel

Elizabeth Spelke
Psychology Department
Cornell University
Ithaca, Nueva York

Dan Sperber
Centre de recherche en
    épistémologie appliquée
Ecole Polytechnique/CNRS
París, Francia

Sidney Strauss
School of Education
Tel Aviv University
Tel Aviv, Israel

John Tooby
Department of Anthropology
Biological Wing
University of California, Santa
    Bárbara
Santa Bárbara, California

Stella Vosniadou
Department of Education
University of Athens
Athens, Greece, and Center for
    the Study of Reading
University of Illinois
Champaign, Illinois

Henry M. Wellman
Center for Human Growth and
    Development
University of Michigan
Ann Arbor, Michigan

Anna Wierzbicka
Department of Linguistics
Australian National University
Canberra, Australia

Prólogo

Este libro expone investigaciones y discusiones teóricas acerca de la especificidad de dominio en el pensamiento humano. La idea de «especificidad de dominio» supone que los conceptos no son todos iguales y que la estructura del conocimiento difiere en varios aspectos, según las áreas de contenido a las que se refiere. En los últimos años se ha prestado mucha atención a la noción de «especificidad de dominio», pero sorprendentemente aún no se le ha brindado un tratamiento unificado. Podemos tener una noción de cuan ampliamente se ha discutido este concepto al ver la cantidad de disciplinas que están representadas en esta obra: la filosofía, la psicolingüística, la lingüística, la antropología cultural, la antropología biológica, la psicología del desarrollo, las neurociencias cognitivas y la educación. Esperamos que estos volúmenes sean de interés para estudiosos de muy diversas disciplinas.

Esta obra está basada en el congreso «Cultural Knowledge and Domain Specificity» [Conocimiento cultural y especificidad de dominio], que tuvo lugar en Ann Arbor, Michigan, del 13 al 16 de octubre de 1990 y se propuso descubrir si la noción de especificidad de dominio podía ser abordada provechosamente (¡o siquiera de modo inteligible!) con un enfoque interdisciplinario. Más aún, albergábamos la esperanza y la firme creencia de que el conocimiento de otras tradiciones enriquecería nuestro propio campo. Como preparación para el congreso, los participantes distribuyeron sus ponencias con mucha anticipación. A fin de cumplir con nuestros objetivos, pedimos también a los asistentes que dedicaran poco tiempo a las presentaciones formales, para así poder concentrarnos en las discusiones, tanto formales entre todo el grupo, como informales entre distintos participantes durante los recesos y las caminatas por el campus. Fue muy placentero comprobar que verdaderamente teníamos muchas cosas para contarnos unos a otros. Creemos que esto se hará evidente en los capítulos que siguen.

Un comité editorial, compuesto por Dan Sperber, Rochel Gelman, Scott Atran, Larry Hirschfeld y Susan Gelman, se reunió varias veces durante el siguiente año para planificar la estructura de este libro. El comité redactó un borrador de conclusiones, que se distribuyó a los autores poco después del congreso, en el cual se señalaban algunos puntos importantes que se habían tratado en él. (Exponemos algunos de esos puntos en la introducción, aunque, por supuesto, todos los desaciertos son de nuestra autoría.) La orientación y los esfuerzos aportados por Sperber, R. Gelman y Atran fueron enormes. En algunos aspectos, ellos deberían ser considerados también compiladores.

Algunas instituciones hicieron aportes invalorables que nos permitieron llevar adelante la tarea. Agradecemos a la Fundación McDonnell por su generoso aporte, tanto financiero como moral, a través de dos subsidios, uno para financiar el congreso y el otro destinado a la preparación de esta obra. También agradecemos al Centre de la Recherche en Épistémologie Appliquée (CREA), al Centre National de la Recherche Scientifique (CNRS), a la Oficina del Vicepresidente de Investigación de la Universidad de Michigan, al Center for Human Growth and Development de la Universidad de Michigan y a los Departamentos de antropología y psicología del College of Literature, Science and the Arts, de la Universidad de Michigan.

Expresamos además nuestro agradecimiento a todos los participantes del congreso, entre los cuales se contaron Annette Karmiloff-Smith, Jacques Melher, Rick Shweder y Doug Medin, que no pudieron preparar capítulos para este libro. También estamos reconocidos a Marilyn Shatz, por haber conducido las discusiones sobre los dominios correspondientes al área del lenguaje. John Bruer, Michael Witunski y Marvin Parnes nos alentaron y apoyaron desde los inicios del proyecto.

Fueron muchas las personas que colaboraron para que la conferencia y el libro llegaran a buen término. Sin la ayuda de ellos no lo habríamos logrado. Un agradecimiento especial para John Coley, que se ocupó eficazmente de toda la logística de la conferencia. Heidi Schweingruber fue una invalorable asistente editorial. Gracias también a Frances Kuo, Chuck Kalish, Gail Gottfried, Grant Gutheil, Andrea Backsheider y Scott Terrill del Oxford Conference Center de Ann Arbor, quienes colaboraron para que la conferencia se desarrollara sin inconvenientes. También agradecemos a Nancy Gelman que sugirió el trabajo de Joseph Cornell como foto de cubierta de la edición en inglés y a la señora Edwin Bergman que nos permitió reproducirla. Finalmente, gracias a la Cambridge University Press y a Julia Hough por su ayuda en todas las etapas de la preparación del libro.

PARTE I

PANORAMA

1

Hacia una topografía de la mente: una introducción a la especificidad de dominio*

Lawrence A. Hirschfeld y Susan A. Gelman

Durante las últimas décadas en diversas disciplinas han surgido posiciones que cuestionan conceptos ampliamente aceptados acerca de la mente humana. Según los criterios que han predominado durante mucho tiempo, los seres humanos están dotados de un conjunto general de capacidades de razonamiento que ponen en funcionamiento al abordar cualquier tarea cognitiva, sea cual fuere su contenido específico. Siguiendo este criterio, muchos han sostenido que el mismo conjunto de procesos se aplica a cualquier clase de pensamiento, ya se trate de la resolución de problemas matemáticos, el aprendizaje de una lengua natural, la evaluación del significado de los términos que designan parentescos o la categorización de conceptos referidos a enfermedades. En contraposición a este punto de vista, una cantidad cada vez mayor de investigadores han llegado a la conclusión de que muchas capacidades cognitivas están especializadas para manejar informaciones específicas. En resumen, gran parte de la cognición humana es dominio-específica.

La noción de especificidad de dominio no es nueva. En realidad ya aparecen interesantes (aunque sucintos) esbozos al respecto en las

* Agradecemos a los otros miembros del comité editorial –Scott Atran, Rochel Gelman y Dan Sperber– por su ayuda en la preparación de esta introducción. También queremos agradecer los útiles comentarios de Alison Gopnik, Gail Gottfried, Bruce Mannheim, Doug Medin, Ed Smith y Ann Stoler.

epistemologías de Descartes y Kant y en las psicologías de Thorndike, Vygotsky y De Groot. Por ejemplo, en *Mind in society*, Vygotsky sostiene que:

> la mente no es una red compleja de capacidades *generales* tales como la observación, la atención, la memoria, el juicio y otras, sino más bien un conjunto de capacidades específicas, cada una de las cuales es, hasta cierto punto, independiente de las demás y se desarrolla de manera autónoma. El aprendizaje es más que la adquisición de la capacidad de pensar. Es la adquisición de muchas capacidades especializadas que permiten pensar en una variedad de cosas. El aprendizaje no modifica nuestra capacidad general para centrar la atención, sino que nos hace desarrollar diversas capacidades que nos permiten centrar la atención en una variedad de cosas (1978: 83).

Sin embargo, sólo en los últimos años se ha prestado más atención y se ha trabajado más detalladamente sobre la cuestión de la especificidad de dominio. Psicólogos con intereses variados, que van desde el aprendizaje animal hasta las teorías emergentes de la mente y el cuerpo, cognitivistas que investigan la resolución de problemas y el saber experto, antropólogos que trabajan en la denominación de los colores y las taxonomías de sentido común o «folk taxonomies»,* psicolingüistas que investigan la percepción auditiva y filósofos y otros especialistas que se dedican al análisis de los esquemas de razonamiento han llegado –a menudo de manera independiente– a la conclusión de que los seres humanos sencillamente no habrían podido llegar a saber lo que saben a partir de una modalidad de conocimiento puramente neutral en cuanto a los dominios. Uno de los principales propósitos de *Cartografía de la mente* es dar a conocer la riqueza de las investigaciones que han surgido como resultado de estos trabajos interdisciplinarios.

Esta introducción orientará a los lectores respecto de la perspectiva de la especificidad de dominio. Consta de tres apartados. En el primero analizamos los antecedentes de la perspectiva de esta noción, provenientes de diversos campos. Esperamos ofrecer así un amplio panorama de las tradiciones intelectuales que dieron origen al concepto de la especificidad de dominio. En todos los casos subrayaremos la conclusión de que la mente no es tanto un dispositivo para resolver problemas de cualquier tipo, sino más bien un conjunto de sub-

---

* Los términos *folk psychology*, *folk biology*, *folk taxonomy*, etc., que aparecen a lo largo del libro son de difícil traducción al castellano. Lo «folk» en estos casos se refiere a las teorías intuitivas o de sentido común, que desarrollamos los humanos.

sistemas persistentes e independientes diseñados para desempeñar tareas delimitadas. Es importante recordar que, más allá de esta conclusión general, los estudios sobre la especificidad de dominio no son el resultado de un conjunto coordinado de investigaciones, motivadas por un idéntico desafío. En realidad, los investigadores han llegado a algunas conclusiones comunes partiendo de preguntas muy diferentes. En el segundo, a partir del trabajo interdisciplinario, arribamos a la conclusión de qué es un dominio. Debemos destacar que nuestra intención en este apartado apunta más a caracterizar que a definir la noción de dominio. Por último, en el tercero, abordamos las preguntas que surgen de las diferencias que se observan entre los enfoques y las conclusiones de distintos investigadores.

Dada la diversidad de intereses y formación de los investigadores interesados en la especificidad de dominio, es importante remarcar que las distintas conclusiones acerca de la naturaleza y el alcance de este enfoque no pueden atribuirse a las diferencias en las tradiciones de las que los estudiosos se han nutrido. Por el contrario, las principales líneas de divergencia y coincidencia que se hacen evidentes en estos capítulos son en gran medida independientes de la disciplina académica o la metodología de investigación. Creemos que este es uno de los aspectos más alentadores de la investigación en el campo de los dominios, ya que se abren amplias e interesantes posibilidades para futuras líneas de investigación.

En la introducción queremos exponer varias ideas acerca de los dominios y varios problemas acerca de su naturaleza. Esperamos que esto sirva de motivación para encarar las preguntas que los distintos capítulos de esta obra formulan, por ejemplo: ¿refleja el conocimiento de todos los dominios operaciones propias de mecanismos innatos? O ¿bajo qué condiciones se puede transferir el conocimiento dominio-específico? O ¿qué sucede durante el desarrollo con las organizaciones conceptuales iniciales? ¿Evolucionan, se elaboran o son suplantadas? Creemos que nuestra tarea en este capítulo consiste en hacer que tales preguntas resulten perceptibles a través de las distintas disciplinas y tradiciones.

El origen de la especificidad de dominio

En este apartado examinaremos los antecedentes intelectuales de la perspectiva contemporánea acerca de los dominios. Nuestro objetivo tiene dos aspectos. En primer lugar queremos mostrar las investigaciones y teorías que tuvieron una importancia crucial en la evolución del enfoque basado en los dominios. Si bien algunos de los autores que se incluyen no fueron defensores de la especificidad de dominio, su trabajo fue de un peso importante en el desarrollo de este enfoque. En segundo lugar, examinamos estos trabajos apuntando a la construcción, si no de una definición, al menos de una caracterización de lo que es y lo que no es un dominio.

Son varias las tradiciones que han convergido en una perspectiva basada en dominios. Todas ellas intentan resolver el problema central de la especificidad de dominio, es decir ¿cómo llega el ser humano a tener la riqueza de conocimientos que posee? Estas tradiciones tienen sus raíces en 1) la teoría chomskiana de la gramática del lenguaje natural; 2) los abordajes modulares del conocimiento (especialmente de la visión y el procesamiento auditivo del habla); 3) las restricciones de la inducción; 4) las penetraciones filosóficas en las estructuras de conocimiento más intrincadas creadas por los seres humanos (las teorías); 5) el aprendizaje, la memoria y la resolución de problemas de quienes mejor aprenden (los expertos), y 6) el conocimiento logrado a partir de una perspectiva comparativa (estudios sobre los animales, la evolución y transculturales).

La teoría chomskiana acerca de la gramática del lenguaje natural

Comenzaremos con la teoría chomskiana por dos razones. En primer lugar, tiene un interés histórico particular: virtualmente, todos los estudios sobre dominios específicos que le siguieron llevaron la impronta de los argumentos chomskianos acerca de la arquitectura cognitiva. Si bien investigadores anteriores ya advirtieron la necesidad de concebir el pensamiento en términos de funciones mentales discretas, Chomsky elaboró el primer trabajo moderno, coherente y general sobre la especificidad de dominio. Sería difícil sobreestimar la importancia que tuvieron sus ideas en la formación de una perspectiva amplia en este campo. Aunque ninguno de los trabajos incluidos en este libro se ocupa de la gramática del lenguaje natural, todos ellos retoman problemas planteados en los trabajos de Chomsky.

La segunda razón por la cual comenzamos con esta teoría es la claridad de sus afirmaciones. Tal vez porque todavía sigue siendo controvertida, la noción de que la facultad del lenguaje representa un órgano mental único resulta ser el argumento a favor de la dominio-especificidad más ampliamente difundido. La atención que se le ha prestado es bien merecida: el estudio del procesamiento del lenguaje es el área en la cual se ha tratado de manera más continua y explícita la cuestión de los dominios. Aunque no todos los especialistas coinciden en que la sintaxis *debe* ser descrita en términos de dominio-especificidad, las investigaciones que sostienen este criterio constituyen una adecuada y excelente ilustración de una perspectiva basada en dominios.

La teoría chomskiana actual distingue entre los principios de la estructura del lenguaje, asentados en el núcleo de la facultad del lenguaje, y las reglas de las lenguas específicas que derivan de estos principios. Según este modelo, 1) la comprensión de una oración implica asignarla a una descripción estructural en términos de categorías abstractas; 2) las operaciones sobre oraciones implican necesariamente su interpretación en términos de esta estructura de frase abstracta; 3) esta estructura de frase abstracta no se puede inferir de las propiedades superficiales de una expresión (tales como el orden lineal de las palabras en la frase).

Por ejemplo, veamos cómo una pregunta gramaticalmente correcta se deriva de las siguientes oraciones (el ejemplo está tomado de Chomsky, 1980a; véase también 1988):

(1) The man is here. – Is the man here?
    (El hombre está aquí. – ¿Está el hombre aquí?)
    The man will leave. – Will the man leave?
    (El hombre se irá. – ¿Se irá el hombre?)

Chomsky sugiere que dos hipótesis concuerdan con estos datos. La primera hipótesis para formar una interrogativa a partir de una oración declarativa es la *hipótesis de la independencia estructural* (H_1). Según esta hipótesis, el hablante procesa la oración desde el comienzo hasta el final, palabra por palabra. Cuando llega a la primera ocurrencia de una determinada clase de palabra, por ejemplo a un verbo como «is» o «will», la transporta hacia el comienzo de la oración. La otra alternativa, es decir la *hipótesis de la dependencia estructural* (H_2), propone lo mismo pero, «selecciona la primera ocurrencia de *is, will*, etc. que sigue a *la primera frase nominal de la oración declarativa*» (Chomsky, 1980a, los subrayados son nuestros).

La primera hipótesis (de la independencia estructural) es menos compleja, en el sentido de que se basa en los rasgos superficiales del orden secuencial y no requiere que los hablantes interpreten las expresiones respecto de los componentes de sus estructuras de frase constitutivas, es decir «la primera frase nominal». Si la mente prefiere las soluciones «más simples», porque se guía por su sensibilidad a la economía mental, esperaríamos encontrar lenguas organizadas por principios que surgen de la hipótesis de la independencia estructural y no de la hipótesis de la dependencia, que es más abstracta y específica para cada lengua.

El problema se resuelve, según Chomsky, observando las predicciones que se plantearían según cada hipótesis en los casos de oraciones similares y preguntas asociadas a ellas. En el caso de la hipótesis de la dependencia respecto de la estructura, se predicen los siguientes movimientos:

(2) The man who is here is tall. – Is the man who is here tall?
(El hombre que está aquí es alto.) (¿Es alto el hombre que está aquí?)
The man who is tall will leave. – Will the man who is tall leave?
(El hombre que es alto se irá.) – (¿Se irá el hombre que es alto?)*

Por el contrario, la hipótesis de la independencia respecto de la estructura, en la cual los movimientos se establecen sobre la base de las propiedades superficiales de la oración (tales como el orden de las palabras), predice una estructura que no sólo es agramatical, sino que nunca aparece:

(3) Is the man who here is tall?
(¿Es el hombre que aquí es alto?)
Is the man who tall will leave?
(¿Es el hombre que alto se irá?)

Por lo tanto, la posición que postula la dependencia respecto de la estructura da cuenta de los hechos lingüísticos de una manera más adecuada.

La pregunta fundamental, según Chomsky, es cómo llegan los niños a saber que esas operaciones son gobernadas por la dependencia de la estructura y no por su independencia. Sostiene, además, que el niño que está aprendiendo no realiza el proceso aceptando inicialmente la primera hipótesis

y viéndose luego obligado a rechazarla a partir de datos tales como (2). A ningún niño se le enseñan los rasgos relevantes y, si bien cometen mu-

---

* Los ejemplos transcritos corresponden a la inversión interrogativa propia del inglés. Su traducción al español no ilustra adecuadamente la tesis chomskiana. [T]

28

chos errores durante el aprendizaje de la lengua antes de llegar a un entrenamiento apropiado y contar con evidencias relevantes, ninguno de estos errores es semejante a (3). Una persona puede pasar toda su vida o la mayor parte de ella sin estar expuesta a evidencias relevantes y, no obstante, empleará siempre sin errores H_2 y nunca H_1 desde la primera ocasión en que sea pertinente... Parecería que no es posible explicar la preferencia por H_2 sobre la base de la eficiencia comunicativa o cosas por el estilo. Tampoco parecería posible encontrar analogías relevantes al respecto, salvo algunas muy superficiales y carentes de información, en otros dominios cognitivos. Si los seres humanos estuvieran diseñados de otro modo, adquirirían una gramática que incorporara H_1 y no por eso sería peor. (Chomsky, 1980a: 40)

Chomsky llega a la conclusión de que la mente es *modular*, ya que «consta de sistemas separados (p. ej. la facultad del lenguaje, el sistema visual, el módulo para reconocimiento de los rostros, etc.) cada uno de ellos con sus propiedades» (Chomsky, 1988: 161). La propuesta de la modularidad tiene tres componentes: en primer lugar, los principios que determinan las propiedades de la facultad del lenguaje son diferentes de los principios que determinan las propiedades de otros dominios del pensamiento. En segundo lugar, estos principios reflejan nuestras bases biológicas particulares. En tercer término, las propiedades peculiares del lenguaje no pueden atribuirse al funcionamiento de un mecanismo de aprendizaje general. Principios lingüísticos tales como la dependencia de la estructura no pueden ser inferidos exclusivamente del contexto lingüístico. Con todo, el lenguaje del niño se desarrolla bajo la guía de estos principios.

Como ya hemos observado, esta posición sigue siendo controvertida. Por ejemplo, diversos investigadores sostienen que la tarea de inferir las propiedades estructurales del lenguaje queda facilitada porque los adultos simplifican el lenguaje que se les presenta a los niños en la etapa de aprendizaje (Snow, 1972; Furrow y Nelson, 1984, 1986). Sin embargo, las investigaciones transculturales indican que esas simplificaciones no constituyen un rasgo universal del contexto lingüístico durante el aprendizaje (Ochs y Schieffelin, 1984; Pye, 1986). Otros estudios llegaron a la conclusión de que el lenguaje que se dirige a los niños no correlaciona con la facilidad con que se lo adquiere (p. ej. Gleitman, Newport y Gleitman, 1984; Hoff-Ginsberg y Shatz, 1982). De todas maneras, la adquisición del lenguaje parece ser un proceso estable y regular en diferentes contextos culturales y lingüísticos (Slobin, 1985). Chomsky y otros han llegado, por lo tanto, a la conclusión de que el niño tiene una capacidad innata para aprender lenguas y que filtra «los datos de entrada a través de un sistema emergente de reglas gramaticales» (Gleitman, 1986: 7).

La teoría de Chomsky está avalada además por otras evidencias. Por ejemplo, la adquisición del lenguaje parece ser estable y regular en una gran variedad de *sujetos* y de *contextos de aprendizaje*. Curtiss (1982) demostró que severas perturbaciones en la capacidad cognitiva no necesariamente afectan la capacidad lingüística (véase también Cromer, 1988). El lenguaje se desarrolla de manera típica y predecible en sujetos ciegos (Landau y Gleitman, 1985), que tienen una experiencia sensorial muy diferente de la de los niños videntes, y en niños sordos, que adquieren el lenguaje a través de una modalidad sensorial diferente (véanse estudios acerca de lenguas de señas, tales como ASL, en Klima y Belugi, 1979; Newport y Meier, 1985; Petitto, 1988). Aun los niños sordos que durante sus primeros años de vida han tenido escasa exposición al lenguaje hablado y ninguna a las lenguas de señas, inventan «palabras» y «oraciones» de dos o tres palabras (Goldin-Meadow, 1982). Estos resultados no implican que el contexto no produzca efectos. Por ejemplo, el retraso en la exposición al lenguaje hasta etapas tardías tiene consecuencias de moderadas a severas (Newport, 1991; Curtiss, 1977). De todas maneras, resulta asombroso que los niños logren adquirir sistemas lingüísticos en circunstancias tan diversas.

Enfoques modulares de la cognición

Como ya hemos observado, Chomsky y otros autores consideran que estos hallazgos aportan evidencias contundentes que permiten postular que la mente es modular, pues posee una cantidad de sistemas que, si bien interactúan, están claramente diferenciados (la facultad del lenguaje, el sistema visual, el módulo para reconocimiento de rostros) y que están caracterizados cada uno por sus propios principios estructurales (1980b, 1988). Este postulado se relaciona claramente con la noción de que el pensamiento es dominio-específico, es decir, con la idea de que muchas capacidades cognitivas están especializadas para el tratamiento de clases específicas de información.

Sin embargo, Chomsky también sugirió que la mente es modular en otro aspecto y formuló una serie de propuestas relativas a la arquitectura cognitiva, enfatizando más la organización y la contribución de los subcomponentes del sistema que las características generales del sistema en su totalidad. De este modo, en sus obras más técnicas Chomsky describió «módulos de la gramática» (por ejemplo, el léxico, la sintaxis, la teoría del ligamiento, teoría de la rección, la teoría de casos, etc.) (1988:135). Allí la noción de modularidad aparece ligada a componentes específicos o subsistemas de la facultad del lenguaje más que referida al carácter independiente de la facultad del lenguaje en sí misma. La gramática, en sentido tradicional, está situada en la intersección de estos distintos módulos.

No resulta claro si es necesario distinguir entre estas dos nociones de modularidad y, en caso de ser así, cómo se debe interpretar la relación entre ellas. Una posibilidad es que los módulos estén imbricados, es decir, que la facultad del lenguaje constituya un módulo independiente que a su vez esté conformado por distintas operaciones o módulos. Otra interpretación –alentada indirectamente por el hecho de que Chomsky habla de la facultad del lenguaje *como* un módulo a quienes no son lingüistas y del lenguaje *compuesto por* módulos a quienes lo son– es que la mente sea, estrictamente hablando, solamente modular respecto de estos componentes de segundo nivel. La facultad del lenguaje sería entonces un constructo que se definiría de una manera más imprecisa y que resultaría de la operación de los módulos, pero no sería modular en el sentido de poder ser definida como un conjunto de principios específicos.[1]

Las descripciones modulares de otras capacidades cognitivas parecen más acordes con la segunda interpretación de la posición de Chomsky que con la primera. Así, por ejemplo, aunque los sistemas visual y auditivo suelen compararse con la facultad del lenguaje como módulos contrastantes (Chomsky, 1988, 1980b; Fodor, 1983), las descripciones detalladas de estos sistemas suelen analizar sus estructuras en términos de operaciones modulares que los componen, cada una de las cuales da cuenta solamente de una parte del output funcional del sistema. Así, las descripciones de estos sistemas coinciden con lo que Marr (1982) dio en llamar el *principio del diseño modular*, es decir «la idea de que una gran computación [tal como la visión] se puede dividir y puede ser implementada como una serie de partes que son tan independientes unas de otras como lo permite la tarea en su conjunto» (p. 102).

La propia teoría de Marr sobre la visión es un claro y elaborado ejemplo de este tipo de explicación modular. El objetivo principal de la teoría consiste en explicar cómo hacemos para ver imágenes estables e identificables pese a la gran variación y el «ruido» existente en los inputs. Por ejemplo, percibimos colores, formas y tamaños como si fuesen constantes, pese a que la información de los estímulos de

31

que dispone el sistema visual no está lo suficientemente restringida como para que se pueda inferir esa constancia sin tener que recurrir a una interpretación adicional. El hecho de que existan zonas con un grado de sombra diferente (lo que hace que ciertas áreas parezcan más oscuras pese a que el color sea uniforme), posibilidades de movimiento del objeto (lo que produce la sensación de mayor o menor tamaño según si el objeto se acerca o se aleja), o una oclusión parcial (que oscurece parte del objeto, aunque este se vea como un todo) hace que la información visual por sí misma no logre una determinación justa de nuestra percepción de la constancia del color, la forma y el tamaño.

Para explicar nuestros juicios al respecto, Marr desarrolla una teoría computacional de la visión que analiza la percepción de la forma, el tamaño y el movimiento como representaciones construidas a partir de un conjunto de algoritmos específicos. Estos algoritmos transforman las representaciones a través de dispositivos *modulares* que detectan los bordes, los movimientos evidentes, la textura de la superficie y demás. La visión, es decir el proceso de *ver* implica la coordinación de estos módulos mínimos en un todo coherente.

Parecería que el procesamiento auditivo también está controlado por dispositivos modulares. Una cantidad importante de investigaciones provenientes del Laboratorio Haskins, dirigido por Alvin Liberman, presentan una teoría computacional del procesamiento auditivo. Un punto importante en estos trabajos es la demostración de que el análisis fonético del habla implica mecanismos diferentes de aquellos involucrados en el análisis perceptivo de otros estímulos auditivos diferentes del habla (Mattingly, Liberman, Syrdal y Halwes, 1971; Liberman y Mattingly, 1989).

Basándose en estos trabajos empíricos acerca de los procesamientos de la visión y el habla, en su libro *La modularidad de la mente,* Fodor emprende la primera discusión general acerca de las implicaciones de la modularidad de la mente para diferentes áreas del conocimiento. Enumera una serie de capacidades suceptibles a ser consideradas módulos, como por ejemplo la percepción de colores, el análisis de las formas, el análisis de las relaciones espaciales tridimensionales, el reconocimiento de rostros y el reconocimiento de voces.

El modelo de Fodor postula una taxonomía funcional cognitiva que distingue entre sistemas de entrada o módulos (que dan origen al conocimiento del mundo) y transductores (que compilan informaciones *tomadas* del mundo, por ejemplo los órganos de la percepción). Los sistemas de entrada, a su vez, se distinguen de los procesadores centrales que toman información de los primeros en un formato apropiado para los procesadores centrales y la hacen intervenir en funciones superiores, tales como la fijación de las creencias.

De esta manera, según la perspectiva modular de Fodor, el conocimiento de distintos aspectos del mundo se representa mentalmente en diferentes formatos. La percepción, por lo tanto, no sólo implica interpretación, sino que esa interpretación se encuentra limitada por el formato en que se representa ese tipo particular de conocimiento. En otras palabras, los sistemas de entrada no son simples conductos de percepción, sino que son módulos mentales que «llevan aquellas representaciones que se interpretan más naturalmente como características de la *disposición de los objetos en el mundo*. Los analizadores de las entradas son, por lo tanto, sistemas que llevan a cabo inferencias» (1983: 42).

Las perspectivas modulares de la cognición desafían las clásicas perspectivas de dominio general propias de la psicología, la lingüística, la filosofía y la antropología y tienen implicaciones importantes para cualquier perspectiva que postule dominios específicos. Sin embargo, el enfoque modular y el enfoque dominio-específico también se diferencian en aspectos significativos. La principal diferencia radica en que en el primero se ponía más énfasis en la arquitectura cognitiva funcional y en el segundo se centran más en la especialización para tipos específicos de conocimiento. En los tres apartados que siguen abordamos los antecedentes intelectuales directos de la especificidad de dominio. Los trabajos que analizamos no se ocupan tanto de la arquitectura cognitiva (un problema modular) como de las actividades mentales que operan a partir de esa arquitectura. En primer lugar nos ocuparemos del problema de las restricciones de las representaciones.

Las restricciones

Se comienza a prestar atención al tema de la restricción a partir del problema de la inducción. Tal como lo expresa Rochel Gelman (1990: 3) «¿Cómo hacen los pequeños para prestar atención a los inputs que sustentarán el desarrollo de los conceptos que compartirán con los mayores?». Esta autora señala dos dificultades importantes para el desarrollo de los conceptos adecuados. La experiencia suele ser inadecuada, ya que muchos de los conceptos críticos que los niños deben aprender nunca aparecen. Por otra parte, es «pluripotencial», dado que se encuentra lógicamente abierta a muchos constructos alternativos. Tal como indica R. Gelmán, «la indeterminación o el carácter inadecuado de la experiencia y su pluripotencialidad son puntos importantes en las actuales discusiones acerca de la adquisición de la sintaxis (Landau y Gleitman, 1985; Wexler y Culicover, 1980), la percepción visual (Marr, 1982; Ullman, 1980), la naturaleza de los conceptos (Armstrong, Gleitman y Gleitman, 1983; Medin y Wattenmaker, 1987) y el aprendizaje del significado de las palabras (Macnamara, 1982; Quine, 1960)» (pp. 3-4).

El carácter inadecuado y la pluripotencialidad de la experiencia aparecen implícitamente en muchas descripciones del proceso de aprendizaje, entre ellos en el trabajo de Quine acerca de la adquisición del significado de las palabras (1960) y el de Peirce acerca de la generación de hipótesis en la ciencia (1960). Para un niño, aprender los significados de las palabras sin contar con restricciones es como para un extraterrestre descubrir las leyes de la naturaleza examinando los hechos enumerados en el informe de un censo. Ambos se verían expuestos a plantearse miles de hipótesis sin sentido. El niño podría pensar que «conejo» se refiere a una mancha de color o a la posición de un miembro; el extraterrestre podría preguntarse si existe una relación causal entre la cantidad de bebés nacidos en Cancún y la altura de las mujeres brasileñas cuyos nombres comienzan con «Z». Si no existieran las restricciones, la inducción llevaría sólo en raras ocasiones, y sólo por casualidad, a conocimientos con sentido.

Una respuesta prometedora para el enigma de la inducción es que existen restricciones en el modo en que el desarrollo tiene lugar. Las restricciones se refieren al tipo de estructuras de conocimiento que utiliza quien está aprendiendo (Keil, 1981; 198). Teniendo en cuenta las restricciones, el problema de la inducción se simplifica, ya que quien aprende no debe tomar en consideración todas las posibles lecturas de un input. Por ejemplo, respecto de la adquisición de los significados de las palabras, Markman (1989) sugiere que los niños presumen en primer lugar que los nombres se refieren a objetos completos que se encuentran relacionados taxonómicamente (restricciones *taxonómica* y *de objeto completo*). Estas restricciones excluirían la posibilidad de que «conejo» se refiriese a «piel blanca» o a «cosas que saltan», incluyendo pogos saltadores y canguros. Keil (1981) también propone restricciones dominio-específicas para los conceptos de números, el razonamiento deductivo, el conocimiento ontológico y la sintaxis de las lenguas naturales.

34

Todos los teóricos reconocen la necesidad de restricciones de alguna clase. Hasta los más tradicionales entre los teóricos proponen restricciones en el aprendizaje (p. ej. restricciones perceptivas, de contigüidad, etc.). El desacuerdo radica en la importancia de las restricciones, la atención que ellas merecen y el mejor modo de caracterizar su naturaleza (véanse Behrend, 1990; Nelson, 1988).

Keil señala que las restricciones podrían estar en el sujeto que aprende o fuera de él. Además, aun en lo que respecta al sujeto, señala que existen fuertes desacuerdos respecto de si las restricciones son innatas o adquiridas, probabilísticas o absolutas, referidas al proceso o a la estructura, dominio-específicas o dominio-generales y demás. Así, la concepción de las restricciones no tiene que ser necesariamente dominio-específica. Por ejemplo, con un argumento muy ingenioso, Newport (1990) sugiere que existen restricciones del procesamiento de información dominio-generales en la atención que ayuda a los niños a adquirir el lenguaje. Otros teóricos son agnósticos respecto de si las restricciones que proponen son dominio-específicas (p. ej. Markman, 1989).

Sin embargo, en el contexto actual, la posibilidad de vislumbrar restricciones dominio-específicas es de particular interés. Por cierto, parecería existir una afinidad natural entre las restricciones y la especificidad de dominio. Si las restricciones en general ya son atractivas porque hacen más sencillo el problema de la inducción, las restricciones dominio-específicas lo son aún más porque tornan todavía más simple el problema de la inducción (Keil, 1981). El argumento es que

> Es necesario garantizar a los bebés y/o niños pequeños estructuras organizadoras dominio-específicas que dirijan su atención hacia los datos que sustentan los conceptos y hechos relevantes para un dominio cognitivo particular. La tesis es que la mente aporta principios organizadores dominio-específicos que permiten la estructuración y asimilación de hechos y conceptos, ya que así quienes aprenden pueden estrechar el espectro de posibles interpretaciones del entorno, dado que tienen presunciones implícitas que guían su búsqueda de datos relevantes (R. Gelman, 1990).

Parecería que existe un rico conjunto de este tipo de restricciones. Spelke (1990) propone una serie de restricciones respecto de la percepción del objeto que supuestamente operan desde una edad muy temprana. R. Gelman (1990) provee evidencias acerca de la existencia temprana de restricciones en relación con la comprensión de los números (específicamente, principios para contar) y la comprensión causal del movimiento animado e inanimado. Ella llama a estas restricciones «principios-esqueleto» porque constituyen el marco del cual depende y a partir del cual crece el conocimiento. Brown (1990) presenta evidencias acerca de las restricciones sobre la interpretación de las relaciones causales y sostiene que ellas son las que guían los tipos de transferencias analógicas que los sujetos encuentran fáciles o difíciles.

El florecimiento de los estudios sobre las restricciones y la riqueza de las evidencias que se acumulan respecto de las restricciones dominio-específicas no han producido una convergencia en lo que se refiere al significado de «dominio». Tal como señala Keil (1990:139):

> La noción de dominio varía considerablemente según los distintos investigadores. En algunos casos... los dominios cubren vastas áreas de la competencia cognitiva, tales como la representación del espacio o de los objetos físicos. En otros casos, en cambio, lo dominios pueden estar circunscritos a áreas de conocimiento experto. El factor común más importante es que en todos los casos las restricciones se predican respecto de tipos específicos de conocimiento y que no restringen ciegamente los inputs de todos los aprendizajes.

Las teorías

Si consideramos que el conocimiento cotidiano configura teorías «folk» o de sentido común, tendremos allí otro sentido de la especificidad de dominio. Las teorías son dominio-específicas por naturaleza. Una teoría biológica no puede aplicarse a fenómenos físicos. Las teorías tienen distintos compromisos ontológicos (los biólogos apelan a las especies y el ADN; los físicos, a los quarks y las masas). Parten de leyes causales dominio-específicas (p. ej. la gravedad no afecta los estados mentales; procesos biológicos tales como el crecimiento y la respiración no se pueden aplicar a las fuerzas dinámicas). Por estas razones, si el pensamiento humano es en muchos aspectos análogo a las teorías científicas, entonces debe estar organizado por dominios diferentes.

La postulación de la existencia de teorías es controvertida e importante. En principio, no son necesarias teorías para moverse en el mundo. Es posible configurar categorías biológicas sin contar con teorías. Tal es el caso de las palomas, cuando clasifican pájaros y árboles (Herrnstein, 1979), o de los seres humanos cuando dividen en grupos el mundo biológico (Atran, cap. 12, vol. 2 de esta obra). Es posible también responder a los estados mentales de los demás refiriéndolos sencillamente a los propios (Harris, cap. 11 de este volumen).

Más aún, a primera vista, la postulación de que el conocimiento cotidiano está configurado por teorías resulta poco plausible. Si «teoría» significa «teoría científica», entonces con toda seguridad el conocimiento cotidiano no está organizado en teorías. Es evidente que pocas personas tienen el conocimiento detallado, explícito y formal que poseen los doctores en biología o en física. También es poco frecuente que llevemos a cabo experimentos científicos para cotejar nuestras hipótesis de todos los días. Muchas veces tampoco tenemos conciencia de los principios que comprendemos de manera implícita. Pensemos, por ejemplo, cómo razonamos las personas respecto de leyes físicas relacionadas con el movimiento y la velocidad. Kaiser, Proffitt y Anderson (1985) descubrieron que las personas conocen de manera implícita la trayectoria natural correcta de un objeto en movimiento, pero no tienen en cambio un buen desempeño cuando se les pide que evalúen la naturalidad de las representaciones estáticas de esos mismos hechos.

Sin embargo, una teoría «folk» o de sentido común no es lo mismo que una teoría científica. Este punto es tratado por Karmiloff-Smith e Inhelder (1975), Murphy y Medin (1985), Carey (1985), Keil (cap. 9 de este volumen), Gopnik y Wellman (cap. 10, vol. 2 de esta obra) y otros. El pensamiento cotidiano, en realidad, se asemeja a una teoría en cuanto a su resistencia respecto de las contraevidencias, sus compromisos ontológicos, la atención que presta a los principios causales dominio-específicos y la coherencia de las creencias. En los siguientes apartados esbozaremos algunos ejemplos de estas propiedades.

La noción de que el conocimiento ordinario se asemeja a las teorías de sentido común tiene su origen en distintas líneas de investigación. Karmiloff-Smith e Inhelder (1975), en un importante estudio, demostraron que los niños construyen hipótesis (semejantes a teorías en acción en miniatura) que son resistentes a las contraevidencias. Ellas dieron a los niños una cantidad de bloques para que los equilibraran en un fiel. Algunos eran simétricos y, por lo tanto, quedaban equilibrados en el centro. Otros, en cambio, eran asimétricos, ya fuese de manera ostensible (tenían, por ejemplo, un peso visible en uno de los extremos) o de manera oculta (con un peso escondido en un extremo). Muchos de los niños usaron al comienzo el ensayo y el error para equilibrar los bloques y lograron bastante éxito en la tarea porque la encararon de un modo completamente empírico. Sin embargo, a medida que la sesión transcurría, algunos elaboraron la hipótesis de que los bloques se equilibraban en el centro y a partir de allí comenzaron a cometer errores que no habían cometido previamente. Los niños tenían dificultades particularmente con los bloques que eran asimétricos de manera invisible y algunos dejaron de lado todos los bloques que no podían equilibrarse por el centro, informando que era imposible equilibrarlos. Esta demostración sugiere la importancia de las creencias teóricas en la organización de los inputs.

Otro conjunto de demostraciones de la existencia de creencias de tipo teórico en el pensamiento común surge del análisis de la semántica y la categorización. Murphy y Medin (1985) proponen que hacen falta teorías para dar cuenta de las insuficiencias de la similaridad como un constructo. Desde la perspectiva de la similaridad, los significados de las palabras y las categorías se construyen sobre la base de la similitud entre los miembros, sea que las similitudes se computen como prototipos, listas de rasgos o similaridades respecto de casos ejemplares determinados (Smith y Medin, 1981). Sin embargo, Murphy y Medin (1985) perciben (siguiendo a Goodman, 1972) las dificultades que presenta una perspectiva basada únicamente en la similaridad.

Para dar un ejemplo procedente de la intuición, si vemos a alguien que se zambulle en una piscina con la ropa puesta, podemos clasificarlo como «borracho» aunque ninguna de sus características o acciones semeje las de otros borrachos que hemos visto en el pasado. Ocurre más bien que la conducta de ese individuo en ese contexto nos lleva a una serie de inferencias acerca de las causas probables de sus acciones y es este el modo en que establecemos la clasificación. De manera más general, como señala Goodman, la similaridad no contiene la cantidad suficiente de restricciones como para resolver los problemas de clasificación o inducción. Según qué cosas se consideren rasgos, dos objetos cualesquiera pueden tener muchos rasgos en común de manera indefinida (por ejemplo, tanto una cortadora de césped como un colibrí pesan menos de 100 kilos, menos de 101 kilos, menos de 102 kilos...). Es necesario, por lo tanto, contar con restricciones respecto de qué es relevante como rasgo y cómo considerar un rasgo. Esas restricciones provienen de nuestras teorías.

Tres ejemplos serán suficientes. Uno de ellos está tomado de una serie de ítems elaborada por Rips (1989). Se habló a los sujetos de una serie de objetos hipotéticamente circulares de seis centímetros de diámetro y se les pidió que les dieran un puntaje según su similaridad con pizzas y con monedas y según la posibilidad de que fuesen pizzas o monedas. Rips descubrió que los juicios de similaridad y los de categorización eran divergentes. Los sujetos consideraron que el objeto era más similar a una moneda que a una pizza, pero que era más probable que fuese una pizza y no una moneda. Las creencias teóricas acerca de los posibles rasgos de pizzas y monedas llevaron a la clasificación, pero una métrica general de la similaridad no fue coincidente (véase también Medin y Shoben, 1988),

El segundo ejemplo está tomado de Keil (1989). El investigador contó cuentos a los niños, por ejemplo acerca de una mofeta que fue operada para parecer un mapache, pero que seguía teniendo padres y estructura interna de mofeta. Hacia segundo grado, los niños consideraban que el animal seguía siendo una mofeta, pese a su apariencia exterior. No hacían lo mismo respecto de objetos, por ejemplo cuando se trataba de una cafetera que había sido modificada para parecer un comedero de pájaros. Nuevamente, la aprehensión teórica de una especie guiaba las respuestas de los niños. Es sorprendente que esta clase de comprensión aparezca tan tempranamente. Gelman y Wellman (1991) obtuvieron resultados semejantes con niños preescolares.

El tercer ejemplo es de Putnam (1970) (véanse también Kripke, 1972 y Schwartz, 1979 para investigaciones relacionadas). Este autor propone una serie de experimentos sobre el pensamiento. Por ejemplo, ¿qué se requiere para que algo sea considerado un limón? ¿Es el color amarillo, el sabor ácido, la cáscara gruesa, etc.? El análisis final demuestra que ninguno de estos rasgos es fundamental. Todas las propiedades asociadas con el limón son tratadas como sustituibles, es decir, que es posible no confirmarlas. Acudimos entonces a expertos para saber con certeza cuáles son limones y cuáles no y hasta los expertos se equivocan. Este ejemplo difiere de los otros dos en que plantea la posibilidad de dejar de lado las propiedades «teóricas». Sin embargo, nuevamente la semántica aparece ligada a las teorías, que están abiertas al cambio.

Los ejemplos expuestos ilustran algunos de los beneficios de proponer teorías intuitivas. Sin embargo, se siguen planteando interrogantes. ¿Cuántas teorías hay? ¿Existe un conjunto pequeño y manipulable o se pueden multiplicar infinitamente? ¿Cuán coherentes son las creencias cotidianas? ¿Lo son en grado suficiente como para constituir una teoría? ¿Cómo surgen nuevas teorías a partir de las viejas? ¿Por qué plantear teorías en lugar de otras estructuras relacionadas (como restricciones)? En esta obra encontraremos más afirmaciones del conocimiento cotidiano que asumen la forma de teorías al ocuparnos de las teorías de la mente, (Gopnik y Wellman, cap. 10; Harris, cap. 11) de la biología (Keil, cap. 9; Gelman, Coley y Gottfried, cap. 13; Atran, cap. 12), y de la física (Carey y Spelke). La caracterización no está, sin embargo, completa y se siguen discutiendo problemas importantes al respecto.

El conocimiento experto

De las siguientes observaciones surge la idea de que el conocimiento experto configura dominios: con la suficiente cantidad de práctica en una tarea determinada, ya se trate del juego de ajedrez o de la acumulación de conocimientos fácticos acerca de los dinosaurios, una persona común comienza a parecer extraordinaria. Con la suficiente cantidad de experiencia, un individuo logra asombrosas hazañas de memoria (Chase y Ericsson, 1981), reorganiza el conocimiento en complejos sistemas jerárquicos, desarrolla ricas redes de informaciones causalmente relacionadas (Chi, Hutchinson y Robin, 1989) y puede tener en mente una gran cantidad de posibilidades (p. ej. los jugadores expertos de ajedrez tienen en cuenta muchas más piezas que los principiantes) (Chase y Simon, 1973). Estas capacidades son tan llamativas que pueden hasta dar por tierra con el hallazgo frecuente de la superioridad de los adultos respecto de los niños. Chi observó que los niños expertos en ajedrez tienen mejor memoria que los adultos principiantes para las posiciones de la piezas en el tablero.

También es importante destacar que estas habilidades no se pueden explicar como diferencias individuales en el momento de iniciación de los expertos ni como efectos generalizados, aplicables a muchos dominios. El mismo individuo, que tiene un desempeño notable jugando ajedrez puede tener una capacidad corriente para otras actividades que están fuera de su área. Por ejemplo, la memoria de un ajedrecista para retener series de dígitos suele ser la común, mientras que la capacidad del jugador experto para retener las posiciones de las piezas en el tablero está muy por encima de la de un principiante. El conocimiento experto está tan focalizado, que ni siquiera se extiende a la posibilidad de memorizar las posiciones de piezas de ajedrez ubicadas al azar sobre el tablero. Parecería entonces que estas capacidades son dominio-específicas, al menos en algún sentido de la palabra «dominio».

La noción de habilidad para un dominio en el caso de los expertos es diferente de todos los otros significados de dominio a que hemos aludido. En este caso no se hace referencia a estructuras modulares innatas, a restricciones innatas o a la importancia de las fuerzas de la evolución. Esto sucede en parte porque es poco probable que estemos dotados de estructuras innatas dedicadas al aprendizaje del ajedrez o el go. Es posible, sin embargo, que dominios tales como estos juegos, aunque sean artificiales e inventados, se apoyen en otras clases de capacidades cognitivas que sí se pueden explicar en términos de módulos o de restricciones evolucionarias. Por ejemplo, ciertos aspectos del reconocimiento visual de modelos pueden estar ligados a nuestro sistema de percepción visual y constituir un componente importante en la capacidad para estos juegos. De ser así, sería imposible llegar a ser un experto en ajedrez si no se posee una excelente memoria visual. Sin embargo, las capacidades desarrolladas para el ajedrez no se generalizan a otras tareas que requieren el reconocimiento de formas visuales. Por esta razón, parece improbable que estos dominios puedan ser reconceptualizados como más amplios de lo que parecen ser. En otras palabras, un experto en ajedrez parece un experto en ajedrez y no un experto en el reconocimiento de formas visuales.

Por las mismas razones que acabamos de exponer, es improbable que los efectos del carácter de experto provengan de restricciones evolucionarias innatas. Tampoco se las puede explicar siempre a partir de sistemas causales de creencias, tal como sucede en las teorías ingenuas (nuevamente, debemos tener en cuenta que el ajedrez, si bien es un sistema de reglas, no es una teoría y no se puede corregir). Estas áreas parecen más bien ser el fruto de horas de intensa práctica.

El estudio de áreas de habilidad propias de expertos plantea un desafío interesante para otras nociones de especificidad de dominio. En primer lugar, desafía respecto de la consideración de qué cosas constituyen un dominio. Desde la perspectiva de Chomsky, Fodor y sus seguidores, se da por sentado que los dominios constituyen segmentos grandes e importantes de la cognición: el lenguaje, la percepción, la música, la matemática. Sin embargo, a partir de la literatura que se ocupa de los expertos, se asume que los dominios también pueden referirse a pequeños sectores de experiencias inventadas. Aun cuando quisiésemos reconciliar estas diferencias diciendo que distintos teóricos se ocupan de diferentes nociones de dominio, nos queda el requisito de que los dominios deben tener algunas restricciones para ser significativos. En otras palabras ¿cómo se podría excluir el ajedrez como dominio de no ser porque lo excluyen teóricos que sostienen que no lo es? El desafío es, entonces, decidir qué cosa no constituye un dominio y por qué.

Un segundo punto es que el desempeño de los expertos demuestra la importancia de la experiencia intensiva. Esto nos recuerda que debemos estudiar seriamente la naturaleza de la experiencia y no desdeñar su influencia potencial. Resulta entonces de gran importancia explicar y comprender de qué manera la experiencia interactúa con mecanismos más internos, tales como las restricciones.

Perspectivas comparativas

Estudios de animales. A partir de la revisión de la literatura se hace evidente que muchas de las investigaciones que interesan para la cuestión dominio-específica son de tipo comparativo, ya que contrastan los estados de comprensión del niño con los del adulto. Una cuestión particularmente importante es el punto hasta el cual el mundo exterior no determina suficientemente el conocimiento del niño. Los niños, por supuesto, no son los únicos que aprenden y, por lo tanto, no son los únicos animales que se topan con el problema de cómo limitar las inducciones. Al igual que quienes trabajan con el desarrollo conceptual en los seres humanos, los investigadores del comportamiento animal también han planteado este problema en términos de *restricciones*. Estas, sin embargo, muchas veces se interpretan como limitaciones a las capacidades generales, en el sentido de que las restricciones modifican y hacen más agudo un dispositivo unitario de aprendizaje.

Parece apropiado entonces poner énfasis en las restricciones cuando se trabaja desde una perspectiva del desarrollo humano en la cual los niños se consideran dotados de un subconjunto (menos desarrollado) de capacidades que los adultos. Desde una perspectiva más amplia –digamos transversal de las especies o transcultural– las restricciones tienen menos sentido como medio para caracterizar la especificidad de dominio (Gallistel, Brown, Carey, Gelman y Keil, 1991). Una adaptación específica de una especie, por ejemplo, no es una versión «restringida» de la adaptación hecha por otra especie. No parece ser apropiado afirmar que los murciélagos poseen un subconjunto del equipamiento sensorial humano; las imágenes mentales del mundo, basadas en un «sonar» que construyen los murciélagos pueden ser de una riqueza equivalente a las que los humanos construyen a través de la visión, pero son fundamentalmente diferentes en cuanto a las capacidades de que se valen (Dawkins, 1987).

La afirmación de que el desarrollo conceptual se comprende mejor como una sucesión de teorías acerca del mundo plantea un problema semejante. Rozin y Schull señalan que la noción de restricción es poco afortunada, no sólo porque enfatiza primordialmente la idea de limitación sino porque ha llegado a «representar el estudio de procesos psicológicos especializados» (1988: 506). Por lo tanto, a diferencia de lo que ha ocurrido con los estudios acerca del desarrollo conceptual humano, en los cuales es más difícil documentar las diferencias entre interpretaciones dominio-generales y dominio-específicas, en el caso de las investigaciones sobre el comportamiento animal cada vez se enfatiza más que el aprendizaje sólo es posible en el contexto de mecanismos específicos para la especie.

Este punto se hace muy evidente a partir del trabajo de Garcia sobre el entrenamiento animal basado en la aversión. Según la perspectiva que apoya la existencia de un dominio general y que ha predominado durante mucho tiempo en la psicología comparativa, las habilidades inferenciales son homogéneas. La resolución de problemas en distintas tareas y diferentes áreas de contenido implica los mismos principios. A partir de un marco de estímulo-respuesta, esto se traslada al principio de equipotencialidad y se predice que las diferencias de potencia en las asociaciones entre un estímulo y una respuesta se pueden atribuir a las condiciones del apareamiento (contigüidad, duración, etc.) y son independientes de la naturaleza del reforzador. Garcia y Koelling (1966) llevaron a cabo un estudio que puso en cuestión esta predicción. Mostraron que cuando las ratas recibían descargas eléctricas, y estas descargas se apareaban con estímulos visuales y gustativos, las ratas a continuación evitaban solamente los estímulos visuales. Por el contrario, cuando los experimentadores envenenaban a las ratas y combinaban el envenenamiento con los mismos estímulos visuales y gustativos, las ratas evitaban el agua saborizada y no el estímulo visual. Quiere decir que la manera en que las ratas asociaban el estímulo con la respuesta dependía de la naturaleza de la relación entre el estímulo y la respuesta. Estos resultados contradicen el supuesto de la equipotencialidad.

Por otra parte, las ratas envenenadas desarrollaron una aversión hacia el nuevo sabor del estímulo, pese a que existía una demora entre la ingesta del veneno y su efecto. Este hallazgo también contradice el presupuesto de la contigüidad. Parecería entonces que la asociación en las ratas está regido por una restricción: si son envenenadas, buscan la causa en algo que han ingerido. Desde la perspectiva de la psicología estímulo-respuesta, este tipo de hipótesis guiada era impensable. Desde la perspectiva de las investigaciones contemporáneas acerca de la evolución de los mecanismos dominio-específicos, en cambio, este tipo de asociación es sensato y predecible. De esta manera, el buen sentido evolutivo selecciona un mecanismo que enseña a las especies a evitar el envenenamiento, las comidas echadas a perder o todavía no maduras, aun cuando su ingestión sea muy anterior a la aparición de los síntomas.

Los estudiosos de la cognición animal y la evolución han enfatizado la necesidad de interpretar mecanismos cognitivos y adaptativos en términos dominio-específicos (Rozin y Schull, 1988; Cosmides y Tooby, 1989). Este abordaje cubre un espectro muy amplio de comportamientos. Cosmides (1989), por ejemplo, sugiere que las condiciones del intercambio social han dado origen a ciertos esquemas de razonamiento, entre los cuales se cuenta el que subyace en las tareas de selección. Symons (1979) y Langlois y Roggman (1990) sostienen que las nociones de atractivo físico pueden estar gobernadas por mecanismos innatos. Gallistel (1990) revisó considerable cantidad de literatura acerca de los sistemas animales de orientación, de cálculo muerto, de temporalidad y llega a la conclusión de que son el reflejo de mecanismos semejantes, dominio-específicos.

Los investigadores de la evolución y el comportamiento animal han enfatizado la importancia de considerar el aprendizaje (especialmente lo que Marler, 1991, llama «el instinto de aprender») en términos dominio-específicos. Varios especialistas han sostenido incluso que los aprendizajes difícilmente podrían llevarse a cabo sin la existencia de dispositivos dominio-específicos (Cosmides y Tooby, cap. 4 de este volumen, 1989; Gallistel et al., 1991; Symons, 1979). La razón de que así sea, como señala Symons (1979) radica en que el aprendizaje no es una capacidad general para modificar el comportamiento. Es más bien un conjunto de predisposiciones que una especie ha desarrollado para resolver los problemas específicos con que se ha topado a lo largo del curso de su historia evolutiva. La demostración de Garcia de que las ratas adoptan ciertas aversiones y no otras muestra que hay cosas más fáciles de aprender que otras y que las restricciones evolucionarias pueden explicarnos cuáles son.

Estudios transculturales. La perspectiva cognitiva en antropología, que surgió a fines de los años cincuenta, llevó adelante un programa de investigación que tenía por objeto describir las competencias culturales respecto del modelo de reglas de la gramática. Se aceptaba hasta esa época que todos los significados de las palabras en todas las lenguas y en todos los dominios conceptuales implicaban representaciones semánticas en un solo formato, en el cual los rasgos semánticos elementales se combinaban simplemente. No se vislumbraban idiosincrasias estructurales dominio-específicas. Sin embargo, tal como sucedió con los estudios sobre el comportamiento animal, la perspectiva de la comparación cultural dejó en claro que era difícil interpretar algunas regularidades empíricas bajo la óptica de una perspectiva dominio-general. Estas regularidades seguramente hubiesen permanecido ocultas de no haber sido por los trabajos de investigación transcultural.

La denominación de colores. Hace mucho tiempo se ha observado que distintas lenguas segmentan el espectro de los colores de una manera absolutamente diferente. Algunas, por ejemplo, sólo parecen tener dos términos para designar colores y distinguen lingüísticamente sólo lo luminoso de lo oscuro. Otras lenguas, como el inglés, poseen un vocabulario de colores rico y variado. De acuerdo con la teoría de la relatividad lingüística, la interpretación más ampliamente aceptada de estos datos era que las diferencias entre lenguas reflejaban diferencias en el modo en que se percibían los colores y no solamente en la manera de nombrarlos.

En 1969, Berlin y Kay pusieron en cuestión esta idea acerca de la clasificación de los colores. Analizaron los nombres de colores en 98 lenguas y llegaron a la conclusión de que existen 11 nombres básicos para los colores,[2] Es posible combinar estos nombres de 2048 modos, formando conjuntos de dos o más (negro/blanco, rojo/azul, blanco/verde/amarillo...) Berlin y Kay descubrieron que, sorprendentemente, se suelen utilizar solamente 22 combinaciones. Más aún, el orden en que estas combinaciones entran en una lengua obedece a un patrón fijo. Si una lengua posee solamente dos términos, estos son invariablemente blanco o negro. Si tiene tres, son blanco, negro y rojo. Si tiene cinco, son negro, blanco, rojo, verde y amarillo, etcétera.

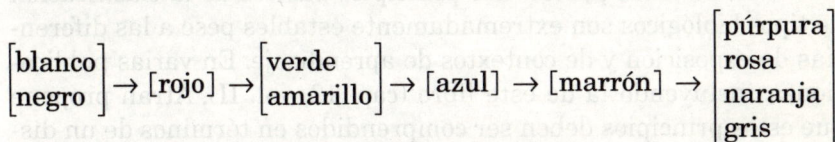

$$
\begin{bmatrix} \text{blanco} \\ \text{negro} \end{bmatrix} \rightarrow [\text{rojo}] \rightarrow \begin{bmatrix} \text{verde} \\ \text{amarillo} \end{bmatrix} \rightarrow [\text{azul}] \rightarrow [\text{marrón}] \rightarrow \begin{bmatrix} \text{púrpura} \\ \text{rosa} \\ \text{naranja} \\ \text{gris} \end{bmatrix}
$$

Estos investigadores y otros que les siguieron descubrieron también que, aunque los límites entre los colores varían, el punto focal para cada color (el punto, por ejemplo, considerado el más rojo entre los rojos) se repite ampliamente en las distintas lenguas. Heider y Oliver (1972) en un trabajo con los hombres de la tribu dani en Nueva Guinea, cuya lengua posee sólo dos términos para colores, lograron evidencias transculturales de que la memoria y la denominación de colores es ampliamente independiente del vocabulario para los colores.[3]

Revisando estos y otros datos transculturales, Sperber (1974) propuso un abordaje dominio-específico para la semántica en la antropología. Propuso que la organización del léxico para los colores (que Kay y McDaniel, 1978, sostuvieron más tarde que se encontraba asociada a propiedades específicas de la vía visual) probablemente no podría ser reproducida en otros dominios conceptuales. Recordó el caso de la terminología para nombrar parentescos, para la cual Lounsbury (1964) había propuesto una formalización semántica cuya aplicación se limitaba claramente a los parentescos y llegó a la conclusión de que debían existir «dispositivos específicos ligados a dominios semánticos particulares» (1974: 502).[4] En una ampliación de este trabajo, Hirschfeld (1986, 1989) volvió a analizar estudios sobre la semántica de los parentescos en niños y adultos bajo la perspectiva de un dispositivo dominio-específico destinado a la comprensión del mundo social.

«Folk biology» o biología de sentido común. El trabajo de Berlin acerca de los sistemas «folk» de clasificación biológica también permitió descubrir un patrón semejante de uniformidad en un área de contenido que, según se suponía anteriormente, presentaba grandes variaciones. En una serie de trabajos, Berlin y sus colaboradores (1972; 1978; Berlin, Breedlove y Raven, 1966, 1973, 1974) demostraron que, pese a la gran variedad de plantas y animales que conoce cada población y pese a que muchas de estas plantas y animales no son particularmente relevantes para esas poblaciones, existe una gran coherencia en la manera en que los humanos clasifican el mundo de las cosas vivientes en todas partes. Los principios básicos de la clasificación de tipos biológicos son extremadamente estables pese a las diferencias de exposición y de contextos de aprendizaje. En varias publicaciones, incluyendo la de este libro (cap. 12, vol. II), Atran propone que estos principios deben ser comprendidos en términos de un dispositivo dominio-específico que sirve para la clasificación de la esfe-

ra biológica. Sostiene que la biología de sentido común se organiza de manera original en dos sentidos: en primer lugar, parte de una presunción de esencia subyacente de todas las cosas vivientes y, en segundo término, una jerarquía taxonómica estricta se aplica a todo lo viviente y sólo a lo viviente (1990). Pese a que Atran se basa en resultados procedentes de varias disciplinas, su interpretación cognitiva de la historia de la ciencia natural constituye una contribución muy interesante que ha hecho a los antropólogos revisar sus conclusiones respecto de la naturaleza de las taxonomías «folk» o de sentido común (Brown, 1992).

Las representaciones simbólicas. El conocimiento de la diversidad biológica es un dominio cultural muy ligado a la supervivencia. No resulta sorprendente, por lo tanto, que los antropólogos que trabajan con poblaciones no alfabetizadas que viven en comunidades de pequeña escala observen que la clasificación biológica es un tema que concita gran atención e interés (Berlin, 1978). Estos antropólogos también han observado que el mundo biológico no sólo es objeto de interés pragmático sino también de atención simbólica por parte de estas comunidades (Bulmer, 1967; Rosaldo, 1972; Tambiah, 1969). El impulso de interpretar el mundo simbólicamente es, en realidad, un rasgo cultural universal. Los antropólogos han considerado predominantemente al simbolismo como una especie de lenguaje aportado por la cultura y han propuesto generalmente que los símbolos obtienen sus significados a través de procesos de asociación metonímicos y metafóricos. La psicología subyacente en estas ideas, que habitualmente quedan como conceptos implícitos, es una mezcla de asociacionismo y de mecanismos de aprendizaje neutrales respecto del contenido que permite la internalización de cualquier contenido que la cultura provea.

Repensando la cultura del simbolismo, Sperber (1975a) sostiene que los símbolos no son signos porque no forman parte de estructuras codificadas y no tienen significados parafraseables. Sperber propone más bien que el verdadero papel de las creencias simbólicas consiste en focalizar la atención y evocar las representaciones de la memoria. Describe las representaciones simbólicas como metarrepresentaciones de creencias difíciles de procesar (como la noción de Trinidad, en la cual tres son uno, que no es totalmente representable). Sperber enfatiza el papel que desempeñan esas metarrepresentaciones en la comunicación y en la cultura. También asocia esas representaciones con la relativa disponibilidad de competencias dominio-específicas. De esta manera trata de explicar el rico simbolismo de los olores mediante la discrepancia entre un módulo perceptivo poderoso y la pobreza de las herramientas conceptuales para ese dominio. También sostiene que la explotación simbólica que hace la cultura de la representación de los animales, un tema muy tratado en la antropología cultural, tenía su origen en el carácter dominio-específico de la taxonomía zoológica y no en los «códigos» simbólicos a partir de los cuales habitualmente eran interpretadas esas creencias (Sperber, 1975b). Boyer (1990, y cap. 15, vol. II de esta obra) amplía esta perspectiva analizando el modo en que las creencias religiosas son configuradas por principios dominio-específicos aun cuando no exista un dominio de las creencias religiosas. El capítulo de Hirschfeld también investiga hasta qué punto la competencia específica para la clasificación de las cosas vivientes configura las creencias acerca del género humano.

Los dominios, una caracterización

¿Es posible, a partir de este panorama, extraer qué quieren decir los investigadores cuando hablan de especificidad de dominio? Pese a la riqueza de las investigaciones, curiosamente carecemos de una exposición explícita y clara acerca de qué es un dominio. Es más fácil pensar en ejemplos de dominios que dar una definición. Las entidades y los procesos físicos, las sustancias, las especies vivientes, los números, los artefactos, los estados mentales, los tipos sociales y los fenómenos sobrenaturales son todos susceptibles de constituir dominios. Cuáles de ellos, si alguno, son dominios cognitivos ya no es cuestión de la ciencia en general, sino de la psicología o la antropología. Lo sobrenatural puede ser un dominio para la mente humana, aunque no lo sea para la ciencia; el dominio cognitivo de los fenómenos físicos puede ser muy diferente del de la física.

¿Tienen todos los dominios rasgos en común? Nuestra revisión, si bien es sucinta, nos permite identificar áreas de acuerdo, a menudo implícitas, en muchas de las investigaciones referidas a dominios. La siguiente caracterización no dará lugar a controversias:

Un dominio es un conjunto de conocimientos que identifica e interpreta una clase de fenómenos que supuestamente comparten ciertas propiedades y son de un tipo definido y general. Un dominio funciona como una respuesta estable a un conjunto de problemas complejos y recurrentes que el organismo enfrenta. Esta respuesta involucra procesos perceptivos, de codificación, evocación e inferenciales que son de difícil acceso y están dedicados a la solución de esos problemas.

Plantearemos a continuación algunas consideraciones respecto de cada parte de esta caracterización.

Los dominios como guías de la partición del mundo. La mayor parte de los trabajos convergen en la idea de que los dominios tienen la función conceptual de identificar la pertenencia de los fenómenos a una sola categoría general, incluso cuando estos fenómenos puedan subsumirse bajo distintos conceptos. Por ejemplo, las clases de seres vivientes se pueden clasificar de muchas maneras, que van desde la forma en que se alimentan hasta si viven en zoológicos. Los correlatos psicológicos de las clasificaciones que compiten entre sí y sus estructuras internas tienen efectos en el modo en que varias categorías comunes de cosas vivientes se seleccionan, evocan y reconocen (Rosch, Mervis, Gray, Johnson y Boyes-Braem, 1976). Sin embargo, pese a esta competencia de modos de clasificar las cosas vivientes, algunas creencias acerca de los seres vivos surgen tempranamente, son consistentes y se adquieren sin esfuerzo. La competencia de dominio lo facilita, porque la atención se centra en un dominio específico y no en un conocimiento general (Chi et al., 1989).

Los dominios como marcos explicativos. La mayor parte de los investigadores aceptaría también que una competencia de dominio vincula sistemáticamente tipos reconocidos con clases de propiedades restringidas. De esta manera, un dominio cognitivo es una clase de fenómenos que comparten una cantidad de propiedades relevantes entre ellos, pero no con otras clases de fenómenos. Aunque virtualmente todos los dominios parecen hacer referencia a conexiones causales o a otras conexiones derivadas de modelos, existe una considerable variación en los distintos dominios en cuanto a la flexibilidad de estas conexiones.[5]

No es necesario, por ejemplo, que todos los miembros de un dominio dado compartan una propiedad. Los seres humanos, por ejemplo, según el papel de agentes que postula una psicología intuitiva, poseen la propiedad de comportarse conforme a sus creencias, mientras que los artefactos no lo hacen. Sin embargo, no hay problemas para aceptar que existen seres humanos que no poseen creencias (p. ej. personas en estado de coma profundo) o seres humanos que no se dan cuenta de que los otros tienen creencias (p. ej. individuos autistas) o artefactos a los que se maneja sensatamente como si las tuvieran (p. ej. un ordenador jugando ajedrez). En otros dominio (p. ej. el procesamiento auditivo del habla) puede existir mucha menos flexibilidad en el grado de dominio que las propiedades (p. ej. la percepción categorial del habla) ejercen sobre los miembros.

Los dominios como dispositivos funcionales ampliamente distribuidos. Generalmente los investigadores que se ocupan de los dominios aceptan que las competencias de estos están restringidas a un conjunto de habilidades cognitivas que el organismo puede desarrollar. Los dominios del conocimiento representan adaptaciones ampliamente compartidas que se ocupan de problemas recurrentes que un organismo debe enfrentar. Se han debatido en los últimos tiempos casos en los cuales se discute el aspecto adaptativo del dominio, como ocurre con la facultad del lenguaje (Pinker y Bloom, 1990). También se suele considerar que los dominios son ampliamente (aunque no universalmente) compartidos por los miembros de una especie y que no son soluciones idiosincrásicas para problemas individuales.

Aunque la habilidad propia de un dominio esté distribuida de manera desigual en una población, debe ser una solución para un problema de aparición frecuente. Si consideramos que el ajedrez es un dominio, el desarrollo de estrategias perceptivas para analizar las posiciones de las piezas aparece *porque* los ajedrecistas frecuentemente deben enfrentar problemas en el ajedrez. Quienes no saben jugar no tienen un dominio menos desarrollado del ajedrez sino que directamente carecen de la habilidad propia de ese dominio. Esta relación entre la frecuencia de aparición y la habilidad es, sin embargo, compleja. Algunas habilidades propias de ciertos dominios parecen estar estrechamente ligadas a diferencias en el entorno del aprendizaje aunque *la competencia subyacente para ese dominio no* dependa de condiciones ambientales.

La capacidad para desarrollar y comprender la matemática puede tener su origen en algún mecanismo cognitivo muy específico que los seres humanos poseen de manera innata. Sin embargo, aunque así sea, existen muchas culturas en las cuales no se requiere que las personas hagan uso de esta habilidad. Tampoco todos los contextos la hacen desarrollar. La matemática no surge espontáneamente y de manera independiente del contexto social, sino que parece requerir una secuencia de experiencias y de instrucción rica y sostenida para que la capacidad se desarrolle, a diferencia de lo que ocurre, por ejemplo, con el conocimiento gramatical básico, la percepción de los colores o la apreciación de los tipos de seres vivientes (Atran, 1988: 8).

Las habilidades matemáticas que implican un lenguaje matemático formal son diferentes de otras competencias aritméticas que son universales, tales como los principios que subyacen a la acción de contar o a la numeración cardinal (R.Gelman y Brenneman, cap. 14, vol. II; R. Gelman y Gallistel, 1978).

Los dominios como mecanismos dedicados. Por lo general se considera que el procesamiento dominio-específico es independiente de la voluntad y que sólo se llega a tener conciencia de él con esfuerzo (si es que esa conciencia se logra). Esta propiedad se hace fácilmente evidente en dominios tales como la percepción de los colores o la interpretación fonética, casos en los cuales los mecanismos innatos son claros. Sin embargo, esto también se observa en aquellos en que los mecanismos innatos parecen menos probables, como por ejemplo en un caso que muchos consideran como marginal en cuanto al dominio específico: el ajedrez. Los ajedrecistas entrenados se diferencian de los novatos en su percepción visual de la información del ajedrez, pero no en el pensamiento lógico-deductivo ni en los procesos de memoria (Chase y Simon, 1973). Según esto, las operaciones de dominios generalmente implican procesos perceptivos, conceptuales o inferenciales involuntarios, específicos y restringidos.

Lo que los dominios no son. Los dominios también pueden ser caracterizados por lo que no son. Para ello resulta útil confrontar los dominios con otras estructuras mentales con las cuales potencialmente se los puede confundir, por ejemplo los campos semánticos, los esquemas y guiones, los prototipos y las analogías. Todas estas estructuras (incluyendo los dominios) comparten el hecho de que son maneras de alcanzar interconexiones conceptuales y de lograr la economía mental. Sin embargo, los dominios se diferencian de estas otras estructuras en algunos aspectos importantes. A diferencia de los *campos semánticos*, los dominios no son dependientes del lenguaje (cfr. Wierzbicka, cap. 17, vol. II de esta obra). Un indicio de la fuerza del fenómeno de los dominios proviene del hecho de que los efectos de la organización de los conocimientos dominio-específicos se producen en ausencia de índices léxicos (como por ejemplo en el caso de las categorías focales de los colores [Heider, 1972] o las clasificaciones de sentido común de los datos biológicos [Berlin, 1974]). A diferencia de lo que ocurre con los *guiones* y los *esquemas*, las estructuras de un dominio implican expectativas acerca de las conexiones entre sus elementos, derivadas de modelos. En el guión de un restaurante, el pago viene después del servicio, debido a una convención que no puede ser explicada a partir de ese mismo guión. También los *prototipos* sirven para lograr interconexiones. Según una idea muy difundida, las categorías no se construyen en torno de rasgos que las definen sino en torno de miembros importantes o prototipos. Como los prototipos poseen una serie de atributos correlacionados, contribuyen a la interconexión conceptual subyacente. La particular estructura de categorías propia de los prototipos, sin embargo, se aplica a muchos fenómenos, es decir que las competencias de dominio los atraviesan. Quiere decir entonces que los prototipos se pueden aplicar a cualquier dominio. (A la inversa, también es posible que no caractericen verdaderamente a ningún dominio. Lakoff, 1987, sugiere que los prototipos son efectos que reflejan otros tipos de estructura conceptual). Finalmente, *la transferencia analógica* contribuye a las interconexiones conceptuales y a la economía mental. La transferencia analógica puede ser una manera de integrar el conocimiento de un dominio a otros dominios (Brown, 1989; Hirschfeld, cap. 8 de este volumen). Sin embargo, a diferencia de lo que ocurre con las estructuras de un dominio, las transferencias pueden ser idiosincrásicas y no ser funcionales.

Además de estos modos de producir interconexiones conceptuales que claramente no son propias de dominios, hay varias maneras de lograr interconexiones conceptuales que no pueden ser dominios. Entre ellas se encuentran las nociones de *categoría* y de *competencias motoras*. Nuestra caracterización de dominio enfatiza la expectativa de que exista alguna propiedad específica, de tipo «formal» o «sintáctico» en las representaciones mentales que pertenecen a un dominio y que esa propiedad dé cuenta del papel cognitivo distintivo de esas representaciones. Desdichadamente, esto también sucede en conjuntos que uno dudaría en considerar dominios. Por ejemplo, hay conceptos que tienen propiedades semánticas y formales distintivas y que sin embargo no llamaríamos dominios de conceptos aislados. De la misma manera, existen pares de conceptos como femenino y masculino, llave y cerradura o calor y frío que son demasiado estrechos como para considerarlos dominios, aunque en realidad cumplen con la mayor parte de nuestros criterios. Debemos notar también que nuestra caracterización no excluye competencias puramente motoras, tales como andar en bicicleta, que a muchos no les parecería un ejemplo atractivo de habilidad dominio-específica.

Diferencias de dominio

Resulta evidente que se nos sigue escapando un modo claro y reglamentado de definir qué es un dominio. Muchos de los capítulos del presente volumen proponen respuestas para esa pregunta. Otros, en cambio, plantean los problemas que encierran estas soluciones. Por tal motivo, preferimos que en esta introducción se apunte más a una *caracterización* que a una *definición* de dominio. Ya hemos señalado varias cualidades de los dominios, en particular sus rasgos funcionales y semánticos. En lo que queda del capítulo investigaremos cuatro sugerencias que tienen por objeto definir más minuciosamente los dominios y sus consecuencias. Son: los dominios 1) como mecanismos innatos, 2) como modos particulares de adquirir conocimientos, 3) como reflejos de las relaciones específicas entre el mundo y el conocimiento que de él tenemos, 4) como productos de distintas orientaciones de la investigación.

¿Son todos los dominios módulos innatos? Una propuesta posible es restringir los candidatos a constituir dominios a conjuntos de conceptos computacionalmente relevantes que son producto de mecanismos innatos o de sistemas de aprendizaje guiados por mecanismos innatos. No obstante, aunque adoptemos esta propuesta, varias cuestiones importantes quedan sin resolver. Por ejemplo, la hipótesis modular de Fodor describe los dominios en términos de subsistemas discretos, cada uno de los cuales está ligado a un canal perceptivo específico. Otros enfoques orientados por lo biológico, como la propuesta de Atran respecto de las creencias sobre el mundo biológico (cap. 12, vol. II de esta obra) o los postulados de Leslie respecto de la teoría de la mente (cap. 5 de este volumen) estructuran los dominios en términos de competencias mucho más amplias, que implican varias modalidades perceptivas. Parecería entonces que posiciones como estas últimas y como las de Fodor llevarían a la selección de candidatos diferentes. Chomsky (1986) también sostiene que considerar el módulo del lenguaje como un sistema de inputs es un criterio demasiado estrecho.

¿Pueden los dominios definirse según el modo de adquisición?
Los dominios pueden definirse según el patrón específico de aprendizaje que se asocia con ellos. Keil (1990) y Atran y Sperber (1991) sostienen que los candidatos a constituir un dominio pueden ser identificados según el modo de adquisición. Muchas habilidades propias de un dominio son adquiridas con facilidad por virtualmente todos los miembros de una especie. Existe un amplio consenso respecto de que el lenguaje es una facultad distribuida universalmente y un sistema cognitivo que se adquiere con rapidez gracias a un dispositivo de aprendizaje innato. Otros dominios, en cambio, parecen estar menos ampliamente distribuidos, se adquieren gracias a grandes esfuerzos y aparentemente no dependen de un programa innato de aprendizaje. El conocimiento expecializado del ajedrez, por ejemplo, es una habilidad cognitiva distribuida de manera desigual y hace falta un entrenamiento específico y a menudo formal para adquirirla. También existen variaciones importantes dentro de un mismo dominio. Muchos aspectos de la biología intuitiva surgen espontáneamente en diferentes entornos de aprendizaje (Boster, 1988). Sin embargo, algunos conocimientos biológicos parecen depender de las diferentes experiencias, por ejemplo de hasta qué punto los elementos de un área de contenido se consideran causalmente conectados (Chi et al., 1989). Inagaki (1990a) sugiere que la familiaridad con un dominio aumenta no sólo los conocimientos fácticos que los niños poseen, sino también su organización conceptual de ese dominio.

¿Hasta qué punto se pueden definir los dominios según su relación con el mundo exterior? Algunos dominios parecen modelar la división del mundo. Cuando pensamos en dominios, pensamos en rangos de fenómenos comparables a los rangos de hechos que constituyen el objeto de las diferentes ciencias. La lingüística, la biología, la física, la matemática y la cosmología intuitivas, entre otras, han sido propuestas como dominios. Resulta tentador concluir, a partir de esta observación, que existe alguna relación causal entre la estructura de las ciencias empíricas y las competencias propias de los dominios (Carey, 1985). Según este punto de vista, los dominios serían *necesariamente* comparables en cuanto a su tamaño con los objetos de las diferentes ciencias. ¿Existen razones para pensar que el modo en que las disciplinas científicas dividen el mundo ejerce sobre nosotros una influencia indebida?

Sí. Por ejemplo algunos dominios no modelan las divisiones de la naturaleza sino que las crean. Tal es el caso de la percepción y la denominación de colores, que refleja las categorías discretas que la mente impone sobre un fenómeno natural continuo. Cuando procesamos el habla dejamos de lado automáticamente las variaciones de aquellas entidades que consideramos los mismos sonidos, ya sea en distintos hablantes o en distintas emisiones del mismo hablante. En cambio, cuando escuchamos la misma voz humana cantando, nos volvemos automáticamente sensibles a las variaciones de tono. Quiere decir que las percepciones de colores y del habla no son tanto descubrimientos de la naturaleza sino que son más bien interpretaciones que de ella hacemos. Por otra parte, una cantidad importante de literatura muestra competencias de dominio que abarcan un espectro de fenómenos que no se asocian con una única ciencia o disciplina –van desde el ajedrez hasta la determinación del sexo de los pollos (Biederman y Schiffrar, 1987) o a la lectura de rayos X (Lesgold, Rubinson, Feltovich, Glaser, Klopfer y Wang, 1988)– mientras que otras abarcan fenómenos que carecen de validez o correspondencia científica (por ejemplo la magia, la estirpe o lo sobrenatural).

El grado de dependencia que tiene el dominio respecto del mundo es complejo y variable. Algunos dominios (p. ej la biología o la física intuitivas) pueden estar menos relacionadas con nuestras concepciones científicas del mundo de lo que habitualmente se cree. Algunos cambios en la comprensión científica rápidamente pasan a formar parte del sentido común. Por ejemplo, está muy difundido, hasta entre los niños que las ballenas son mamíferos y no peces. Este tipo de ejemplos han llevado a Putnam (1975) a hablar de una división lingüística del trabajo, según la cual la ciencia es la que determina el significado de los términos que designan las clases de la naturaleza. Sin embargo, los cambios en la validez de una descripción formal o científica no siempre alteran nuestra adhesión a la conceptualización corriente de ese fenómeno (véanse Resnick, cap. 19, y Strauss y Shilony, cap. 18, vol. II de esta obra). Los antropólogos han demostrado, por ejemplo, que la noción de *árbol* es fundamental en nuestra comprensión del mundo de las plantas (Witkowski, Brown y Chase, 1981). Sin embargo, los árboles no representan una línea interesante dentro de la evolución y no constituyen un concepto dentro de la sistemática moderna. No obstante, a diferencia de otros casos en los que el sentido común se ve alterado por los descubrimientos científicos (por ejemplo la reclasificación de las ballenas como mamíferos), el concepto de árbol mantiene su importancia conceptual pese a la contradicción con el conocimiento científico. Esto es cierto hasta para los expertos. Los botánicos, en los contextos cotidianos siguen manteniendo la noción de árbol propia del conocimiento común (Atran, 1990).

El descubrimiento de que algunos conceptos de sentido común no se corrigen probablemente haya surgido de la adopción de una perspectiva de dominios y no de una inferencia de datos *nuevos*. Por ejemplo, la regularidad en los sistemas de clasificación biológica de sentido común y particularmente la correspondencia entre ellos y la sistematización formal de la biología no son descubrimientos nuevos. Ernst Mayr (1949) documentó los notables paralelos que existían entre las clasificaciones de la biología «folk» de los papuanos analfabetos y la sistemática formal. Sin embargo, estos paralelos se interpretaron como prueba de la validez científica del concepto de especie y no como evidencia de que exista un mecanismo cognitivo compartido dedicado a la conceptualización de las especies vivientes (Diamond, 1966). En otras palabras, se dio por sentado que la estrecha correspondencia entre el sentido común en la ciencia reflejaba regularidades del mundo exterior respecto de la cognición, en lugar de suponer que esto era índice de un conjunto de disposiciones cognitivas compartidas. Como sugieren muchos capítulos de este libro, los paralelos estructurales entre las creencias populares y la ciencia son verdaderamente informativos, pero desde la perspectiva de la comprensión de los dominios mentales, estos paralelos son más pertinentes para la ciencia cognitiva que para el resto de las ciencias.

¿La pregunta planteada cambia las cosas? Es posible que la pregunta que se ha planteado en relación con la investigación tenga un profundo impacto sobre los candidatos a constituir dominios que descubramos. Resumiendo, es posible que no se logre distinguir entre el interés investigativo que dio origen a una serie de datos y lo que esos datos pueden avalar, según la interpretación que de ellos se haga. Un caso de este tipo puede ser la relación entre una competencia asociada con un dominio dado y el conocimiento representado en ese dominio. Keil (1981) afirma algo similar refiriéndose a los abordajes de los cambios en el desarrollo, cuando distingue entre las teorías basadas en los conocimientos y las basadas en las competencias. En general las investigaciones que se basan en conocimientos consideran que los dominios derivan de estructuras de conocimiento, mientras que las que se basan en competencias se centran más en cómo los distintos estados de conocimiento derivan de competencias distintas. Las versiones más fuertes de cada una de esas posturas son, respectivamente, los estudios sobre el carácter de experto y los abordajes modulares.

Las orientaciones que se basan en la competencia ponen énfasis en los principios de organización dominio-específicos que configuran los tipos de conocimientos a los cuales el organismo responde y las clases de estructuras de conocimiento que el organismo desarrolla (véase Gallistel et al., 1991). Una preocupación importante para el investigador que se orienta por la competencia es cómo la atención se orienta hacia un conjunto circunscrito de observaciones, no sólo durante el desarrollo sino también en la madurez. Por el contrario, los estudios que se orientan hacia los conocimientos se centran más en las consecuencias de albergar conocimientos de un dominio que en los principios que subyacen en su adquisición (véanse Shantz, 1989; Chase y Simon, 1973; De Groot, 1966). La pregunta principal de este libro es, en cambio, cuál es el impacto de los conocimientos de un dominio sobre los procesamientos subsiguientes. Dado un cierto nivel de integración de conocimientos, ¿cuáles con las implicaciones para el pensamiento?

Los dos puntos de vista podrían considerarse simplemente como distintas perspectivas acerca del mismo fenómeno, con énfasis en cuestiones diferentes. Los enfoques que se centran en el conocimiento y los que parten de la competencias serían entonces puntos de vista ligeramente distintos de la misma cuestión, que es la relación entre el conocimiento de algo y la competencia que subyace en ese conocimiento. Las dos orientaciones, sin embargo, también pueden considerarse como dos distintos niveles de análisis que llevan a distintas clases de generalizaciones. Keil, por ejemplo, sostiene que el abordaje basado en los conocimientos no establece principios para «distinguir lo que es un mero cambio en una base de conocimientos de lo que es un cambio en la maquinaria computacional y representacional» (1981: 204). Saber que una habilidad cognitiva se modifica con la experiencia no nos permite decidir si ese cambio se describe mejor en términos de conocimientos o de competencia. De la misma manera, saber que una hipótesis basada en los conocimientos da cuenta de una serie de observaciones no nos permite llegar a la conclusión de que un criterio basado en la competencia nos permitiría considerar a esas mismas observaciones como semejantes en cuanto a su clase.

Tomemos como ejemplo el problema de decidir si un cambio en el modo en que el conocimiento se representa refleja un cambio en la competencia para un dominio. Parecería existir un dominio de conocimientos respecto de los dinosaurios y habría niños que se convierten en expertos en ese terreno. Chi y sus colaboradores (1989) demostraron que un mayor conocimiento sobre los dinosaurios lleva a un enriquecimiento en la red de creencias relacionadas con ellos. Generalmente los efectos conceptuales de estas redes causales son bastante limitados, ya que no se transfieren fácilmente a otras áreas de conocimiento próximas (Inagaki, 1990b). Sin embargo, desde una perspectiva que apunta a la competencia, el conocimiento acerca de los dinosaurios no sería un dominio sino más bien un subconjunto de otro dominio, constituido por las cosas vivientes. ¿Cuáles son las implicaciones de esto?

Una implicación es que las perspectivas que se ocupan de los conocimientos no hacen que el investigador se comprometa a opinar sobre cuestiones tales como «¿Qué es un dominio?», «¿Cuáles son los límites de este dominio?» o «¿Cuál es la influencia de los dominios en el proceso de aprendizaje?». Probablemente para descubrir la relación entre los conocimientos dominio-específicos y otros sea necesario determinar qué cosa es conocimiento propio de un dominio y qué cosa no lo es y, por extensión, qué es un dominio y qué no lo es. Es decir que tal como ocurre con las perspectivas orientadas hacia dominios específicos y las que se ocupan de un dominio general, probablemente los puntos de vista orientados hacia el conocimiento y los orientados hacia la competencia difieran en cuanto a las clases de generalización a las que cada uno de ellos llega, particularmente en cuanto a lo que concierne a los dominios.

Conclusión

En esta introducción hemos esbozado varias tradiciones intelectuales diferentes que han contribuido a forjar la idea de que la cognición humana se puede considerar dominio-específica y que este abordaje es provechoso. Está claro que se trata de una perspectiva muy prometedora. Sin embargo, algunas preguntas siguen siendo de difícil respuesta: ¿Qué es un dominio? ¿Cuántos dominios existen? ¿Tienen que ver con procesos, con representaciones o con ambos? ¿Podemos acceder conscientemente a los dominios? ¿Pueden los dominios variar a lo largo del tiempo? y, si es así ¿de qué manera? ¿Los cambios en los conocimientos de un dominio que se producen en la infancia difieren significativamente de los que se producen en la edad madura? ¿Los cambios conceptuales se producen debido o los dominios o a pesar de ellos? ¿Se «comunican» los dominios entre ellos? De ser así ¿cómo lo hacen? Dejamos estas cuestiones a consideración de los lectores. Creemos que el material que sigue aportará muchos elementos para pensar.

El resto del libro se ocupa de las implicaciones de estas y otras preguntas. Hemos distribuido las colaboraciones en cinco partes para destacar algunos puntos en común y algunos contrastes. No sugerimos por eso que cada sección tenga un contenido autónomo. Existen muchas conexiones posibles entre secciones (p. ej. los capítulos de Sperber, Keil y Gelman, Coley y Gottfried se encuentran en distintas partes y proponen un punto de vista semejante acerca de cómo varios dominios comparten ciertos principios subyacentes). La organización de capítulos que escogimos, no obstante, intenta destacar la perspectiva comparativa –ya sea histórica, biológica, de desarrollo o cultural– que todas las colaboraciones comparten.

La segunda parte: «Los orígenes del conocimiento por dominios: biología y evolución» incluye capítulos de Dan Sperber, Alfonso Caramazza, Argye Hillis, Elwyn Leek y Michele Miozzo, Leda Cosmides y John Tooby. El conjunto de estos artículos sugiere que la arquitectura mental dominio-específica es una consecuencia de la historia biológica y la estructura neuronal del ser humano. Aunque es posible que no todos los dominios sean innatos, estos capítulos sostienen que algunos y, tal vez muchos, deben serlo.

La tercera parte: «Los orígenes del conocimiento por dominios: abordajes conceptuales» incluye los capítulos de Alan Leslie, David y Ann James Premack, Susan Carey y Elizabeth Spelke, Lawrence Hirschfeld y Frank Keil. Al acentuar la importancia de las investigaciones del desarrollo en el descubrimiento de la naturaleza y el alcance de las competencias por dominio, estos capítulos exploran los estados conceptuales iniciales del organismo y sus elaboraciones durante la infancia.

La cuarta parte se ocupa de la pregunta «¿Son teorías los dominios?» La complejidad y la riqueza del conocimiento en un dominio dado muchas veces ha hecho que se lo compare con una teoría científica. En esta sección se explora la cuestión de «la teoría de la teoría» en dos dominios: centrándose en las creencias tempranas acerca de la mente y los estados mentales, los capítulos de Alison Gopnik y Henry Wellman y Paul Harris adoptan posiciones contrastantes sobre este problema. Luego Scott Atran y Susan Gelman, John Coley y Gail Gottfried se ocupan de la relación entre «la teoría de la teoría» y los conceptos biológicos.

En la quinta parte, «Los dominios en distintas culturas y lenguas» los capítulos de Rochel Gelman y Kimberly Brenneman, Pascal Boyer, Stella Vosniadou y Anna Wierzbicka se ocupan de si la variación cultural en el conocimiento por dominios constituye un problema para la especificidad de dominio. Los capítulos de Boyer y Vosniadou investigan la posibilidad de que los mecanismos dominio-específicos configuren el desarrollo de conocimientos que no son propios de un dominio.

Finalmente, concluimos con «Implicaciones para la educación», que incluye capítulos de Sidney Strauss y Tamar Shilony, en los cuales las investigaciones sobre la teoría de la mente se utilizan para explicar las teorías del aprendizaje intuitivas de los maestros y de Laureen Resnick, que integra la perspectiva de los dominios con la recientemente desarrollada noción de cognición situada.

Notas

1. De una manera análoga al modo en que la lengua entendida como fenómeno social («una propiedad compartida por la comunidad» definida en términos de «oscuros factores sociopolíticos y normativos») surge de la lengua como fenómeno individual («un sistema representado en la mente/cerebro de un individuo particular») (Chomsky, 1988: 36-37).

2. Berlin y Kay (1969: 5-6) definieron como básicos aquellos términos para denominar colores que (entre otras propiedades): 1) son monoléxicos (de modo tal que el significado del término no pueda predecirse por los significados de sus partes), 2) se apliquen a una amplia gama de fenómenos (se excluiría, por ejemplo *rubio*, un término que sólo se aplica al cabello) y 3) sean psicológicamente relevantes para todos los hablantes (se excluye el color de algo con lo que sólo están familiarizados algunos individuos).

3. El dominio de los colores es controvertido. Las conclusiones de Berlin y Kay respecto de la relatividad lingüística fueron atemperadas por Kay y Kempton (1984) y rebatidas por Lucy y Shweder (1988) y Lakoff (1987). Sin embargo, aunque existe una relatividad interlingüística en cuanto a los términos básicos para denominar colores, los principios organizativos del léxico de los colores es en todas partes específico para el dominio perceptivo y conceptual de los colores.

4. Específicamente, la propuesta de Lounsbury sostenía que el léxico referido a los parentescos se puede analizar en términos de significados focales o básicos y reglas de reducción de las cuales se pueden derivar otros significados.

5. Tal como señalamos, en muchos dominios este tipo de conexiones se consideran causales (Leslie, cap. 5 de este volumen). Se supone que los miembros de una especie viviente particular, por ejemplo, comparten la esencia subyacente que confiere características externas que permiten que se los iden-

tifique como miembros de una categoría (Atran, 1990; Keil, cap. 9 de este volumen). La apariencia exterior, sin embargo, no es la propiedad compartida, ya que la modificación de esa apariencia (por ejemplo, si disimulamos con pintura las manchas de un leopardo) no cambia su característica de miembro de esa especie. En otros dominios estas implicaciones no son tan causales, pero de todos modos tampoco son arbitrarias. La teoría lingüística actual propone que la relación entre las categorías abstractas de la gramática de estructura de frase están controladas por unos pocos principios (principio de proyección, principio de subyacencia, teoría de ligamiento, teoría de casos, etc.) que «explican» los rasgos superficiales de las emisiones del mismo modo que las esencias subyacentes (en las teorías «folk») o el ADN (en las científicas) explican la apariencia de las cosas vivientes, es decir, en términos de conexiones derivadas de modelos.

Referencias bibliográficas

Amstrong, S. L., Gleitman, L. R. y Gleitman, H. 1983. «What some concepts might not be.» *Cognition, 13*, pp. 263-308.

Atran, S. 1988. «Basic conceptual domains.» *Mind and Language, 3*, pp. 7-16.

—. 1990. *Cognitive foundations of natural history*. Nueva York, Cambridge University Press.

Atran, S. y Sperber, D. 1991. «Learning without teaching: Its place in culture», en L. Landsmann (comp.), *Culture, schooling, and psychological development*. Norwood, NJ, Ablex Publishing, pp. 39-55.

Behrend, D. A. 1990. «Constraints and development: A reply to Nelson (1988).» *Cognitive Development, 5*, pp. 313-330.

Berlin, B. 1972. «Speculations on the growth of ethnobotanical nomenclature.» *Language and Society, 1*, pp. 63-98.

—. 1974. «Further notes on covert categories.» *American Anthropologist, 76*, pp. 327-331.

—. 1978. «Ethnobiological classification», en E. Rosch y B. Lloyd (comps.), *Cognition and categorization*. Hillsdale, NJ, Erlbaum.

Berlin, B., Breedlove, D. y Raven, P. 1996. Folk taxanomies and biological classification. *Science, 154*, pp. 273-275.

—. 1973. «General principles of classification and nomenclature in folk biology.» *American Anthropologist, 75*, pp. 214-242.

—. 1974. *Principles of Tzeltal plant classification*. Nueva York, Academic Press.

Berlin, B. y Kay, P. 1969. *Basic color terms: Their universality and growth*. Berkeley, University of California Press.

Biederman, I. y Shiffrar, M. M. 1987. «Sexing day-old chicks: A case study and expert systems analysis of a difficult perceptual learning task.» *Journal of Experimental Psychology: Learning, Memory and Cognition, 13*, pp. 640-645.

Boster, J. (1988). «Natural sources of internal category structure: Typicality, familiarity, and similarity of birds.» *Memory and Cognition, 16* (3), pp. 258-270.

Boyer, P. 1990. *Tradition as truth and communication.* Nueva York, Cambridge University Press.

Brown, A. 1989. «Analogical learning and transfer: What develops?», en S. Vosniadou y A. Ortony (comps.), *Similarity and analogical reasoning.* Nueva York, Cambridge University Press, pp. 369-412.

Brown, A. L. 1990. «Domain-specific principles affect learning and transfer in children.» *Cognitive Science, 14*, pp. 107-133.

Brown, C. 1992. «Cognition and common sence.» *American Ethnologist, 19*, pp. 367-374.

Bulmer, R. 1967. «Why is the cassowary not a bird?» *Man, 2*, pp. 5-25.

Carey, S. 1985. *Conceptual change in childhood.* Cambridge, MA, MIT Press.

Chase, W. y Simon, H. 1973. «The mind's eye in chess», en W.Chase (comp.), *Visual information processing.* Nueva York, Academic Press.

Chase, W. G. y Ericsson, K. A. 1981. «Skilled memory», en J. R. Anderson (comp.), *Cognitive skills and their acquisition.* Hillsdale, NJ, Erlbaum.

Chi, M., Hutchinson, J. y Robin, A. 1989. «How inferences about novel domain-related concepts can be constrained by structured knowledge. *Merrill-Palmer Quarterly, 35*, pp. 27-62.

Chomsky, N. 1980ª. «On cognitive structures and their development: A reply to Piaget, en M. Piattelli-Palmarini (comp.), *Language and learning: The debate between Jean Piaget and Noam Chomsky.* Cambridge, Harvard University Press, pp. 35-54.

—. 1980b. *Rules and representations.* Nueva York, Columbia University Press.

—. 1986. *Knowledge of language: Its nature, origin, and use.* Nueva York, Praeger.

—. 1988. *Language and problems of knowledge.* Cambridge, MA, MIT Press. [*El conocimiento del lenguaje: su naturaleza, origen y uso.* Barcelona, Ediciones Altaya, 1999.]

Cosmides, L. 1989. «The logic of social exchange: Has natural selection shaped how humans reason? Studies with the Wason selection task». *Cognition, 31*, pp. 187-276.

Cosmides, L. y Tooby, J. 1989. «Evolutionary psychology and the generation of culture. Part II: A computational theory of social exchange.» *Ethology and Sociobiology, 10*, pp. 51-97.

Cromer, R. F. 1988. «The cognition hypothesis revisited», en R. S. Kessel (comp.), *The development of language and language researchers: Essys in honor of Roger Brown.* Hillsdale, NJ, Erlbaum, pp. 223-248.

Curtiss, S. 1977. *Genie: A psycholinguistic study of a modern-day «wild-child».* Nueva York, Academic Press.

—. 1982. «Developmental dissociation of language and cognition», en L. K. Obler y L. Menn (comps.), *Exceptional language and linguistics.* Nueva York, Academic Press, pp. 285-312.

Dawkins, R. 1987. *The blind watchmaker.* Nueva York, Norton. [*El relojero ciego.* Barcelona, RBA Coleccionables, 1993.]

De Groot, A. 1966. «Perception and memory versus thought: Some old ideas and recent findings», en B. Kleinmuntz (comp.), *Problem solving: Research, method and theory.* Nueva York, John Wiley, pp. 19-51.

Diamond, J. 1966. «Zoological classification system of a primitive people.» *Science, 151,* pp. 1102-1104.

Fodor, J. 1983. *Modularity of mind.* Cambridge, MA, MIT Press. [*La modularidad de la mente.* Madrid, Ediciones Morata, 1986.]

Furrow, D. y Nelson, K. 1984. «Environmental correlates of individual differences in language acquisition.» *Journal of Child Language, 11,* pp. 523-534.

—. 1986. «A further look on the motherese hypothesis: A reply to Gleitman, Newport y Gleitman.» *Journal of Child Language, 13,* pp. 163-176.

Gallistel, C. 1990. *The organization of learning.* Cambridge, MA, MIT Press.

Gallistel, C., Brown, A., Carey, S., Gelman, R. y Keil, F. 1991. «Lessons from animal learning for the study of human development», en S. Carey y R. Gelman (comps.), *The epigenesis of mind: Essays on biology and cognition.* Hillsdale, NJ, Erlbaum.

Garcia, J. y Koelling, R. 1966. «Relation of cue to consequence in avoidance learning». *Psychonomics Science, 4,* pp. 123-124.

Gelman, R. 1990. «First principles organize attention to and learning about relevant data: Number and the animate-inanimate distinction as examples». *Cognitive Science, 14,* pp. 76-109.

Gelman, R. y Gallistel, C. 1978. *The child's understanding of number.* Cambridge, Harvard University Press.

Gelman, S. A., y Wellman, H. M. 1991. «Insides and essences: Early understanding of the nonobvious.» *Cognition, 38,* pp. 213-244.

Gleitman, L. 1986. «Biological disposition to learn language», en W. Demopoulos y A. Marras (comps), *Languaje learning and concept acquisition: Foundational issues.* Norwood, NJ, Ablex Publishing, pp. 3-28.

Gleitman, L., Newport, E. y Gleitman, H. 1984. «The current status of the motherese hypothesis.» *Journal of Child Language, 11,* pp. 43-79.

Goldin-Meadow, S. 1982. «The resilience of recursion: A study fo a communication system developed without a conventional language model», en E. Wanner y L. R. Gleitman (comps.), *Language acquisition: The state of the art.* Cambridge, Cambridge University Press, pp-51-77.

Goodman, N. 1972. «Seven structures on similarity», en N. Goodman (comp.), *Problems and projects.* Indianapolis, Bobbs-Merrill, pp. 437-447.

Heider, E. 1972. «Universals in color naming and memory». *Journal of Experimental Psychology, 93,* pp. 10-20.

Heider, E. y Oliver, D. 1972. «The structure of the color space in naming and memory for two languages». *Cognitive Psychology, 3*, pp. 337-354.

Herrnstein, R. J. 1979. «Acquisition, generalization, and discrimination reversal of a natural concept». *Journal of Experimental Psychology: Animal Behavior Processes, 5*, pp. 116-129.

Hirschfeld, L. 1986. «Kinship and cognition: Genealogy and the meaning of kinship terms». *Current Anthropology, 27*, pp. 217-242.

—. 1989. «Rethinking the acquisition of kinship terms». *International Journal of Behavioral Development, 12* (4) pp. 541-568.

Hoff-Ginsberg, E. y Shatz, M. 1982. «Linguistic input and the child acquisition of language». *Psychological Bulletin, 92*, pp. 2-26.

Inagaki, K. 1990a. «Young children's everyday biology as the basis for learning school biology». *The Bulletin of the Faculty of Education, Chiba University, 38*, pp. 177-184.

—, 1990b. «The effects of raising animals on children's biological knowledge». *British Journal of Developmental Psychology, 8*, pp. 119-129.

Kaiser, M. K., Proffitt, D. R. y Anderson, K. 1985. «Judgments of natural an anomalous trajectories in the presence and absence of motion». *Journal of Experimental Psychology: Learning, Memory and Cognition, 11*(1-4), pp. 795-803.

Karmiloff-Smith, A. e Inhelder, B. 1975. «If you want to get ahead, get a theory». *Cognition, 3*, pp. 195-211.

Kay, P. y Kempton, W. 1984. «What is the Sapir-Whorf hypothesis?». *American Anthropologist, 86*, pp. 65-79.

Kay, P. y McDaniel, C. 1978. «The linguistic significance of the meanings of basic color terms». *Language, 54*, pp. 610-646.

Keil, F. 1981. «Constraints on knowledge and cognitive development». *Psychological Review, 88*(3), pp. 197-227.

—. 1989. *Concepts, kinds and cognitive development.* Cambridge, MA, MIT Press.

—. 1990. «Constraints on constraints: Surveying the epigenetic landscape». *Cognitive Science, 14*, pp. 135-168.

Klima, E. y Beluggi, U. 1979. *The signs of language.* Cambridge, MA, Harvard University Press.

Kripke, S. 1972. *Naming and necessity.* Cambridge, MA, Harvard University Press.

Lakoff, G. 1987. *Women, fire, and dangerous things.* Chicago, University of Chicago Press.

Landau, B. y Gleitman, L. 1985. *Language and experience.* Cambridge, MA, Cambridge University Press.

Langlois, J. y Roggman, L. 1990. «Attactive faces are only average.» *Psychological Science, 1*(2), pp. 115-121.

Lesgold, A. M., Rubinson, H., Feltovich, P., Glaser, R., Klopfer, D. y Wang, Y. 1988. «Expertise in a complex skill: Diagnosing x-ray pictures», en M.

Chi, R. Glaser y M. Farr (comps.), *The nature of expertise*. Hillsdale, NJ, Erlbaum.

Liberman, A. y Mattingly, I. 1989. «A specialization for speech perception.» *Science, 243*, pp. 489-494.

Lounsbury, F. 1964. «A formal account of the Crow and Omaha-type kinship terminologies» en W. Goodenough (comp.), *Explorations in cultural anthropology*. Nueva York, McGraw-Hill.

Lucy, J. y Shweder, R. 1988. «The effect of incidental conversation on memory for focal colors.» *American Anthropologist, 90*, pp. 923-931.

Macnamara, J. 1982. *Names for things: A study on human learning*. Cambridge, MA, MIT Press/Bradford Books.

Markman, E. M. 1989. *Categorization and naming in children: Problems of induction*. Cambridge, MA, MIT Press.

Marler, P. 1991. «The instinct to learn», en S. Carey y R. Gelman (comps.), *The epigenesis of mind: Essays on biology and cognition*. Hillsdale, NJ, Erlbaum.

Marr, D. 1982. *Vision*. Nueva York, W. H. Freeman. [*La visión*. Madrid, Alianza Editorial, 1985.]

Mattingly, I., Liberman, A., Syrdal, A. y Halwes, T. 1971. «Discrimination in speech and nonspeech modes.» *Cognitive Psychology, 2*, pp. 131-157.

Mayr, E. 1949. *List of New Guinea birds*. Nueva York, American Museum of Natural History.

Medin, D. L. y Shoben, E. J. 1988. Context and structure in conceptual combination. *Cognitive Psychology, 20*, pp. 158-190.

Medin, D. L. y Wattenmaker, W. D. 1987. «Category cohesiveness, theories, and cognitive archeology», en U. Neisser (comp.) *Concepts and conceptual development: Ecological and intellectual factors in categorization*. Nueva York, Cambridge University Press, pp. 25-62.

Murphy, G. L. y Medin, D. L. 1985. «The role of theories in conceptual coherence.» *Psychological Review, 92*, pp. 289-316.

Nelson, K. 1988. «Constraints on word learning?» *Cognitive Development, 3*, pp. 221-246.

Newport, E. L. 1990. «Maturational constraints on language learning.» *Cognitive Science, 14*, pp. 11-28.

—. 1991. «Contrasting concepts of the critical period for language», en S. Carey y R. Gelman (comps.), *The epigenesis of mind: Essays on biology and cognition*. Hillsdale, NJ, Erlbaum, pp. 111-130.

Newport, E. L. y Meier, R. P. 1985. «Acquisition of American Sign Language», en D. Slobin (comp.), *The cross-linguistic study of language acquisition. vol 1*. Hillsdale, NJ, Erlbaum, pp. 831-938.

Ochs, E. y Schieffelin, B. 1984. «Language acquisition and socialization: Three developmental stories and their implications», en R. Shweder y R. LeVine (comps.), *Culture theory: Essays on mind, self and emotion*. Nueva York, Cambridge University Press, pp. 276-320.

Peirce, C. S. 1960. *Collected papers of Charles Sanders Peirce* (C. Hartshorne y P. Weiss, comps.) (4ª ed. Vols. 1 y 2). Cambridge, MA, Harvard University Press.

Pettito, L. A. 1988. «Language in the prelinguistic child», en R. S. Kessel (comp.), *The development of language and language researchers: Essays in honour of Roger Brown*. Hillsdale, NJ, Erlabaum, pp. 187-221.

Pinker, S. y Bloom, P. 1990. «Natural language and natural selection». *Behavioral and Brain Sciences, 13*, pp. 707-784.

Putnam, H. 1970. «Is semantics possible?» en H. E. Kiefer y M. K. Munitz (comps.), *Language, belief and metaphysics*. Albany, NY, State University of New York Press, pp. 50-63.

—. 1975. «The meaning of "meaning"», en H. Putnam (comp.), *Mind, language and reality: Philosophical papers, vol 2*. Nueva York, Cambridge University Press.

Pye, C. 1986. «Quiché Mayan speech to children.» *Journal of Child Language, 13*, pp. 85-100.

Quine, W. V. O. 1960. *Word and object*. Cambridge MA, MIT Press.

Rips, L. J. 1989. «Similarity, tipicality and categorization», en S. Vosniadou y A. Ortony (comps.), *Similarity and analogical reasoning*. Nueva York, Cambridge University Press, pp. 21-59.

Rosaldo, M. 1972. «Metaphor and folk classification.» *Southwestern Journal of Anthropology. 28*, pp. 83-99.

Rosch, E., Mervis, C., Gray, W., Johnson, D. y Boyes-Braem, P. 1976. «Basic objects in natural categories.» *Cognitive Psychology, 8*, pp. 382-439.

Rozin, P. y Schull, J. 1988. «The adaptive-evolutionary point of view in experimental psychology» en R. Atkinson, R. Hernstein, G. Lindzey y R. Luce (comps.) *Steven's handbook of experimental psychology*. Nueva York, John Wiley & Sons.

Schwartz, S. P. 1979. «Natural kinds terms» *Cognition 7*, pp. 301-315.

Shantz, C. (comp.) 1989. *Merrill-Palmer Quarterly, 35* (1).

Slobin, D. 1985. *The crosslinguistic study of language acquisition*. Hillsdale, NJ, Erlbaum.

Smith, E. E. y Medin, D. L. 1981. *Categories and concepts*. Cambridge, MA. Harvard University Press.

Snow, C. 1972. «Mothers' speech to children learning language.» *Child Development, 43*, pp. 549-565.

Spelke, E. S. 1990. «Principles of object perception.» *Cognitive Science, 14*, pp. 29-56.

Sperber, D. 1974. «Contre certains a priori antropologiques» en E. Morin y M. Piatelli-Palmarini (comps.) *L'Unité de l'homme*. París, Le Seuil, pp. 491-512.

—. 1975a «Pourquoi les animaux parfaits, les hybrides et les monstres son-ils bons à penser symboliquement?» *L'Homme, 15*(2), pp. 5-24.

—. 1975b. *Rethinking symbolism*. Nueva York, Cambridge University Press. [*El simbolismo en general*. Rubi, Anthropos, 1988.]

Symmons, D. 1979. *The evolution of human sexuality.* Nueva York, Oxford University Press.

Tambiah, S. 1969. «Animals are good to think and good to prohibit.» *Ethnology, 8*(4), pp. 422-459.

Ullman, S. 1980. «Against direct perception.» *Behavioral and Brain Sciences, 3*, pp. 373-415.

Vygotsky, L. 1978. *Mind in society.* Cambridge, Harvard University Press.

Wexler, K. y Culicover, P. W. 1980. *Formal principles of language acquisition.* Cambridge, MA, MIT Press.

Witkowski, S., Brown, C. y Chase, P. 1981. «Where do trees come from?» *Man, 16*, pp. 1-14.

PARTE II

LOS ORÍGENES
DEL CONOCIMIENTO
POR DOMINIOS:
BIOLOGÍA Y EVOLUCIÓN

2

La modularidad del pensamiento y la epidemiología de las representaciones*

Dan Sperber

Hace diez años Jerry Fodor publicó *La modularidad de la mente*, un libro al que merecidamente se prestó mucha atención. Su tema fue la postura dominante en esa época, según la cual no existen discontinuidades importantes entre los procesos perceptivos y los procesos conceptuales. La información fluye libremente «hacia arriba» y «hacia abajo» entre estos dos procesamientos, y las creencias aportan y reciben información de la percepción. Fodor, oponiéndose a este punto de vista, sostuvo que los procesos perceptivos (y también la descodificación lingüística) se desarrollan a partir de mecanismos especializados y bastante rígidos. Estos «módulos» tienen cada uno su base de datos propia y no toman información de los procesos conceptuales.

Aunque probablemente no haya sido intencional y no haya llamado la atención, *La modularidad de la mente* fue un título paradójico, ya que, según Fodor, la modularidad se encuentra solamente en la periferia de la mente, en sus sistemas de entrada.[1] Su centro y parte fundamental, según este autor, es en cambio decididamente *no* modular. Los procesos conceptuales —es decir, el pensamiento propiamente dicho— son presentados como una masa holística, sin divisio-

* Agradezco a Lawrence Hirschfeld, Pierre Jacob y Deirdre Wilson sus valiosos comentarios sobre una versión anterior de este trabajo.

nes para explicar. Las controversias se centraron en la tesis de que los procesos perceptivos y de descodificación lingüística eran modulares en una medida mucho mayor que en la supuesta no modularidad del pensamiento.[2]

En este capítulo persigo dos objetivos. El primero de ellos es defender la postura de que los procesos de pensamiento también pueden ser modulares (a lo que Fodor [1987: 27] dice «y bien...¡la teoría de la modularidad se volvió loca!»). Sin embargo, permítaseme parafrasear a Fodor y decir que «cuando considero que un sistema cognitivo es modular, siempre querré decir que lo es "hasta algún punto interesante"» (Fodor, 1983: 37). Mi segundo objetivo es articular una concepción modular del pensamiento humano con la visión naturalista de la cultura humana que he desarrollado con el nombre de «epidemiología de las representaciones» (Sperber, 1985b). Estos objetivos están estrechamente vinculados: siempre se ha pensado que la diversidad cultural muestra la plasticidad de la mente humana, mientras que la modularidad parece refutarla. Quiero demostrar que, a diferencia de lo que sostienen tendencias anteriores, los organismos cuya mente está dotada de una verdadera modularidad pueden engendrar culturas muy diversas.

Dos argumentos basados en el sentido común contra la modularidad de la mente

Al menos desde una perspectiva abstracta y superficial, la distinción entre los procesos perceptivos y los modulares es clara: los procesos perceptivos tienen como input la información que proviene de los receptores sensoriales y como output una representación conceptual que categoriza el objeto percibido. Los procesos conceptuales, en cambio, tienen representaciones conceptuales como input y como output. Ver una nube y decir «Hay una nube» es un proceso perceptivo. Inferir de esta percepción «Es posible que llueva» es un proceso conceptual.

La idea básica de la modularidad también está clara: un módulo cognitivo es un dispositivo computacional genéticamente especificado de la mente/cerebro (en adelante: la mente) que trabaja de manera bastante independiente sobre inputs de algún dominio cognitivo específico, que son provistos por otras partes del sistema nervioso (p. ej. los receptores sensoriales u otros módulos). Aceptando estas nociones, la idea de que los procesos perceptivos pueden ser modulares, tal como sostiene Fodor, es muy plausible. Existen, en cambio, dos argumentos tomados del sentido común (y algunos otros de carácter técnico) que llevan a pensar que los procesamientos conceptuales del pensamiento no son modulares.

El primer argumento de sentido común contra la modularidad tiene que ver con la integración de la información. En el nivel conceptual se integran, en un nivel independiente de modalidades, informaciones que vienen de diferentes módulos de entrada, cada uno ligado a alguna modalidad sensorial: es posible ver un perro, oírlo, olerlo, tocarlo y hablar acerca de él. Se trata de preceptos diferentes, pero el concepto es el mismo. Tal como señala Fodor,

> La forma general de este argumento nos retrotrae a Aristóteles: las representaciones que traen los sistemas de entrada deben tener una interfaz en alguna parte, y, por esto mismo, los mecanismos computacionales que afectan esa interfaz deben tener acceso inmediato a las informaciones de más de un dominio cognitivo (Fodor, 1983: 101-102).

El segundo argumento contra la modularidad basado en el sentido común tiene que ver con la diversidad cultural y la novedad. Los procesos conceptuales de un adulto humano abarcan una variedad indefinida de dominios, como política partidaria, la historia del béisbol, el mantenimiento de las motocicletas, el budismo Zen, la cocina francesa, la ópera italiana, el juego de ajedrez, las colecciones de sellos postales o el ejemplo elegido por Fodor: la ciencia moderna. La aparición de muchos de estos dominios en la cognición humana es muy reciente y no se la puede correlacionar con ninguna modificación del genoma humano. Muchos de estos dominios varían notablemente en lo que respecta al contenido en distintas culturas y algunos de ellos pueden inclusive no estar presentes en muchas culturas. Sería absurdo suponer entonces que existe una preparación ad hoc genéticamente especificada para estos dominios conceptuales desarrollados culturalmente.

Estos dos argumentos son tan contundentes, que las consideraciones técnicas de Fodor (relacionadas con la «isotropía», las ilusiones, la racionalidad, etc.) parecen simples clavos en el ataúd de una idea muerta. Mi objetivo es desbaratar el cuadro que ofrece el sentido común y postular que el desafío de articular la integración conceptual, la diversidad cultural y la modularidad debe ser planteado en el terreno de los estudios psicológicos y antropológicos, para los cuales será también una fuente de nuevas ideas.

Para comenzar, debemos señalar que tanto el argumento de la integración de la información como el de la diversidad cultural son compatibles con una modularidad *parcial* en el nivel conceptual.

Es verdad que sería funcionalmente frustrante reproducir en el nivel conceptual la misma partición hallada en el nivel perceptivo y postular que distintos módulos conceptuales tratan por separado los outputs de los distintos módulos de la percepción. De esta manera no se produciría ninguna clase de integración y el perro que vemos y el que oímos no llegarían nunca a ser uno, el mastín llamado Goliat. Pero, ¿quién dice que los dominios conceptuales deben estar apareados con los dominios perceptivos? ¿Por qué no pensar para el nivel conceptual en una partición completamente diferente, que puede ser más o menos ortogonal y tener mecanismos conceptuales dominio-específicos, cada uno de los cuales puede obtener sus inputs de varios mecanismos? Por ejemplo, todos los outputs conceptuales de los módulos perceptivos que contienen el concepto MASTÍN podrían converger en un módulo especializado (por ejemplo un dispositivo inferencial dominio-específico que maneje conceptos de cosas vivientes) que se ocupe (entre otros) del mastín Goliat. De manera semejante, todos los outputs conceptuales de los módulos de entrada que contengan el concepto TRES podrían converger en un módulo especializado que maneje las inferencias acerca de los números, y así sucesivamente. De esta manera, la información proveniente de distintos dispositivos de entrada se podría integrar genuinamente, aunque no fuese a través de un solo sistema conceptual, sino de varios.

Por supuesto, si existiese una regla de prudencia que indicara que uno debe correr cuando se encuentra con más de dos perros belicosos, no estaría satisfecho si el módulo que se encarga de las cosas vivientes le informase por un lado que ha aparecido la categoría PERRO BELICOSO en su entorno y por el módulo numérico que hay más de dos de alguna cosa. Es mejor que se produzca una integración mayor en algún nivel. Hasta se podría argumentar –aunque *esto* no es obvio en manera alguna– que un modelo plausible de cognición humana debería permitir una integración *completa* de toda la información conceptual en algún nivel. De todas maneras, la integración parcial o total puede producirse en otro nivel, en la salida del procesamiento conceptual y no en la salida del perceptivo. La integración conceptual no es incompatible con algún grado de modularidad conceptual.

De manera semejante, el argumento de la diversidad conceptual sostiene que algunos dominios conceptuales (el ajedrez, etc.) no podrían ser modulares. Esto no implica ciertamente que ninguno pueda serlo. Por ejemplo, pese a variaciones superficiales, las clasificaciones de seres vivientes muestran muchos rasgos comunes en diferentes culturas (véase Berlin, 1978) sugiriendo la presencia de un módulo cognitivo dominio-específico (véase Atran, 1987, 1990).

La tesis de que algunos procesos centrales del pensamiento deben ser modulares se sustenta en muchos trabajos recientes (bien ilustrados en el presente libro) que tienden a demostrar que diversos procesos básicos del pensamiento conceptual hallables en todas las culturas y en todos los seres humanos con un desarrollo normal están gobernados por competencias dominio-específicas. Por ejemplo, se postula que la comprensión común que tienen las personas acerca de los movimientos de los objetos sólidos inertes, del aspecto de un organismo y de las acciones de una persona se basan en tres mecanismos diferentes: una física intuitiva, una biología intuitiva y una psicología intuitiva (véanse, por ejemplo, Atran, 1987; Keil, 1989; Leslie, 1987, 1988; Spelke, 1988 y sus colaboraciones en este volumen; véase Carey, 1985, para un punto de vista en disenso). Se postula fundamentalmente que estos mecanismos no son conocimientos adquiridos sino que, al menos de manera rudimentaria, son parte del equipamiento que hace posible la adquisición del conocimiento.

Aceptar como posibilidad un cierto grado de modularidad en los sistemas conceptuales es bastante inocuo. Hasta Jerry Fodor recientemente ha aceptado que «la psicología intencional de sentido común es esencialmente una base de datos *modularizada* e innata» (Fodor, 1992: 284; bastardilla agregada) sin sugerir que esto lo hiciese apartarse de sus anteriores postulaciones respecto de la modularidad. ¿Qué sucedería en cambio si planteásemos una modularidad *masiva* en el nivel conceptual? ¿Los dos argumentos de sentido común, el de la diversidad y el de la integración, pueden acaso descartarla?

Modularidad y evolución

Si la modularidad es una genuina propiedad natural, entonces hay que descubrir en qué consiste, no estipularlo. El mismo Fodor trata una cantidad de rasgos característicos de la modularidad, que sirven para «diagnosticarla». Los módulos, sostiene, «son dominio-específicos, están determinados de manera innata, son independientes, autónomos» (1983: 36). Sus actividades son obligatorias (p. 52) y rápidas (p. 61); se encuentran encapsulados en lo que respecta a la información (p. 64), es decir, sólo disponen del fondo de información que se encuentra en su propia base de datos. Los módulos están «vinculados con una arquitectura neural fija» (p. 98). Fodor se ocupa además de otros rasgos que no son esenciales para la cuestión que tratamos aquí.

Hay un rasgo de la modularidad que está implícito en la descripción de Fodor, aunque no lo menciona ni se ocupa de él. Si, tal como sostiene Fodor, los módulos están determinados de manera innata, y son autónomos, independientes, de eso se desprende que *un módulo cognitivo es un mecanismo evolucionado con una historia filogenética particular*. Esto es una característica, pero difícilmente sea un rasgo que permita identificarlos, ya que no sabemos casi nada acerca de la evolución real de los módulos cognitivos. Sin embargo, Leda Cosmides y John Tooby (véanse Cosmides, 1989; Cosmides y Tooby, 1987; Tooby y Cosmides, 1989, 1992, cap. 4 de este volumen)[3] me han convencido de que sabemos lo suficiente tanto de la evolución por un lado y de la cognición por otro como para tener presunciones bien motivadas (aunque, por supuesto, tentativas) acerca de qué esperar de la modularidad, cuáles podrían ser las propiedades de los módulos y qué módulos podrían existir. Este apartado debe mucho a las ideas de esos autores.

Fodor mismo hace algunas consideraciones acerca de la evolución, aunque lo hace al pasar. Sostiene que, filogenéticamente, el sistema modular de entrada tiene que haber precedido a los sistemas centrales no modulares:

> La evolución cognitiva se habría orientado hacia la liberación gradual de ciertos tipos de sistemas de resolución de problemas, de las restricciones con que operan los analizadores de entrada, y por lo tanto hacia la producción, como un logro relativamente tardío, capacidades inferenciales comparativamente independientes de los dominios que aparentemente intervienen en el vuelo más alto de la cognición (Fodor, 1983: 43).

Trataremos de explicitar algunas de las implicaciones de las sugerencias de Fodor respecto de la evolución. En una etapa temprana de la evolución cognitiva deberíamos encontrar analizadores de entrada modulares conectados directamente con controladores motores, también modulares. No habría allí un nivel en el cual la información proveniente de diversos procesos perceptivos se integrara a través de un proceso conceptual. Luego habría aparecido un dispositivo conceptual, es decir un dispositivo inferencial no ligado directamente a los receptores sensoriales. Este dispositivo conceptual aceptaría información de entrada de dos o más procesadores perceptivos, construiría nuevas representaciones a partir de esos inputs y transmitiría la información a los mecanismos de control motor.

Inicialmente, por supuesto, este dispositivo conceptual sería tan sólo otro módulo: especializado, independiente, autónomo, automático, etc. Luego, el dispositivo debe haber crecido para especializarse, posiblemente junto con otros dispositivos conceptuales similares, hasta convertirse en un gran sistema conceptual, capaz de procesar todos los outputs de los módulos perceptivos y manejar toda la información conceptual disponible para el organismo. Este verdadero sistema central no podría, al desempeñar una tarea cognitiva dada, activar todos los datos accesibles para él ni explotar todos los procedimientos existentes. La automaticidad y la velocidad ya no serían posibles, y en caso de poner en acción todas sus capacidades, dispararía una explosión computacional sin fin.[4]

Es fácil imaginar la aparición de un módulo conceptual en una mente que sólo había conocido procesos perceptivos. Por el contrario, es difícil explicar su desmodularización.

Veamos un ejemplo de fantasía: los organismos de cierta especie, llamados «protorgs», se encuentran amenazados por un peligro de alguna clase. Este peligro (la proximidad de elefantes que podrían pisotear a los protorgs, por ejemplo) es sugerido por la aparición de varios indicios: la coocurrencia de un ruido R y las vibraciones de la tierra V. Los protorgs tienen un módulo de percepción auditiva que detecta instancias de R y un módulo de percepción de las vibraciones que detecta las instancias de V. La detección o bien de R a partir de un módulo o de V a partir del otro activan un procedimiento de vuelo adecuado, y los protorgs escapan. Esto es bueno, pero cuando R o V aparecen solos no hay peligro. Sin embargo, los protorgs experimentan una cantidad de «falsos positivos», y huyen inútilmente, perdiendo energía y otros valiosos recursos.

Algunos descendientes de los protorgs, a los que llamaremos «orgs», desarrollaron otro dispositivo mental: un mecanismo de inferencia conceptual. Los módulos perceptivos ya no activan directamente el procedimiento de vuelo. Ahora los outputs relevantes, es decir la identificación del ruido R y de la vibración V, convergen en el nuevo dispositivo. Este mecanismo conceptual actúa como una puerta AND*:

* Una puerta AND es un circuito que produce una señal de output cuando las señales se reciben simultáneamente a través de los inputs de todas las conexiones.

cuando y sólo cuando identifican perceptivamente tanto a R como a V, el mecanismo conceptual llega a un estado que podríamos decir representa la presencia de peligro y es este estado el que activa el adecuado procedimiento de vuelo.

Los orgs, según cuenta la historia, compitieron exitosamente con los protorgs en la búsqueda de comida y otros recursos y por eso ya no tenemos protorgs a nuestro alrededor.

El mecanismo conceptual de los orgs, si bien no es un módulo de entrada, de todas maneras constituye claramente un módulo: es un mecanismo dominio-específico de resolución de problemas, es veloz, la información se encuentra encapsulada, y está ligado a una arquitectura neuronal determinada. Por supuesto, es un módulo muy pequeño, pero nada nos impide imaginar que se puede tornar más grande. En lugar de aceptar tan sólo dos informaciones de dos módulos perceptivos simples, el módulo conceptual puede llegar a manejar más informaciones provenientes de más fuentes y a controlar más de un solo comportamiento motor y seguir de todos modos siendo dominio-específico, rápido, automático, etcétera.

En este punto tenemos dos escenarios evolucionarios posibles para ofrecer: según el escenario sugerido por Fodor, el módulo conceptual debería evolucionar hacia menos especificidad de dominio, menos encapsulación de la información, menos velocidad, etc. En otras palabras, se iría haciendo cada vez menos modular, probablemente se ensamblaría con otros dispositivos también desmodularizados y acabaría constituyendo el tipo de sistema central que Fodor postula («quineano», «isotrópico», etc.). Sin embargo, en esta posibilidad encontramos dos brechas. La primera tiene que ver con los mecanismos mentales y es detectada por el mismo Fodor en su «Primera ley de la no existencia de la ciencia cognitiva». Esta ley sostiene fundamentalmente que los mecanismos del pensamiento no modular son demasiado complejos como para poder comprenderlos. Por esta razón, simplemente debemos aceptar que existen y no preguntarnos cómo funcionan.

La segunda brecha en el escenario propuesto por Fodor tiene que ver con el proceso de evolución en sí mismo, que supuestamente estaría produciendo un mecanismo tan misterioso. Sin duda, podría ser conveniente cambiar unos pocos mecanismos específicos micromodulares por una macrointeligencia avanzada, apta para todos los propósitos, si tal cosa fuese posible. Por ejemplo, los superorgs, dotados de una inteligencia general, podrían desarrollar tecnologías para erradicar el peligro de una vez y para siempre, en lugar de tener que huir una y otra vez. El problema es que la evolución no suele ofrecer esta clase de opciones abruptamente contrastantes. Las alternativas disponibles en cada momento suelen ser pequeñas modificaciones del estado existente. La selección, que es la fuerza principal que conduce la evolución, sólo ve a una distancia muy corta (y el resto de las fuerzas, como la deriva genética, etc. son directamente ciegas). Una alternativa ventajosa suele ser seleccionada dentro de una estrecha gama de posibilidades y esto puede abrir paso a cambios muy convenientes a largo plazo. El escenario de desmodularización es poco plausible por esta razón.

Supongamos que realmente el analizador conceptual de peligros se modifica en algunos orgs mutantes, no en la dirección que llevaría a un mejor desempeño para esta tarea, sino tendiendo a una menor especificidad de dominio. Este dispositivo conceptual modificado ya no sólo procesa la información relevante para las posibilidades inmediatas de huida de los orgs, sino que además incluye informaciones acerca de rasgos inocuos de la situación de peligro y acerca de una variedad de situaciones inocuas que comparten estos rasgos. El dispositivo ya no solamente se ocupa de las inferencias pertinentes y prácticas, sino que adquiere un carácter más teórico. Cuando se detecta el peligro, el nuevo sistema, que ya no es modular, no dispara automáticamente la conducta de huida, y cuando lo hace, opera más lentamente –lo automático y lo veloz van junto con la modularidad– pero a cambio cuenta con pensamientos interesantes que están archivados para el futuro... si es que hay algún futuro para los orgs mutantes, dotados de este dispositivo parcialmente desmodularizado.

Por supuesto, la velocidad y la automaticidad son particularmente importantes para los analizadores de peligros y lo son en mucho menor grado para otros módulos plausibles, por ejemplo para los módulos que gobiernan la elección de compañeros sexuales. Sin embargo, la cuestión general es la misma: los módulos cognitivos evolucionados suelen ser respuestas a problemas específicos, habitualmente ambientales. La mayor holgura del dominio de un módulo no suele tener como consecuencia una mayor flexibilidad sino mayores fallos en las respuestas del organismo al problema. Si la evolución tiende hacia el mejoramiento de las características de la especie, entonces debemos esperar una mejoría en el modo en que los módulos existentes desempeñan sus tareas o la aparición de nuevos módulos, pero no la desmodularización.

Es verdad que se pueden concebir situaciones en las cuales la desmodularización marginal de un dispositivo conceptual sea ventajosa o que, al menos, no sea perjudicial, pese a la disminución de la velocidad y fiabilidad que acarrearía. Imaginemos, por ejemplo, que el peligro que el módulo conceptual debía analizar ha desaparecido del medio ambiente. El módulo ya no está adaptado y una disminución de la especialización no sería dañina. Pero ¿qué beneficio traería aparejado? Estas posibilidades poco frecuentes no bastan para pensar que sería beneficioso lo que Fodor sugiere con estas palabras: «la evolución cognitiva debe... haber tendido a liberar gradualmente ciertos dispositivos para la resolución de problemas de las restricciones que gobernaban el trabajo de los analizadores de los inputs». Esta afirmación podría ser cierta, pero no cuenta con el sustento suficiente. La única motivación de esta tendencia podría ser el deseo de integrar la creencia propia de algunas teorías de la evolución, que sostienen que el pensamiento humano no es modular, pero este punto de vista es bastante inconsistente. Sería mejor oficializar la brecha explicativa con una «Segunda ley de la no existencia de la ciencia cognitiva», según la cual las fuerzas que han llevado a la evolución cognitiva nunca podrán ser identificadas.[5] Aceptemos simplemente que la evolución cognitiva se produjo (y tuvo como resultado la desmodularización del pensamiento) y no nos preguntemos cómo fue el proceso.

En lugar de partir de una visión enigmática de los procesos de pensamiento del homo sapiens para llegar a la conclusión de que la evolución pasada es un misterio insondable, sería preferible partir de consideraciones evolucionarias plausibles por derecho propio y preguntarse a qué organización cognitiva habrían llevado para lograr que la especie, tal como la conocemos hoy, pudiese basarse en sus capacidades cognitivas para la supervivencia. Esto nos conduce a un segundo escenario.

Como ya hemos sugerido, es razonable esperar que los módulos conceptuales aumenten su complejidad, su sutileza y su sofisticación inferencial *en el desempeño de su función*. Como sucede con cualquier dispositivo biológico, las funciones de un módulo pueden variar con el tiempo, pero no hay razón para esperar que la nueva función sea más general que las antiguas. En cambio, es legítimo suponer que los nuevos módulos aparezcan como respuesta a diferentes tipos de problemas o situaciones. De esta manera, se acumulan cada vez más módulos.

Dado que los módulos cognitivos son cada uno el resultado de una diferente historia filogenética, no hay por qué esperar que se atengan todos a un mismo modelo ni que estén elegantemente conectados entre sí. Aunque la mayoría o todos los módulos conceptuales son dispositivos inferenciales, los procedimientos inferenciales que utiliza cada uno pueden ser distintos de los que usan los demás. Por lo tanto, desde un punto de vista modular, no es razonable preguntarse cuál es la forma general de la inferencia humana (reglas lógicas, esquemas pragmáticos, modelos mentales, etc.), aunque esta pregunta suele formularse en la literatura dedicada al estudio del razonamiento (véase Manktelow y Over, 1990, para una revisión reciente).

Los «dominios» de los módulos pueden variar en carácter y en tamaño: no hay razón para esperar que los módulos dominio-específicos manejen cada uno un dominio de tamaño semejante al otro. Especialmente no hay por qué excluir micromódulos cuyo dominio es del tamaño de un concepto y no del tamaño de un campo semántico. Más aún, yo mismo postularé que muchos conceptos humanos son individualmente modulares. Dado que es probable que los módulos conceptuales sean muchos, la interconexión entre ellos y sus conexiones con los módulos que ejercen controles perceptivos y motores también pueden ser muy diversos. Tal como sostiene Andy Clark (1987, 1990) sería mejor que pensáramos en la mente como si fuese un dispositivo en el que se adhieren componentes en diferentes momentos y que se conectan con otros de un modo que enorgullecería a un ingeniero.

Modularidad e integración conceptual

El input para los primeros módulos conceptuales que aparecieron en la evolución de la cognición tiene que haber surgido de los módulos perceptivos. Sin embargo, una vez que los módulos conceptuales estuvieron acomodados, sus outputs podrían haber servido de inputs para otros módulos conceptuales.

Supongamos que los orgs pueden comunicarse entre ellos por medio de un repertorio de señales vocales. Supongamos también que la interpretación óptima de estas señales depende de factores conceptuales. Por ejemplo, una señal ambigua de peligro emitida por un org en un árbol significa la presencia de una serpiente, pero cuando la señal es emitida en el suelo, indica la presencia de elefantes. Los módulos perceptivos son los encargados de identificar tanto las señales como los contextos relevantes. El output relevante de estos módulos perceptivos es procesado por un módulo conceptual ad hoc, que interpreta las señales ambiguas. Ahora bien, si los módulos conceptuales especializados en la inferencia del acercamiento de elefantes no sólo aceptaran la información perceptiva de los ruidos específicos y las vibraciones de la tierra, sino que además recibieran la interpretación de las señales relevantes emitidas por otros orgs, eso representaría, sin duda, un progreso significativo. De ser así, este módulo conceptual dedicado a inferir peligro, recibiría inputs no sólo de los módulos perceptivos sino también de otro módulo conceptual, dedicado a interpretar señales.

En el caso del ser humano, generalmente se da por hecho que las habilidades dominio-específicas no sólo pueden manejar información primaria correspondiente a sus dominios y provista por la percepción, sino que además pueden recibir información comunicada verbal o gráficamente. Por ejemplo, los experimentos que investigan el desarrollo del conocimiento zoológico no utilizan como material animales verdaderos sino figuras o descripciones verbales. Aunque esta práctica merecería más atención de la que habitualmente se le dedica, es posible que sea adecuada. Si lo es, se trata de un hecho notable.

También es posible que algunos módulos conceptuales reciban *todos* los inputs de otros módulos conceptuales. Imaginemos, por ejemplo, que los orgs sólo emiten señales de peligro cuando se cumplen dos condiciones: por un lado deben percibir la presencia de peligro y por otra, la de orgs amistosos en riesgo. Ambas inferencias son llevadas a cabo por módulos conceptuales. De ser así, el módulo conceptual que decide si debe o no emitir una señal de peligro recibe todos los inputs de otros módulos conceptuales y ninguno de los órganos perceptivos.

Estamos ahora acercándonos a una compleja red de módulos conceptuales: algunos de ellos reciben toda la información de módulos perceptivos, otros reciben al menos parte de los inputs de módulos conceptuales, etc. Cada información se puede combinar con otras de muchos modos, en uno o en varios niveles y de varias maneras (aunque la integración puramente conceptual total parece excluida). ¿Cuál sería el comportamiento de un organismo dotado de estos procesos de pensamiento modulares complejos? Está claro que no lo sabemos. ¿Se comportaría de una manera flexible, tal como los seres humanos? Al menos, sus respuestas serían bastante sofisticadas. ¿Hay más flexibilidad en esta sofisticación? La «flexibilidad» es una metáfora que no tiene una interpretación lineal clara y, por lo tanto, es difícil predecirlo. De todos modos, cuando pensamos en la flexibilidad del ser humano, tenemos en mente la capacidad de aprender de la experiencia. ¿Es capaz de aprender un sistema completamente modular?

La impresión («imprinting») es una forma muy simple de aprendizaje modular. ¿Qué saben los orgs el uno del otro? Si los orgs son animales que no aprenden, deberían contar sencillamente con un detector de congéneres y con detectores para ciertas propiedades de otros orgs, tales como la edad o el sexo, pero serían incapaces, en cambio, de detectar a algún individuo en particular, ni siquiera a sus propias madres. Si contaran, en cambio, con un aprendizaje primitivo, podrían tener un módulo «detector de madre» que sería «inicializado» (p. ej. se fijarían los parámetros o se llenarían los espacios vacíos) de una vez y para siempre en el momento del primer encuentro del org con una criatura grande en su entorno (es de esperar que se trate de su verdadera mamá). Como resultado de este encuentro, el módulo inicializado se convertiría en un detector del individuo particular causante de esa impresión.

Si tuviesen una capacidad de aprendizaje un poco más sofisticada, serían capaces de construir varios detectores para diversos individuos. Podrían contar con un módulo molde o plantilla («template») semejante al detector de madre, pero que se podría inicializar varias veces, proyectando cada vez una copia de sí mismo inicializada en forma particular, especializada en la identificación de un individuo distinto. ¿Serían módulos estas copias incializadas del módulo molde? No veo por qué no. La única diferencia sería que estos numerosos módulos proyectados tendrían menos probabilidades de encapsulamiento que el módulo único detector de madre.[6] Por lo demás, los dos tipos de módulos serían inicializados y operarían exactamente de la misma manera. Podríamos decir que nuestros orgs más sofisticados tienen una capacidad modular dominio-específica para representarse mentalmente individuos específicos y que esta posibilidad sería la consecuencia de la generación de micromódulos destinados a la representación de cada individuo particular.

A la luz de lo que hemos expuesto, consideremos la capacidad dominio-específica humana para categorizar seres vivientes. Una posibilidad es que exista un módulo molde inicial para los conceptos de seres vivientes que se inicialice muchas veces, produciendo cada vez un micromódulo correspondiente a una clase de seres vivientes (el módulo para perros, el módulo para gatos, el módulo para peces, etcétera).

Pensar en estos conceptos como módulos puede demandar un tiempo de acostumbramiento. Colaboraré al respecto diciendo: Los conceptos son obviamente dominio-específicos, tienen una base de datos propia (la información enciclopédica archivada) y son dispositivos computacionales autónomos (trabajan, según expondré, sobre las representaciones que conllevan el concepto apropiado, así como las enzimas digestivas trabajan sobre los alimentos que contienen determinada molécula). Cuando, además de todo esto, los conceptos están parcialmente determinados genéticamente (a través de algún molde conceptual dominio-específico) son modulares hasta algún punto interesante, ¿verdad?

La relación de copiado de un molde a veces puede producirse en más de un nivel. Un metamolde general destinado a la categorización de las cosas vivientes podría proyectar conceptos no sólo en forma directa, sino generar además otros moldes específicos para diferentes dominios de seres vivientes. Por ejemplo, un parámetro fundamental por fijar podría ser el contraste entre objetos autopropulsados y objetos no autopropulsados (Premack, 1990), que corresponderían a dos moldes, uno para los conceptos zoológicos y otro para los conceptos botánicos.

También es posible que el metamolde inicial contenga tres tipos de rasgos: 1) rasgos fijos que caracterizan a las especies vivientes en general, por ejemplo el hecho de que la especie tenga una esencia subyacente, sería una parte inalterable de cualquier concepto de especie viviente (Atran, 1987; Gelman y Coley, 1991; Gelman y Markman, 1986, 1987; Keil, 1989; Medin y Ortony, 1989); 2) parámetros con valores por omisión que se pueden modificar en las copias del molde, por ejemplo «autopropulsado» y «no humano» podrían ser valores del molde inicial por revisar; 3) espacios vacíos para información sobre las especies. De ser así, el molde de valores por omisión podría servir para esto en los casos de conceptos de animales no humanos. Para utilizar el molde para conceptos de plantas o para incluir humanos en la categoría de animales, habría que cambiar un valor por omisión en un molde inicial.

¿Cómo se gobierna en realidad el flujo de información entre módulos? ¿Existe un dispositivo regulador? ¿Es un pandemónium? ¿Se trata de una economía de mercado? Se podrían concebir muchas clases de modelos al respecto. He aquí una posibilidad sencilla.

El output de los módulos perceptivos y conceptuales tiene la forma de representaciones conceptuales. Los módulos perceptivos categorizan estímulos distales y deben tener, por lo tanto, el repertorio conceptual necesario para las categorizaciones de que son capaces. Los módulos conceptuales pueden inferir nuevas categorizaciones conceptuales a partir de las representaciones conceptuales que reciben y procesan. Para ello, deben contar con un repertorio conceptual de entrada y de salida. Supongamos que estos módulos aceptan como input cualquier representación conceptual en la cual aparezca un concepto incluido en su repertorio de entrada. Los micromódulos para conceptos únicos, en particular, procesan todas las representaciones en las cuales aparece su concepto y sólo esas representaciones. Estos micromódulos generan transformaciones de las representaciones de entrada, reemplazando el concepto por alguna expansión generada de modo inferencial. Por lo demás, son ciegos a las otras propiedades conceptuales de las representaciones que procesan (del mismo modo en que sucede en el procesamiento del cálculo en algunos procesadores de texto, que copian el texto pero sólo «ven» números y signos matemáticos). Generalmente, la presencia de conceptos específicos en una representación determina qué módulos se activarán y qué procesos inferenciales tendrán lugar (véase Sperber y Wilson, 1986, cap.2).

Un rasgo clave de la modularidad en la descripción de Fodor es el encapsulamiento de la información: un módulo utiliza una base de datos limitada y no puede aprovechar para su tarea información relevante que esté incluida en otra base de datos. Los procesos centrales, en cambio, no se encuentran tan restringidos. Se caracterizan más bien, por el libre flujo de la información. De esta manera, las creencias acerca del queso Camembert pueden desempeñar un papel en nuestras conclusiones acerca de los quarks, aunque difícilmente correspondan al mismo dominio conceptual. Esto es una realidad que no soñaría negar. ¿Qué consecuencias tiene respecto de la modularidad de los procesos conceptuales? Puede implicar que un particular modelo modular no sea correcto: imaginemos un simple conjunto conformado por unos pocos grandes módulos desconectados entre sí. La información tratada por un módulo no podría llegar a otro. Si, por el contrario, el output de un módulo conceptual puede servir de input para otro, los módulos pueden ser encapsulados en cuanto a la información y de todos modos se pueden producir cadenas de inferencias que lleven una premisa de un módulo a otro, de modo que se logren integrar las contribuciones de cada uno en la conclusión final. Un efecto holístico no es necesariamente el resultado de un procedimiento holístico.

Una vez que se alcanza un cierto nivel de complejidad en el pensamiento conceptual modular, pueden aparecer módulos cuya función sea manejar los problemas que surgen, no en medio ambiente exterior, sino internamente, en los trabajos de la mente misma. Un sistema conceptual modular de esta riqueza seguramente debería enfrentar un problema del mismo tipo que plantea Fodor para los sistemas no modulares: el riesgo de una explosión computacional.

Supongamos que hubiese surgido un dispositivo tal, su función sería poner sobre el tapete una cantidad de información limitada para ser procesada. Podemos llamar «atención» a este dispositivo, que sería un depósito de memoria intermedia («buffer») temporal. Sólo las informaciones acumuladas en este depósito son procesadas (por los módulos cuyas condiciones de entrada satisfacen) y lo son únicamente durante el tiempo que permanecen en el depósito. Distintas representaciones compiten por la atención. Esta competencia tiende a maximizar la eficiencia cognitiva, ya que se seleccionan para el procesamiento inferencial las informaciones más relevantes disponibles en un momento. Para conocer mucho más al respecto, léase *Relevance* (Sperber y Wilson, 1986).

La atención no es, por supuesto, dominio-específica. Es además una clara adaptación a un problema de procesamiento interno: el problema que tienen los módulos porque reciben mucha más información perceptiva de la que pueden procesar conceptualmente. Un sistema con estas características debe estar dotado de un medio para seleccionar la información conceptual que se procesará. La atención guiada por la relevancia es este medio, no importa que la consideremos un módulo o que no lo hagamos. La atención encaja perfectamente en una concepción modular del pensamiento.

No tengo la expectativa de que estas especulaciones sean convincentes: yo mismo estoy convencido sólo a medias, aunque lo estaré un poco más al concluir este capítulo. Sólo espero que sean inteligibles. Si es así, quiere decir que es posible imaginar un rico sistema conceptual modular que integra la información de tantas maneras parciales que no resulta obvio que los seres humanos la integren genuinamente de un modo más pleno. Así el argumento contra la modularidad basado en la supuesta imposibilidad de la integración modular perderá al menos parte del atractivo que el sentido común le confería.

Dominios efectivos y dominios propios de los módulos

Los módulos son dominio-específicos y muchos, posiblemente la mayoría de los dominios del pensamiento humano moderno, son demasiado nuevos y variables para ser el dominio específico de un módulo genéticamente determinado. Este segundo argumento contra la modularidad basado en el sentido común se ve reforzado por consideraciones adaptacionistas como por ejemplo que en muchos dominios es difícil que se llegue al conocimiento experto cultural como resultado de la adaptación biológica. Esto sucede no sólo en dominios nuevos como el ajedrez sino también en viejos dominios como la música. Por lo tanto es poco probable que la adquisición del carácter de experto en estos terrenos se base en un mecanismo que haya evolucionado ad hoc. Por supuesto, siempre es posible elaborar una historia que sostenga que, por ejemplo, la competencia musical es una adaptación biológica. Sin embargo, tratar de suponer que un rasgo tiene un carácter adaptativo cuando no se cuenta con demostraciones al respecto es hacer un mal uso del enfoque evolucionario.

Intentaré desarrollar una línea diferente. La adaptación se produce generalmente en relación con condiciones ambientales determinadas. Si observamos un rasgo adaptativo en forma aislada, dentro de un organismo, y dejamos de lado todo lo que sabemos acerca del entorno y de su historia, no podemos descubrir cuál es su función ni a qué corresponde esa adaptación. La función del cuello largo de la jirafa sirve para que ella pueda comer de los árboles, pero en otro contexto –puede usted pensar en otro planeta y dejarlo librado a su imaginación– la función de una parte del cuerpo con esas características podría tener como propósito permitir que el animal vea más lejos o evitar que respire el aire viciado cercano al suelo o ayudar a que engañe a predadores gigantes que creerían que esa carne es venenosa.

Algo semejante, o una aplicación de esto mismo, ha sido el centro de importantes debates recientes en el campo de la filosofía del lenguaje y la mente, entre los «individualistas» y los «externalistas». Los individualistas sostienen que el contenido de un concepto está en la mente del que piensa o, en otras palabras, que el contenido conceptual es una propiedad intrínseca del estado cerebral de quien piensa. Los externalistas sostienen –creo que con razón– que el mismo estado cerebral que produce un concepto podría producir otro diferente en otro entorno, tal como rasgos biológicos internos idénticos pueden tener funciones distintas.[7]

El contenido de un concepto no es una propiedad intrínseca, sino más bien una propiedad relacional[8] del sustrato neural que lo sustenta y es contingente respecto del entorno y de la historia (incluyendo la prehistoria filogenética) de ese objeto neural. Esto es directamente aplicable al caso de los módulos dominio-específicos. Un dominio se define semánticamente a través de un concepto que agrupa a los objetos que caen dentro de su esfera. Por lo tanto, el dominio de un módulo no es una propiedad de su estructura interna (sea que lo describamos en términos neurológicos o computacionales).

No hay manera de que un módulo cognitivo especializado pueda escoger su dominio sólo en virtud de su estructura interna y ni siquiera en virtud de sus conexiones con otros módulos cognitivos. La estructura interna únicamente provee, tomando prestada una frase de Frank Keil (cap. 9 de este volumen) *un modo de constructo,* una disposición para organizar la información de cierta manera y para realizar las computaciones de un cierto modo. Un módulo cognitivo también posee relaciones estructurales con otros dispositivos mentales con los cuales interactúa. Esto determina en parte sus *condiciones* para los *inputs*: a través de qué dispositivos va a llegar la información y cómo debe ser categorizada por esos otros dispositivos. En tanto permanezcamos en el ámbito de la mente y dejemos de lado las conexiones de los módulos perceptivos con el entorno, el conocimiento de las conexiones cerebrales internas de un módulo cognitivo especializado no llevará a la determinación de su dominio.

A diferencia de lo que sostiene Keil, el hecho de que el modo de constructo adoptado por un módulo mental pueda acomodarse a muchos dominios *no* amengua el carácter dominio-específico del módulo en cuestión, así como el hecho de que mi llave pueda funcionar en muchas cerraduras no perjudica su condición de ser la llave de mi puerta. El modo de constructo y el dominio, así como mi llave y mi cerradura, tienen una larga historia en común. ¿De qué manera, entonces, las interacciones con el entorno determinan el dominio de un módulo cognitivo? Para responder a esta pregunta, es mejor distinguir entre el dominio *efectivo* y el dominio propio de un módulo.

El *dominio efectivo* de un módulo conceptual es toda la información propia del entorno del organismo que puede (una vez procesada por los módulos perceptivos y probablemente por otros módulos conceptuales) satisfacer las condiciones de input del módulo. Su *dominio propio* es toda la información para la que está biológicamente preparado para procesar. Dicho en términos sencillos, la función de un dispositivo biológico es crear una clase de efectos que contribuyan a transformar ese dispositivo en un rasgo estable de la especie. La función de un módulo es procesar de un modo particular un tipo específico de información. Ese procesamiento contribuye al éxito reproductivo del organismo. El espectro de información que el módulo procesa constituye su dominio. Un módulo puede procesar información que encuentra en su verdadero dominio, sea o no parte de su dominio propio.

Volviendo a los orgs, el peligro característico que los azotaba en un principio era la posibilidad de ser aplastados por elefantes. Gracias a un módulo comenzaron a reaccionar selectivamente frente a varios signos que los elefantes producían al acercarse. Por supuesto, a veces no captaban el acercamiento de elefantes y otras veces ciertos acontecimientos no relacionados e intrascendentes activaban el módulo. Pero aunque el módulo fallase a veces en su función de captar todos los acercamientos de elefantes y sólo esos hechos, describimos su función de este modo (y no conforme a lo que verdaderamente hacía). ¿Por qué? Pues porque su relativo éxito en el cumplimiento de esa tarea es lo que explica que se haya transformado en un rasgo estable de una especie duradera. Aun cuando no hayan coexistido completamente, el verdadero dominio del módulo coincidía suficientemente bien con el dominio del acercamiento de elefantes. Sin embargo, este último era el dominio propio del módulo.

Muchas generaciones más tarde, los elefantes desaparecieron del hábitat de los orgs, mientras que los hipopótamos se multiplicaron y ahora eran ellos los que aplastaban a los orgs distraídos. El mismo módulo que se había ocupado de los elefantes y de algunos hechos no relacionados, comenzó a reaccionar frente a los hipopótamos y a algunos hechos no relacionados. ¿Es que acaso la aproximación de hipopótamos pasó a ser el dominio propio del módulo? Sí, y por las mismas razones que antes: su relativo éxito en la tarea de reaccionar frente al acercamiento de los hipopótamos explica por qué este módulo siguió siendo un rasgo estable de una especie duradera.[9]

Hoy en día, sin embargo, también los hipopótamos han desaparecido y hay en cambio unas vías de ferrocarril que atraviesan el territorio de los orgs. Como los orgs no se acercan a las vías, no corren peligro. Sin embargo, el mismo módulo que había reaccionado ante el acercamiento de los elefantes y más tarde de los hipopótamos, reacciona ahora ante el acercamiento de los trenes (y produce en los orgs un pánico inútil). El dominio efectivo del módulo incluye el acercamiento de los trenes. ¿Es ahora su dominio propio el del acercamiento de trenes? Esta vez deberíamos responder que no. Reacciona frente a los trenes, pero esa no es su función. La reacción del módulo frente a los trenes no explica su permanencia como rasgo estable de la especie. En realidad, si el módulo y la especie sobreviven es pese a este efecto, marginalmente dañino.[10]

Sin embargo, un psicólogo dedicado al comportamiento animal que estudiara a los orgs podría llegar a la conclusión de que tienen una capacidad dominio-específica para reaccionar frente a los trenes. Se podría preguntar cómo llegaron a desarrollar esta capacidad, ya que los trenes aparecieron en esa zona demasiado recientemente como para haber permitido el desarrollo de una adaptación biológica específica (el valor de la cual sería, además, misterioso). La verdad es, por supuesto, que los anteriores dominios propios del módulo (primero el acercamiento de elefantes y luego el de hipopótamos) están ahora vacíos, que su dominio real es ahora accidentalmente el acercamiento de los trenes y que la explicación del accidente radica en las condiciones de input del módulo, que había sido seleccionado para un entorno diferente y que actualmente sólo son satisfechas por los trenes.

Ya tenemos suficientes ejemplos de fantasía. En el mundo real es poco probable que los elefantes sean reemplazados claramente por los hipopótamos y luego por los trenes y que cada uno de esos estímulos satisfaga las condiciones de input de un módulo determinado. Los entornos naturales y, por lo tanto, las funciones cognitivas, suelen ser relativamente estables. Es más probable que se produzcan pequeños cambios que cambios radicales. Cuando se producen cambios radicales en el entorno, por ejemplo como consecuencia de un cataclismo natural, es probable que algunas funciones cognitivas directamente se pierdan: si los elefantes se van, también desaparece la función de detectar elefantes. Si un módulo pierde su función o, lo que es equivalente, su dominio propio queda vacío, es poco probable que su dominio efectivo sea adoptado por otros objetos, todos de la misma categoría, como los trenes. Es más probable que toda una gama bastante caótica de estímulos hagan reaccionar a ese módulo, que ya no podrá ser descrito en términos de una categoría específica. Los dominios efectivos no suelen ser dominios conceptuales.

Los dominios culturales y la epidemiología de las representaciones

La mayor parte de los animales sólo obtienen de sus congéneres informaciones de tipos altamente predecibles. Dependen, por lo tanto, del resto del entorno para sus escasos avances intelectuales. Los seres humanos son especiales. Ellos son naturalmente productores, transmisores y consumidores masivos de información. Reciben una considerable cantidad y variedad de sus congéneres y hasta producen y almacenan informaciones para su consumo personal. Por esta razón, según expondré, el dominio efectivo de los módulos cognitivos humanos tiende a ser mucho más grande que el dominio propio. Más aún, estos dominios verdaderos, lejos de ser un caos imposible de categorizar, pueden ser parcialmente organizados y categorizados por los mismos seres humanos. Esto sucede en tal medida que, en mi opinión, debemos distinguir los *dominios culturales,* de los dominios efectivos y los propios.

Pasaremos a una breve ilustración antes de dar un esbozo más sistemático y un par de ejemplos más serios: hay un bebé en su cuna, dotado de una física intuitiva, que es modular y dominio-específica. El dominio propio de ese módulo es la gama de hechos físicos que típicamente ocurren en la naturaleza y la comprensión de los cuales es fundamental para la posterior supervivencia del organismo. Presumiblemente, otros primates están dotados de un módulo semejante. El módulo de la física intuitiva del bebé chimpancé (y del bebé del Pleistoceno que aún no era Homo sapiens) reacciona ante la caída de un fruto extraño o de una rama, ante una cáscara de banana que es descartada, ante los efectos ocasionales de los movimientos propios, o puede ser activado por la caída irregular de una hoja. El módulo de nuestros bebés, en cambio, no sólo es estimulado por los hechos físicos que se producen incidentalmente, sino también por los juguetes que se adosan a su cuna, por una caja de música que pende sobre su cabeza, por las pelotas que arrojan sus hermanos mayores, por los dibujos animados que ve en la pantalla del televisor y por diversos juguetes educativos diseñados para estimular su interés natural hacia los hechos físicos.

¿Qué es lo que hace especial al ser humano? Los seres humanos modifican su entorno a un ritmo que la selección natural no puede seguir. Por esta razón muchos rasgos del organismo humano genéticamente determinados son, probablemente, adaptaciones a características del ambiente que ya no existen o que han cambiado mucho. Esto podría suceder no sólo con adaptaciones al entorno no humano, sino también con adaptaciones a estadios más antiguos del entorno social de los homínidos.

En particular, es poco probable que los dominios efectivos no coincidan con los dominios propios en los casos de módulos cognitivos. El dominio efectivo de cualquier módulo cognitivo humano seguramente incluye gran cantidad de información cultural que cumple sus condiciones de input. Esto no es consecuencia de la casualidad ni del diseño, sino de una distribución social de la información.

Los seres humanos no sólo construyen individualmente representaciones *mentales* de informaciones, sino que además producen información que intercambian bajo la forma de representaciones *públicas* (producciones verbales, textos escritos, figuras) o de otros comportamientos informativos o artefactos. Muchas de las informaciones se comunican, sin embargo, a una persona o a unas pocas en una ocasión particular y eso es todo. Otras veces, en cambio, los receptores de la información la comunican a su vez a otros, y así sucesivamente. Este proceso de transmisión repetida puede llegar hasta un punto tal que se forme una cadena de representaciones mentales públicas, ligadas causalmente y similares en cuanto a su contenido (son similares en cuanto al contenido debido a sus relaciones causales) que se instalan en toda una población humana. Las tradiciones y los rumores se difunden de esta manera. Otros tipos de representaciones se pueden distribuir a través de cadenas causales de otra forma (p. ej. a través de la imitación con o sin instrucción, o a través de medios de comunicación). Estas representaciones asociadas y ampliamente distribuidas constituyen lo que llamamos cultura.

He expuesto anteriormente (Sperber, 1985b, 1990a, 1992) que explicar la cultura es explicar por qué algunas representaciones se distribuyen con mucha amplitud. Una ciencia naturalista de la cultura podría denominarse *epidemiología de las representaciones* y debería explicar porqué algunas representaciones son más exitosas –más contagiosas– que otras.[11]

Desde esta perspectiva epidemiológica, toda la información que los seres humanos introducen en su entorno se puede considerar como competidora[12] del tiempo y el espacio públicos y privados, es decir que compite por la atención, la memoria, la transmisión y el almacenamiento externo. Son muchos los factores que afectan las posibilidades de que una información sea exitosa y alcance un nivel de distribución amplio y duradero, es decir, que forme parte de la cultura de manera estable. Algunos de estos factores son psicológicos y otros son ecológicos. La mayor parte de ellos son relativamente particulares, aunque hay algunos bastante generales. El factor psicológico más general que afecta la distribución de la información es la compatibilidad y la correspondencia con la organización cognitiva humana.

En particular, la información relevante, cuya relevancia es independiente del contexto inmediato suele, *ceteris paribus,* alcanzar un nivel cultural de distribución: la relevancia provee la motivación necesaria tanto para almacenar como para distribuir la información, y la independencia del contexto inmediato hace que esa relevancia se mantenga, pese a los cambios de las circunstancias, en una escala social. La relevancia, sin embargo, siempre es relativa al contexto. La independencia del contexto inmediato se refiere a que la información es relevante en un contexto más amplio de creencias estables y expectativas. Desde un punto de vista modular, estas creencias que son estables en una población son las que desempeñan un papel fundamental en la organización modular y el procesamiento del conocimiento. De esta manera, ya sea que la información contradiga o enriquezca las creencias modulares básicas, tiene mayor probabilidad de éxito cultural.

Ya he postulado anteriormente (Sperber, 1975, 1980, 1985b) que las creencias que violan fuertes expectativas basadas en módulos (p. ej. la creencia en la existencia de seres sobrenaturales capaces de actuar a distancia, tener ubicuidad, metamorfosearse, etc.) tienen un protagonismo y una relevancia que contribuye a su solidez cultural. Pascal Boyer (1990) ha enfatizado acertadamente que estas violaciones a las expectativas intuitivas que aparecen en la descripción de los seres sobrenaturales son en realidad pocas y tienen lugar en un contexto de expectativas modulares satisfechas. Kelly y Keil (1985) postularon que la explotación cultural de la representación de las metamorfosis está restringida por la estructura conceptual por dominios. Hablando en términos generales, se espera que la información cultural exitosa se parezca a la correspondiente a un dominio propio y que, al mismo tiempo, sea lo suficientemente original como para no ser una mera redundancia.

En todas las culturas un módulo cognitivo estimula la producción y distribución de una gran cantidad de información que satisface sus condiciones de input. Esta información, producida u organizada artificialmente por las personas, es conceptualizada desde el comienzo y por tal razón corresponde a los dominios que propongo denominar el(los) «dominio(s) cultural(es)» de los módulos. En otras palabras, la transmisión cultural provoca, en el dominio efectivo de cualquier módulo cognitivo, una proliferación de información parásita que imita el dominio propio de un módulo.

En primer lugar voy a ilustrar este abordaje epidemiológico con algunas especulaciones acerca de un caso no conceptual: el de la música. Procuraré de este modo ejemplificar una manera de pensar sugerida por el abordaje epidemiológico. No intentaré, en cambio, establecer una hipótesis científica seria que no tendría la capacidad de desarrollar.

Imaginemos que la capacidad y la tendencia a prestar atención y a analizar ciertos patrones complejos de sonidos se convirtió en un factor de éxito reproductivo durante un extenso período de la prehistoria humana. Esos patrones se podían discriminar a través de la variación del tono y el ritmo. ¿Cuáles eran los sonidos que presentaban esta clase de patrones? La primera posibilidad que viene a mi mente es que se tratase de los sonidos comunicativos vocales humanos. No necesariamente eran los sonidos del habla del Homo sapiens. Podríamos imaginar un ancestro con menores capacidades articulatorias y que basara más su comunicación en las variaciones de tono y ritmo. En esa situación, podría haber evolucionado un módulo cognitivo especializado con las aptitudes necesarias.

Este módulo tendría que haber combinado las capacidades para la discriminación auditiva con una fuerza de motivación que hiciese que los individuos prestasen atención a los patrones sonoros relevantes. La motivación debe de haber sido de tipo hedonístico, es decir, debe de haber estado más ligada al placer y a las expectativas positivas que al dolor y el miedo. Supongamos que el patrón sonoro relevante se produjese junto con un ruido difícil de discriminar. Las habilidades vocales del ancestro eran muy rudimentarias y el sonido deseado tal vez aparecía dentro de un flujo de sonidos parásitos (como cuando se habla con la garganta irritada, resfriado o con comida dentro de la boca). En ese caso, el componente motivacional tiene que haberse afinado para que la sola detección de un bajo nivel de la propiedad buscada bastase para obtener una recompensa significativa.

El dominio propio del módulo que estamos imaginando está constituido por las propiedades acústicas de las antiguas comunicaciones orales humanas. Podría ser que este dominio propio estuviese ahora vacío: una nueva adaptación, el tracto vocal humano moderno, podría haberlo tornado obsoleto. También podría ser que esas propiedades acústicas relevantes todavía desempeñasen un papel en el habla humana moderna (en especial en las lenguas tonales) y que, por lo tanto, ese módulo siguiese siendo funcional. Los sonidos que el módulo analiza y dan placer al organismo del cual forma parte –es decir, los sonidos que reúnen las condiciones del input del módulo– no se encuentran con frecuencia en la naturaleza (salvo, claro está, en el canto de los pájaros). Sin embargo, esos sonidos se pueden producir artificialmente y, de hecho, han sido producidos dando lugar a un módulo con un dominio cultural particularmente rico: la música. El patrón acústico relevante de la música puede ser detectado mejor y disfrutado más que ningún otro sonido en el dominio propio de este módulo. El mecanismo de recompensa, que fue adaptándose a un input difícil de discriminar, ahora es estimulado hasta un punto que torna la experiencia prácticamente adictiva.

Los seres humanos han creado un dominio cultural, la música, que es parasitario de un módulo cognitivo cuyo dominio propio era preexistente a la música y no tenía nada que ver con ella. La existencia de ese módulo favoreció la difusión, estabilización y progresiva diversificación y crecimiento de un repertorio que reunía las condiciones del input. Al comienzo los sonidos placenteros fueron descubiertos por casualidad y luego esos patrones de sonidos fueron producidos deliberadamente, pasando a constituir la verdadera música. Estos productos culturales compiten por el tiempo y el espacio mentales y públicos y por la oportunidad de estimular el módulo en cuestión en la mayor cantidad de individuos que sea posible, durante todo el tiempo que sea posible. En esta competencia, algunas piezas musicales obtienen buenos resultados, por lo menos durante un tiempo, mientras que otras son descartadas. Así van evolucionando la música y la competencia musical.

En el caso de la música, el dominio cultural del módulo está mucho más desarrollado y es más importante que el dominio propio, suponiendo que este todavía exista. Es en realidad la existencia del dominio cultural y de las competencias dominio-específicas que este evoca lo que hace que busquemos, en el presente o en el pasado, un dominio propio que no se observa de manera manifiesta.

En otros casos, en cambio, la existencia del dominio propio es por lo menos tan inmediatamente manifiesta como la del dominio cultural. Pensemos en el conocimiento zoológico: la existencia de una competencia dominio-específica en la materia no es difícil de admitir, si es que se acepta en general la idea de especificidad de dominio. Una manera de concebirlo es, como ya he descripto, pensar que los seres humanos tienen un molde modular para construir conceptos de animales. La función biológica de este módulo es dar a los seres humanos modos de categorizar a los animales con que se pueden topar en el entorno y de organizar la información que acerca de ellos almacenan. El dominio propio de esta capacidad modular es la fauna local. Sin embargo, gracias a los inputs culturales, uno acaba construyendo conceptos de más animales que los que conoce personalmente. Si uno es un occidental del siglo XX, es muy probable que tenga almacenado un buen subdominio cultural de dinosaurios. Hasta se puede ser experto en dinosaurios. En otra cultura, era posible ser experto en dragones.

Esta invasión de información cultural en un dominio efectivo de un módulo conceptual se produce sin importar el tamaño del módulo.

Pensemos en un micromódulo tal como el concepto de un animal particular, por ejemplo la rata. Es posible, como ya hemos dicho, tener almacenada en ese módulo información cultural, ya sea de carácter científico o de sentido común, no teórico, acerca de las ratas, y que esa información vaya mucho más allá del dominio propio de ese módulo, es decir información que no se derive de la interacción con las ratas (que, por supuesto, puede ser útil en las interacciones con otros seres humanos, por ejemplo, proveyendo una base de datos aprovechable para la comunicación metafórica).

Desde el punto de vista macromodular, aceptaremos para poder continuar con esta exposición, que el molde modular a partir del cual se configuran los conceptos de animales es una versión inicializada (tal vez la versión por defecto) de un metamolde más abstracto, referido a las clases de los seres vivientes. Ese metamolde se inicializa de otros modos para otros dominios (p. ej. la botánica), proyectando varios moldes dominio-específicos, como aquí he sugerido. Cada nueva inicialización está determinada por la presencia de información que 1) reúne las condiciones generales de input especificadas en el metamolde, pero 2) no reúne las condiciones más específicas que requieren los moldes ya inicializados. Esa información no tiene por qué estar en el dominio propio del módulo metamolde. Es decir que el metamolde puede ser inicializado de un modo que no se adecue a ningún dominio propio, sino que corresponda a un dominio cultural. Un dominio cultural sería, por ejemplo, el de los seres sobrenaturales (véase Boyer, 1990, 1993, cap. 15, vol. II de esta obra), pero pueden existir otros dominios menos evidentes.

A la luz de estas postulaciones, examinemos el problema planteado por Hirschfeld (cap. 8 de este volumen; véanse también Hirschfeld, 1988, 1993). Los niños tienden a clasificar a los seres humanos en grupos «raciales» concebidos de una manera esencialista. ¿Tienen los niños una competencia dominio-específica para este tipo de clasificación? En otras palabras, ¿los seres humanos tienen una predisposición hacia el racismo? Para evitar una conclusión tan desagradable, se ha planteado (Atran, 1990; Boyer, 1990) que los niños trasladan a la esfera social una capacidad que ya poseían respecto de los seres vivientes y que lo hacen para comprender las regularidades de la apariencia humana (p. ej. el color de la piel) que han observado. Sin embargo, la evidencia experimental de Hirschfeld demuestra que la clasificación racial es realizada por los niños sin que existan previamente estímulos sensoriales relevantes. Esto sugiere fuertemente la existencia de una competencia dominio-específica para la clasificación racial.

El abordaje epidemiológico agrega la idea de que esta clasificación racial puede ser el resultado de un molde ad hoc derivado del meta-molde para los seres vivientes a través de una inicialización disparada por el entorno cultural. Experimentos recientes sugieren, en ciertas condiciones, que el mero contacto del niño con un rótulo utilizado para designar a un ser viviente basta para activar la clasificación de ese ser dentro de un constructo esencialista (Davidson y Gelman, 1990; Gelman y Coley, 1991; Markman, 1990; Markman y Hutchinson, 1984). Es posible que el contacto con un rótulo verbal que sirva para designar seres humanos que no habían sido anteriormente descriptos ni definidos –dado un contexto apropiado– sirva para activar la inicialización del molde ad hoc. De ser así, entonces la percepción de diferencias entre los seres humanos no sería el elemento disparador.

Existe, como Hirschfeld sugiere, una competencia para la clasificación racial determinada genéticamente, que no requiere de la importación de modelos de otro dominio concreto. Sin embargo, la competencia subyacente no tiene por qué tener la clasificación racial como dominio propio. Esta puede ser un dominio meramente cultural. La inicialización de un molde ad hoc para la clasificación racial bien podría ser el efecto de la acción de información cultural parásita sobre un módulo de aprendizaje de alto nivel, cuya función es generar moldes para genuinas especies vivientes, tales como las correspondientes a la zoología y la botánica. Si esta hipótesis es correcta –que quede claro: no digo que lo sea, sino que podría serlo–, no existiría tal disposición racista (Sober, 1984) en el ser humano. Sin embargo, existiría una disposición seleccionada para que los seres humanos fuesen susceptibles al racismo, dada cierta información cultural mínima y aparentemente inocua.

La relación entre los dominios propios y los dominios culturales de un mismo módulo no es de transferencia. El módulo en sí no tiene una preferencia por alguna de las dos clases de dominio y es ciego frente a una distinción que se basa en la ecología y la historia.

Aun cuando se adopte una perspectiva evolucionaria y epidemiológica, la distinción entre el dominio propio y el dominio cultural de un módulo no siempre es sencilla. El dominio propio y el cultural pueden superponerse. Más aún, dado que los dominios culturales son cosas de este mundo, podría existir un módulo cuya función fuese manejar un dominio cultural que, ipso facto, se convertiría en un dominio propio.

Cabe señalar que la sola existencia de un dominio cultural es consecuencia de la existencia de un módulo. Por lo tanto, al menos inicialmente, un módulo no puede ser una adaptación respecto de su propio dominio cultural. Tiene que haber sido seleccionado a causa de la preexistencia de un dominio propio. En principio, el módulo puede *llegar a tomar* como función el manejo de su propio dominio cultural. Esto debería suceder cada vez que la capacidad del módulo para manejar su dominio cultural contribuyera a que este se convirtiese en un rasgo estable de una especie duradera. El único caso claro de adaptación de un módulo a sus propios efectos es el de la facultad del lenguaje. La facultad del lenguaje en su forma inicial fue una adaptación a una lengua pública que no podía existir sin ella. Por otra parte, sería muy difícil poner en duda que la lengua se ha convertido en el dominio propio de la facultad del lenguaje.[13]

Si existen capacidades modulares que se involucran en formas específicas de interacción social (como sostiene Cosmides, 1989), entonces, como en el caso de la facultad del lenguaje, los dominios culturales de estas capacidades deben al menos superponerse a los dominios propios. Otro tema interesante en este contexto es la relación entre el número (numerosity) –dominio propio de un módulo cognitivo– y la numeración (numeracy), un evidente dominio cultural dependiente del lenguaje (véanse Dehaene, 1992; Gallistel y Gelman, 1992; Gelman y Gallistel, 1978). En general, sin embargo, no hay razón para suponer que la producción y el mantenimiento de los dominios culturales sea una función biológica de todos o de la mayoría de los módulos cognitivos humanos.

Si este abordaje es correcto, tiene implicaciones importantes para el estudio de la especificidad de dominio en la cognición humana. En particular, creo que da por tierra con el argumento de la diversidad cultural contrario a la modularidad del pensamiento. Aunque el pensamiento fuese totalmente modular, de todas maneras encontraríamos muchos dominios culturales, que variarían de una a otra cultura, y sus contenidos serían tales que sería absurdo suponer que son el dominio propio de un módulo producto de la evolución. La idiosincrasia cultural y la falta de relevancia para la aptitud biológica de un dominio cognitivo deja enteramente abierta la posibilidad de que pueda ser un dominio de un módulo genéticamente especificado: su dominio cultural.

Capacidades metarrepresentacionales y explosión cultural

Si usted todavía no está de acuerdo con la modularidad del pensamiento humano y cree que existe una mayor integración que la que yo he admitido hasta ahora, si puede concebir dominios del pensamiento que no encajan con ningún módulo plausible, entonces estamos de acuerdo. No se trata solamente de que el queso Camembert pueda desempeñar un papel en nuestras conclusiones acerca de los quarks, sino que además no tenemos ningún problema para concebir y comprender una representación conceptual en la cual el Camembert y los quarks aparezcan simultáneamente. Usted ya ha demostrado este punto al comprender la oración precedente.

De todos modos, con o sin el Camembert, las creencias acerca de los quarks no encuadran fácilmente en una concepción modular. Es seguro que no corresponden al dominio efectivo de la física intuitiva. Del mismo modo, las creencias acerca de los cromosomas no corresponden al dominio de la biología intuitiva, las creencias acerca de la licantropía no corresponden al dominio efectivo de la zoología de sentido común y las creencias acerca de la Santísima Trinidad y de los automatismos celulares quedan fuera de todos los módulos.

¿Quiere decir esto que hay un gran número de creencias extramodulares, de las cuales los primeros ejemplos serían las religiosas y las científicas? Creemos que no. Todavía no hemos agotado los recursos del abordaje modular.

Los seres humanos tienen la capacidad de crear representaciones mentales, es decir que poseen una capacidad metarrepresentacional. Esta capacidad es tan particular, tanto en términos de sus dominios como de sus requerimientos computacionales, que cualquier persona que desee tomar en cuenta la tesis de la modularidad del pensamiento querrá considerarla modular. Hasta Fodor lo hace (Fodor, 1992). El módulo metarrepresentacional[14] es un módulo conceptual especial y sin embargo podríamos decir que es de segundo orden. Mientras otros módulos conceptuales procesan conceptos y representaciones de cosas, generalmente de cosas percibidas, el módulo metarrepresentacional procesa conceptos de conceptos y representaciones de representaciones.

El dominio efectivo del módulo metarrepresentacional está bastante claro: es el conjunto de representaciones cuya existencia y contenido el organismo es capaz de inferir o aprehender de alguna otra manera. ¿Pero cuál sería el dominio propio de este módulo? Muchas de las investigaciones actuales (p. ej. Astington et al., 1989) postulan que la función de la capacidad de concebir y procesar metarrepresentaciones es dotar a los seres humanos de una psicología intuitiva. En otras palabras, este es un «módulo de teoría de la mente» (Leslie, cap. 5 de esta obra), y su dominio propio está constituido por las creencias, los deseos y las intenciones que dan lugar a la conducta humana. Esto es, en realidad, muy plausible. La capacidad para comprender y clasificar las conductas no como simples movimientos corporales sino en términos de estados mentales subyacentes es una adaptación fundamental de los organismos que deben cooperar y competir entre ellos de muchas maneras.

Una vez que se tiene en la ontología estados mentales y capacidad para atribuirlos a otras personas, no hay más que un paso, o no hay siquiera un paso, hasta tener deseos acerca de esos estados mentales –desear que ella crea tal cosa o que él desee aquella– y generar intenciones para modificar los estados mentales de otras personas. La comunicación humana es tanto una manera de satisfacer esos deseos metarrepresentacionales como de explotar las capacidades metarrepresentacionales de la audiencia. Tal como sugirió Grice (1957) y luego desarrollamos Deirdre Wilson y yo (1986), un comunicador, a través de su comportamiento comunicativo, está ayudando a su receptor, de manera deliberada y abierta, a inferir el contenido de la representación mental que desea que adopte (Sperber y Wilson, 1986).

La comunicación, desde luego, se ve enormemente facilitada por la aparición de una lengua pública. La lengua pública tiene su origen en otro módulo: el de la facultad del lenguaje. De todas maneras, creemos que el desarrollo de una lengua pública no es la causa sino la consecuencia del desarrollo de la comunicación, que fue desarrollada a partir del módulo metarrepresentacional.

Como resultado del desarrollo de la comunicación, y particularmente de la comunicación lingüística, el dominio efectivo del módulo metarrepresentacional pasa a ocuparse de las representaciones que se hacen manifiestas en los comportamientos comunicativos: las intenciones de quienes se comunican y los contenidos comunicados. La mayor parte de las representaciones acerca de las cuales se puede decir algo interesante desde el punto de vista epidemiológico se comunican de este modo y llegan a la mente de las personas a través del módulo metarrepresentacional.

Como ya se ha postulado, muchos de los contenidos comunicados llegan luego a los módulos relevantes: lo que nos dicen de los gatos se integra con lo que observamos de los gatos, dado que la representación que ha sido comunicada contiene el concepto GATO. De este modo se llega a tener información en dos modalidades: la representación de gatos, provista por un módulo conceptual de primer orden y la representación de la representación de gatos, provista por el módulo metarrepresentacional de segundo orden. Este módulo no sabe nada acerca de los gatos, pero puede saber algo acerca de las relaciones semánticas entre representaciones. Puede tener la capacidad para evaluar la validez de una inferencia, el valor de cierta información como evidencia, la plausibilidad relativa de dos creencias contradictorias y demás. También puede evaluar una creencia, no sobre la base de su contenido, sino sobre la base de la fiabilidad de las fuentes de las que proviene. El módulo metarrepresentacional puede, por lo tanto, configurar o aceptar creencias acerca de los gatos por razones que no tienen nada que ver con el conocimiento intuitivo que el módulo GATO (o el módulo de primer orden que se ocupa de los gatos) nos provee.

Un organismo que está dotado solamente de módulos perceptivos y módulos conceptuales de primer orden posee creencias, pero en cambio no tiene creencias acerca de las creencias propias o ajenas, ni una actitud reflexiva respecto de ellas. El vocabulario relacionado con sus creencias está limitado al vocabulario de salida de sus módulos y no puede concebir ni adoptar nuevos conceptos ni criticar o rechazar los viejos. Un organismo que, en cambio, está dotado también de un módulo metarrepresentacional puede representarse conceptos y creencias acerca de conceptos y creencias, puede evaluarlos críticamente y aceptarlos o rechazarlos en el terreno de las metarrepresentaciones y puede, además, configurar representaciones de conceptos y creencias pertenecientes a todos los dominios conceptuales, de un tipo diferente de las que pueden configurar o siquiera incorporar los módulos conceptuales de los dominios por sí solos. Al realizar estas operaciones, no obstante, hasta el organismo mejor dotado no hace más que usar el módulo metarrepresentacional dentro del dominio propio de ese módulo, es decir, las representaciones.

Los seres humanos, con sus sobresalientes capacidades metarrepresentacionales, pueden entonces tener creencias que pertenecen a un mismo dominio conceptual pero que han surgido de dos módulos diferentes: el módulo de primer orden especializado en ese dominio conceptual y el módulo representacional de segundo orden, especializado en representaciones. Se tratará entonces de dos clases diferentes de creencias: las creencias «intuitivas» originadas en los módulos de primer orden y las creencias «reflexivas» surgidas del módulo metarrepresentacional (véase Sperber, 1985a, cap. 2, 1985b, 1990a). Las creencias reflexivas pueden contener conceptos (p. ej. «quarks» o «Trinidad») que no pertenecen al repertorio de ningún módulo y a las que, por lo tanto, los seres humanos sólo pueden acceder de manera reflexiva, a través de las creencias o las teorías en las cuales están incluidos. Las creencias y conceptos que varían mucho de una cultura a otra (y que a menudo parecen ininteligibles o irracionales desde la perspectiva de otras culturas) son típicamente creencias reflexivas y conceptos introducidos por ellas.

Las creencias reflexivas pueden ser contraintuitivas (para ser más exactos, pueden ser contraintuitivas respecto de nuestras intuiciones referidas a los temas de que tratan y, sin embargo, nuestras razones metarrepresentacionales para aceptarlas son intuitivamente muy fuertes). Esto es un punto relevante respecto del más interesante argumento de Fodor en contra de la modularidad de los procesos centrales. Según Fodor, la encapsulación de la información y el carácter obligatorio de los módulos perceptivos se evidencia en la persistencia de las ilusiones perceptivas, aun cuando tengamos conciencia de su carácter ilusorio. No existe, según él, ningún equivalente de este hecho en el nivel conceptual. Es verdad que las ilusiones perceptivas son tan vívidas como las experiencias perceptivas y que eso no es detectable en el nivel conceptual. Pero, muchas veces dejamos de lado una creencia y, sin embargo, seguimos sintiendo su fuerza intuitiva y sentimos el carácter contraintuitivo de la creencia que hemos adoptado en su lugar.

Podemos creer con toda nuestra fe en la Santísima Trinidad y, no obstante, tener conciencia de la fuerza intuitiva que tiene la idea de que un padre y un hijo no pueden ser una y la misma persona. Podemos comprender por qué no es posible ver los agujeros negros y, sin embargo, sentir la fuerza intuitiva de que un objeto grande, sólido y denso debería ser visible. La situación de la física intuitiva opuesta a la física moderna nos provee muchos ejemplos al respecto.[5] Lo que sucede, según yo lo concibo, es que el módulo de la física intuitiva en gran medida es indemne a la penetración de las ideas de la física moderna y nos sigue proveyendo las mismas intuiciones, aunque ya no sean creíbles (o por lo menos no se las pueda creer reflexivamente).

De manera más general, el reconocimiento del módulo metarrepresentacional, de la dualidad de creencias que posibilita y del camino para el contagio cultural que abre produce una fisura importante en el cuadro modular de la mente que he tratado de esbozar. La mente queda, pues, descrita con tres instancias: un estrato de módulos de entrada simples, tal como Fodor plantea, luego una compleja red de módulos conceptuales de primer orden de todo tipo y por último un módulo metarrepresentacional de tercer orden. En principio, este módulo metarrepresentacional no es muy diferente del resto de los módulos conceptuales, pero permite el desarrollo de la comunicación y activa una explosión cultural de tal magnitud que su dominio propio acaba ampliándose y dando lugar a una multitud de representaciones culturales correspondientes a diversos dominios culturales.

De este modo, una mente verdaderamente modular desempeña un papel causal primordial en la generación de la diversidad cultural.

Notas

1. Fodor también menciona la posibilidad de que los outputs, por ejemplo los sistemas motores, sean modulares. Supongo que así es pero no trataré aquí este tema.

2. Howard Gardner, en su obra *Frames of mind* (1983) defiende una teoría modular de los procesos centrales y manifiesta una preocupación que comparto acerca del aspecto cultural del problema. De todos modos, mi abordaje es diferente del de él.

3. Véanse también Barkow, 1989; Barkow, Tooby y Cosmides, 1992; Brown, 1991; Rozin, 1976; Rozin y Schull, 1988 y Symons, 1979.

4. Este es, por supuesto, el «problema del marco» cuya sola existencia Fodor (1987) considera ligada a la no modularidad del pensamiento racional. El problema del marco, si bien es un problema de orden psicológico, ha sido sobreestimado. Dos hipótesis psicológicas permiten reducirlo a un nivel tratable. En primer lugar, la hipótesis de la modularidad del pensamiento planteada por Tooby y Cosmides (1992) permite reducir considerablemente la cantidad de datos y procedimientos implicados en cualquier tarea conceptual dada. En segundo lugar, la hipótesis de que los procedimientos cognitivos tiende a maximizar la relevancia (Sperber y Wilson, 1986) hace mucho más estrecho el espacio de cualquier tarea cognitiva.

5. La cuestión no puede radicar simplemente en que las fuerzas que han llevado a la evolución cognitiva no puedan ser identificadas con certeza, lo cual es, en gran medida, una verdad trivial. La postulación debe sostener que esas fuerzas no pueden siquiera ser identificadas tentativamente de un modo razonable, a diferencia de lo que sucede, por ejemplo, con las fuerzas que han llevado a la evolución, por ejemplo, de la locomoción. Véanse Piatelli-Palmarini (1989) y Stich (1990) para un argumento inteligente aunque poco convincente en favor de esta segunda ley.

6. Cabe destacar que, si la evidente falta de encapsulamiento fue un obstáculo para aceptar la modularidad, esto también hubiese sido un obstácu-

lo en el caso de los módulos de input lingüístico propuestos por Fodor. Tomemos el caso de un sujeto bilingüe. Seguramente tendrá dos módulos, uno para cada lengua. Cada uno de ellos resultará de fijar parámetros y construir un léxico en un módulo molde, el dispositivo de adquisición del lenguaje. Sin embargo, resulta difícil imaginar que hayan existido por lo menos dos moldes encapsulados, esperando a ser inicializados. Por lo tanto, al menos uno de los moldes debe surgir a partir de la proyección de la estructura inicial a nuevos sitios.

7. Burge, 1979 y Putnam,1975 establecieron las postulaciones iniciales para el externalismo. (Los argumentos de Putnam me resultan convincentes, no así los de Burge). Para un tratamiento más sofisticado de la cuestión, véase Recanati (1993).

8. Se podría argumentar que el contenido es una función biológica en sentido amplio (véanse Dretske, 1988; Millikan, 1984 y Papineau, 1987). Mis puntos de vista han recibido la influencia de Millikan.

9. Por supuesto, hay en esto algunos problemas conceptuales (véanse Dennett, 1987; Fodor, 1988). Se podría argumentar, por ejemplo, que el dominio propio del módulo no eran ni los elefantes ni los hipopótamos, sino algo como «el acercamiento de animales grandes que podrían atrapar a los orgs». De ser así, uno podría decir que su dominio propio *no* cambió al desaparecer los elefantes y llegar los hipopótamos. Coincido con Dennett al dudar de que sea muy importante cuál de estas descripciones elijamos. La explicación general sigue siendo exactamente la misma.

10. Por esta razón sería un error decir que la función de un dispositivo es reaccionar frente a cualquier cosa que satisfaga sus condiciones de input e igualar su dominio efectivo y su dominio propio. Aunque podrían existir dudas acerca de la asignación correcta del dominio propio de un dispositivo (véase nota 9), la distinción entre dominio efectivo y dominio propio es tan sólida como la que existe entre el efecto y la función.

11. Boyd y Richerson, 1985; Cavalli-Sforza y Feldman, 1981; Dawkins, 1976 y yo hemos propuesto abordajes evolucionarios o epidemiológicos de la cultura que son comparables (además de algunos abordajes evolucionistas diferentes propuestos por otros). La epidemiología de las representaciones que yo he propuesto difiere de otros enfoques 1) porque yo enfatizo la importancia de los mecanismos cognitivos individuales en la explicación general de la cultura y 2) porque sostengo que la información se transforma cada vez que se transmite hasta un punto tal que resulta inapropiada cualquier analogía con la reproducción o la replicación biológica. Véase también Tooby y Cosmides (1992), para nuevos desarrollos importantes en esta área.

12. Aquí, como cuando se habla de representaciones que compiten por la atención, la palabra «competencia» es sólo una vívida metáfora. Por supuesto, no involucra ninguna disposición ni intención de competir. Significa que, entre todas las representaciones presentes en un grupo humano en un momento dado, algunas se difundirán y perdurarán, mientras que otras tendrán

lugar sólo de manera breve y muy local. Esto no es un proceso que se produce al azar y se supone que las propiedades de la información en sí desempeñan un papel causal en la determinación de su distribución estrecha o amplia.

13. Véase Pinker y Bloom (1990) y también mi contribución comentando ese trabajo (Sperber, 1990b).

14. La capacidad para configurar y procesar metarrepresentaciones podría estar mediada no por sólo uno, sino por varios módulos diferentes, cada uno de los cuales metarrepresentaría algún dominio o algún tipo de representaciones. Debido a la falta de espacio y a que no hay argumentos contundentes al respecto, dejaré de lado esta posibilidad.

15. Una cantidad de ejemplos al respecto han sido analizados desde una perspectiva cognitiva apropiada por Atran (1990).

Referencias bibliográficas

Astington, J. W., Harris, P. y Olson, D. 1989. *Developing theories of mind.* Nueva York, Cambridge University Press.

Atran, S. 1987. Ordinary constraints on the semantics of living kinds. *Mind & Language, 2* (1), pp. 27-63.

—. 1990. *Cognitive foundations of natural history.* Nueva York, Cambridge University Press.

Barkow, J. H. 1989. *Darwin, sex and status: Biological approaches to mind and culture.* Toronto, University of Toronto Press.

Barkow, J., Cosmides, L. y Tooby, J. (comps.). 1992. *The adapted mind: Evolutionary psychology and the generation of culture.* Nueva York. Oxford University Press.

Berlin, B. 1978. Ethnobiological classification, en E. Rosch y B. Lloyd. (comps.), *Cognition and categorization.* Hillsdale, NJ., Erlbaum.

Boyd, R. y Richerson, P. J. 1985. *Culture and the evolutionary process.* Chicago, The University of Chicago Press.

Boyer, P. 1990. *Tradition as truth and communication.* Nueva York, Cambridge University Press.

—. 1993. *The naturalness of religious ideas.* Berkeley, University of California Press.

Brown, D. 1991. *Human universals.* Nueva York, McGraw-Hill.

Burge, T. 1979. Individualism and the mental. *Midwest Studies in Philosophy, 5*, pp. 73-122.

Carey, S. 1985. *Conceptual development in childhood.* Cambridge, MA, MIT Press.

Cavalli-Sforza, L. L. y Feldman, M. W. 1981. *Cultural transmission and evolution: A quantitative approach.* Princeton, Princeton University Press.

Clark, A. 1987. The kludge in the machine. *Mind and Language, 2* (4) pp. 277-300.

—. 1990. *Microcognition: Philosophy, cognitive science, and parallel distributed processing*. Cambridge, MA, MIT Press.

Cosmides, L. 1989.«The logic of social exchange: Has natural selection shaped how humans reason? Studies with the Wason selection task. *Cognition, 31*, pp. 187-276.

Cosmides, L. y Tooby, J. 1987. From evolution to behavior: Evolutionary psychology as the missing link, en J. Dupré (comp.). *The latest on the best: Essays on evolution and optimality*. Cambridge, MA, MIT Press.

Davidson, N. S. y Gelman, S. 1990. «Induction from novel categories: The role of language and conceptual structure. *Cognitive Development, 5*, pp. 121-152.

Dawkins, R. 1976. *The selfish gene*. Oxford, Oxford University Press. [*El gen egoísta*. Barcelona, Salvat Editores, 1993.]

Dehaene, S. 1992. Varieties of numerical abilities. *Cognition, 44*, (1-2), pp. 1-42.

Dennett, D. 1987. *The intentional stance*. Cambridge, MA, MIT Press.

Dretske, F. 1988. *Explaining behavior*. Cambridge, MA, MIT Press.

Fodor, J. 1983. *The modularity of mind*. Cambridge, MA, MIT Press.; trad. cast.: *La modularidad de la mente*, Madrid, Ediciones Morata, 1986.

—. 1987. «Modules, frames, fridgeons, sleeping dogs, and the music of the spheres» en J. Garfield (comp.), *Modularity in knowledge representation and natural-language understanding*. Cambridge MA, MIT Press, pp. 22-36.

—. 1988. *Psychosemantics*. Cambridge, MA, MIT Press. [*Psicosemántica*. Madrid, Editorial Tecnos, 1994.]

—. 1992. A theory of the child's theory of mind. *Cognition, 44*, pp. 283-296.

Gallistel, C.R. y Gelman, R. 1992. Preverbal and verbal counting and computation. *Cognition, 44* (1-2), pp. 43-74.

Gardner, H. 1983. *Frames of mind: The theory of multiple intelligences*. Nueva York, Basic books. [*Inteligencias múltiples: la teoría en la práctica*. Barcelona, Ediciones Paidós Ibérica, 1999.]

Gelman, R. y Gallistel, C. R. 1978. *The child's understanding of number*. Cambridge, MA, Harvard University Press.

Gelman, S. y Coley, J. D. 1991. The acquisition of natural kind terms, en S. Gelman y J. Byrnes (comps.), *Perspectives on language and thought*. Nueva York, Cambridge University Press.

Gelman, S. y Markman, E. 1986. Categories and induction in young children. *Cognition, 23*, pp. 183-209.

—. 1987. Young children's inductions from natural kinds: The role of categories and appearances. *Child Development, 58*, pp. 1532-1541.

Grice, H. P. 1957. Meaning. *Philosophical Review, 66*, 377-388.

Hirschfeld, L. 1988. On acquiring social categories: Cognitive development and anthropological wisdom. *Man, 23*, pp. 611-638.

—. 1993. Discovering social difference: The role of appearance in the development of racial awareness. *Cognitive Psychology, 25*, pp. 317-350.

Kelly, M. y Keil, F. C. 1985. The more things change...: Metamorphoses and conceptual development. *Cognitive science, 9*, pp. 403-416.

Keil, F. C. 1989. *Concepts, kinds, and cognitive development.* Cambridge, MA, Bradford Books/MIT Press.

Leslie, A. 1987. Pretense and representation: The origins of «theory of mind». *Psychological Review,* 94, pp. 412-426.

—. 1988. The necessity of illusion: Perception and thought in infancy en L. Weiskrantz (comp.), *Thought without language.* Oxford, Clarendon Press.

Manktelow, K. y Over, D. 1990. *Inference and understanding: A philosophical and psychological perspective.* London, Routledge.

Markman, E. M. 1990. The whole object, taxonomic, and mutual exclusivity assumptions as initial constraints on word meanings, en S. Gelman y J. Byrnes (comps.), *Perspectives on language and thought.* Nueva York, Cambridge University Press.

Markman, E. M. y Hutchinson, J. E. 1984. Children's sensitivity to constraints on word meaning: Taxonomic versus thematic relations. Cognitive *Psychology, 16*, pp. 1-27.

Medin, D. y Ortony, A. 1989. Psychological essentialism, en S. Vosniadou y A. Ortony (comps.), *Similarity and analogical reasoning.* Cambridge. Cambridge University Press.

Millikan, R. G. 1984. *Language, thought, and other biological categories.* Cambridge, MA, MIT Press.

Papineau, D. 1987. *Reality and representation.* Oxford, Blackwell.

Piatelli-Palmarini, M. 1989. Evolution, selection and cognition: From «learning» to parameter setting in biology and the study of language. *Cognition, 31*, pp. 1-44.

Pinker, S. y Bloom, P. 1990. Natural language and natural selection. *Behavioral and Brain Sciences, 13* (4), pp. 703-784.

Premack, D. 1990. The infant's theory of self-propelled objects. *Cognition, 36*, pp. 1-16.

Premack, D. y Woodruff, G. 1978. Does the chimpanzee have a theory of mind? *Behavioral and Brain Sciences, 1* (4) pp. 515-526.

Putnam, H. 1975. The meaning of «meaning», en *Mind, language and reality: Philosophical papers,* vol. II. Cambridge, Cambridge University Press.

Recanati, F. 1993. *Direct reference, neaning and thought.* Oxford, Blackwell.

Rozin, P. 1976. The evolution of intelligence and access to the cognitive unconscious, en J. M. Sprague y A. N. Epstein (comps.), *Progress in psychobiology and physiological psychology.* Nueva York, Academic Press.

Rozin, P. y Schull, J. 1988. The adaptive-evolutionary point of view in experimental psychology, en R. Atkinson, R. Herrnstein, G. Lindzey y R. Luce (comps.) *Steven's handbook of psychology,* Nueva York, John Wiley & Sons.

Sober, E. 1984. *The nature of selection.* Cambridge, MA, MIT Press.

Spelke, E. S. 1988. The origins of physical knowledge, en L. Weiskrantz (comp.), *Thought without language.* Oxford, Clarendon Press.

Sperber, D. 1975. *Rethinking symbolism*. Cambridge, Cambridge University Press. [*El simbolismo en general*. Rubi, Anthropos, 1988.]

—. 1980. Is symbolic thought prerational?, en M. Foster y S. Brandes (comps.), *Symbol as sense*. Nueva York, Academic Press.

—. 1985a. *On anthropological knowledge*. Nueva York, Cambridge University Press.

—. 1985b. Anthropology and psychology: Towards an epidemiology of representations (The Malinowski Memorial Lecture 1984). *Man* (N.S.) *20*, pp. 73-89.

—. 1990a. The epidemiology of beliefs, en C. Fraser y G. Gaskell (comps.), *The social psychological study of widespread beliefs*. Oxford, Clarendon Press.

—. 1990b. The evolution of the language faculty: A paradox and its solution. *Behavioral and Brain Sciences, 13* (4) pp. 756-758.

—. 1992. Culture and matter, en J. C. Gardin y C. S. Peebles (comps.), *Representations in archeology*. Bloomington, Indiana University Press.

Sperber, D. y Wilson, D. 1986. *Relevance: Communication and cognition*. Oxford, Blackwell. [*La relevancia*. Madrid, Visor Distribuciones, 1994.]

Stich, S. 1990. *The fragmentation of reason*. Cambridge, MA, MIT Press.

Symons, D. 1979. *The evolution of human sexuality*. Nueva York, Oxford University Press.

Tooby, J. y Cosmides, L. 1989. Evolutionary psychology and the generation of culture, Parte I: Theoretical considerations. *Ethology & Sociobiology, 10*, pp. 29-49.

—. 1992. The psychological foundations of culture, en J. Barkow, L. Cosmides, y J. Tooby (comps.), *The adapted mind: Evolutionary psychology and the generation of culture*. Nueva York, Oxford University Press.

3

La organización del conocimiento léxico en el cerebro: evidencias a partir de los déficits de categoría específica y de modalidad específica*

*Alfonso Caramazza, Argye Hillis, Elwyn C. Leek
y Michele Miozzo*

¿Cómo se organiza en el cerebro el conocimiento léxico? ¿Las diferenciaciones semánticas entre, por ejemplo, animales, vegetales, muebles e instrumentos musicales o las distinciones gramaticales entre sustantivos, verbos y adjetivos se reflejan acaso en la organización del léxico en el cerebro? En este capítulo postularemos que la evidencia surgida del análisis del desempeño de sujetos con daño cerebral permite hacer especulaciones de importante alcance, no sólo acerca de la organización funcional del léxico, sino además acerca de la relación entre el conocimiento léxico y el cerebro. Analizaremos especialmente aquellas evidencias que sugieren que la distinción entre distintos aspectos del conocimiento léxico –por ejemplo entre la forma léxica y las categorías semánticas y gramaticales– probablemente son llevadas a cabo por estructuras neuroanatómicas diferentes. Las evidencias adoptan la forma de daños selectivos

* La preparación de este trabajo y la investigación que aquí se expone han sido llevadas a cabo en parte gracias a los subsidios del NIH NS22201, NS19330 y DC00366 y por un subsidio del Programa McDonnell-Pew de Neurociencia Cognitiva.

que afectan dominios restringidos del conocimiento, ya sea por categorías semánticas o gramaticales. El fraccionamiento del conocimiento léxico, que aparentemente es acorde con las categorías semánticas y gramaticales, abre la interesante posibilidad de que la organización cerebral del conocimiento léxico respete estas distinciones categoriales.

Déficits de categoría específica: Las categorías semánticas

En diversas investigaciones se ha documentado que el daño cerebral puede provocar alteraciones selectivas en categorías semánticas específicas. Entre los daños de categorías específicas descritos se cuentan trastornos en los sustantivos abstractos o concretos (p. ej. Warrington, 1975, 1981), nombres propios (p. ej. Mc. Kenna y Warrington, 1980; Semenza y Zettin, 1988; Lucchelli y De Renzi, 1992), partes del cuerpo (p. ej. Dennis, 1976) y nombres geográficos (McKenna y Warrington, 1978). Además una importante serie de trabajos de Warrington y colaboradores (Warrington y Shallice, 1984; Warrington y McCarthy, 1987; véanse también Pietrini, Nertempi, Vaglia, Revello, Pinna y Ferro-Milone, 1988; Sartori y Job, 1988; Silveri y Gainotti, 1988; Farah, Hammond, Metha y Ratcliff, 1989; Young, Newcombe, Hellawell y DeHaan, 1989; Hillis y Caramazza, 1991) sostienen que la categoría de los seres vivientes puede resultar dañada de manera selectiva, en tanto los nombres de cosas no vivientes se mantienen relativamente indemnes. Warrington y Shallice (1984), por ejemplo, presentaron una descripción detallada de dos pacientes con encefalitis postherpética que manifestaban un déficit de categoría específica para los seres vivientes en varias tareas. En la denominación de figuras, uno de los pacientes (JBR), que podía nombrar correctamente el 90% de las cosas no vivientes, sólo pudo dar respuestas correctas al 6% de los seres vivos. En una tarea de definición de palabras, JBR dio descripciones apropiadas de los nombres de cosas no vivientes, pero no logró definir correctamente la mayor parte de los seres vivientes. Por ejemplo, cuando se le pidió que definiera la palabra *compás*,[1] dijo: «herramienta para indicar la dirección que se está siguiendo», pero no logró en cambio definir loro, caracol y tulipán.

La postulación de que el daño cerebral puede ocasionar perturbaciones de categoría específica lleva a elaborar la hipótesis de que la organización cerebral del conocimiento semántico respeta estas distinciones categoriales. Citando a Warrington y McCarthy (1987), «Es posible que los patrones de fraccionamiento que se observan reflejen la organización topográfica o fisiológica de los sistemas neurales implicados en el procesamiento del conocimiento» (p. 1292). Sin embargo, los trabajos originales de Warrington y colaboradores acerca de los déficits de categoría específicos han sido criticados por razones metodológicas (Riddoch y Humphreys, 1987; Funnell y Sheridan, 1992 y Stewart, Parkin y Hunkin, 1992). Se ha señalado que las categorías viviente-no viviente pueden diferir también en cuanto al grado de familiaridad o al grado de dificultad de procesamiento. Si esto fuese así, se podría pensar que el déficit específico observado en la denominación de seres vivientes es resultado de dificultades relativas en el procesamiento de distintas clases de ítems y que, por lo tanto, esas observaciones no aportan bases empíricas genuinas acerca de la organización funcional del conocimiento semántico. Apoyando esta última tesis, Stewart et al. (1992) informaron que el déficit selectivo de sus pacientes para denominar seres vivientes desapareció cuando se efectuó un apareamiento de categorías cruzadas en cuanto a la familiaridad visual, la complejidad visual y la frecuencia de uso de los ítems incluidos en las pruebas. De manera semejante Funnell y Sheridan (1992) demostraron que el aparente déficit selectivo para la denominación visual de seres vivientes no aparecía cuando los ítems de las categorías se apareaban en cuanto a la familiaridad. Llegaron así a la conclusión de que el déficit selectivo respecto de la denominación de seres vivientes no hacía más que reflejar diferencias relativas en la familiaridad de los ejemplares de esas categorías.

Si las críticas de Funnell y Sheridan (1992), Stewart et al. (1992) y Riddoch y Humphreys (1987) son apropiadas, entonces las evidencias acerca de la organización categorial del conocimiento semántico en el cerebro basadas en los trastornos de categoría específica podrían ser puestas en tela de juicio. Sin embargo, parecería que, si bien no todos los casos de perturbaciones selectivas para la denominación de seres vivientes serían verdaderos efectos de categoría específica, tampoco todos podrían ser explicados por el efecto de la familiaridad o de las diferencias del dificultad en el procesamiento de distintas categorías. En primer lugar, desechar las disociaciones semánticas de categorías específicas en virtud de la dificultad relativa de las tareas no da cuenta de las perturbaciones específicas para los objetos no vivientes, la categoría que según Funnell y Sheridan (1992) sería más fácil en términos de familiaridad relativa. Aunque han sido descriptos con más frecuencia casos de déficits para los seres vivientes que para los objetos no vivientes, algunos trabajos describen un patrón inverso de desempeño: un déficit selectivo para los objetos no vivientes, con una capacidad preservada para nombrar o reconocer seres vivos. (Warrington y McCarthy, 1983; Hillis y Caramazza, 1991; Sacchett y Humphreys, 1992). En segundo lugar, Sartori, Miozzo y Job (en prensa) mostraron que el déficit de categoría específica sigue produciéndose aun cuando se controlen aquellos factores que según Funnell y Sheridan (1992) y Stewart et al. (1992) son responsables del efecto de categoría. En tercer lugar, como expondremos más adelante en este capítulo, hay una descripción de dos pacientes que evidencian patrones de desempeño complementarios en pruebas con presentación de los mismos estímulos.

Una de las fuentes de evidencia más fuertes respecto de la existencia de déficits de categoría específica en pacientes con lesiones cerebrales es la descripción de dos de ellos que presentan una doble disociación de categoría específica al ser testados con los mismos materiales (Hillis y Caramazza, 1991). Estos dos pacientes, JJ y PS mostraron daños selectivos contrastantes en las categorías de animales y artefactos. PS presentó una perturbación selectiva para los animales y un buen desempeño en el caso de los artefactos, mientras que JJ evidenció un patrón inverso de perturbación: un déficit selectivo para los artefactos y buen desempeño cuando los estímulos eran animales.

Para el momento de la evaluación, JJ era un hombre de sesenta y siete años, ejecutivo de una gran corporación, que presentaba una lesión cerebral como consecuencia de un accidente cerebrovascular. Una TAC (tomografía axial computarizada) mostró una lesión en el lóbulo temporal izquierdo y en los ganglios basales izquierdos. Tenía severas perturbaciones en todas las pruebas de lenguaje. Su producción oral era fluida y gramatical, pero presentaba frecuentes circunloquios y parafasias semánticas. La comprensión del lenguaje hablado y del lenguaje escrito se encontraba severamente dañada. Durante la evaluación clínica de rutina, previa a toda intervención terapéutica, se observó que el paciente conservaba una capacidad llamativa para denominar animales, aunque tenía una importante dificultad para nombrar objetos de otras categorías.

PS era un hombre de 45 años, presidente de una pequeña empresa, que había sufrido una lesión cerebral como consecuencia de un severo traumatismo de cráneo. Una TAC tomada dos años después de la lesión mostró una gran zona dañada en el lóbulo temporal izquierdo y áreas de lesión más pequeñas en el lóbulo frontal y el lóbulo temporal derechos. Su producción oral era normal, excepto por algunas dificultades en evocar el nombre de las palabras de ciertas categorías (véase más adelante). La comprensión también era buena, excepto en los casos de las palabras que correspondían a las categorías que no podía nombrar. Sus principales dificultades radicaban en la lectura y la escritura. En este caso, se observó en la evaluación clínica de rutina que el paciente tenía sorprendentes dificultades en la denominación de animales, pero no en la denominación de objetos de otras categorías semánticas.

Se pidió a los dos pacientes que denominaran oralmente una serie de figuras que representaban objetos de las siguientes categorías semánticas: animales terrestres, animales acuáticos, pájaros, verduras, frutas, otras comidas, partes del cuerpo, vestimenta, medios de transporte y muebles. En ambos se observaron efectos de categoría específica, tal como se consigna en la figura 3.1: PS se encontraba severamente perturbado en la denominación de animales (y verduras), pero no en los artefactos, mientras que JJ tenía trastornos en todas las categorías menos en los animales. Los errores de los pacientes en la tarea de denominación de figuras eran principalmente sustituciones o parafasias semánticas (p. ej. JJ produjo el error *bote* «motocicleta» y PS el error *foca* «ratón»). El patrón de desempeño de los dos pacientes en las siete sesiones de evaluación se muestra en la tabla 3.1, donde se observa que son muy estables a lo largo de las distintas entrevistas. Más aún, los trastornos de categoría específica en la denominación persistían siete meses más tarde, cuando los desempeños de los pacientes habían mejorado de manera significativa (véase figura 3.1). Los pacientes seguían cometiendo el mismo tipo de errores: parafasias semánticas.

Los trastornos de categoría específica de estos pacientes no se limitaban a la denominación oral, sino que también aparecían en la denominación escrita, la verificación figura/palabra y las tareas de definición de palabras. En estos tres tipos de actividades aparecía el mismo efecto de categoría. En la tarea de denominación escrita, PS escribió el nombre correcto de los animales en un 35% de los casos, mientras que sus aciertos fueron del 77% para el resto de las categorías (excepto la de verduras). JJ, en cambio, escribió correctamente los nombres de animales en el 70% de los casos, pero sus aciertos fueron sólo del 15% cuando debió escribir nombres correspondien-

Tabla 3.1. Porcentaje de respuestas correctas de JJ y PS en una tarea de denominación oral de distintas categorías a lo largo de 7 sesiones de evaluación

	(Cantidad de estímulos)	Sesiones de evaluación						
		1	2	3	4	5	6	7
JJ								
Animales	(46)	91	85	72	80	76	74	92
No animales	(98)	12	14	14	11	12	7	17
PS								
Animales	(46)	39	39	39	41	37	48	72
Verduras	(12)	25	25	25	25	33	33	42
Resto de las categorías	(86)	88	91	91	92	94	93	95

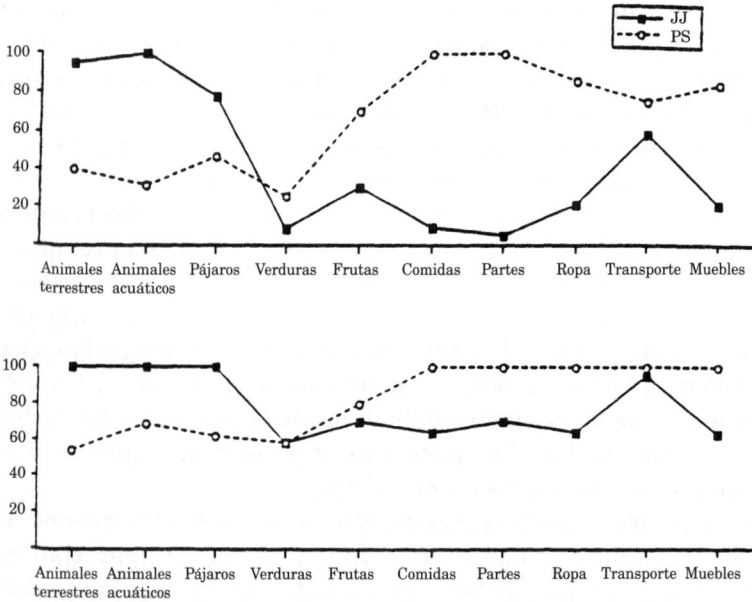

Figura 3.1 Porcentaje de respuestas correctas en denominación oral de JJ y PS según categorías, a los seis meses (gráfico superior) y a los 13 meses (gráfico inferior) del inicio de la enfermedad.

114

tes a otras categorías. En estas tareas los errores de los pacientes también consistieron principalmente en parafasias, cometiendo además errores ortográficos (p. ej. JJ escribió *zaco* por «camisa» y PS escribió *vallena* por «tiburón».

En la tarea de verificación de palabra/figura, ambos pacientes también cometieron errores en categorías específicas: PS cometió más errores con los animales que con los artefactos, mientras que JJ tuvo el patrón inverso de dificultad. En este caso también los errores implicaban confusiones entre estímulos relacionados semánticamente (p. ej. aceptar la palabra *guisante* como nombre para la figura de una remolacha).

También aparecieron efectos de categoría específica en la tarea de definición de palabras. JJ podía dar definiciones adecuadas y detalladas de animales, pero no de palabras correspondientes a otras categorías semánticas. Por ejemplo, definía al *león* como «un animal grande, de aproximadamente un metro y medio de altura, tal vez más alto a la altura de la parte anterior de la espalda. Tiene el cuerpo largo y grandes garras y está de pie en sus cuatro patas. Tiene una cabeza monstruosa y ruge. Este tiene también una melena... es de pelo muy tupido. Vive en África». Definía también a la *garza* diciendo: «Este pájaro tiene cuello y patas largas. Vive cerca del agua. Está parado en el agua... Es muy alto: debe de medir dos metros. No es marrón. Tal vez sea blanco y azul». En cambio, cuando se le pedía que definiera un *banco* decía: «Es un aparato para sentarse. Tiene unos treinta centímetros de algo y cuatro patas. Le hace dar vueltas al que se sienta. Puede ser de metal o de madera». Tenía también dificultades para definir *albaricoque*: «No recuerdo. Lo he oído nombrar. Es una fruta, pero no recuerdo cuál. Es extraño. Supongo que es dulce». En PS se pudo apreciar la dificultad inversa. Por ejemplo, definió la garza como «un pez», pero dio una respuesta bien descriptiva para *otomana*, definiéndola como «una silla sin respaldo sobre la cual se apoyan los pies».

Los resultados que analizamos indican que PS y JJ tienen déficits selectivos contrastantes que implican categorías semánticas distintas: PS evidenció una dificultad muy importante en el procesamiento de nombres de animales, mientras que JJ mostró una dificultad semejante en el procesamiento del resto de las categorías, salvo la de animales. Finalmente, vale la pena enfatizar que las dificultades de categoría específica que evidenciaron ambos pacientes no pueden atribuirse a diferencias premórbidas en el grado de familiaridad con la categoría de los animales (algo así como que las dificultades selectivas de PS pudieran atribuirse a su falta de familiaridad con esta categoría semántica, o que la conservación selectiva de la categoría de animales en JJ pudiera deberse a su carácter de experto al respecto). Por el contrario, resulta interesante señalar que PS tenía un interés especial por los animales: le gustaba ver documentales sobre animales, cazaba y visitaba reservas de vida silvestre. Por el contrario, JJ sostenía que los animales no le interesaban especialmente.

La existencia de daños selectivos para las categorías de «viviente» y «no viviente» sugiere que esas distinciones reflejan un aspecto de la organización del conocimiento semántico en el cerebro. Esto nos lleva a preguntarnos si las categorías de «taxonomías "folk"», o de sentido común, –por ejemplo, seres vivientes y no vivientes, frutas, instrumentos musicales y demás– que se han utilizado para ilustrar los efectos de categoría específica descritos en la literatura reciente acaso representan el principio organizador del conocimiento semántico en el cerebro humano, o si por el contrario los efectos de categoría observados reflejan algún otro principio de organización semántica. Pordría resultar, por ejemplo, que los efectos de categoría observados representen propiedades emergentes de un principio más básico de organización del conocimiento semántico que las categorías taxonómicas.

Una posibilidad que ha sido sugerida por Warrington y Shallice (1984) y por Warrington y McCarthy (1987) es que las distinciones en categorías no son un principio de primer orden en la organización del conocimiento semántico, sino que surgen como consecuencia de la manera en que las representaciones conceptuales se proyectan a lo largo de una estructura semántica subyacente (Warrington y Shallice, 1984; Warrington y McCarthy, 1987; véase también Caramazza, Hillis, Rapp y Romani, 1990). Según esta perspectiva, las distinciones categoriales surgen porque conceptos semánticamente similares (i. e. miembros de la misma categoría semántica) serán representados por primitivos subyacentes semejantes (p. ej. capaz de iniciar el movimiento por sí mismo, comestible, poseedor de órganos internos, etc.). Los déficits de categoría específica podrían entonces aparecer como consecuencia del daño de un subconjunto de primitivos que sostienen la representación de un grupo particular (o categoría) de conceptos semánticamente relacionados.

En una versión específica de la hipótesis de las categorías emergentes, Warrington y Shallice (1984) propusieron una organización semántica basada en un sistema de componentes de «modalidad específica», cada uno de los cuales representa un conocimiento adquirido en el contexto de canales sensoriomotores particulares. Para explicar la disociación entre cosas vivientes y no vivientes en pacientes con lesiones cerebrales, postulan que estas categorías pueden diferir en la medida en que cada una es definida en términos de conocimientos semánticos visuales y funcionales subyacentes. Según esta hipótesis «sensoriofuncional», los seres vivientes se definen primariamente por sus atributos visuales, mientras que las cosas no vivientes se definen primariamente en términos de información funcional. En el marco de esta hipótesis, un déficit de categoría específica que involucre a los seres vivientes sería el resultado de un daño selectivo en el subsistema semántico visual, mientras que el déficit para las cosas no vivientes sería el resultado del daño selectivo en el subsistema semántico (verbal) funcional.

Si bien la hipotelizada distinción entre los subsistemas semánticos visual y funcional podría bastar para dar cuenta de las disociaciones observadas entre las categorías «viviente» y «no viviente», esta propuesta no logra explicar otras observaciones relevantes que consignan trastornos de categoría específica que traspasan los límites de las categorías «viviente» y «no viviente». Por ejemplo, el paciente JJ (Hillis y Caramazza, 1991) evidencia un trastorno en la denominación de animales y medios de transporte. Es decir que el trastorno de categoría específica de este paciente no respeta la distinción viviente-no viviente, ya que los animales están disociados de las frutas y vegetales y los medios de transporte de otros artefactos.

Este mayor fraccionamiento de las categorías semánticas no parece ser una excepción sino más bien una regla. Warrington y Shallice (1984) mostraron que su paciente JBR, antes mencionado, tenía dificultades para identificar animales, piedras preciosas y telas. Warrington y McCarthy (1987) describieron a un paciente (YOT) que evidenciaba dificultades para todos los artefactos excepto los grandes y ubicados en el exterior, tales como un avión, un puente, un tren o un barco; y Yamadori y Albert (1973) presentaron un paciente que tenía manifiestas dificultades selectivas para los «objetos del interior» (p. ej. una lámpara, una mesa o una silla). Un patrón igualmente extraño, aunque no infrecuente, es el de la coocurrencia de un déficit para los seres vivientes y los instrumentos musicales (Warrington y Shallice, 1984; Silveri y Gainotti, 1988). Aunque estos casos ya describen instancias de asociaciones aparentemente extrañas de déficits de categoría específica, son Hart, Berndt y Caramazza (1985) quienes informan sobre un paciente con un sofisticado daño selectivo que, como sucedía con JJ (Hillis y Caramazza, 1991) viola la distinción

Tabla 3.2. Porcentaje de respuestas correctas de MD en distintas
categorías y distintas tareas

Tarea	Frutas	Verduras	Otras categorías
Denominación de figuras	62 (48)	63 (59)	97 (269)
Denominación táctil	46 (13)	52 (21)	92 (12)
Clasificación de figuras	87 (24)	74 (23)	93 (28)
	Frutas y verduras		Otras categorías
Denominación dada a la definición oral	20 (10)		100 (10)

Nota: La cantidad de estímulos incluidos en cada tarea aparece entre paréntesis.

viviente/no viviente: el paciente MD muestra un trastorno de categoría específica para las frutas y verduras, pero no para los animales.

En el momento de la evaluación MD era un graduado universitario de 34 años que trabajaba como analista de sistemas. Presentaba una lesión en el lóbulo frontal izquierdo y los ganglios basales a consecuencia de un accidente cerebrovascular. Su único problema residual eran leves dificultades en la denominación, particularmente marcados para las categorías de frutas y verduras. La tabla 3.2 resume los resultados relevantes que obtuvo en varias tareas. No sólo tenía dificultades para denominar frutas y vegetales presentados visualmente, sino que también evidenciaba problemas cuando este tipo de ítems se le presentaban en una modalidad táctil o cuando tenía que dar una definición verbal acerca de ellos. Su capacidad para categorizar frutas y verduras en las categorías apropiadas también se encontraba perturbada, al igual que la posibilidad para generar ítems de esas categorías. Por ejemplo, si se le pedía que generara nombres de verduras, sólo lograba emitir cuatro. Por el contrario, MD no tenía problemas detectables en otras categorías tales como vehículos, herramientas, animales, prendas de vestir, colores y partes del cuerpo.

La existencia de este fino fraccionamiento de las categorías semánticas, que transgrede los límites de lo viviente y lo no viviente parecería dar por tierra con la explicación sensoriofuncional de los déficits de categoría específica. Sin embargo, Warrington y McCarthy (1987) han intentado ampliar la hipótesis sensoriofuncional para poder dar cuenta de déficits sofisticados como los descriptos por Hart et al. (1985) en el caso de las frutas y verduras. Postularon que esos déficits sofisticados de categoría específica se producen «no sólo como consecuencia de un peso diferente ejercido por la información que proviene de cada una de las principales modalidades sensoriomotoras, sino que además provienen del peso distinto que ejercen canales más especializados dentro de cada una de esas modalidades» (p. 291). Por ejemplo, postulan que dentro de modalidad visual existen canales especializados para el procesamiento del color y la forma, que dan lugar a representaciones semánticas de origen visual. Transcribimos a continuación un ejemplo tomado de Warrington y McCarthy (1987):

> La diferenciación entre dos verduras (p. ej. una col y una coliflor) o entre dos frutas (p. ej. una mora y una frambuesa) se puede comparar con las diferenciaciones que se producen en otra categoría próxima, como entre dos flores (p. ej. un tulipán y un clavel). En el primer caso, la información visual tiene mucho peso, pero además, dentro de lo visual, el *color* antes que la *forma* es el atributo diferencial más importante. En el caso de las flores, la información visual es también el canal sensorial dominante, pero la *forma* resulta más crucial que el *color* (p. 1291, bastardilla en el texto).

Por lo tanto, según esta postura, un daño en el subsistema visual semántico que afecte específicamente la subregión que representa el color, tendrá como resultado un déficit en aquellas categorías en las cuales los conocimientos se distinguen primordialmente por el color (en este caso, las frutas y verduras). Esta solución para ciertas disociaciones recalcitrantes, si bien es interesante, cuenta con escasa justificación teórica o empírica.

No resulta claro por qué las frutas y verduras deberían estar representadas primordialmente en términos de color, tal como parecen sugerir Warrington y McCarthy (1987), ya que la mayor parte de ellas se pueden distinguir en función de la forma, como en el caso de la banana, la pera, las uvas, la piña, la zanahoria, la alcachofa, el apio y otras. Aunque es probable que, por ejemplo, la lima y el limón sean diferenciados principalmente a partir del color, otros pares, como por ejemplo, el limón y la banana, se pueden diferenciar por la forma, la textura, el sabor o el olor. En todo caso, parece que las formas de la mayor parte de las frutas y verduras son suficientemente distintas como para que se logre la identificación a partir de ese único parámetro. Los sujetos controles que evaluamos tuvieron un mal desempeño en la denominación de frutas y verduras cuando se les mostraron figuras en blanco y negro, y también obtuvieron resultados pobres cuando la prueba consistió en la exploración táctil a ciegas. Más aún, algunos de los miembros de la categoría que Warrington y McCarthy plantean como el caso opuesto, las flores, también se distinguen primordialmente por el color, como es el caso de la margarita y la San Vicente. Otras, en cambio, se distinguen fundamentalmente por la forma (p. ej. la rosa y el tulipán). Es decir que no es para nada obvio que las distintas categorías de seres vivientes que pueden aparecer disociadas en caso de daño cerebral difieran de manera significativa en cuanto a la importancia de la forma o el color para la distinción de sus miembros. Tampoco ocurre que las categorías de cosas no vivientes que suelen aparecer disociadas difieran de manera evidente en cuanto a sus atributos funcionales o perceptivos.

Por último, sin embargo, la pregunta importante es si la propuesta de un peso diferente para los distintos atributos perceptivos y funcionales dentro de las categorías de viviente y no viviente puede dar cuenta del patrón de desempeño de los casos informados de déficits de denominación de categoría específica. Según la hipótesis de Warrington y McCarthy (1987) para que esto fuese viable en el caso del desempeño de MD, por ejemplo, habría que identificar el tipo o los tipos de información que, de no estar disponible, provocaría esos desempeños. En realidad, la falta de acceso a la información acerca de los colores (tal como sugieren Warrington y McCarthy) no puede dar cuenta de los errores de MD, en primer lugar porque él tiene preservada la capacidad de procesar colores (p. ej. nombrar colores) y además porque, como ya se ha mencionado, tiene severas dificultades para denominar frutas y verduras a ciegas, a través del tacto, dado que sólo pudo nombrar 6 de las 13 frutas y 11 de las 21 verduras que los sujetos normales pudieron denominar sin dificultades. Por lo tanto, la propuesta de que los déficits de categoría específica en el conocimiento semántico reflejan trastornos en subregiones de canales sensoriales y funcionales especializados en atributos sensoriales particulares no parece explicar el patrón de desempeño observado.

En este apartado hemos expuesto que los déficits de categoría específica que han sido informados (o por lo menos algunos de ellos) no son meros artefactos metodológicos. Además, hemos postulado que estos efectos de categoría específica pueden involucrar categorías semánticas altamente restringidas, tales como animales, verduras o instrumentos musicales y no tan sólo categorías generales como lo viviente y lo no viviente. Asimismo, hemos propuesto que esas disociaciones sofisticadas dentro de las categorías de lo viviente y lo no viviente plantean un importante desafío a la hipótesis sensoriofuncional de los déficits de categoría específica. El atractivo de la hipótesis sensorio funcional es que existen evidencias neurofisiológicas y neuropsicológicas independientes (p. ej. a partir de la ablación de áreas circunscritas de regiones cerebrales en monos), que existen regiones cerebrales particulares especializadas para atributos determinados, tales como el color, la forma, la profundidad y el movimiento (véase Kandel, 1991, para una revisión). Podría ser plausible la extrapolación de esta evidencia a la idea de que existen en el cerebro áreas de *asociación* que se ocupan de la representación de la información perceptiva (semántica) más abstracta y otras especializadas para la representación de los atributos funcionales. El daño selectivo de alguna de estas regiones sería responsable de efectos de categoría específica en la denominación y en otras tareas de procesamiento léxico. La hipótesis sensoriofuncional es una alternativa interesante frente a la perspectiva de que la información semántica esté organizada en el cerebro siguiendo los lineamientos de las taxonomías de sentido común, tales como transporte, muebles, etc., o a la creencia de que las regiones del cerebro están especializadas para el procesamiento de predicados o primitivos semánticos no reductibles a una simple distinción sensoriofuncional, tales como «respira», por ejemplo, que correspondería a la categoría de animales o «es capaz de moverse» que correspondería a animales o medios de transporte. Sin embargo, las evidencias que hemos analizado parecen sugerir que el conocimiento semántico está organizado de una manera mucho más rica que la propuesta por la distinción sensorial/funcional. Por lo tanto, estamos en la encrucijada de tener que identificar formas específicas de organización de los atributos sensoriales o funcionales que, si se dañan, puedan dar cuenta, por ejemplo, de la perturbación para el procesamiento de instrumentos musicales, animales y verduras, pero no de medios de transporte (Warrington y Shallice, 1984) o de la presevación en el procesamiento de animales y medios de transporte, pero no de verduras e instrumentos musicales (como en el paciente JJ, en su última etapa de recuperación).

Aunque no hemos descartado por completo la posibilidad de que los déficits circunscritos a categorías semánticas específicas reflejen el daño de canales sensoriales/funcionales específicos especializados en atributos sensoriales particulares, hay un tipo de déficit de categoría específica: el daño selectivo de categorías gramaticales específicas (p. ej. sustantivos o verbos) que pone en tela de juicio una explicación de este tipo. Más adelante examinaremos evidencias que indican que la producción de sustantivos y verbos puede verse afectada de manera diferencial en las personas con daño cerebral y que esta selectividad no puede ser atribuida a diferencias en el grado de dificultad, frecuencia de uso o grado de concreción.

Déficits de categoría específica: categorías gramaticales

Tal vez la evidencia más fuerte de distinción categorial en las representaciones del lenguaje en el cerebro no provenga del estudio de los déficits selectivos de categorías semánticas sino de las disociaciones en el procesamiento de palabras de distintas clases gramaticales. Una de esas disociaciones es la que se observa entre las palabras funcionales (de clase cerrada) y las palabras de contenido (de clase abierta) (p. ej. Andreewsky y Seron, 1975; Gardner y Zurif, 1975; Caramazza, Berndt y Hart, 1981). La otra disociación importante que ha sido registrada es la que se produce entre nombres y verbos. Los pacientes con lesiones cerebrales pueden tener un daño selectivo en el procesamiento de nombres o bien de verbos (p. ej. Miceli, Silveri, Villa y Caramazza, 1984; McCarthy y Warrington, 1985; Zingeser y Berndt, 1988). Más recientemente, Caramazza y Hillis (1991) han presentado patrones de desempeño de dos pacientes, SJD y HW, que proveen evidencias de que los efectos de clase gramatical pueden ser también de modalidad específica, es decir que el daño puede afectar a una clase gramatical específica, por ejemplo a los verbos, únicamente en una modalidad de salida, es decir sólo en la producción oral o en la escrita.

En el momento en que se llevó a cabo la investigación, SJD era una mujer diestra de cuarenta y cuatro años, que había obtenido una maestría en biblioteconomía y estaba empleada como bibliotecaria. Había quedado afásica hacía cuatro años, como consecuencia de un infarto cerebral en la región fronto-parietal. No padecía limitaciones físicas concomitantes. Su expresión oral era fluida y gramaticalmente correcta, si bien tendía a producir oraciones cortas (con variedad de formas sintácticas) y ocasionalmente cometía errores en los sufijos en el habla espontánea (p. ej. *I say it's lying* I say it's lied» [«acostándose» por «acostado»]. Se quejaba de trastornos persistentes sólo en dos áreas: la escritura y la retención de números telefónicos y citas dadas oralmente (p. ej. para discar el número o buscar la cita). Su memoria auditiva a corto plazo era limitada (podía retener tres dígitos, mientras que en cambio podía retener hasta siete dígitos escritos) y su comprensión se encontraba perturbada para procesar auditivamente, pero no visualmente oraciones con estructuras sintácticas complejas (p. ej. *The man whom the woman was following was smoking a cigarette* [El hombre a quien la mujer seguía estaba fumando un cigarrillo]). La comprensión auditiva de palabras aisladas correspondientes a todas las clases gramaticales era superior a la media en comparación con controles normales apareados por edad, según el Peabody Picture Vocabulary Test (PPVT, Dunn y Dunn, 1981). Su escritura evidenciaba una llamativa omisión de verbos (que reemplazaba por espacios en blanco, indicando que tenía conciencia de la omisión pero era incapaz de evocar el verbo escrito adecuado). A modo de ilustración, escribía «They _____ for pizza and turkey» [Ellos _____ pizza y pavo] y leía «They asked for pizza and turkey» [Ellos pidieron pizza y pavo] o «We _____ at Champs» [Nosotros _____ en Champs] y leía «We ate at Champs» [Nosotros comimos en Champs].

HW era, al momento de la evaluación, una mujer de sesenta y cuatro años, vendedora retirada, que había completado un año de estudios universitarios. Dos años y medio antes había sufrido dos infartos cerebrales que habían comprometido las regiones parietal y occipital izquierdas. Su producción oral era fluida y gramaticalmente correcta, excepto por frecuentes interrupciones debidas a anomias (p. ej., como respuesta a una figura que representaba a una mujer comiendo un huevo, decía: «The man, no, the woman is eating a... what should I say? It looks very good, whatever you call it. She seems to be enjoying it very much. I like it too, but. I shouldn't eat it. Maybe you would like to have some, too. It's... (escribe "egg")». [El hombre, no, la mujer está comiendo un... ¿cómo se llama? Parece bueno, se llame como se llame. Parece que lo está disfrutando mucho. A mí también me gusta, pero no debería comerlo. Quizás usted quiera comer algunos también. Es... (escribe "huevo")]. Tal como en el caso de SJD, la comprensión de HW estaba intacta respecto de las palabras aisladas, tanto orales como escritas, según se constató con la toma del PPVT, pero tenía problemas para comprender oraciones gramaticales complejas si no se le daban ayudas contextuales.

Sometidas a evaluaciones detalladas de procesamiento léxico, ambas pacientes cometieron errores sólo en una modalidad de sa-

Tabla 3.3. Porcentaje del total de errores y de los errores semánticos de HW y SID

	(Cant. de estímulos)	*HW % total de errores*	*% de errores semánticos*	*SID % total de errores*	*% de errores semánticos*
Producción oral					
Lectura	(296)	53	73	2	0
Denominación	(60)	63	81	2	0
Producción escrita					
Dictado	(296)	0	0	13	64
Denominación	(60)	0	0	50	100

lida, independientemente de cuál fuera el tipo de estímulo. HW cometió errores en la lectura en voz alta (47% de aciertos) y en la denominación de figuras (37%[1] de aciertos) pero, dejando de lado los errores ortográficos (p. ej. *moose* «mosse»), no cometió errores ni en la escritura al dictado ni en la denominación escrita, mientras que SJD, dejando de lado los errores de pronunciación y morfológicos (p. ej. *sleeve* «sleeves»), no cometió prácticamente errores en la lectura en voz alta ni en la denominación, pero falló en cambio en la escritura al dictado (13% de errores) y en la denominación escrita (50% de errores). Su mejor desempeño en la escritura al dictado, en comparación con los resultados de sus pruebas de denominación escrita, se puede atribuir a su capacidad relativamente preservada para utilizar mecanismos subléxicos para convertir los sonidos en letras (fonología en ortografía), tal como quedó demostrado al observar su capacidad para escribir no palabras que no eran homofónicas de palabras verdaderas (p. ej. *hannee*). Pese a su éxito ocasional en el uso de la conversión subléxica para la escritura, la mayor parte de sus errores en la producción oral fueron de orden semántico (véase tabla 3.3).

Resulta sin embargo más relevante el hecho de que las dificultades de las dos pacientes no hayan sido homogénas a lo largo de distintas categorías gramaticales. Las dificultades de HW para la producción oral eran mucho más severas para los verbos que para los sustantivos (22 vs. 56% de aciertos) y las dificultades de SJD para escribir palabras eran más severas para los verbos que para los sustantivos (70 vs. 99% de aciertos).

Este efecto de la clase gramatical no se puede atribuir a diferencias específicas entre los ítems de las dos categorías, porque el efecto persistía cuando se utilizaban las mismas palabras. Cuando a las pacientes se les pedía que leyeran y que escribieran una misma palabra, que podía funcionar como sustantivo o como verbo según los contextos por ejemplo palabras como *check* o *watch*, funcionando de uno u otro modo, el efecto de clase gramatical seguía estando presente. Este efecto fue puesto en evidencia del siguiente modo: se pidió a las pacientes que leyeran en voz alta o que escribieran la palabra *check*, por ejemplo, en una frase en cuyo contexto su función gramatical no fuese ambigua. Por ejemplo, en las siguientes oraciones (1) *Please, sign the* **check** [Por favor, firma el **cheque.**] y (2) *Please,* **check** *the time* [Por favor, **controla** la hora.] la misma palabra, *check*, tiene en el primer caso la función de sustantivo y en el segundo la función de verbo. Se presentaron a las pacientes, en distintas ocasiones, las oraciones (1) y (2) y se les pidió en ambos casos que escribieran la palabras *check* en un espacio en blanco apropiado en cada una de ellas. De manera semejante, se les pidió que leyeran en voz alta la palabra aislada *check* luego de haber leído en silencio y en ocasiones distintas cada una de las oraciones contexto que servían para quitar la ambigüedad respecto de la función gramatical del homónimo en cuestión.

Tal como se observa en la tabla 3.4, HW escribió correctamente tanto los sustantivos como los verbos, pero en cambio produjo oralmente las formas verbales correctas con mucha menos frecuencia. Por ejemplo, ella podía leer «strike» en la oración *The workers are on* **strike** [Los trabajadores están en **huelga.**] pero no en *You* **strike** *a match to light a candle* [**Enciendes** un fósforo para prender una vela.]. Por el contrario, SJD tenía muchas más dificultades para escribir verbos que sustantivos, aunque en las tareas de lectura en voz alta podía producir correctamente ambas categorías de palabras. La mayor dificultad que experimentaban las pacientes respecto de los verbos no puede explicarse como un efecto de frecuencia, porque se observaba el mismo patrón aun cuando en el par de homónimos el verbo fuese de uso más frecuente que el sustantivo (véase table 3.4). La diferencia observada entre sustantivos y verbos tampoco puede atribuirse a que los sustantivos sean más concretos, ya que ninguna de las pacientes experimentaba un efecto de concretud en su desempeño durante la lectura en voz alta.

Otra paciente, EBA, que evidenciaba un efecto de clase gramatical opuesto provee más evidencias acerca de la disociabilidad de sustantivos y verbos en cuanto a su forma léxica. Su denominación

Tabla 3.4. Porcentaje de respuestas correctas orales y escritas de HW
y SID en la producción de homónimos en el contexto de oraciones

	(Cantidad de estímulos)	*HW* *Lectura oral*	*SID* *Escritura*	*Lectura oral*	*Escritura*
A					
Sust.	(50)	88	98	100	98
Verbos	(50)	46	96	100	56
B					
Sust.	(20)	95	95	100	100
Verbos	(20)	40	95	100	85

Nota: A) Sustantivos y verbos; B) Subconjunto de estímulos en los cuales la forma verbal es más frecuente que el sustantivo.

oral (de los mismos estímulos utilizados en las pruebas tomadas a HW y SJD) es mucho más apropiada para los verbos que para los sustantivos (Hillis y Caramazza, en preparación). En una prueba de definición de palabras, EBA obtiene mejores resultados en la producción de los homónimos cuando son utilizados como verbos que como sustantivos. Por ejemplo, como respuesta a una definición de *bowl*, que decía: «Tipo de plato que se utiliza para comer sopa o cereal», respondió «lata», pero cuando se definió la palabra *bowl* como «hacer rodar una pelota por la cancha para derribar los palos» respondió correctamente «bowl» [bochar]. El efecto de clase gramatical observado en EBA no se puede atribuir a una dificultad relativa para procesar palabras concretas, porque ella experimentaba idénticas dificultades para la lectura y la denominación de sustantivos abstractos y concretos la misma longitud y frecuencia. Tal como sucedía con HW, la diferencia en la producción de sustantivos versus verbos en la denominación de EBA estaba limitada a las tareas de producción oral.

La doble disociación que se observa en HW y EBA para la producción de sustantivos y verbos en la denominación oral, nos provee evidencias de que los sustantivos y los verbos se encuentran representados en el cerebro de un modo tal que el proceso de representación fonológica de una de las clases para su producción oral puede estar dañado, mientras que el de la otra clase puede estar preservado. En otras palabras, la información acerca de la pronunciación de las palabras que se encuentra almacenada para su producción –las representaciones en el léxico fonológico de salida– deben de estar organizadas por clases gramaticales en el cerebro. Más aún, la observación de que la perturbación para el procesamiento de una sola clase gramatical puede estar restringida o bien al léxico fonológico de salida (como se demostró en el caso de HW) o al léxico ortográfico de salida (como se demostró en el desempeño de SJD) sustenta la hipótesis de que la información ortográfica y la fonológica de cada una de estas clases de palabras está representada en estructuras neurales diferentes.

Finalmente, el acceso a las representaciones léxicas fonológicas u ortográficas de homónimos (tales como «match» [como verbo quiere decir «coincidir» y como sustantivo, «fósforo»], cuyos significados como verbo y como sustantivo no se relacionan) puede estar perturbada solamente, por ejemplo, para su uso como sustantivo, tal el caso de EBA, o para su uso como verbo, como en los casos de HW y SJD. Esto indica que la información acerca palabras de distintas clases gramaticales está representada por separado y de forma redundante en los léxicos de salida ortográfico y fonológico, de modo tal que cada clase de palabras puede ser afectada de manera selectiva en caso de daño cerebral. Esta organización, aparentemente no muy económica, del conocimiento lingüístico en el cerebro, puede ser, en realidad, un modo muy eficiente de organización de la información léxica. Si el conocimiento léxico está representado de manera descompuesta en cuanto a la morfología (Miceli y Caramazza, 1988 ; Badecker y Caramazza, 1991) es decir, de modo tal que las entradas del léxico fonológico y ortográfico son representaciones independientes de «raíces» y los afijos que ellas pueden aceptar (p. ej. la raíz **like** [gust] acepta los afijos **–s, -ing** y **–ed**, para la producción de «likes» [gusta], «liking» [gustando] y «liked» [gustó], entonces la clase gramatical de la raíz (p. ej. verbo, adjetivo, sustantivo) debería estar especificada en el punto en que esto es necesario, es decir en los almacenes fonológicos y ortográficos. De esta manera, la aparente ineficiencia del almacenamiento resultaría en una mejor eficiencia computacional.

En resumen, los resultados de HW, SJD y EBA sugieren que existen distintos mecanismos neurales dedicados al procesamiento de diferentes clases gramaticales de palabras. Además, a diferencia de lo que ocurre con las distinciones entre categorías semánticas del conocimiento, cuyo daño se podría atribuir a la perturbación selectiva de mecanismos dedicados al procesamiento de atributos sensoriales específicos (Warrington y McCarthy, 1987), sería bastante poco plausible una hipótesis de esta clase para explicar el daño en el procesamiento de distintas categorías gramaticales. Si bien podríamos pensar que, por ejemplo, la representación conceptual de ciertos tipos de sustantivos (p. ej. asno, árbol o col) o de verbos (p. ej. correr, levantar o toser) está relacionada con algún atributo sensorial o motor específico, sería difícil aplicar este mismo razonamiento a los conceptos denotados por sustantivos abstractos (p. ej. creencia, gracia) y por verbos (p. ej. aprender, escuchar, alcanzar), que se encuentran disociados de la misma manera y en el mismo grado que los sustantivos y verbos concretos en nuestros pacientes.

Conclusiones

Los resultados que hemos resumido aquí tienen implicaciones interesantes para las teorías de la representación de los mecanismos de procesamiento del lenguaje. Sugieren que existen mecanismos neurales independientes dedicados al procesamiento de distintas clases de palabras, sea especificados en términos de clases gramaticales o en términos de rasgos semánticos compartidos. Claro está que los tipos de conclusiones acerca de los mecanismos cerebrales/cognitivos a las que es posible llegar a partir del estudio de los sujetos con daños cerebrales tienen la restricción de que no es posible controlar factores tales como la extensión y la ubicación de las lesiones en los experimentos. En realidad sólo se encuentran déficits claros y estables en los casos de lesiones relativamente extensas, lo que hace imposible llegar a configurar un mapa detallado de la relación entre las estructuras cerebrales y los mecanismos cognitivos. De todas maneras, este tipo de estudios sientan las bases para teorías del procesamiento del lenguaje basadas en lo biológico, que generan hipótesis acerca de distinciones en el conocimiento léxico a partir de disociaciones surgidas de lesiones. Por lo tanto, aunque todavía no conocemos qué estructuras/procesos neurales específicos realizan la organización categorial del conocimiento léxico, no podemos dejar pasar la conclusión de que en alguna medida esta organización se representa directamente en el cerebro.

Nota

1. Usamos la siguiente notación para indicar los estímulos y las respuestas: los estímulos están escritos en bastardilla y las respuestas entre comillas.

Referencias bibliográficas

Andreewsky, E. y Seron, X. 1975. Implicit processing of grammatical rules in a classical case of agrammatism. *Cortex, 11*, pp. 379-390.

Badecker, W. y Caramazza, A. 1991. Morphological composition in the lexical output system. *Cognitive Neuropsychology, 8*, pp. 335-367.

Caramazza, A., Berndt, R. S. y Hart, J. 1981. «Agrammatic» reading, en F. J. Pirozzolo y M. C. Wittrock (comps.), *Neuropsychological and cognitive processing in reading*. Nueva York, Academic Press.

Caramazza, A. y Hillis, A. E. 1991. Lexical organization of nouns and verbs in the brain. *Nature, 349*, pp. 788-790.

Caramazza, A., Hillis, A. E., Rapp, B. y Romani, C. 1990. The multiple semantics hypothesis: Multiple confusion? *Cognitive Neuropsychology, 7*, pp. 161-189.

Dennis, M. 1976. Dissociating naming and locating of body parts after left anterior temporal lobe resection: An experimental case study. *Brain and Language, 3*, pp. 147-163.

Dunn, L. M. y Dunn L. M. 1981. *Peabody Picture Vocabulary Test-revised*. Circle Pines, MN, American Guidance Service.

Farah, M. J., Hammond, K. H., Metha, Z. y Ratcliff, C. 1989. Category-specificity and modality-specificity in semantic memory. *Neuropsychologia, 27*, pp. 193-200.

Funnell, E. y Sheridan, J. 1992. Categories of knowledge? Unfamiliar aspects of living and nonliving things. *Cognitive Neuropsychology, 9*, pp. 135-153.

Gardner, H., Zurif, E. 1975. *Bee'* but not *be:* Oral reading of single words in aphasia and alexia. *Neuropsychologia, 13*, pp. 181-190.

Hart, J., Berndt, R. S. y Caramazza, A. 1985. Category-specific naming following cerebral infarction. *Nature, 316*, pp. 439-440.

Hillis, A. E. y Caramazza, A. 1991. Category-specific naming and comprehension impairment: A double dissociation. *Brain, 114*, pp. 2081-2094.

—, A. (en preparación). Double dissociation between nouns and verbs in input and output.

Kandel, E. 1991. Perception of motion, depth' and form, en E. Kandel, J. Schwartz, J. Tessel (comps.), *Principles of neuroscience*. Nueva York, Elsevier, pp. 440-465. [*Neurociencia y conducta*. Madrid, Prentice Hall Iberia, 1996.]

Lucchelli, F. y De Renzi, E. 1992. Proper name anomia. *Cortex, 28*, pp. 221-230.

McCarthy, R. y Warrington, E. K. 1985. Category-specificity in an agrammatic patient: The relative impairment of verb retrieval and comprehension. *Neuropsychologia, 23,* pp. 709-727.

McKenna, P. y Warrington, E. K. 1978. Category-specific naming preservation: A single case study. *Journal of Neurology, Neurosurgery, and Psychiatry, 41,* pp. 571-574.

—. 1980. Testing for nominal dysphasia. *Journal of Neurology, Neurosurgery, and Psychiatry, 43,* pp. 781-788.

Miceli, G. y Caramazza, A. 1988. Dissociation of inflectional and derivational morphology. *Brain and Language, 35,* (1), pp. 24-65.

Miceli, G., Silveri, M. C., Villa, G. y Caramazza, A. 1984. On the basis for agrammatic difficulty in producing main verbs. *Cortex, 20,* pp. 207-220.

Pietrini, V., Nertempi, P., Vaglia, A., Revello, M. G., Pinna, V. y Ferro-Milone, F. 1988. Recovery from herpes simplex encephalitis: Selective impairment of specific semantic categories with neuroradiological correlation. *Journal of Neurology, Neurosurgery and Psychiatry, 51,* pp. 1284-1293.

Riddoch, M. J., y Humphreys, G. W. 1987. Visual objects processing in optic aphasia: A case of semantic access agnosia. *Cognitive Neuropsychology, 4,* pp. 131-185.

Sartori, G. y Job, R. 1988. The oyster with four legs: A neuropsychological study on interaction of visual and semantic information. *Cognitive Neuropsychology, 5,* 105-132.

Sartori, G, Miozzo, M. y Job, R. (en prensa). Category-specific naming impairment? Yes. *Quarterly Journal of Experimental Psychology.*

Sacchett, C. y Humphreys, G. W. 1992. Calling a squirrel a squirrel but a canoe a wigwam: A category-specific deficit for artifactual objects and body parts. *Cognitive Neuropsychology, 9,* pp. 73-86.

Semenza, C. y Zettin, M. 1988. Generating proper names: A case of selective inability. *Cognitive Neuropsychology, 5,* pp. 711-721.

Silveri, M. C. y Gainotti, G. 1988. Interaction between vision and language in category-specific semantic impairment. *Cognitive Neuropsychology, 5,* pp. 677-709.

Stewart, F., Parkin, A. J. y Hunkin, N. M. 1992. Naming impairment following recovery from herpes simplex encephalitis: Category-specific? *Quarterly Journal of Experimental Psychology, 44a,* 261-284.

Warrington, E. K. 1975. The selective impairment of semantic memory. *Quarterly Journal of Experimental Psychology, 27,* pp. 635-657.

—. 1981. Concrete word dyslexia. *British Journal of Psychology, 72,* pp. 175-196.

Warrington, E. K. y McCarthy, R. 1983. Category-specific access dysphasia. *Brain, 106,* pp. 859-878

Warrington, E. K. y McCarthy, R. 1987. Categories of Knowledge: Further fractionations and an attempted integration. *Brain, 110,* pp. 1273-1296.

Warrington, E. K. y Shallice, T. 1984. Category-specific semantic impairment. *Brain, 107*, pp. 829.854.

Yamadori, A. y Albert, M. L. 1973. Word category aphasia. *Cortex, 9*, pp. 112-125.

Young, A., Newcombe, F., Hellawell, D. y DeHaan, E. 1989. Implicit access to semantic information. *Brain and Language, 11*, pp. 186-209.

Zingeser, L. B. y Berndt, R. S. 1988. Retrieval of nouns and verbs in agrammatism and anomia. *Brain and Language, 39*, pp. 14-32.

4

Orígenes de la especificidad de dominio: la evolución de la organización funcional

Leda Cosmides y John Tooby

Al establecer que para explicar el desempeño cognitivo humano es necesario apelar a la dominio-especificidad, los psicólogos enrolados en este tipo de abordaje se hallaron frente a una situación nueva. Hablando metafóricamente, es como si laboriosamente hubiesen construido una ruta que ascendía por una ladera de la montaña de muy difícil acceso, en un terreno inexplorado, para, una vez en la cima, encontrarse con un grupo de constructores extranjeros –los investigadores del funcionalismo evolucionista– que habían hecho otra ruta ascendente con la misma meta, subiendo por la otra ladera. Inesperadamente, los psicólogos cognitivos descubrieron que su campo estaba muy ligado a un nuevo panorama intelectual que antes parecía lejano, extraño y poco pertinente. Sin embargo, las conexiones que se fueron estableciendo entre las comunidades dedicadas a los estudios cognitivos y los evolucionarios prometen transformar ambos campos, proveyendo cada uno los principios, métodos y enfoques rigurosos que al otro le falten. Aunque la repentina unión de estas dos comunidades ha llevado a los mutuos desentendimientos habituales, es indudable que esta conjunción producirá a largo plazo desarrollos muy significativos. A partir del enfoque integrado que está surgiendo, los mecanismos dominio-específicos o módulos cognitivos estudiados por los psicólogos podrán ser considerados como lo que verdaderamente son: adaptaciones producidas por el proceso evolucionario que actuó sobre nuestros ancestros cazadores y recolectores (Cosmides y Tooby, 1987).

La selección natural y los ambientes ancestrales

Desde un punto de vista científico más comprensivo, la confluencia de estas dos comunidades de investigadores parece inevitable (Tooby y Cosmides, 1992). El cerebro humano no cayó del cielo, ni es un artefacto inescrutable de origen desconocido y ya no hay ninguna razón sensata para estudiarlo dejando de lado el proceso causal que le dio origen. Los mecanismos cognitivos en desarrollo que constituyen colectivamente la arquitectura de la mente humana adquirieron su organización funcional particular a partir del proceso de evolución. La historia evolutiva que llevó hasta el ser humano moderno consistió en una sucesión de diseños modificados paso a paso a través de generaciones por la acción de dos fuerzas independientes –el azar y la selección natural– que determinaron todos los momentos en los cuales se incorporó alguna modificación a nuestra arquitectura cognitiva típica de la especie.

Aunque el azar desempeña un papel bien delimitado en la evolución y explica la aparición y distribución de muchas propiedades simples y triviales, hay algo que no puede explicarse a través de la acción de procesos azarosos: la existencia de un diseño funcional complejo (Williams, 1966; Dawkins, 1986; Pinker y Bloom, 1990; Tooby y Cosmides, 1990a y 1990b). Las modificaciones por azar no pueden llegar a configurar sistemáticamente sistemas funcionales tales como la visión, la facultad del lenguaje o el control motor. La única explicación posible para la existencia de sistemas funcionales en los organismos es la selección natural. Por lo tanto, la existencia de mecanismos cognitivos funcionales específicos propios de una especie debe estar relacionada con la acción acumulativa de la selección (Dawkins, 1986; Pinker y Bloom, 1990). Es necesario pues que los diseños de organización de los mecanismos presentes en nuestra arquitectura cognitiva reflejen los principios y la lógica de la selección natural. Los psicólogos cognitivos, entonces, al igual que los fisiólogos, habitualmente estudian las adaptaciones y los efectos. Por esta razón pueden encontrar en el abordaje adaptacionista una nueva y productiva herramienta de análisis (p. ej. Cosmides, 1989; Cosmides y Tooby, 1989, 1992; Freyd, 1987; Gallistel, 1990; Gigerenzer y Hug, 1992; Jackendoff, 1992; Leslie, 1987, 1988; Marr, 1982; Pinker y Bloom, 1990; Ramachadran, 1990; Rozin 1976;

Shepard, 1981, 1984, 1987a, 1987b; Sherry y Schacter, 1987; Shiffrar y Freyd, 1990; Staddon, 1988).

La selección natural opera poniendo a prueba diseños alternativos en repetidos enfrentamientos con situaciones evolutivas recurrentes (problemas de adaptación duraderos). En la historia de nuestra evolución se seleccionaron cambios que lograron propagarse más que otros diseños alternativos. Estos cambios se fueron generalizando hasta que se convirtieron en rasgos típicos de la arquitectura evolucionada de nuestra especie.[1] La contribución de un diseño a su propia propagación fue el criterio que, más allá del azar, determinó cuáles serían los cambios que se incorporarían a nuestra estructura psicológica y cuáles quedarían excluidos. Los psicólogos cognitivos deben reconocer que, cuando se explica o se explora la organización del desarrollo de un mecanismo cognitivo, la *función* de un diseño solamente se refiere al modo como este contribuyó a su propia propagación en ambientes ancestrales. No se refiere, en cambio, a las definiciones intuitivas o de sentido común de su función, tales como «la contribución al logro de objetivos individuales», «la contribución al propio bienestar» o «la contribución a la sociedad». Estas utilidades pueden o no existir como efectos colaterales de la evolución de un determinado diseño, pero no desempeñan una función respecto de la explicación de cómo surgieron esos diseños o por qué cuentan con una determinada organización. El hecho de que los celos sexuales, por ejemplo, no contribuyan al bienestar individual o a algún otro bien social positivo es irrelevante para explicar por qué los mecanismos cognitivos que lo producen bajo ciertas condiciones se convirtieron en una parte de nuestra arquitectura psicológica como especie (Daly, Wilson y Weghorst, 1982; véase Tooby y Cosmides, 1990a para un análisis cognitivo funcionalista de la emoción).

La evolución es un proceso histórico, no un proceso predecible. El diseño evolucionado de los organismos modernos fue originado por hechos del pasado, que no tienen que ver con los problemas actuales. La selección natural no es un proceso teleológico capaz de prever el futuro y planificarlo por anticipado. Nuestros mecanismos evolucionados se construyeron y se ajustaron como respuestas a la composición estadística de situaciones que nuestra especie tuvo que enfrentar durante su historia evolutiva (Symons, 1992; Tooby y Cosmides, 1990a). Estos mecanismos no fueron diseñados para lidiar con circunstancias actuales sin precedentes. Tampoco pueden haber sido diseñados para resolver todos los problemas potenciales que se darían bajo cualquier circunstancia posible. La situaciones de nuestros ancestros cazadores y recolectores del Pleistoceno determinaron el conjunto de problemas adaptativos que nuestros mecanismos cognitivos estarían *dedicados* a resolver, aunque por supuesto esas situaciones no incluían todas las clases de problemas que nuestra cognición está en condiciones de resolver. Estos mecanismos, no obstante, deben encontrarse bien preparados para resolver el conjunto de problemas ancestrales y no necesariamente otros de un tipo más amplio.

Por tales razones no debemos dar por supuesto que la selección haya favorecido mecanismos cognitivos estructurados para resolver tipos de problemas diferentes de los que debía afrontar nuestro antepasado cazador-recolector del Pleistoceno. Es injustificado el prejuicio existente entre los psicólogos cognitivos que los lleva a postular teorías que avalan arquitecturas evolucionadas destinadas solamente a resolver problemas en general. El hecho de que un mecanismo existente pueda resolver un problema actual no explica cómo ese mecanismo llegó a tener el diseño que posee, ya que la selección natural no cuenta con una bola de cristal. El hecho de que los mecanismos producidos por la evolución actúen a veces con éxito en las circunstancias modernas es solamente una consecuencia secundaria de su diseño, acuñado en el Pleistoceno. Más aún, sólo puede darse un desempeño adecuado en condiciones que reproducen aspectos relevantes de los entornos ancestrales en los cuales esos mecanismos fueron diseñados para actuar.

Resumiendo: las condiciones estadísticamente recurrentes que se plantearon durante la historia evolutiva de los homínidos constituyeron una serie de problemas adaptativos. Estas condiciones dieron lugar a la selección de un conjunto de mecanismos cognitivos capaces de resolver esos problemas. Un problema adaptativo se puede definir como un problema recurrente en la evolución cuya solución promueve la reproducción directa o indirecta de la cadena causal a través de la cual logró la resolución. Así, si bien la eficacia en reproducción de los individuos o de la especie fue el resultado final de las adaptaciones, el resultado inmediato de estas no necesariamente tiene que haber estado relacionado con la reproducción en sí misma. La historia exitosa de reproducción de los homínidos (incluyendo la reproducción de la especie) requirió del cumplimiento de una red de condiciones preliminares y facilitaciones para la reproducción en complejos entornos ecológicos y sociales. Esto entrañó, por supuesto, la acumulación de distintos tipos de información especializada y la capacidad de realizar inferencias y de resolver problemas por parte de nuestros antepasados homínidos. Este es el motivo por el cual los seres humanos están equipados con una cantidad de adaptaciones que tienen como finalidad el desempeño de diversas tareas, que van desde pedir ayuda a los padres hasta la adquisición del lenguaje; desde la representación de la distribución espacial de los objetos hasta la capacidad de hacer alianzas y cooperar; desde la inferencia de las intenciones a partir de las expresiones faciales hasta la prohibición del incesto; desde la distribución del esfuerzo entre tareas hasta la interpretación de amenazas, la selección de pareja o el reconocimiento de objetos.

Cuando se las aísla del contexto ancestral del cazador-recolector, esas competencias parecen estar desconectadas, en el mundo moderno, de la reproducción, y su funcionamiento puede parecer más bien una expresión azarosa de actividades que no responden a un patrón evolutivo. Esto es en realidad una ilusión, que surge de considerar nuestras actividades psicológicas como operaciones aisladas del contexto ancestral que les dio origen y de no haber desarrollado un análisis —lo que Marr llama teorías computacionales— acerca de cuáles fueron los problemas de adaptación que la evolución de nuestros mecanismos adaptativos intentó resolver (Marr, 1982). La comprensión de la naturaleza de los problemas por resolver y un modelo de la estructura detallada de los contextos ancestrales nos llevan a comprender los rasgos de nuestros mecanismos de resolución de problemas, que de otro modo resultarían incomprensibles (para un ejemplo de esta clarificación funcional, véase Profet, 1992, quien considera a las náuseas en el embarazo como una adaptación a los efectos nocivos de las toxinas existentes en los alimentos vegetales de las dietas de los cazadores-recolectores).

Por supuesto, el diseño de nuestros mecanismos cognitivos sólo reflejaría la estructura de los problemas adaptativos que nuestros ancestros tuvieron que enfrentar en la medida en que la selección natural sea un proceso eficiente. ¿Lo es? Los biólogos evolucionarios, desde Darwin en adelante, han sido conscientes de que la selección no produce diseños perfectos (Darwin, 1859; Williams, 1966; Dawkins, 1976, 1982. Para un cambio reciente desde la posición de que los organismos poseen un diseño perfecto a la posición adaptacionista tradicional, véase Lewontin, 1967 vs. 1978). Sin embargo, dado que la selección natural es un proceso ascendente, en el cual se tiende a elegir la mejor de las variantes presentes en cada momento, y dada la gran cantidad de alternativas que se producen durante la vasta expansión del tiempo evolutivo, la selección natural tiende a producir la acumulación de diseños cada vez más funcionales. El ojo y el sistema visual son conjuntos de adaptaciones cognitivas que dieron lugar a productos muy bien construidos del proceso de evolución y, si bien no son «perfectos» ni «óptimos» –aunque habría que dar alguna interpretación a estos conceptos un poco imprecisos– son mejores que ningún sistema construido por el hombre.

En consecuencia, no sólo podemos decir que la selección natural es la única explicación para la organización funcional de los mecanismos cognitivos, sino que se puede esperar que estos mecanismos estén relativamente bien diseñados para resolver los problemas adaptativos ancestrales. Cuando se evalúa alguna hipótesis particular referida a la arquitectura cognitiva, surgen dos preguntas relacionadas. La primera, acerca de la posibilidad de aprendizaje o de resolución: ¿qué tipos de mecanismos con capaces de resolver los problemas adaptativos que nuestros ancestros enfrentaron y resolvieron habitualmente: los mecanismos de dominio general o los de dominio específico? La segunda es una pregunta respecto de la posibilidad de evolución: si hay un problema de adaptación que se puede resolver tanto a través de un mecanismo dominio-general como de uno dominio-específico, ¿cuál es el que provee la mejor solución y, por lo tanto, el que más probablemente se seleccionaría?

¿Por qué es equivocado suponer mecanismos de dominio general? Una perspectiva evolucionaria

La biología evolucionista aporta una serie de razones por las cuales resulta poco plausible y poco económico pensar que la mente humana sea una máquina equipotencial, dotada para todos los propósitos (Cosmides y Tooby, 1987; Tooby y Cosmides, 1992).

En primer lugar, cuanto más importante es el problema de adaptación, más intensamente la selección natural especializa y mejora el desempeño del mecanismo para resolverlo. Esto sucede porque muchas veces los distintos problemas requieren diferentes soluciones y, en la mayoría sólo pueden ser encontradas las diferentes soluciones de los casos por mecanismos distintos, funcionalmente independientes. La velocidad, la fiabilidad y la eficiencia se pueden lograr a partir de mecanismos especializados, ya que no son necesarias las concesiones entre las demandas que provienen de las distintas tareas en competencia. Esto explica el hallazgo empírico habitual que indica que la selección natural tiende a producir diferentes especializaciones adaptativas, tales como un corazón que bombea la sangre, un hígado que elimina las sustancias tóxicas, un sistema inmunitario que derrota las infecciones. Es regla que cuando dos problemas de adaptación tienen soluciones incompatibles o simplemente diferentes, un sola solución resulta inferior a dos especializadas. En estos casos, lo que sirve para todo no es bueno para nada, porque sólo se puede lograr la generalidad sacrificando la eficiencia. En consecuencia, los mecanismos cognitivos dominio-específicos que poseen rasgos para sacar provecho de rasgos estructurales estables en situaciones evolutivas recurrentes, suelen desempeñarse mejor que otros mecanismos más generales que no pueden aprovechar estos rasgos y, en consecuencia, los eliminan o reemplazan.

El grito de advertencia de los monos verdes («vervet monkeys») ilustra claramente este punto. Estos monos se enfrentan a tres principales predadores: los leopardos, las águilas y las serpientes. Cada uno de estos predadores hace necesaria una acción evasiva diferente: trepar a un árbol (leopardos); observar el cielo o zambullirse en los matorrales (águilas) o levantarse sobre las patas traseras y observar el pasto (serpientes). En consecuencia, estos monos tienen mecanismos cognitivos resultado de su evolución que producen (y responden a) distintos gritos de advertencia, uno para cada predador (Cheney y Seyfarth, 1990). Si contasen con una sola llamada y un solo sistema de respuesta, estos serían menos eficaces porque quienes recibieran la señal de advertencia no sabrían cuál de las diferentes actitudes adoptar.

Para sobrevivir y reproducirse, nuestros antepasados del Pleistoceno tuvieron que ser eficientes en la resolución de una gran cantidad de problemas de adaptación. Estos problemas fueron tales que hubiesen derrotado a cualquier sistema de inteligencia artificial actual. Una mínima muestra de ellos son tareas como recolectar para comer, orientarse en el espacio, elegir un compañero, ser padres, participar en el intercambio social, manejar las amenazas externas, evitar la contaminación patógena, evitar los predadores, evitar las toxinas de las plantas, evitar el incesto y muchos otros. Una mujer que utilizase los mismos mecanismos para elegir a un compañero y para elegir comida nutritiva, elegiría un compañero muy extraño y esos mecanismos pronto serían descartados. Los diferentes problemas adaptativos suelen ser inconmensurables y no pueden resolverse a partir de un solo mecanismo (Sherry y Schacter, 1987). Aun una muestra restringida de las tareas del cazador-recolector sugiere que es imposible que un único sistema computacional general pudiese ayudar a resolverlas todas en el contexto ancestral. (En realidad, resulta difícil imaginar que un único sistema computacional pueda resolver *alguna* de ellas.)

Por esta razón, puede suponerse que la mente humana incluya una cantidad de especializaciones cognitivas adaptativas (para el tratamiento de este tema, véanse Chomsky, 1980; Cosmides y Tooby, 1987; Rozin, 1976; Rozin y Kalat, 1971; Sherry y Schacter, 1987; Tooby y Cosmides, 1992). Ni empírica ni teóricamente existen más razones para suponer que dos mecanismos cognitivos sean parecidos que para suponer que el ojo y el bazo o el páncreas y la glándula pituitaria deben ser semejantes. La razón que suelen argumentar los partidarios de los mecanismos de dominio general –que un hipotético y todavía no descrito dispositivo general para resolver problemas solucionaría una cantidad mayor de problemas no conectados entre sí o de poca frecuencia de aparición– es irrelevante: lo que gobierna el curso de la evolución y, por lo tanto, el diseño de la mente humana es la distribución estadística de las situaciones pasadas que nuestros ancestros fueron enfrentando a lo largo de su evolución.

Esta idea se puede plantear de una manera aun más firme. No se trata solamente de una cuestión de plausibilidad, de eficacia o de que la evolución debería haber producido un sistema mejor. Hasta un simple análisis de la capacidad de aprender demuestra que *en principio una psicología humana que sólo contuviese mecanismos de dominio general sería incapaz de evolucionar, porque un sistema de este tipo no puede comportarse de manera adaptativa y por lo tanto no podría haber conseguido resolver los problemas del contexto ancestral cuya solución ha permitido que hoy estemos aquí.* Una pequeña cantidad de mecanismos de dominio general no pueden dar cuenta del comportamiento adaptativo. Hemos desarrollado en detalle este argumento en otros trabajos (Cosmides y Tooby, 1987; Tooby y Cosmides, 1992) de modo que no nos ocuparemos de él aquí. Nos limitaremos a resumir unos pocos puntos relevantes al respecto:

1. Para constituir una hipótesis viable de la arquitectura cognitiva humana un diseño debe poder resolver los problemas a los que apunta. Como mínimo, cualquier arquitectura cognitiva humana que se proponga tuvo que haber producido comportamientos adaptativos mínimos en contextos ancestrales cuya existencia conocemos porque hoy estamos aquí. Así como un hipotético conjunto de mecanismos cognitivos subyacentes en el lenguaje debe poder dar cuenta de los hechos correspondientes al comportamiento lingüístico humano, una hipotética arquitectura cognitiva de dominio general debe

ser capaz de resolver todos los problemas que era necesario solucionar para lograr la subsistencia y la reproducción en el Pleistoceno. Es posible demostrar que el ser humano tiene que haber podido resolver ciertos problemas adaptativos esenciales para propagarse y que un mecanismo de dominio general no podría haber logrado solucionarlos. Por lo tanto, la hipótesis del dominio general no es aceptable. Creemos que hay una cantidad de problemas de este tipo, como la regulación del estado físico, la regulación de la nutrición, la evitación del incesto, los celos sexuales, la necesidad de eludir a los predadores, cualquier clase de problema de procesamiento de la información y muchos otros.

2. Como sabemos que la mente humana evolucionó primordialmente a partir de la selección natural, las hipótesis acerca del diseño de la mente adquieren o pierden plausibilidad según si los diseños propuestos pueden haber acrecentado la funcionalidad en condiciones ancestrales o, en términos biológicos, si produjeron un aumento del comportamiento «adaptado». La biología evolucionaria sugiere que no existe una razón para que la economía sea considerada un criterio para el diseño de la mente, particularmente en aquellos casos en que entra en conflicto con la funcionalidad. El aumento de la funcionalidad es el único criterio al que responde la selección. (Del mismo modo, no hay razones para que los procesos azarosos de evolución creen arquitecturas cognitivas que operen según principios simples, generales y económicos.)

Una arquitectura funcional de dominio general no puede guiar el comportamiento para promover la adaptación, al menos por tres razones relacionadas entre sí:

1. Lo que puede considerarse un comportamiento adaptado varía de un dominio a otro. Por lo tanto, no existe un criterio de dominio general acerca del éxito o el fracaso que se correlacione con la adaptación.
2. Los cursos de acción que resultarán adaptativos no se pueden deducir ni aprender a partir de criterios generales, ya que dependen de las relaciones estadísticas entre rasgos del entorno, el comportamiento y la adaptación que surge del desempeño de muchas generaciones. Por estas razones, no son observables durante el transcurso de una vida.
3. La explosión combinatoria paraliza a cualquier sistema que sea verdaderamente de dominio general cuando este entra en contacto con la complejidad del mundo real.

Razón 1: La definición de error es dependiente del dominio.
Para que un sistema de dominio general aprenda qué debe hacer deben existir algunos criterios de éxito y de fracaso. El aprendizaje a partir de ensayo y error requiere de alguna definición de error. Sin embargo, no existe ningún criterio de éxito y fracaso que sea independiente del dominio y correlacione con la adaptación. Esto sucede porque los criterios para considerar que un comportamiento es adaptado varían sustancialmente de un dominio a otro. Por ejemplo, supongamos que nuestro hipotético sistema de aprendizaje de dominio general lleva a nuestro ancestro cazador-recolector a inferir de alguna manera que la relación sexual es una condición necesaria para producir descendencia. ¿Tendrá el individuo acaso relaciones sexuales en todas las oportunidades posibles? En realidad, un diseño de este tipo sería descartado rápidamente. Existen altos costos adaptativos derivados del incesto, para tomar solamente uno de los errores sexuales posibles. Dada una pareja potencial con las condiciones físicas, la personalidad o los recursos necesarios para que normalmente se produzca el deseo sexual, la información de que esa pareja potencial es un miembro de la familia debe inhibir los impulsos sexuales. Supongamos ahora que esta mente equipotencial ha aprendido de algún modo que evitar el sexo con un familiar tiene consecuencias adaptativas positivas. ¿Cómo extenderá este conocimiento acerca de los familiares a otros dominios de la actividad humana? ¿Evitará, por ejemplo, cualquier interacción con un familiar? Esto sería un error, ya que evitar selectivamente el sexo con un familiar tiene un valor positivo pero, por ejemplo, evitar selectivamente ayudar a los familiares tendría consecuencias negativas para la adaptación. Tanto respecto de los parientes como de otras cuestiones, lo que constituye un error adaptativo varía de un dominio a otro. En el dominio sexual, error = sexo con un familiar. En el dominio de la colaboración, error = no ayudar a un familiar, dadas las circunstancias adecuadas. En el dominio de los intercambios cooperativos, error = ser engañado, ya que significa pagar un costo sin recibir el beneficio merecido. Cuando un león busca su almuerzo, error = ofrecerse uno mismo como aperitivo. Dado que lo que puede considerarse error varía de un dominio a otro, debe haber tantos mecanismos cognitivos dominio-específicos como dominios entre los cuales no se pueden compatibilizar las definiciones de comportamiento exitoso. Esta simple observación no ha sido tenida muy en cuenta debido al tradicional énfasis que ha dado la psicología cognitiva a la adquisición de los conocimientos sobre la regulación de la acción. El cerebro fue desarrollando mecanismos para

adquirir conocimientos porque los conocimientos eran importantes para regular acciones exitosas.

Razón 2: Muchas de las relaciones necesarias para la regulación exitosa de la acción no pueden llegar a ser observadas por ningún individuo durante el tiempo de su vida. La pregunta acerca de cómo una arquitectura dominio-general puede adquirir todos los tipos de conocimiento dominio-específicos necesarios pone al descubierto una debilidad fatal de los sistemas de dominio general. Estos sistemas están limitados a conocer lo que se puede derivar de los procesos generales de información perceptiva. Los mecanismos de dominio específico, en cambio, no padecen esta limitación. Estadísticamente, el mundo posee una estructura dominio-específica (p. ej. las arañas y las serpientes a menudo son venenosas, los objetos suelen ser sólidos, las entidades que se autopropulsan suelen ser animales, la persona que lo ha cuidado a uno suele ser su madre y el habla humana responde a la Gramática Universal). Un sistema de dominio general tiene que lograr que se apliquen los mismos procedimientos generales a las arañas, el habla, los objetos, las madres y las entidades que se autopropulsan y no puede tratar de manera diferente a ninguna de estas categorías. Por lo tanto, su acción está limitada a lo que se puede derivar de los procesos perceptivos, aplicando procedimientos generales. Por el contrario, las arquitecturas que son sensibles al contenido pueden estar dotadas de procedimientos dominio-específicos, representaciones y formatos representacionales preparados para sacar provecho de las consecuencias de la pertenencia a distintos dominios que no son factibles de ser observadas individualmente. Los individuos no necesitan observar que alguien muere como consecuencia de la picadura de una serpiente para ser precavidos ante ellas ni necesitan conocer un estudio acerca de las consecuencias de la endogamia para manifestar rechazo a las relaciones sexuales entre hermanos. El argumento chomskiano acerca de la pobreza de los estímulos sugiere algo semejante: la Percepción por sí misma no puede proveer a los niños la lista de restricciones que afectan a la gramática humana (Chomsky, 1975; Pinker, 1984).

La dificultad para descubrir qué consecuencias respecto de la adaptación tienen las distintas acciones o elecciones relativas a la representación de los conocimientos ejerce un efecto fatal sobre los sistemas de dominio general. Las consecuencias estadísticas sistemáticas que tienen determinados cursos de acción sobre la adaptación no pueden ser evaluadas de manera estable durante varias generaciones y lue-

142

go sólo pueden serlo por los biólogos evolucionistas, los seres divinos o –esto es lo fundamental– por la selección natural. Dado que la promoción de la adaptación implica una representación diferencial de los genes durante varias generaciones, el momento en que las consecuencias de estos procesos pueden ser evaluadas es bastante remoto respecto del momento en que es necesario desarrollar las acciones. Los cursos de acción adaptativos no se pueden aprender ni deducir de criterios generales porque dependen de las relaciones estadísticas entre rasgos del entorno, el comportamiento y las adaptaciones que surgen a lo largo de generaciones y, por lo tanto, no son observables durante el transcurso de una vida.

Por ejemplo, ¿cómo haría un mecanismo de finalidad general instalado en un ancestro cazador-recolector para averiguar que debe regular el comportamiento en concordancia con la ecuación de Hamilton de selección de las especies: que X debe ayudar a Y cada vez que $C_x < r_{xy} B_y$?[2] Cuando un individuo ve a un familiar, no hay nada en el conjunto de estímulos que percibe que le indique cuánto debe ayudar a esa persona. Tampoco puede observar una consecuencia que le indique si, desde el punto de vista de la adaptación, ha ayudado demasiado, demasiado poco o en la medida necesaria. Aun más, en esa situación no puede aprender de nadie, porque la selección habrá creado en sus parientes mecanismos que hacen que sea alentado a comportarse de maneras que violan la ecuación antes mencionada. Un rasgo del diseño que haga que X ayude a su hermano se difundirá en la población cuando logre que el comportamiento hacia el hermano caiga dentro de los límites dictados por $C_x < B_{herm}$. En otras palabras, lo que se considera como un comportamiento «correcto» desde el punto de vista de la adaptación es específico para cada individuo. Los teóricos del aprendizaje del lenguaje han señalado que una teoría del aprendizaje no es adecuada si la información que se requiere para la inducción no está presente en el entorno del niño. En el caso de ayudar a los familiares, la información no sólo está ausente sino que además otros individuos en la misma situación tratarán de enseñar al niño a comportarse de modo contrario a la regla que el niño debe inducir.

Por el contrario, la selección natural puede detectar estas relaciones estadísticas. Esto sucede porque la selección natural no trabaja sobre la base de las inferencias ni de la simulación. Aborda el problema real, lleva a cabo el experimento y conserva aquellos rasgos del diseño que conducen al mejor resultado. La selección natural «tiene en cuenta» todos los diseños alternativos que operan en el mundo real, en millones de individuos a lo largo de miles de generaciones y sopesa las alternativas a partir de la distribución estadística de sus consecuencias. En este sentido, la selección natural es omnisciente, ya que no se limita a la validez que puede deducir un individuo basándose en un período breve de experiencia. Tampoco se limita a lo que puede percibirse en un lugar y no se confunde con las correlaciones locales espúrias. Se vale de las bases estadísticas de la vida real de los individuos en todo el espectro de entornos que ellos enfrentan, bajo las regularidades estadísticas que ellos experimentan y, utilizando programas alternativos de desarrollo que llevan a diseños alternativos, verifica cuál es la mejor solución. Algunas regularidades estadísticas pueden ser captadas por ciertos sistemas de aprendizaje inductivo, pero muchas de ellas sólo pueden ser detectadas por el proceso de retroalimentación de la selección natural.

Razón 3: La explosión combinatoria paraliza cualquier sistema que sea verdaderamente de dominio general. Una arquitectura de dominio general evolucionada se define a partir de aquello de lo cual carece. Carece de contenido, ya sea bajo la forma de conocimientos dominio-específicos o de procedimientos dominio-específicos que puedan guiarlo hacia la solución de un problema de adaptación. Como consecuencia, un sistema de dominio general debe evaluar todas las alternativas que pueda definir. Dada la naturaleza de las permutaciones, las alternativas aumentan exponencialmente a medida que aumenta la complejidad de los problemas. Al momento de analizar cualquier problema biológico de complejidad habitual, un mecanismo que no contenga reglas de dominio específico respecto de la relevancia, el conocimiento procedural o las hipótesis privilegiadas no podría resolverlo en el tiempo que el organismo lo requiere (p. ej. Carey, 1985; Cosmides y Tooby, 1987; Gallistel, Brown, Carey, Gelman y Keil, 1991; Keil, 1989; Markman, 1989; Tooby y Cosmides, 1992). El gran objetivo que guía la investigación sobre el razonamiento dominio-específico en los niños ha sido motivado por esta cuestión, incluyendo algunos de los capítulos de estos volúmenes (ver Carey y Gelman, 1991; Keil, 1989; Markman, 1989; y volumen 14 de *Cognitive Science*).

En resumen, aunque algunos mecanismos de la arquitectura pueden ser de dominio general, en caso de serlo, no podrían haber producido un comportamiento adaptativo en las condiciones del Pleistoceno (y, en consecuencia, no podrían haber sido seleccionados) a menos que estuviesen inmersos en una constelación de mecanismos especializados que contuvieran procedimientos dominio-específicos o que operasen a partir de representaciones dominio-específicas o ambas cosas.

La biología evolucionaria, las teorías computacionales y la factibilidad del aprendizaje

Una perspectiva evolucionaria puede ayudar de dos maneras a la investigación sobre la especificidad de dominio. 1) En primer lugar permite detectar los problemas de adaptación importantes y persistentes para la resolución de los cuales los seres humanos probablemente hayan desarrollado especializaciones cognitivas, es decir, que puede sugerir cuáles son los dominios más fructíferos para investigar. 2) La biología evolucionaria provee ricas teorías con contenidos y datos relevantes que permiten construir teorías computacionales detalladas y análisis de tareas en esos dominios. Esto facilita tanto la investigación experimental de los mecanismos cognitivos asociados como la aplicación de los criterios de factibilidad de aprendizaje (o, en términos más generales, de resolución).

Por qué es importante una teoría de la función adaptativa

Muchos psicólogos estudian la mente sin preguntarse con qué propósitos fue diseñada. Prefieren más bien descubrir su estructura estudiando las cosas que es capaz de hacer. Hay muchas actividades que podemos llevar a cabo, tales como jugar al ajedrez, recordar sílabas sin sentido o series de dígitos, programar ordenadores o realizar complejas estadísticas. Sin embargo, es indudable que nuestra mente no fue diseñada para eso. Es muy improbable que la arquitectura de la mente humana incluya procedimientos dedicados a resolver este tipo de problemas, ya que seguramente la capacidad de hacerlo no hubiese aumentado la supervivencia o mejorado la reproducción de nuestros antepasados y, además, el desempeño promedio de los seres humanos de hoy en este tipo de tareas es bastante pobre. Lo más probable es que, en el momento en que tratamos de resolver estos problemas, se ponga en movimiento un conjunto más o menos idiosincrásico de mecanismos y conocimientos. Por tal razón, el estudio de esta clase de actividades seguramente no nos llevará a encontrar cuestiones medulares respecto de la naturaleza (Marr y Nishihara, 1978).

Hay una gran diferencia entre estudiar lo que un mecanismo puede hacer y estudiar lo que está diseñado para hacer. Supongamos que tenemos que descubrir cómo funciona un aparato estudiando algunas de la cosas que puede hacer. Podríamos decir que lo usaríamos como pisapapeles, que nos podemos calentar las manos con él o que podemos matar a alguien si lo arrojamos dentro del agua cuando está tomando un baño. Si estudiamos esos usos posibles del aparato, sabremos algo acerca de su estructura —es suficientemente pesado como para evitar que los papeles se vuelen, genera calor y es eléctrico—, pero no tendremos una idea demasiado coherente acerca lo que es o cómo funciona. Parecería que se trata de un pisapapeles eléctrico que genera calor. ¿Adónde llegaremos con esto? ¿Cuál es el valor heurístico de esta investigación?

Supongamos, en cambio, que digo que este aparato fue diseñado para tostar rodajas de pan: se trata de una «tostadora». La estrategia de investigación que aplicaremos para descubrir cómo funciona será completamente distinta. Al conocer la función del aparato, buscaremos aquellos mecanismos que fueron especialmente diseñados para tostar el pan. Por ejemplo, podemos establecer la hipótesis de que el aparato debe tener elementos que generen calor; que debe tener dos de esos elementos, uno para cada una de las caras de una rodaja; que estos elementos han estar ubicados en forma paralela; que la distancia entre ellos debe ser un poco mayor que el espesor promedio de una rodaja de pan; que debe tener un mecanismo para detectar cuándo la rodaja está tostada y cortar el calor en ese momento y debe poseer un mecanismo que nos permita recuperar el pan tostado sin quemarnos los dedos, etc. También sabremos qué rasgos de la tostadora son arbitrarios. Por ejemplo «suficientemente pesada como para evitar que los papeles se vuelen» es un mero subproducto del hecho de que los elementos constituyentes de la tostadora son más pesados que el papel.

Saber para qué fue diseñado el aparato —cuál es su función— tiene un enorme valor heurístico porque sugiere los rasgos que debe contener. Nos permite también inferir los tipos de problemas que una tostadora debe poder resolver a la perfección. Es cierto que el conocimiento de la función no nos permite acceder a la estructura exacta de los mecanismos que resuelven los problemas (no sabemos si la tostada saltará o si deberemos abrir una puerta para tomarla), pero sin embargo nos permite centrarnos en hipótesis específicas acerca de la estructura de los rasgos constitutivos del aparato. También posibilita desarrollar tareas para analizar el problema o lo que David

Marr llamaría una «teoría computacional» para ese dominio, es decir, una teoría que especifique qué características funcionales debe tener un aparato para poder resolver estos problemas (Marr y Nishihara, 1978; Marr, 1982).

Restricciones evolutivas y teorías computacionales

La contribución más importante que puede hacer la biología evolucionaria al estudio de los mecanismos dominio-específicos es el desarrollo de teorías computacionales acerca de los problemas adaptativos del procesamiento de la información. La teoría de la selección natural es una teoría de la función. Nos permite captar los problemas adaptativos de procesamiento de la información que nuestra mente puede resolver a partir del proceso de selección y para el abordaje de los cuales evidenciará buenas capacidades. Dado que un problema de adaptación y su solución cognitiva –un mecanismo– deben complementarse perfectamente, tal como una cerradura y una llave, la comprensión de los problemas adaptativos nos da a conocer muchas cosas acerca de los mecanismos cognitivos que están asociados a ellos. La selección natural configura mecanismos dominio-específicos de modo tal que su estructura concuerda con los rasgos estables de aquellos dominios que les plantean problemas específicos. La comprensión de estos rasgos estables –y de las soluciones que eligió la selección natural en condiciones ancestrales– facilita el conocimiento del diseño de las especializaciones cognitivas. Si bien una teoría computacional acerca de un problema adaptativo no puede, por sí misma, revelarnos la naturaleza exacta del mecanismo de procesamiento de la información que resuelva ese problema, puede sugerir qué rasgos tendrá y puede establecer importantes restricciones respecto de la familia de mecanismos posibles.

Por ejemplo, la evolución del altruismo o de los comportamientos de colaboración ha sido un enigma para la teoría evolucionaria. ¿Cómo puede un rasgo nuevo diseminarse en la población hasta convertirse en algo típico de la especie, siendo que ese rasgo hace que el individuo perjudique su propio éxito reproductivo –el número de su descendencia– para aumentar el éxito reproductivo de otro individuo? El individuo que posee este rasgo está, por definición, perjudicando su propia selección.

En 1964, W. D. Hamilton dio una respuesta a esta pregunta. Valiéndose de la teoría matemática de juegos, demostró que si un organismo ayuda a un miembro de su familia, siempre que el coste para sí mismo (en términos reproductivos) sea menor que el beneficio para el miembro de su especie, dando por descontada la probabilidad de que ese miembro de la especie también posea ese rasgo, entonces tal rasgo de colaboración se podrá diseminar en la población. Cualquier rasgo que hiciera que un individuo ayudara más que esto –o menos que esto– sería eliminado por la selección natural. Esta restricción es totalmente general: es inherente a la dinámica de la selección general y verdadera para cualquier especie de cualquier planeta en cualquier momento.

Esto significa que los programas cognitivos de un organismo que benefician a la familia no pueden violar la restricción de la teoría de la selección familiar de Hamilton [Costo para el individuo < (Beneficio para el miembro de la familia) x (coeficiente de relación con el miembro de la familia)]. Los programas cognitivos que violan sistemáticamente esta restricción no pueden ser seleccionados. Los programas cognitivos que satisfacen esta restricción pueden serlo. Una especie puede carecer de la capacidad para beneficiar a la familia, pero si la tiene es en virtud de programas cognitivos que poseen esta restricción. Podemos llamar restricciones evolutivas a las restricciones teóricas de este tipo, puesto que especifican el tipo de mecanismos que en principio pueden evolucionar (Tooby y Cosmides, 1992).

Las especificaciones de restricciones impuestas por el proceso evolutivo –la especificación de una función adaptativa– no pueden en sí mismas constituir una teoría computacional completa. Las restricciones para la capacidad de evolución simplemente definen lo que se puede considerar un comportamiento adaptativo. Los programas cognitivos son el medio a través del cual el comportamiento –adaptativo o no– se produce. La pregunta importante que una teoría computacional debe plantearse es: ¿qué clase de programas cognitivos debe poseer un organismo para comportarse de una manera adaptativa?

Los biólogos evolucionarios habitualmente no conciben sus teorías pensando en la definición de problemas de procesamiento de la información. Sin embargo, eso es lo que suelen hacer. Por ejemplo, la teoría de Hamilton de la selección familiar plantea y resuelve la pregunta: ¿cómo afecta la información de que X es tu hermano tu decisión de ayudarlo? ¿Cómo la afecta la evaluación del costo de ayudarlo versus la evaluación del beneficio que él recibirá? ¿La información de que Y es tu primo tendría un efecto diferente sobre tu decisión que si pensases que Y es tu hermano? En general, ¿cuáles son los efectos de la información de tu grado de relación con X, de los costos y beneficios que representará para ti hacer lo que él desea y de los costos y beneficios que tendrá tu ayuda para X sobre tu decisión de ayudarlo?

Estas preguntas hacen evidente que el comportamiento de un individuo no puede enmarcarse dentro de los límites de una restricción impuesta por el proceso de evolución a menos que esté guiado por programas cognitivos capaces de resolver ciertos problemas muy específicos de procesamiento de la información. Para beneficiar a un miembro de la familia respetando los restricciones de la capacidad de evolución planteadas por la teoría de la selección familiar, el organismo debe contar con programas cognitivos que le permitan extraer de su entorno ciertas informaciones específicas: ¿quiénes son su familiares? ¿Qué parientes son cercanos y cuáles son lejanos? ¿Cuáles son los costos y beneficios de una acción para uno mismo? ¿Y para su pariente? El organismo se comportará azarosamente respecto de las restricciones que plantea la selección familiar a menos que 1) cuente con algún modo de extraer de su entorno la información relevante para responder a estas preguntas y 2) cuente con reglas de toma de decisiones bien definidas que respeten las restricciones de la teoría. Somos una de las especies en las cuales la capacidad para ayudar a los familiares ha evolucionado. Por lo tanto, es de esperar que contemos con mecanismos evolucionados dedicados a la solución de este tipo de problemas y que, por lo tanto, estén capacitados para solucionarlos rápida, refiable y eficaz y automáticamente, sin esfuerzo e inconscientemente. Tratar de estudiar mecanismos dominio-específicos sin una teoría computacional detallada de la cual deriven o con la cual sean compatibles sería para la biología evolucionaria como tratar de estudiar la adquisición del lenguaje sin conocer la gramática de ninguna lengua humana.

El desarrollo de teorías computacionales detalladas acerca de los problemas de adaptación no sólo facilita la investigación experimental de la cognición humana sino que además sienta las bases para el análisis de la capacidad de aprendizaje o, en términos generales, de resolución (p. ej. Pinker, 1979, 1984; Tooby y Cosmides, 1992; Wexler y Culicover, 1980). El hecho de que numerosos problemas adaptativos sean muy especializados sugiere que muchos procesos cognitivos deben ser más específicos de lo que generalmente suponen hasta los psicólogos simpatizantes de una perspectiva de dominio específico. Por ejemplo, la biología evolucionaria identifica una gran cantidad de problemas planteados por la vida social que según el análisis de la capacidad de aprendizaje deben ser resueltos a través de varios procedimientos. Las reglas que hacen que alguien detecte a quien lo engaña en una situación de intercambio social, por ejemplo, no son las reglas que se utilizan para la inferencia de cálculos proposicionales (Cosmides, 1989; Cosmides y Tooby, 1992; Gigerenzer y Hug, 1992). Tampoco tienen que ver con las reglas que se usan para detectar amenazas agresivas. Por ejemplo, un contrato social tiene una estructura de costo-beneficio diferente de las que se juegan en una situación de amenaza. Un contrato social no entra en vigencia a menos que las dos partes estén de acuerdo, mientras que una amenaza es un acto de habla unilateral. Un contrato social no posee una estructura de tipo bicondicional como lo tiene una amenaza. Desde el punto de vista de un solo actor, existe una única manera de violar un contrato social, mientras que existen dos modos de violar una amenaza, etc.

Las reglas de inferencia que se usan para detectar a quienes nos engañan en los contratos sociales en principio no pueden detectar mentiras y juegos dobles en las situaciones de amenaza. Estos dominios distintos necesitan reglas diferentes. La «gramática» de los contratos sociales es muy diferente de la gramática de la amenaza. Si alguien tuviese que proponer un mecanismo de aprendizaje que dé cuenta de la adquisición de los algoritmos de los contratos sociales y de los que son propios de las amenazas, tendría que plantear una teoría que respetase criterios muy enredados respecto del aprendizaje. Dado el contexto de informaciones al cual está expuesto un niño, esos mecanismos deberían generar dos conjuntos de reglas completamente diferentes, aptos para actuar sobre representaciones mentales distintas y, además, las respectivas metarreglas que indicaran cuándo se debe usar cada uno de esos conjuntos de reglas. El desarrollo de teorías computacionales respecto de los dominios de distintos problemas sociales hace que consideremos poco probable que finalmente se descubra que las «cogniciones sociales» corresponden a un único dominio (Cosmides y Tooby, 1989; 1992).

El razonamiento dominio-específico en los niños

La recurrencia a largo plazo, a través de muchas generaciones, de condiciones —externas, internas o una interacción entre ambas— es fundamental para la evolución de la adaptación. Es fácil comprender por qué. Las condiciones transitorias que desaparecen luego de una generación o de unas pocas pueden llevar solamente a un cambio temporario en la frecuencia de los diseños, ya que las presiones de la selección desaparecerán en cuanto desaparezcan las condiciones. Por eso, sólo las condiciones recurrentes que se acumulan estadísticamente a lo largo de un gran número de generaciones llevan a la construcción de adaptaciones complejas. Como corolario, cualquier cosas que sea recurrentemente verdadera (estadística o estructuralmente) a lo largo de un gran número de generaciones podría llegar a ser explotada por una adaptación que se está gestando para resolver un problema o para mejorar un desempeño. Por esta razón, la mayor parte de los análisis adaptacionistas implican la búsqueda de estas regularidades o invariancias ambientales o propias de los organismos.

La persistente estructura del mundo provee una importante fuente de conocimientos acerca de la arquitectura mental a quienes estudian las adaptaciones cognitivas. Tal como señala Shepard, la evolución de la relación entre los principios de la mente y las regularidades del mundo ha hecho que nuestra mente refleje muchas de esas regularidades (Shepard, 1987a). Numerosas relaciones estadísticas y estructurales que han persistido a lo largo de la evolución humana fueron «detectadas» por la selección natural, que diseñó maquinarias computacionales acordes, es decir, especializadas para usar esas regularidades con el objeto de generar conocimientos y decisiones adaptativas para cada entorno de la evolución humana.

Nuestras adaptaciones cognitivas dominio-específicas pueden, a partir del aprovechamiento de la sutil y duradera estructura estadística del mundo, ir más allá de la información que se les da y reconstruir a partir de claves fragmentarias modelos muy adecuados acerca de las condiciones de cada situación (p. ej. un ente autopropulsado suele ser un animal; las abruptas discontinuidades en la intensidad de la luz que se refleja revelan la presencia de un borde). Esta posición kantiana evolucionaria ya ha sido fuertemente aceptada en los campos de la percepción y la psicofísica (véanse, p. ej. Marr, 1982; Shepard, 1981, 1984, 1987a, 1992) en los cuales las representaciones construidas por nuestros sistemas computacionales, surgidos de la evolución, ven mucho más allá de lo que se podría esperar «lógicamente» de la información sensorial y suelen asentarse en interpretaciones únicas que se seleccionan. Nuestra mente puede hacer estas cosas de manera fiable y válida porque la información fragmentaria es procesada de modos que fueron seleccionados precisamente porque reflejan las sutiles relaciones presentes en el mundo de manera persistente (p. ej. los indicios que nos da el sombreado indican la forma y la profundidad, o las relaciones de ubicación en el tiempo indican las trayectorias de movimiento más probables que seguirán los objetos sólidos). Estos mecanismos proveen una organización privilegiada a los datos sensoriales disponibles de modo que la interacción entre ambos genera interpretaciones que generalmente se corresponden con las verdaderas condiciones del mundo exterior. Si no existieran mecanismos especializados que dieran por sentadas ciertas características propias del mundo, la recuperación de los datos del mundo a partir únicamente de los datos sensoriales se convertiría en un problema computacional insoluble (Marr, 1982; Poggio, Torre y Koch, 1985).

Una idea semejante forma parte de la psicolingüística chomskiana: los niños deben estar dotados de mecanismos especializados («órganos mentales») preparados para sacar provecho de ciertos universales gramaticales, ya que de otro modo la adquisición del lenguaje sería un problema computacional insoluble para un niño (Chomsky, 1957, 1959, 1975, 1980; Pinker, 1979, 1982, 1984, 1989; Wexler y Culicover, 1980). El descubrimiento y la descripción exploratoria de esas sutiles relaciones universales presentes en el «mundo» del lenguaje humano es una actividad primordial de los lingüistas y psicolingüistas modernos. Rápidamente ha quedado demostrado que los sistemas propuestos de adquisición del lenguaje que no incluyen procedimientos especializados que explotan estas relaciones no son adecuados (Pinker, 1989, 1991; Pinker y Prince, 1988). Tal como ocurre con la percepción, las adaptaciones para la adquisición de la gramática deben entrar en conjunción con la estructura persistente del mundo. En este caso, la estructura recurrente con la que entra en relación es creada por el diseño típico de la especie, presente en otras mentes (adultas) humanas, que producen gramáticas en las que aparecen ciertas relaciones y no otras.

Esta misma lógica es la que da a los recientes avances en el estudio del razonamiento infantil un lugar de privilegio dentro de la psicología evolucionaria. El campo del desarrollo cognitivo se ha revolucionado con el descubrimiento de que los principios de inferencia que los bebés y los niños ponen en juego en las tareas de aprendizaje están organizados de modo tal que reflejan la estructura particular recurrente de dominios específicos para cada tipo de problemas, como por ejemplo la construcción de objetos y la locomoción, las diferencias entre objetos y seres vivientes, la causalidad física, etcétera (véanse,

p. ej., los artículos de Carey y Gelman, 1991 y los incluidos en este volumen). Se ha visto que especializaciones cognitivas dominio-específicas están especializadas conforme a los tópicos y se desarrollan sin necesidad de una instrucción explícita.

Por ejemplo, contrariamente a lo que sostenía la idea piagetiana de que los bebés deben «aprender» los conceptos de los objetos, investigaciones recientes han demostrado que en una edad de (como máximo) 10 semanas –momento en el cual el sistema visual acaba de madurar– los bebés ya tienen un concepto sensorialmente integrado de los objetos como entidades continuas en espacio y tiempo, sólidas (dos objetos no pueden ocupar el mismo espacio al mismo tiempo), rígidas, integradas, cohesivas y que se mueven como una unidad (p. ej. Spelke, 1988, 1990, 1991). En realidad cuando a los niños de esta edad se les muestran diseños tramposos que violan alguna de estas leyes, ellos manifiestan sorpresa. Hasta se podría decir que, en esos casos, el concepto de objeto que tienen incorporado a partir de sus mecanismos, producto de la evolución, los lleva a «descreer» de las evidencias que les llegan a través de sus sentidos (Leslie, 1988). Hacia las 27 semanas los niños ya analizan el movimiento de los objetos inanimados, dividiéndolo en submovimientos y utilizan esta clasificación para distinguir entre las relaciones causales y las no causales (Leslie, 1988; Leslie y Keeble, 1987). No hay necesidad de aclarar que todas estas relaciones reflejan adecuadamente la estructura estable del mundo. Una arquitectura piagetiana que tenga que descubrirlas trabajosamente sería un diseño pobre y poco apto en comparación con una que organice espontáneamente estos conocimientos en términos de esos principios verdaderos y estables.

Brown (1990) demostró que los principios causales tempranos tales como «no hay acción a una distancia» guían el aprendizaje del uso de herramientas en niños de apenas 18 meses. Estos niños categorizan las herramientas para distintos usos, considerando sus propiedades funcionales (p. ej. un extremo en forma de gancho sirve para empujar) por sobre las propiedades no funcionales (p. ej. el color). Por el contrario, esos mismos niños tienen grandes dificultades para aprender cómo usar una herramienta cuando su mecanismo de acción parece violar uno de los conceptos acerca de la causalidad física. Estos conceptos reflejarían algunos de los conceptos de la mecánica newtoniana.

El mundo viviente de las plantas y animales está estructurado en especies y otras clases más incluyentes que poseen grandes conjuntos de propiedades en común: los lobos se parecen a otros lobos; los mamíferos, a otros mamíferos, etc. Este es otro conjunto estable de relaciones del mundo que nuestra mente puede captar a partir de la evolución de rasgos especiales. Los etnobiólogos y los antropólogos cognitivos como Atran y Berlin han demostrado que los principios de categorización que utilizan espontáneamente los seres humanos para llevar a cabo esa tarea reflejan aspectos de su estructura estable y son los mismos en diferentes culturas (Atran, 1990; Berlin, Breedlove y Raven, 1973).

Las relaciones perdurables creadas a partir de la existencia de las «clases naturales» y de los artefactos han llevado a la selección de especializaciones adicionales para el razonamiento. Para comenzar, los niños muy pequeños realizan agudas distinciones entre los mundos de lo animado y de lo inanimado. A través de toda la historia evolutiva se ha establecido una relación fiable –aunque imperfecta– entre los animales y el movimiento autogenerado, mientras que los objetos inanimados raras veces se mueven a menos que sean impulsados por una fuerza exterior. Investigaciones recientes sugieren que los niños se valen de esta clave para distinguir entre el mundo de las cosas animadas y el de las inanimadas y extraen inferencias muy diferentes de esos dos mundos (Gelman, 1990b, Premack, 1990). En términos más generales, los experimentos de Keil (1989) y otros indican que el tipo de inferencias que realizan espontáneamente los niños acerca de las clases naturales, como los animales, las plantas y las sustancias, difieren en gran medida de las que realizan respecto de los artefactos creados por el hombre. Los artefactos se definen por el modo en que sus atributos perceptivos contribuyen a su supuesta función. Por el contrario, las clases de lo natural se consideran dotadas de «esencias» invisibles y definitorias que son las que dan origen a sus atributos perceptivos. (En realidad, los atributos genéticos típicos de las especies y la carga que les imponen sus ancestros comunes dan origen a un espectro indefinidamente amplio de similaridades compartidas entre los miembros de una clase natural, del mismo modo que una estructura química común lo hace con diferentes instancias de una sustancia.)

En una importante serie de experimentos, Gelman y Markman (1986, 1987; Markman, 1989) descubrieron que la pertenencia a una clase natural es un poderoso organizador de las inferencias en los niños pequeños. En general, el hecho de pertenecer a una clase natural conlleva un peso inferencial mayor que el hecho de ser perceptivamente semejante. Además, los niños dan mayor importancia a la pertenencia a una clase natural cuando razonan acerca de rasgos que probablemente varíen según la pertenencia a una de estas clases, como la respiración, que cuando razonan acerca de rasgos que probablemente varíen conforme a semejanzas perceptivas, tales como el peso o la visibilidad en la noche (para un resumen, véase Markman, 1989).

Otro conjunto importante de regularidades estables es el diseño de rasgos recurrentes en otras mentes humanas. Las especializaciones cognitivas específicas son todavía más necesarias en este área, no sólo porque las otras mentes constituyen la fuerza de selección más importante a la que se enfrentan los individuos humanos, sino además porque estados humanos tales como las creencias, los deseos, las intenciones y las emociones no se pueden observar directamente. Para que un ser humano pueda representarse siquiera una parte de los estados mentales que generan el comportamiento de los otros, debe estar dotado de sistemas inferenciales especiales, capaces de atravesar la brecha existente entre lo observable y lo no observable. Por ejemplo, si existe una relación fiable y duradera a lo largo de la evolución entre los movimientos de los músculos faciales humanos y los estados emocionales o las intenciones conductuales, entonces la evolución puede haber originado mecanismos especializados que permitan inferir el estado mental de una persona a partir de los movimientos de sus músculos faciales (Ekman, 1973, 1984; Fridlund, 1991). En realidad, las evidencias provenientes de la neurociencia cognitiva indican que realmente contamos con mecanismos especializados que nos permiten «leer» las expresiones faciales de emoción (Etcoff, 1983, 1986). Si los seres humanos organizan su comprensión mutua invocando el funcionamiento de entidades no observables, tales como creencias, deseos e intenciones, sin duda no pueden hacerlo basándose en la pura percepción.

Recientemente, un intenso esfuerzo investigativo en el campo del desarrollo cognitivo ha dado un importante apoyo a la hipótesis de que nuestra arquitectura psicológica incluye procedimientos que hacen que los niños muy pequeños puedan desarrollar modelos acerca de otras mentes humanas (p. ej. Astington, Harris y Olson, 1988; Leslie, 1987, 1988; Perner, 1991; Wellman, 1990, Wimmer y Perner, 1983). Los psicólogos del desarrollo han observado que hasta los niños de dos años y de tres años y medio realizan inferencias diferentes acerca de las «entidades mentales» (sueños, pensamientos, deseos, creencias) y de las «entidades físicas». Más aún, es típico que los niños expliquen el comportamiento como una interacción de las creencias y los deseos. Estas inferencias parecen estar generadas por un sistema cognitivo dominio-específico al que a veces se llama módulo de la «teoría de la mente» (Leslie, 1987). Este módulo es una maquinaria computacional especializada que permite al individuo representarse la noción de que los agentes pueden tener actitudes respecto de proposiciones (de esta manera «Mary» puede «creer» que «X»; «Mary» puede «pensar» que «X», etc.). Entre los tres y los cinco años este sistema inferencial dominio-específico se desarrolla con un patrón característico que ha sido replicado en distintas culturas en América del Norte, Europa, China (Flavell, Zhang, Zou, Dong y Qui, 1983), Japón (Gardner, Harris, Ohmoto y Hamazaki, 1988) y en un grupo cazador-recolector en Camerún (Avis y Harris, 1991). Es más, existen evidencias que sugieren que la base neurológica de este mecanismo puede ser dañada selectivamente. Se supone que el autismo surge por un daño selectivo del módulo de la teoría de la mente (Baron-Cohen, Leslie y Frith, 1985; Leslie, 1987, 1988; Leslie y Thaiss, 1990).

Esta investigación sugiere que un módulo panhumano de la teoría de la mente estructura la «folk psychology» o psicología de sentido común que los seres humanos desarrollan. Las personas que pertenecen a culturas diferentes desarrollan su psicología de sentido común de modos diferentes, pero la maquinaria computacional que guía el desarrollo de esta clase de nociones sería el mismo y daría origen a muchas representaciones semejantes. Parecería que los seres humanos llegan al mundo con una tendencia a organizar su comprensión de las acciones de los demás en términos de creencias, deseos y otras entidades mentales, del mismo modo que organizan patrones en un conjunto retinal de dos dimensiones, suponiendo que el mundo es tridimensional y que los objetos son permanentes, integrados y sólidos.

Es esperable que estos principios tengan muchas más aplicaciones que las pocas actualmente documentadas. El mundo está lleno de estructuras estables –sociales, biológicas, físicas, ecológicas y psicológicas– y la mente parece estar llena de mecanismos que guardan correspondencia con ellas y se valen de los rasgos estructurales estables para resolver una cantidad de problemas adaptativos. Tal como una llave en una cerradura, la organización funcional de cada adaptación cognitiva debe encajar perfectamente con los rasgos estructurales estables del dominio de problemas al que se refiere (Shepard, 1987a, Tooby y Cosmides, 1990a). Como la estructura estable de los entornos ancestrales es causa del diseño de las adaptaciones psicológicas, la cuidadosa investigación empírica de la estructura de esos entornos desde una perspectiva centrada en los problemas y los resultados de la adaptación puede darnos una guía muy útil para la exploración de nuestros mecanismos cognitivos.

El futuro de la investigación sobre los dominios específicos

¿Procesos dominio-específicos o representaciones dominio-específicas?

Uno de los aspectos satisfactorios del florecimiento de las investigaciones acerca de la especificidad de dominio ha sido su rigor en comparación con otras perspectivas del mismo campo. Sin embargo, y pese a su relativa sofisticación, es importante reconocer que el programa de investigación se encuentra todavía en sus etapas iniciales y que falta aún recorrer un largo camino para completar los modelos de los fenómenos en cuestión. La finalidad última de la investigación cognitiva debería ser la obtención de un modelo formal completamente detallado de algunos mecanismos cognitivos que se pudiera implementar, al menos en principio, en dispositivos con inteligencia artificial. Para esto hace falta que se encuentren especificados, por ejemplo 1) el conjunto inicial de procedimientos, 2) el conjunto inicial de representaciones, 3) los formatos representacionales, 4) el entorno en el cual opera esta arquitectura y 5) la manera en que los procedimientos establecen la relación entre los inputs y los outputs representacionales.

Sin embargo, al leer la literatura sobre el razonamiento dominio-específico en los niños, se podría tener la impresión de que el estudio de la cognición sólo involucra el estudio de las representaciones. Pero, las representaciones son en sí mismas inertes. Obviamente, si el cerebro ha de procesar la información, deben existir procesos que actúen sobre esas representaciones. Por tal razón, la próxima etapa apuntará, para muchos investigadores, a descubrir en qué radica la especificidad de dominio: si tiene que ver con las representaciones mentales de los niños, con los procedimientos que operan sobre esas representaciones, o con ambos.

La literatura sobre el razonamiento dominio-específico en los niños muchas veces es poco clara a este respecto. Algunos investigadores parecen favorecer la posición de que ciertas representaciones dominio-específicas, cargadas de contenido, están desarrollando de manera fiable nuestra arquitectura, pero que los procesos que operan sobre esas representaciones son en sí mismos dominio-generales. R. Gelman, por ejemplo, argumenta que los principios-esqueleto dominio-específicos (¿representaciones o procesos?) confieren una categorización inicial del mundo, determinando cuáles serán los datos procesados, pero que los procesadores con motores para la inferencia estadística, básicamente dominio-generales, capaces de tomar como inputs una gran variedad de datos (R. Gelman, 1990a, 1990b). Spelke, por el contrario, frecuentemente sugiere que el concepto de objeto del bebé se encarna en procesos que son dominio-específicos, si bien son amodales en el sentido de que operan tanto sobre los datos visuales como sobre los táctiles (Spelke, 1988, 1990). En la concepción de Leslie acerca del módulo de la teoría de la mente en los niños, en cambio, se establece la hipótesis de que tanto los procesos como las representaciones son de dominio específico (Leslie, 1987, 1988). En otra variación sobre el tema, Karmiloff-Smith argumenta que los bebés tienen procedimientos dominio-específicos, pero que algunos tipos de procesos –presumiblemente de dominio general– operan sobre esos procedimientos de modo tal que el conocimiento almacenado se transforma en representaciones que pueden ser utilizadas por aun más procesos, sean de dominio general o de dominio específico (p. ej. Karmiloff-Smith, 1991).

Cualquiera de estas posibilidades puede ser correcta. En realidad, todas ellas pueden ser correctas, cada una para dominios diferentes. El punto es que el estudio de la especificidad de dominio en el desarrollo cognitivo avanzará significativamente cuando los investigadores propongan modelos computacionales más precisos, que intenten especificar la naturaleza de las representaciones y de los procesos que dan origen al razonamiento dominio-específico en los niños. Una vez que se presenten esos modelos, el análisis de la posibilidad de aprendizaje podrá determinar si son capaces, en realidad, de dar lugar a los desempeños que proponen y la experimentación podrá investigar los detalles de los mecanismos involucrados.

De la adquisición de conocimiento dominio-específico a la regulación conductual dominio-específica

El trabajo sobre la especificidad de dominio en el desarrollo cognitivo no surgió, en la mayor parte de los casos, a partir de la motivación que generaron las consideraciones evolucionarias ni tampoco como fruto de un programa mayor destinado a descubrir cómo la mente humana regula el comportamiento. Más bien surgió de los argumentos filosóficos que sostienen que la explosión combinatoria impedirá que un dispositivo general –o su equivalente moderno, un ordenador para todo propósito– aprendan algo en tiempo real (p. ej. Carey, 1985; Keil, 1989; Markman, 1989). El problema que la explosión combinatoria plantea a la adquisición del conocimiento es suficientemente grave como para justificar la búsqueda de mecanismos dominio-específicos. Sin embargo, este enfoque posee un poder heurístico limitado. La explosión combinatoria en sí no puede generar hipótesis acerca de cuáles son las áreas para cuyo abordaje racional contamos con mecanismos dominio-específicos. Por el contrario, si pensamos en cuáles fueron los problemas adaptativos que nuestros anepasados debieron resolver con eficiencia y en el tipo de información con que contaban para solucionar tales problemas en las condiciones ancestrales, podemos hacer algunas suposiciones bien orientadas respecto de qué dominios deben haber estado asociados con competencias cognitivas (para una serie de ejemplos, véanse los capítulos de Barkow, Cosmides y Tooby, 1992).

Los orígenes del interés de los psicólogos cognitivos en la adquisición del conocimiento son bien conocidos. La psicología cognitiva se desarrolló en gran medida como una derivación de la epistemología y de ella heredó una preocupación respecto de ciertos temas filosóficos como la adquisición del conocimiento, la formación de los conceptos, el lenguaje y la percepción. Preguntas tales como cómo se generó el comportamiento adaptativo o cómo se solucionaron problemas adaptativos –por ejemplo la selección de pareja– fueron dejadas de lado durante mucho tiempo. Sin embargo, desde una perspectiva evolucionaria, este énfasis relativo parece muy desproporcionado. Los mecanismos cognitivos llegaron a evolucionar solamente porque formaban parte de una arquitectura cognitiva más amplia que regulaba las conductas. Los mecanismos de adquisición de conocimientos específicos evolucionaron sólo porque aumentaban la capacidad del sistema para generar conductas adaptativas en las condiciones ancestrales. Está claro que esta arquitectura más amplia con su conjunto de capacidades para resolver problemas también merece ser estudiada por los psicólogos cognitivos. Sospechamos que el énfasis que se ha dado a la adquisición de los conocimientos por sobre la regulación de las conductas hizo que muchos investigadores subestimaran groseramente el número de mecanismos dominio-específicos necesarios para dar cuenta del pensamiento y la conducta humanos. Las consideraciones acerca de la posibilidad de evolución que hemos tratado antes sugieren que es esperable que la arquitectura típica de la especie no sólo contenga un gran número de mecanismos dominio-específicos que generan conocimientos, sino que además debe estar dotada de mecanismos de dominio específico destinados a regular y a generar conductas (véanse p. ej. Cosmides, 1989; Cosmides y Tooby, 1989, 1992).

Como cuestión científica, los mecanismos que se describen en el nivel cognitivo subyacen en el pensamiento y el comportamiento humanos y los organizan. Por esta razón, la psicología cognitiva debe ampliar su espectro de interés e incluirlos a todos. Esto transforma a la psicología cognitiva en una disciplina más amplia, que debería abordar en algún momento todos los tipos de comportamiento y todos los fenómenos psicológicos. Una vez que los psicólogos cognitivos comiencen a pensar en las clases de mecanismos que fueron capaces de generar comportamientos adaptativos en condiciones ancestrales, el área de investigación se ampliará de manera explosiva. No sólo tendremos la expectativa de encontrar los mecanismos dominio-específicos que dieron origen al concepto de objeto y a una teoría implícita de la mente, sino que además buscaremos los mecanismos dominio-específicos que dieron origen a la prohibición del incesto, el intercambio social, las amenazas agresivas, la crianza de los hijos, la elección de pareja, la prevención de enfermedades, las aversiones a ciertas comidas, la precaución frente a los predadores, la elección del hábitat, etc. (véanse, p. ej., Buss, 1992; Cosmides y Tooby, 1992; Fernald, 1992; Mann, 1992; Orians y Heerwagen, 1992; Profet, 1992; Shepher, 1983; Symons, 1979; Wolf y Huang, 1980).

En estos casos, la especificidad de dominio no se encuentra en las estructuras de conocimiento per se, sino en el modo especializado como interactúan ciertos procedimientos y claves para dar origen a un comportamiento adaptativo correcto. Los monos Rhesus, por ejemplo, tienen mecanismos dominio-específicos especializados en el reconocimiento de serpientes venenosas. Si un mono criado en el laboratorio ve una serpiente, no demuestra una reacción de miedo. Sin embargo, esta reacción aparece si ve a otro mono experimentar miedo frente a una serpiente o a un facsímil de una serpiente. Sin embargo, los monos no se asustan frente a cualquier estímulo que ocasione miedo a otros monos. Por ejemplo, si ven a otro mono reaccionar frente a una flor artificial, los monos de laboratorio no adoptan la reacción de temor frente a las flores artificiales (Mineka y Cook, 1988). El mecanismo de producción del miedo es dominio-específico y su especificidad radica en la manera en que una configuración precisa de claves generan un comportamiento adaptativamente adecuado. Existen evidencias de que los seres humanos poseen un mecanismo semejante (Cook, Hodes y Lang, 1986).

Si los psicólogos cognitivos se preguntan qué tipos de mecanismos pueden haber sido capaces de dar lugar a ese comportamiento adaptativo en condiciones ancestrales, podrán determinar qué clase de conocimientos necesita adquirir un individuo para generar el comportamiento adecuado. Esto nos permite suponer cuáles son los dominios dotados de mecanismos dominio-específicos para la adquisición de conocimientos. Por ejemplo, el hecho de saber que nuestros antepasados deben haber tenido mecanismos dominio-específicos que los llevaban a evitar el incesto en condiciones ancestrales, nos permite suponer que tenemos mecanismos dominio-específicos generados en la evolución que nos hacen clasificar el mundo social diferenciando entre familiares y no familiares. Más aún, podemos inferir que estos mecanismos deben valerse de claves, tales como la cohabitación en una edad temprana, que durante nuestra historia evolutiva se asociaban de manera fiable con el parentesco (Wolf y Huang, 1980). Saber que nuestros ancestros tenían mecanismos que los llevaban a seleccionar hábitats adecuados para la vida humana nos permite inferir el tipo de conocimientos que se puede esperar de las personas respecto del hábitat preferible (p. ej. Kaplan, 1992; Orians y Heerwagen, 1992). Saber cuáles eran los criterios para elegir un buen compañero en condiciones ancestrales nos indica la clase de informaciones acerca de los individuos del sexo opuesto que resultarán interesantes para los seres humanos y el tipo de parejas que tenderán a elegir. Si usamos los criterios relacionados con la posibilidad de evolución y recordamos que nuestros mecanismos cognitivos no fueron diseñados para buscar la verdad como un fin en sí misma sino para generar comportamiento adaptativos, podremos ampliar y centrar las investigaciones sobre los mecanismos cognitivos dominio-específicos.

Evolución, dominio-especificidad y cultura

Las nuevas investigaciones acerca del desarrollo del razonamiento dominio-específico indican que la mente humana posee contenidos y una organización que no se han originado en el mundo social. Estos contenidos llegaron a nuestra mente a través del proceso de selección natural y constituyen un rasgo fiable para el desarrollo de nuestra arquitectura cognitiva. Como mínimo, los mecanismos cognitivos de los niños fueron seleccionados a lo largo de la historia evolutiva para permitirles suponer que ciertas cosas del mundo y la vida humana son verdaderas (p. ej. los objetos son sólidos; las personas tienen mente; los entes autopropulsados son animados). Los procesos especializados, los formatos de las representaciones, las claves y los sistemas de categorización de estos mecanismos determinan –entre una infinidad de alternativas posibles– una organización detallada de la experiencia que es compartida por todos los miembros normales de nuestra especie. Tal conclusión transforma radicalmente nuestra visión de la cultura (para un análisis amplio, véase Tooby y Cosmides, 1992).

Tradicionalmente se ha considerado que la mente es un ordenador apto para cualquier propósito o un recipiente vacío, cuyos contenidos derivan de la acción de mecanismos de carácter general sobre contenidos de origen social o ambiental. Para decirlo llanamente, se creía que el mundo exterior imponía sus contenidos al interno. Según este punto de vista, la «cultura» era considerada un fenómeno unitario que se podía expresar de tres maneras diferentes: 1) Cultura como lo aprendido socialmente: se la considera como una especie de sustancia informacional que puede variar según diversas contingencias y se transmite de una generación a otra. 2) Cultura como contenido mental de los adultos: dado que la mente individual se considera inicialmente libre de contenido y de propósito general, todos o casi todos los contenidos y la organización mental de los adultos es «cultural» en origen. 3) Cultura como semejanzas internas de un grupo: los seres humanos evidencian en todas partes, en cuanto a su pensamiento y a su conducta, ciertas características comunes, propias del grupo al que pertenecen, y ciertas diferencias respecto de otros grupos. Se da por sentado que la existencia de distintas corrientes de información transmitida es la explicación exclusiva de los patrones que evidencia un grupo. Las culturas son, entonces, esos conjuntos de semejanzas y, sin más reflexión, se denomina diferencias «culturales» a las diferencias entre los grupos. Desde un criterio estándar, estos tres conceptos lógicamente separables –lo aprendido socialmente, los contenidos mentales y las similaridades intragrupales– se consideran una misma cosa: la «cultura».

Por el contrario, si se parte de la idea de que todos los seres humanos comparten una arquitectura funcional altamente organizada, dotada de muchos mecanismos ricos en contenido, entonces la ecuación entre estos tres conceptos se quiebra. Para comenzar, ya no se

162

puede identificar lo socialmente transmitido con la rica organización de la vida mental humana, ni se puede sostener que sea su único origen, ya que la evolución es otra causa de desarrollo fiable de contenidos mentales. En lugar de considerar que todos los contenidos mentales son un producto social, en muchos casos se hace necesario revertir esta causalidad. La estructura evolucionada de la mente es la que muchas veces impone sus contenidos al mundo social. Según este nuevo punto de vista, cada adaptación cognitiva dominio-específica es como un ladrillo sobre el cual se construye una nueva teoría de la cultura, ya que cada nueva adaptación impone su organización particular en un área particular del conocimiento humano y la acción (Sperber, 1985, 1990; Atran, 1990; Boyer, 1990; Hirschfeld, 1989; Cosmides y Tooby, 1989, 1992; Tooby y Cosmides, 1992; Chomsky, 1980). El diseño de nuestros mecanismos dominio-específicos, surgidos de la evolución, determinará lo que se transmite o se puede transmitir socialmente (véase, p. ej., Sperber, 1985, 1990). Ciertas representaciones pueden subsistir dentro de los mecanismos individuales dominio-específicos y la programación de estos mecanismos regulará el modo en que las representaciones específicas pasan de individuo a individuo, distribuyéndose entre la población como respuesta a diferentes condiciones ecológicas y sociales (Boyer, 1990; Sperber, 1990). En un nivel más profundo, la existencia de mecanismos dominio-específicos también implica que existe un nivel de contenido mental humano universal, es decir que, para ciertas cosas, existe una sola «cultura» humana universal (p. ej. la Gramática Universal, la lógica del intercambio social, la permanencia de los objetos, la teoría de la mente).

Resumiendo, si consideramos que la mente humana posee una gran cantidad de procesos cognitivos complejos y dominio-específicos, que son el resultado de la evolución, se produce un cambio importante en nuestra visión de la «cultura» transmitida y de los orígenes del contenido mental. Como mínimo, tal como sostiene Sperber (1985), llegamos a la conclusión de que el postulado de la equipotencialidad, presente en la mayor parte de las teorías de la transmisión cultural (diferentes contenidos son igualmente fáciles de ser transmitidos) es falsa. Aquellas representaciones asentadas en un dominio que cuenta con mecanismos especializados de transmitirán de manera muy distinta que las representaciones que no corresponden a un dominio de este tipo. En segundo lugar, se plantea una duda más fuerte acerca de la noción que sostiene que el individuo es un receptor pasivo de la transmisión cultural. La revolución hamiltoniana en la biología evolucionista ha demostrado que el interés del bienestar de los individuos a menudo entró en conflicto durante la evolución humana. Se esperaría entonces que nuestros mecanismos psicológicos dominio-específicos reflejaran este hecho, haciendo que los individuos se resistieran al aprendizaje en ciertos dominios y bajo ciertas circunstancias y que, en cambio, lo aceptaran en otros dominios y circunstancias. Por ejemplo, tal como señalamos antes, podríamos esperar que un niño se resistiera a los intentos de su padres para enseñarle que ayudara a su hermana cada vez que $C_x < B_{herm}$ y que se comportara de modos que satisficieran la regla $C_x < 1/2\ B_{herm}$ (Tooby y Cosmides, 1989; Boyd y Richerson, 1985).

Finalmente, los mecanismos dominio-específicos nos dan una explicación alternativa para las semejanzas internas de un grupo, diferente de la de la transmisión cultural. Las adaptaciones dominio-específicas abren la posibilidad de que las semejanzas dentro de un grupo (y las diferencias entre grupos) sean «evocadas» más que socialmente aprendidas (Tooby y Cosmides, 1989, 1992). La posibilidad de una cultura evocada da por tierra con la hipotética indentificación entre las semejanzas compartidas dentro de un grupo y la transmisión cultural.

Algunas adaptaciones cognitivas dominio-específicas (o todas ellas) deben de haber sido diseñadas para responder de una manera estructurada a los estímulos provenientes de las situaciones de un contexto. En consecuencia, se puede esperar que los seres humanos incluidos en grupos evidencien, como respuesta a condiciones de su contexto, semejanzas organizadas propias del grupo que no tienen su origen en el aprendizaje o la transmisión sociales sino en la activación de mecanismos que imponen ciertos contenidos. Por supuesto, estas semejanzas que se generan dentro de un grupo llevarán al mismo tiempo a diferencias sistemáticas respecto de otros grupos que están inmersos en condiciones diferentes.

Para tomar un solo ejemplo, las diferencias en las actitudes respecto de compartir la comida pueden estar evocando variables ecológicas (Cosmides y Tooby, 1992). En las investigaciones en ecología evolucionaria que tratan acerca de la acumulación óptima de alimentos se observa que en distintas situaciones los individuos se benefician con la implementación de distintas reglas acerca del modo de compartir. Por ejemplo, cuando la variancia del éxito individual en la acumulación de alimentos por parte de un individuo es mayor que la variancia del grupo como totalidad, entonces el sistema de compartir la comida entre todo el grupo amortigua la variancia. En esencia, el individuo acumula la comida bajo la forma de una obligación social. Compartir entre todo el grupo constituye una regla del tipo «De cada uno según su capacidad; a cada uno según su necesidad». La comida, entonces, se distribuye de manera más o menos igual entre todos los individuos del grupo, sin importar quién la haya conseguido. Por el contrario, cuando la variancia en la acumulación de alimentos para un individuo es baja, sus resultados serán mejores si sólo los comparte con sus familiares, conforme a los principios de selección familiar. Si todos tienen acceso a los mismos bienes, compartir no arroja ningún beneficio en particular.

La teoría de la óptima acumulación de alimentos es un componente de un análisis de tareas o, en términos de David Marr, una teoría computacional del problema adaptativo de la acumulación de alimentos. Define la naturaleza del problema por solucionar y especifica las restricciones que debe satisfacer cualquier mecanismo de la evolución destinado a resolver este problema. En tal caso, la teoría de la óptima acumulación de alimentos plantea 1) que debemos contar con mecanismos de procesamiento de información dominio-específicos que gobiernen la acumulación y el modo de compartir los alimentos y 2) que estos mecanismos deben ser sensibles a las informaciones concernientes a la variancia del éxito en la acumulación, haciendo que se prefiera un conjunto de reglas en caso de variancia alta y otro conjunto en los casos de baja variancia.

El estudio de Kaplan y Hill (1985) acerca del caso de los ache, un grupo cazador-recolector que habita el Este de Paraguay, nos brinda una elegante comprobación de aquella hipótesis porque establece un control sobre la «cultura». La carne es un alimento de alta variancia entre los ache. Un día determinado, existe un 40% de probabilidades de que un cazador llegue con las manos vacías. Por el contrario, los alimentos vegetales que se recolectan son de baja variancia. Kaplan y Hill descubrieron que los ache comparten la carne entre todo el grupo, mientras que sólo comparten los alimentos vegetales primordialmente entre la familia nuclear. De esta manera, individuos de la misma «cultura» adoptan patrones diferentes respecto de la actitud de compartir, según la variancia que experimentan al obtenerlas.

Cashdan (1980) describió una situación muy similar entre distintos grupos de El Kalahari San. Los habitantes de El Kalahari San son citados habitualmente en la literatura antropológica debido a su estricto igualitarismo económico y político. Por ejemplo, los !kung san, que experimentan una gran variabilidad en la disponibilidad de agua y comida, cuentan con sancionas sociales muy fuertes que refuerzan la actitud de compartir, desalientan la acumulación (llamar a alguien «avaro» es un insulto terrible) y desalientan las demostraciones de arrogancia y autoridad. Por ejemplo:

El comportamiento adecuado de un cazador !kung que ha atrapado una gran presa es referirse a ella de pasada y con cierta desaprobación (Lee, 1969; Draper, 1978). Si un individuo no minimiza sus logros, o si no habla con sutileza al respecto, sus amigos y familiares no dudarán en hacerlo por él (Cashdan, 1980: 116).

Sucede, no obstante, que algunos grupos san son más igualitarios que otros y que su grado de igualitarismo está relacionado con la variancia de la provisión de comida con que cuentan. Los //gana san del noreste del Kalahari pueden amortiguar por sí mismos las variaciones en la provisión de agua y comida de una manera más eficiente que otros san, a través de pequeños cultivos (que incluyen un tipo de melón que acumula agua en el desierto) y de la crianza de algunas cabras. A diferencia de lo que ocurre entre los !kung, entre los //gana se permite un grado considerable de desigualdad económica, acumulan más, son más polígamos y, sin bien no cuentan con una estructura de autoridad definida, los hombres //gana ricos y de alto estatus rápidamente consideran que hablan por los demás y que son «jefes», comportamiento que sería inconcebible entre los !kung. Insisto, si bien los !kung y los //gana son culturalmente semejantes en muchos aspectos, sus reglas respecto de la actitud de compartir y de la igualdad económica son diferentes, y estas diferencias reflejan la variancia en la provisión de alimentos.

Es muy posible que estos fenómenos sean instancias de una cultura evocada. Más que el resultado de la transmisión cultural (al menos en sentido tradicional) son resultado de la evocación que el contexto produce. Como acumular comida y compartirla son problemas adaptativos complejos que cuentan con una larga historia de evolución, resulta difícil pensar que los seres humanos no hayan desarrollado mecanismos psicológicos dominio-específicos muy estructurados para resolverlos. Estos mecanismos deben ser sensibles a los inputs informativos del contexto, tales como la información relativa a la variancia en la provisión de alimentos. Estos estímulos pueden actuar como una «llave» que activa y desactiva diferentes modalidades de mecanismos de dominio específico. La experiencia de una gran variancia en el éxito para obtener alimentos activa reglas de inferencia, claves de evocación mnésicas, mecanismos atencionales y motivacionales que hacen posible y atractiva la actitud de compartir entre todo el grupo. La experiencia de una baja variancia en el éxito para obtener alimentos, en cambio, activa reglas de inferencia, claves de evocación mnésicas, y mecanismos atencionales y motivacionales que hacen posible y atractiva la actitud de compartir la comida solamente entre los miembros de la familia. Este conocimiento básico luego organiza y confiere apego a actividades simbólicas propias de tales dominios.

Estos modos alternativos de activación pueden dar origen a conjuntos alternativos de complejas reglas y actividades sociales, que aparecerán independientemente o en ausencia de una transmisión cultural directa, en diferentes contextos en los cuales los individuos estén expuestos a las claves de información que activan estas modalidades alternativas.

Resumiendo: la psicología cognitiva adquiere un grado mayor de rigor en cuanto se reconocen y se explotan sus relaciones naturales con un panorama científico más amplio. Los mecanismos cognitivos son adaptaciones que se produjeron a lo largo de la evolución a través del funcionamiento de la selección natural y que adquirieron formas particulares para solucionar problemas adaptativos de larga duración. En realidad, los orígenes de la especificidad de dominio se pueden ubicar en el curso del proceso de evolución, cuando se seleccionan las ventajas de ciertos diseños funcionales para la resolución de problemas adaptativos.

A pesar de que sus antecedentes institucionales lo niegan, la antropología y la psicología no pueden considerarse disciplinas verdaderamente independientes. El punto central de la teoría antropológica es también el de la teoría psicológica: una descripción fiable del desarrollo de la arquitectura de la mente humana, que es un conjunto de adaptaciones cognitivas. Estos dispositivos para la resolución de problemas, originados en la evolución, son el motor que une la mente, la cultura y el mundo. Los desempeños dominio-específicos son el sello de estos mecanismos, un sello que nos puede llevar a una descripción completa de la mente humana.

Notas

1. En ciertas situaciones dos o más diseños alternativos se pueden mantener en una misma población a través de un tipo de selección dependiente de la frecuencia, como en el caso de la variación proteínica para retardar los contagios (Tooby, 1982). Sin embargo, la interacción de la selección natural

con la recombinación sexual tiende a imponer una uniformidad de toda la especie en nuestras complejas adaptaciones, explicándose de este modo la existencia de una naturaleza humana universalmente compartida (Tooby y Cosmides, 1990b). Los rasgos no funcionales pueden variar libremente, pero los programas de desarrollo que subyacen en nuestras complejas adaptaciones se atienen a ciertas restricciones para adquirir un carácter típico de la especie.

2. En esta ecuación, C_i y B_i se refieren a los costos y beneficios para el individuo i, medidos en términos de aumentos y disminuciones de la reproducción de i según el rasgo en cuestión. r_{ij} –coeficiente de relación entre los individuos i y j– se refiere a la probabilidad de que i y j compartan el mismo rasgo en virtud de una descendencia común.

Referencias bibliográficas

Astington, J. W., Harris, P. L. y Olson, D. R. (comps.). 1988. *Developing theories of mind.* Nueva York, Cambridge University Press.

Atran, S. 1990. *The cognitive foundations of natural history,* Nueva York, Cambridge University Press.

Avis, J. y Harris, P. L. 1991. Believe-desire reasoning among Baka children: Evidence for a universal conception of mind, *Child Development, 62*, pp, 460-467.

Barkow, J., Cosmides, L. y Tooby, J. (comps.). 1992. *The adapted mind: Evolutionary psychology and the generation of culture,* Nueva York, Oxford University Press.

Baron-Cohen, S., Leslie, A. y Frith, U. 1985. Does the autistic child have a «theory of mind»?, *Cognition, 21*, pp. 37-46.

Berlin, B., Breedlove, D. y Raven, P. 1973. General principles of classification and nomenclature in folk biology, *American Anthropologist, 75*, pp. 214-242.

Boyd, R. y Richerson, P. J. 1985. *Culture and the evolutionary process.,* Chicago, University of Chicago Press.

Boyer, P. 1990. *Tradition as truth and communication: Cognitive description of traditional discourse,* Nueva York, Cambridge University Press.

Brown, A. 1990. Domain-specific principles affect learning and transfer in children, *Cognitive Science,* 14, pp. 107-133.

Buss, D. 1992. Mate preference mechanisms: consequences for partner choice and intrasexual competition, en J. Barkow, L. Cosmides y J. Tooby (comps.), *The adapted mind: Evolutionary psychology and the generation of culture,* Nueva York, Oxford University Press.

Carey, S. 1985. Constraints on semantic development, en J. Mehler y R. Fox (comps.), *Neonate cognition,* Hillsdale, NJ, Erlbaum.

Carey, S. y Gelman, R. (comps.). 1991. *The epigenesis of mind,* Hillsdale, NJ. Erlbaum, pp. 381-398.

Cashdan, E. 1980. Egalitarianism among hunter-gatherers, *American Anthropologist, 82*, pp. 116-120.

Cheney, D. L. y Seyfarth, R. 1990. *How monkeys see the world,* Chicago, University of Chicago Press.

Chomsky, N. 1957. *Syntactic structures,* La Haya, Mouton & Co. [*Aspectos de la teoría de la sintaxis*. Barcelona, Editorial Gedisa, 1999.]

—. 1959. Review of Skinner's «Verbal Behavior», *Language,* 35, 26-58.

—. 1975. *Reflections on language*, Nueva York, Random House.

—. 1980. *Rules and representations.* Nueva York, Columbia University Press. *Cognitive Science,* 14 (1990). Número especial acerca de las restricciones estructurales para el desarrollo cognitivo.

Cook, E. W. III, Hodes, R. L. y Lang, P. J. 1986. Preparedness and phobia: Effects of stimulus content on human visceral conditioning, *Journal of Abnormal Psychology, 95*, pp. 195-207.

Cosmides, L. 1989. The logic of social exchange: Has natural selection shaped how humans reason? Studies with the Wason selection task, *Cognition, 31*, pp. 187-276.

Cosmides, L y Tooby, J. 1987. From evolution to behavior: Evolutionary psychology as the missing link, en J. Dupre (comp.), *The latest on the best: Essays on evolution and optimality,* Cambridge, MA, MIT Press.

—. 1989. Evolutionary psychology and the generation of culture. Parte II. A computational theory of social exchange, *Ethology and Sociobiology, 10*, pp. 51-97.

—. 1992. Cognitive adaptations for social exchange, en J. Barkow, L. Cosmides y J. Tooby (comps.), *The adapted mind: Evolutionary psychology and the generation of culture*, Nueva York, Oxford University Press.

Daly, M., Wilson, M. y Weghorst, S. J. 1982. Male sexual jealousy, *Ethology and Sociobiology, 3*, pp. 11-27.

Darwin, C. 1859. On the origin of species, Londres, Murray. [*El origen de las especies*. Madrid, Espasa-Calpe, 1998.]

Dawkins, R. 1986. *The selfish gene,* Nueva York, Oxford University Press. [*El gen egoista: las bases biológicas de nuestra conducta*. Barcelona, Salvat Editores, 1994.]

—. 1982. *The extended phenotype,* San Franciso, W. H. Freeman.

—. 1986. *The blind watchmaker,* Nueva York, Norton. [*El relojero ciego*. Barcelona, RBA Coleccionables, 1993.]

Ekman, P. 1973. Cross-cultural studies of facial expression, en P. Ekman (comp.), *Darwin and facial expression: A century of research in review,* Nueva York, Academic Press.

—. 1984. Expression and the nature of emotion, en P. Ekman y K. Scherer (comps.), *Approaches to emotion*, Hillsdale, NJ, Erlbaum.

Etcoff, N. 1983. Hemisferic differences in the perception of emotion in faces. Tesis de doctorado, Boston University.

—. 1986. The neuropsychology of emotional expression, en G. Goldstein y

R. E. Tarter (comps.), *Advances in clinical neuropsychology, vol. 3,* Nueva York, Plenum.

Fernald, A. 1992. Human maternal vocalizations to infants as biologically relevant signals: An evolutionary perspective, en J. Barkow, L. Cosmides y J. Tooby (comps.) *The adapted mind: Evolutionary psychology and the generation of culture,* Nueva York, Oxford University Press.

Flavell, J. H., Zhang, X. D., Zou, H. Dong, Q. y Qui, S. 1983. A comparison of the appearance-reality distinction in the People's Republic of China and the United States, *Cognitive Psychology, 15,* pp. 459-466.

Freyd, J. J. 1987. Dynamic mental representations, *Psychological Review, 94,* pp. 427-438.

Fridlund, A. J. 1991. Evolution and facial action in reflex, social motive and paralanguage, *Biological Psychology, 32,* pp. 3-100.

Gallistel, C. R. 1990. *The organization of learning,* Cambridge, MA, MIT Press.

Gallistel, C. R., Brown, A. L., Carey, S. Gelman, R. y Keil, F. C. 1991. Lessons from animal learning for the study of cognitive development, en S. Carey y R. Gelman (comps.), *The epigenesis of mind,* Hillsdale, NJ, Erlbaum.

Gardner, D., Harris, P. L., Ohmoto, H. y Hamazaki, T. 1988. Japanese children's understanding of the distinction between real and apparent emotion, *International Journal of Behavioral Development, 11,* pp. 203-218.

Gelman, R. 1990a. Structural constraints of cognitive development: Introduction to a special issue of *Cognitive Science, Cognitive Science, 14,* pp. 3-9.

—. 1990b. First principles organize attention to and learning about relevant data: Number and the animate-inanimate distinction as examples, *Cognitive Sciende, 14,* pp. 79-106.

Gelman, S. y Markman, E. 1986. Categories and induction in young children, *Cognition, 23,* pp. 183-208.

—. 1987. Young children's inductions from natural kinds: The role of categories and appearances, *Child Development, 58,* pp. 1532-1540.

Gigerenzer, G. y Hugh, K. 1992. Domain-specific reasoning: Social contracts, cheating and perspective change, *Cognition, 43,* pp. 127-171.

Hamilton, W. D. 1964. The genetical theory of social behavior, *Journal of Theoretical Billogy, 7,* pp. 1-52.

Hirschfeld, L. 1989. Rethinking the acquisition of kinship terms, *International Journal of Behavioral Development, 12,* pp. 541-568.

Jackendoff, R. 1992. *Languages of the mind,* Cambridge, MA, MIT Press.

Kaplan, H. y Hill, K. 1985. Food sharing Ache foragers: Tests of explanatory hypothesis, *Current Anthropology, 26,* pp. 223-239.

Kaplan, S. 1992. Environmental preference in a knowledge seeking, knowledge-using organism, en J. Barkow, L. Cosmides y J. Tooby (comps.), *The adapted mind: Evolutionary psychology and the generation of culture,* Nueva York, Oxford University Press.

Karmiloff-Smith, A. 1991. Beyond modularity: Innate constraints and developmental change, en S. Carey y R. Gelman (comps.), *The epigenesis of mind,* Hillsdale, NJ, Erlbaum.

Keil, F. C. 1989. *Concepts, kinds, and cognitive development,* Cambridge, MA, MIT Press.

Leslie, A. M. 1987. Pretense and representation: The origins of «theory of mind», *Psychological Review, 94,* pp. 412-426.

—. 1988. The necessity of illusion: Perception and thought in infancy, en L. Eiskrants (comp.), *Though without language,* Oxford, Clarendon Press, pp. 185-210.

Leslie, A. M. y Keeble, S. 1987. Do six-month-old infants perceive causality?, *Cognition, 25,* pp. 265-288.

Leslie, A. M. y Thaiss, L. 1990. Domain specificity in conceptual development: Evidence from autism, Trabajo presentado en la conferencia sobre «Cultural knowledge and domain specificity», Ann Arbor, Michigan.

Lewontin, R. C. 1967. Spoken remark, en P. S. Moorhead y M. Kaplan (comps.), *Mathematical challenges to the Neo-Darwinian interpretation of evolution. Wistar Institute Symposium Monograph, 5,* p. 79.

—. 1978. «Adaptation», *Scientific American, 239,* pp. 156-169.

Mann, J. 1992. Nurturance or negligence: Maternal psychology and behavioral preference among preterm twins, en J. Barkow, L. Cosmides y J. Tooby (comps.), *The adapted mind: Evolutionary psychology and the generation of culture,* Nueva York, Oxford University Press.

Markman, E. M. 1989. *Categorization and naming in children: Problems of induction,* Cambridge, MA, MIT Press.

Marr, D. 1982. *Vision: A computational investigation into the human representation and processing of visual information,* San Francisco, Freeman. [*La visión.* Madrid, Alianza Editorial, 1985.]

Marr, D. y Nichihara, H. K. 1978. Visual information-processing: Artificial intelligence and the sensorium of sight, *Technological Review,* octubre, pp. 28-49.

Mineka, S. y Cook, M. 1988. Social learning and the acquisition of snake fear in monkeys, en T. R. Zentall y B. G. Galef (comps.), *Social learning: Psychological and biological perspectives,* Hillsdale, NJ, Erlbaum, pp. 51-73.

Orians, G. H. y Heerwagen, J. H. 1992. Evolved responses to landscapes, en J. Barkow, L. Cosmides y J. Tooby (comps.), *The adapted mind: Evolutionary psychology and the generation of culture,* Nueva York, Oxford University Press.

Perner, J. 1991. *Understanding the representational mind,* Cambridge, MA, MIT Press. [*Comprender la mente representacional.* Barcelona, Ediciones Paidós Ibérica, 1994.]

Pinker, S. 1979. Formal model of language learning, *Cognition, 7,* pp. 217-283.

—. 1982. A theory of the acquisition of lexical interpretive grammars, en J. Bresnan (comp.), *The mental representation of grammatical relations,* Cambridge, MA, MIT Press.

—. 1984. *Language learnability and language development,* Cambridge, MA, MIT Press.

—. 1989. *Learnability and cognition: The acquisition of argument structure.* Cambridge, MA, MIT Press.

—. 1991. Rules of language. *Science, 253*, pp. 530-535.

Pinker, S. y Bloom, P. 1990. Natural language and natural selection. *Behavioral and Brain Sciences, 13*, pp. 707-784.

Pinker, S. y Prince, A. 1988. On languaje and connectionism: Analysis of a parallel distributed processing model of language acquisition. *Cognition, 28*, pp. 73-193.

Poggio, T., Torre, V. y Koch, C. 1985. Computational vision and regularization theory, *Nature, 317*, pp. 314-319.

Premack, D. 1990. The infant's theory of self-propelled objects, *Cognition, 36*, pp. 1-16.

Profet, M. 1992. Pregnancy sickness as adaptation; A deterrent to maternal ingestion of teratogens, en J. Barkow, L. Cosmides y J. Tooby (comps.), *The adapted mind: Evolutionary psychology and the generation of culture,* Nueva York, Oxford University Press.

Ramachadran, V. S. 1990. Visual perception in people and machines, en A. Blake y T. Troscianko (comps.), *AI an the eye,* Nueva York, Wiley.

Rozin, P. 1976. The evolution of intelligence and access to the cognitive unconscious, en J. M. Sprague, y A. N. Epstein (comps.), *Progress in psychology and physiobiological psychology,* Nueva York, Academic Press.

Rozin, P. y Kalat, J. W. 1971. Specific hungers and poison avoidance as adaptive specializations of learning, *Psychological Review, 78*, pp. 459-486.

Shepard, R. N. 1981. Psychophysical complementarity, en M. Kubovy y J. R. Pomerantz (comps.), *Perceptual organization,* Hillsdale, NJ, Erlbaum.

—. 1984. Ecological constraints on internal representations: Resonant kinematics of perceiving, imagining, thinking and dreaming, *Psychological Review, 91*, pp. 417-447.

—. 1987a. Evolution of a mesh between principles of the mind and regularities of the world, en J. Dupre (comp.), *The latest on the best: Essays on evolution and optimality,* Cambridge, MA, MIT Press.

—. 1987b. «Towards a universal law of generalization for psychological science», *Science, 237, pp.* 1317-1323.

—. 1992. The perceptual organization of colors: An adaptation to regularities of the terrestrial world?, en J. Barkow, L. Cosmides y J. Tooby (comps.), *The adapted mind: Evolutionary psychology and the generation of culture,* Nueva York, Oxford University Press.

Shepher, J. 1983. *Incest: A biosocial approach,* Nueva York, Academic Press.

Sherry, D. F. y Schacter, D. L. 1987. The evolution of multiple memory systems, *Psychological Review, 94*, pp. 439-454.

Shiffrar, M. y Freyd, J. J. 1990. Apparent motion of the human body, *Psychological Science, 1*, pp. 257-264.

Spelke, E. S. 1988. The origins of physical knowledge, en L. Weiskrantz (comp.), *Thought without language*, Oxford, Clarendon Press, pp. 168-184.

—. 1990. Principles of object perception, *Cognitive Science, 14*, pp. 29-56.

—. 1991. Physical knowledge in infancy: Reflections on Piaget's theory, en S. Carey y R. Gelman (comps.), *The epigenesis of mind*, Hillsdale, NJ, Erlbaum, pp. 133-169.

Sperber, D. 1985. Anthropology and psychology: Towards and epidemiology of representations, *Man, (N.S.), 20*, pp. 73-89.

—. 1990. The epidemiology of beliefs, en C. Fraser y G. Gaskell (comps.), *The social psychological study of widespread beliefs,* Oxford, Clarendon Press.

Staddon, J. E. R. 1988. Learning as inference, en R. C. Bolles y M. D. Beecher (comps.), *Evolution and learning*, Hillsdale, NJ, Erlbaum.

Symons, D. 1979. *The evolution of human sexuality,* Nueva York, Oxford University Press.

—. 1992. On the use and misuse of Darwinism in the study of human behavior, en J. Barkow, L. Cosmides y J. Tooby (comps.), *The adapted mind: Evolutionary psychology and the generation of culture,* Nueva York, Oxford University Press.

Tooby, J. y Cosmides, L. 1989. Evolutionary psychology and the generation of culture, Parte I, Theoretical considerations, *Ethology and Sociobiology, 10*, pp. 29-49.

—. 1990a. The past explains the present: Emotional adaptations and the structure of ancestral environments, *Ethology and Sociobiology, 11*, pp. 375-424.

—. 1990b. On the universality of human nature and the uniqueness of the individual: The role of genetics and adaptation, *Journal of Personality, 58*, pp. 17-67.

—. 1992. The psychological foundations of culture, en J. Barkow, L. Cosmides y J. Tooby (comps.), *The adapted mind: Evolutionary psychology and the generation of culture,* Nueva York, Oxford University Press.

Wellman, H. M. 1990. *The child's theory of mind*, Cambridge, MA, MIT Press. [*Desarrollo de la teoría del pensamiento en los niños.* Bilbao, Editorial Desclée de Brouwer, 1995.]

Wexler, K. y Culicover, P. 1980. *Formal principles of language acquisition,* Cambridge, MA, MIT Press.

Williams, G. C. 1966. *Adaptation and natural selection,* Princeton, Princeton University Press.

Wimmer, H. y Perner, J. 1983. Beliefs about beliefs: Representation and constraining function of wrong beliefs in young children's understanding of deception, *Cognition, 13*, pp. 103-128.

Wolf, A. P. y Huang, C. 1980. *Marriage and adoption in China 1845-1945,* Stanford, Stanford University Press.

PARTE III

LOS ORÍGENES
DEL CONOCIMIENTO
POR DOMINIOS:
ABORDAJES CONCEPTUALES

5

ToMM, ToBy y Agencia: arquitectura básica y especificidad de dominio*

Alan M. Leslie

Nuestra comprensión de la Agencia se debe en parte al aprendizaje dominio-específico. La naturaleza de este tipo de aprendizaje dominio-específico debe entenderse en relación con la organización del procesamiento de información en los bebés. Como resultado de la evolución adaptativa, el bebé es un procesador de información especializado, dotado de una arquitectura que (en parte) refleja las propiedades del mundo. Partiendo de este presupuesto se podrían establecer relaciones entre las propiedades del mundo, los subsistemas de procesamiento especializados para registrar estas propiedades y los dominios de conocimiento. En el caso de la Agencia, se supone que hay tres clases de propiedades del mundo que se reflejan en los subsistemas de procesamiento correspondientes y producen tres niveles distintos de conocimiento. Estos tres niveles son: Agencia *mecánica,* Agencia y acciones, y Agencia y actitudes. Cada una de estas tres clases de propiedades relacionadas, subsistemas de procesamiento y niveles de conocimiento van a ser tratados en su momen-

* Partes de este capítulo fueron redactadas mientras visitaba el Departamento de Psicología de la UCLA. Me he beneficiado mucho con los intercambios y conversaciones que sostuve con muchas personas, entre las cuales se contaron Randy Gallistel, Nancy Kanwisher y Liz Spelke, que estuvieron de paso. Un agradecimiento especial para Rochel Gelman. También estoy reconocida a Geoff Hall, John Morton y Jean Mandler por sus útiles comentarios de un borrador anterior.

to, pero el centro de este trabajo será la Agencia mecánica. Para desarrollar esta cuestión, nos ocuparemos en forma general de la naturaleza de la comprensión temprana de lo mecánico y de su relación con el desarrollo conceptual. También revisaremos y ampliaremos algunas ideas ya planteadas anteriormente en Leslie (1988).

La ciencia cognitiva nos enseña que diferentes tipos de conocimiento suelen tener distintas ubicaciones dentro de la organización global del procesamiento humano de la información. Durante el desarrollo, las diferentes ubicaciones de la arquitectura cognitiva básica dan origen a diferentes tipos de conocimiento de sentido común. Dentro de este marco es posible estudiar la comprensión temprana de lo mecánico y la noción de Agencia.

La especificidad de dominio

El problema de la especificidad de dominio es que puede acabar dando lugar a demasiados dominios. Podríamos sentirnos tentados de considerar el conocimiento del juego de ajedrez como un dominio distinto de la capacidad para conducir automóviles, o preguntarnos si el ajedrez y las damas constituyen uno o dos dominios. Es habitual que cuando se estudia el desarrollo se atienda al conocimiento consciente de los niños o a la falta de este y que, en consecuencia, se deje de lado todo lo demás. El abordaje unidimensional de la cognición estimula la proliferación de «dominios». Sin embargo, para estudiar los mecanismos cognitivos que dan origen al desarrollo es necesario algo más que penetrar en el territorio remoto de la infancia y confeccionar informes acerca de las exquisitas creencias y la asombrosa ignorancia que lo pueblan.

Si existen mecanismos de desarrollo dominio-específicos, entonces es posible llegar a una noción más profunda de lo que es un dominio, que sea menos dependiente del software, menos relajada y que dé mejor cuenta del diseño de la cognición humana. Este tipo de especificidad de dominio refleja las especializaciones de los mecanismos de la arquitectura cognitiva básica.

Entiendo por arquitectura cognitiva básica aquellos sistemas de procesamiento de la información humanos que conforman las bases para el desarrollo cognitivo y no los resultados que producen (Leslie, 1988). La comprensión de estos mecanismos es el objetivo principal de las teorías del desarrollo cognitivo. Existe la posibilidad de considerar que esta arquitectura básica es esencialmente homogénea y que cualquier diferenciación de ella es un producto del desarrollo. Un elegante e influyente ejemplo de este punto de vista es el dispositivo para todo tipo de aprendizaje que propone el asociacionismo clásico. Sin embargo, existe la alternativa de considerar que la arquitectura básica contiene subsistemas heterogéneos, especializados para distintas tareas. La visión es un ejemplo evidente de subsistema especializado, que cuenta con una estructura interna propia. La facultad del lenguaje es otro ejemplo. En este trabajo propongo y analizo un tercer sistema especializado que funciona como interfaz entre información que ingresa y procesos centrales, estructurando el desarrollo del conocimiento conceptual.

Tipos de mecanismos dominio-específicos

Distintos tipos de diseños básicos especializados pueden subyacer en la especificidad de dominio. Algunos mecanismos pueden desempeñar tareas especializadas no por ser particularmente especiales en su interior –no cuentan con procesos especiales ni con un sistema preestructurado de representaciones– sino porque ocupan una posición especial dentro de la organización general del procesamiento de la información. El lugar que ocupa ese mecanismo le garantiza recibir inputs acerca de una clase particular de objetos del mundo, que llega a representar un cierto tipo de información de dominio específico. Un ejemplo de ello son los mecanismos para el reconocimiento de rostros. Parece ser que los rostros son procesados por un dispositivo que se vale de un patrón de procesamiento general, no especializado (Diamond y Carey, 1986; Ellis y Young, 1989; Tanaka y Farah, 1991) pero que sólo recibe rostros como input. Johnson y Morton (1991) proponen que durante las primeras semanas de vida, el dispositivo para el reconocimiento de rostros, al que denominan «CONLEARN» recibe inputs restringidos debido a la acción de otro dispositivo, al que llaman «CONSPEC». A diferencia del CONLEARN, el CONSPEC está especializado internamente: contiene un molde o plantilla («template») rudimentario de un rostro, que sirve para dirigir la atención hacia los rostros. Según esta idea, el CONLERN se convierte en un dispositivo para el reconocimiento de rostros, dado que sólo recibe rostros como input.

El mecanismo de adquisición de la estructura de la sintaxis de la lengua a la cual un sujeto se encuentra expuesto es otro tipo de dispositivo dominio-específico. El estudio de la adquisición del lenguaje demuestra que ese dispositivo no sólo ocupa una posición especial en la organización general y recibe un tipo particular de inputs, sino que además procesa esos inputs de una manera relativamente especializada y para hacerlo se vale de un sistema representacional especializado (p. ej. Chomsky, 1975, 1986; Pinker, 1989).

La facultad del lenguaje probablemente no es el único miembro de una clase de dominios básicos relacionados con el conocimiento de sistemas formales. Los dominios formales básicos seguramente incluyen el *número* y probablemente la *música*. En estos dominios, las relaciones estructurales son la clave, mientras que las de causa y efecto no cumplen un papel organizador. Por el contrario, la noción de causa-efecto constituye el principio organizador central en los dominios básicos de la mecánica de los objetos y de la «teoría de la mente». Al igual que Carey (1985), considero que estos dos dominios básicos comprenden la mayor parte de nuestra capacidad inicial para el conocimiento conceptual causal. Estos dominios centrales constituyen mi objetivo aquí y plantearé que su desarrollo se encuentra determinado por diseños básicos especializados.

Un panorama de la arquitectura básica de la Agencia

Deseo examinar un tema que ha sido bastante relegado en los estudios del desarrollo: la noción de Agencia. Escribo con mayúscula este concepto porque en ocasiones un agente es simplemente una causa. El concepto de Agente, sin embargo, es más restringido y en principio se aplica a cierto tipo de objeto. Antes de ocuparme de las propiedades que caracterizan a esta clase de objeto y de definir la noción de Agente, deseo puntualizar una distinción que probablemente es importante, aunque no la desarrollaré aquí. Se trata de la distinción entre Agente y objeto animado. La mayor parte de los objetos que son Agentes son animados y es seguro que todos los objetos que alguna vez contribuyeron, durante el curso de la evolución, a la constitución de nuestros sistemas cognitivos para el tratamiento de la Agencia eran animados. Sin embargo, doy por sentado que la noción de animado es externa a la Agencia y es patrimonio del dominio biológico. Puedo dejar planteada la pregunta de si el conocimiento biológico constituye o no un dominio de la arquitectura básica (véase Keil, cap. 9 de esta obra) y, de ser así, qué clase de dominio es.

180

Considero que la noción de Agencia surge de un aprendizaje dominio-específico y refleja propiedades de la arquitectura básica. Al investigar la relación entre la arquitectura básica y nuestra capacidad para comprender el comportamiento de los Agentes, propondré la existencia de dos dispositivos de procesamiento: en primer lugar, me ocuparé de **ToBy** («Theory of Body mechanism» – Teoría del Mecanismo del Cuerpo), que es el sitio donde se ubica la teoría de los cuerpos físicos. Más delante me ocuparé de **ToMM** (la Teoría del Mecanismo de la Mente), el sitio de la «teoría de la mente»[1] de los niños.

Postularé que la comprensión de la Agencia no se logra a través de un simple sistema conceptual ni a través de un solo sistema de procesamiento, sino que implica tres módulos o componentes de procesamiento organizados jerárquicamente. Los tres corresponden a tres niveles de comprensión o «teorías» de la Agencia.

El primer componente, al que llamo **ToBy**, encarna la teoría infantil acerca de los objetos físicos. Se ocupa de los Agentes en un sentido mecánico, es decir que trata las propiedades mecánicas de los Agentes. La distinción entre Agentes y otros cuerpos físicos que no lo son y la descripción de sus mecanismos e interacciones también es una función importante de **ToBy**.

Los otros dos componentes y sus correspondientes niveles de comprensión tienen que ver con las propiedades «intencionales» de los Agentes. Mientras los movimientos y estados de los objetos son sencillamente rasgos del mundo, los movimientos y estados de los Agentes, además de ser *del* mundo son *acerca del* mundo (véase, p. ej., Dennett y Haugeland, 1987 para esta noción de «acerca de»). La pertenencia o la intencionalidad de la acción y de la cognición se tratan en los dos siguientes niveles, respectivamente. Estos dos componentes que se ocupan de la intencionalidad de los agentes configuran juntos el dispositivo al que llamo **ToMM**. A diferencia de **ToBy**, **ToMM** está centrado exclusivamente en el Agente. El primer subcomponente de **ToMM** («*sistema*$_1$») se ocupa de los Agentes y de las acciones orientadas hacia determinados objetivos que ellos producen. Esta teoría de la Agencia de segundo nivel podría llamarse «Agentes y Acción».

El tercer y último nivel de la jerarquía tiene que ver con los estados mentales de los Agentes y su papel en la producción de comportamientos. En este nivel, los Agentes se representan en actitudes encaminadas hacia la verdad de la proposición –actitudes tales como *desear, creer* y *fingir* que *p*, siendo que *p* es una proposición de algún tipo. Esta teoría de la Agencia de tercer nivel se puede llamar «Agentes y Actitudes». Mientras que el primer nivel de la Agencia es par-

Tabla 5.1. Arquitectura básica para la cognición de la Agencia

Una teoría tripartita de la Agencia		
Propiedades del mundo real de los Agentes	*Dispositivo de procesamiento*	*Niveles de comprensión o «teorías»*
Mecánicas	**ToBy**	«Agentes y objetos»
Accionales	**ToMM** (sistema$_1$)	«Agentes y acciones»
Cognitivas	**ToMM** (sistema$_2$)	«Agentes y actitudes»

te de la «teoría de los cuerpos físicos» del bebé, los otros dos niveles forman parte de la teoría de la mente del niño. La teoría tripartita de la Agencia se encuentra resumida en la tabla 5.1.

Esta jerarquía no representa una serie de etapas de desarrollo el sentido tradicional, sino que cada uno de los niveles corresponde a un subsistema separado. Cada componente o subsistema constituye un dispositivo de aprendizaje con un programa especializado para la adquisición de información, una manera específica de organizar o describir los inputs que recibe, una ubicación específica dentro de la arquitectura mayor y, en consecuencia, relaciones particulares con otros componentes. El desarrollo de cada subsistema puede actuar en paralelo y desplegarse conforme a su propio carácter y a los inputs que recibe. Naturalmente, cada subsistema *comenzó* su desarrollo de manera secuencial, siendo este determinado en parte por el estado de madurez de los circuitos neuronales y en parte por la disponibilidad y la calidad de los inputs. De allí en más, cada subsistema se desarrolla en paralelo.

Me ocuparé primordialmente del primero de estos tres niveles, es decir de la Agencia mecánica y sólo trataré los otros dos niveles para señalar qué otras cosas están comprendidas, a mi criterio, en la noción de Agencia. Comenzaré, pues, con la aparición de un mecanismo de procesamiento (probablemente alrededor de los tres o cuatro meses de edad) que permite al niño atender a las propiedades mecánicas de los objetos y los eventos.

ToBy: un módulo para la mecánica

La posición de Piaget (1953, 1955) acerca del desarrollo del conocimiento del mundo físico en los niños estaba relacionada con su visión de la arquitectura básica y, por lo tanto, de los mecanismos del aprendizaje infantil. Tal como en el asociacionismo clásico, desde esta perspectiva se supone que la arquitectura es homogénea y desestructurada. Lo básico, según Piaget y el asociacionismo clásico, consta de dos componentes: una capacidad para representar las sensaciones en microrrasgos y un conjunto de procedimientos de aprendizaje totalmente generales. Para Piaget, los procedimientos de aprendizaje actúan de manera iterativa sobre los microrrasgos (y los reflejos neonatales) para construir esquemas. La diferenciación o especialización de la arquitectura es sencillamente el resultado del desarrollo psicológico, pero nunca su causa. El presupuesto de la homogeneidad determinaba el desarrollo cognitivo gradual y uniforme que Piaget creía que observaba al examinar la acción estructurada en la infancia. Por estas razones, pensaba que sólo al final de la infancia, llegando a los dos años, los bebés construían un mundo físico como un espacio rígido tridimensional, que contenía objetos persistentes cuyo comportamiento se encontraba regulado por la causalidad. Antes de ese momento, el niño, según la visión piagetiana, procesa el mundo como un despliegue desorganizado cuyo caos va dando lentamente lugar a la familiaridad, pero cuyo significado depende por completo de la actividad presente del niño. Para un bebé, el mundo más allá de su actividad subjetiva es un vacío.

Este cuadro que presenta Piaget, en el cual el niño construye lenta y penosamente un mundo objetivo, actualmente parece reflejar más las limitaciones del niño para las actividades planeadas y estructuradas –por ejemplo, la búsqueda manual (Diamond, 1988)– que sus capacidades para representarse cuerpos estables con propiedades mecánicas. Por el contrario, cuando se utilizan mediciones de la atención visual para comprobar la cognición de los bebés, se obtiene un cuadro diferente de las representaciones infantiles. Las mediciones de la atención que el niño presta a diversos eventos aparentemente capta un sistema psicológico diferente de aquel que gobierna los comportamientos de búsqueda manual. La perspectiva de Piaget deja de lado hasta este grado grosero de modularidad. Según esas nuevas mediciones, los bebés, a pocos meses de haber nacido, pueden aprehender objetos cohesionados, completos y continuos en el espacio y el tiempo (véase Spelke, 1990, para una revisión), atribuir propiedades específicas causales a la colisión entre objetos (véase Leslie, 1988, para una revisión) y modelar algunas propiedades de los objetos ocultos (véase Baillargeon, 1991b, para una revisión). Aparentemente, la competencia del bebé hasta se extiende a la construcción del mecanismo oculto en el clásico evento de desplazamiento invisible de Piaget (Leslie y DasGupta, 1991). El procesamiento del mundo físico parece organizarse rápidamente en torno de una estructura básica que representa la disposición de objetos cohesionados, completos y continuos en espacio y tiempo dentro de una sistema de relaciones mecánicas tales como empujar, bloquear y sostener.

Estos hallazgos, a mi criterio, nos dan a conocer un mecanismo especializado de aprendizaje, adaptado para crear un conocimiento conceptual del mundo físico y para lograrlo en una etapa tan temprana del desarrollo, durante el cual los conocimientos generales y las habilidades para resolver problemas son mínimas. Leslie y Keeble (1987) sugirieron que la organización modular provee un modo de trabajo que permite superar las capacidades generales inevitablemente limitadas y los escasos conocimientos característicos de la etapa preescolar. La modularidad básica dota a los niños de un modo de adquisición rápida y segura de conocimiento en aquellos dominios que son significativos para nuestra especie desde el punto de vista de la adaptación. Estas adquisiciones aseguran, a su vez, el éxito temprano de la comunicación informativa y, por lo tanto, la capacidad para participar de la transmisión cultural de conocimientos y beneficiarse de ella. Aunque las evidencias más contundentes de la compartimentalización o modularidad de los procesos proviene del estudio de los sistemas de ingreso perceptivo (Fodor, 1983; Marr, 1982), los beneficios que esta organización confiere al desarrollo también dan fe de la organización de componentes en niveles más centrales de procesamiento.

Se podrían adoptar puntos de vista que enfatizan las semejanzas y continuidades entre las teorías de sentido común o bien entre las teorías que son producto de la ciencia o de otras formas de pensamiento deliberado y reflexivo. Una versión de este abordaje ubica la manipulación consciente de los conceptos en el centro de la escena. Si bien imaginar que el niño resuelve conscientemente un problema nos da la sensación tranquilizadora de que hemos comprendido una parte del desarrollo, en realidad esta tranquilidad es ilusoria. No es más fácil comprender el pensamiento consciente que comprender la masa de procesos inconscientes de los cuales depende.

Si uno adopta la perspectiva del «niño como científico» y lo imagina en su tarea cotidiana, trabajando duramente para contribuir con nuevos fenómenos a un marco teórico existente, entonces deberá determinar la naturaleza de ese marco teórico original. Las ideas que aquí se presentan se pueden alinear dentro de este marco. Si, en cambio, uno se remitiera a la estructura inicial y partiera de una arquitectura básica de carácter general y sin restricciones, entonces la metáfora del niño como científico cambiaría de una manera radical, requiriendo que uno concibiera al niño como un *gran* científico, gestor de una revolución conceptual y de un cambio radical en la teoría. Este niño científico produce su revolución conceptual sin el beneficio de una instrucción formal, lo hace habitualmente y en varios dominios al mismo tiempo. Su asombrosamente exitosa y prolífica carrera sólo se encuentra depreciada por el hecho de que el resto de los niños hacen casi los mismos progresos del mismo modo, sin esfuerzo y, en gran medida, independientemente de su CI.

A la luz de estos hechos, parecería que algunas teorías se sostienen gracias a diseños especializados en la arquitectura básica. Estos procesos pueden establecer el conocimiento básico y la habilidad de la que la pedagogía depende. **ToBy**, según plantearé, es la responsable de la aparición rápida y temprana del conocimiento de los cuerpos físicos. Siguiendo a Marr (1982) podemos preguntarnos cuál es el objetivo de la tarea de procesamiento de la información que lleva a cabo este dispositivo. El objetivo de **ToBy** es, en términos generales, llegar a una descripción del mundo en términos de la constitución de los cuerpos físicos y de los eventos en los que participan. Existen dos actividades necesarias para alcanzar este objetivo. La primera, según Spelke, es encontrar los objetos tridimensionales estables en el mundo. La segunda, según Gelman y Talmy es encontrar las «fuentes de energía» que originan sus movimientos (Gelman, 1990) o, más en general, la distribución o dinámica de las fuerzas en un escenario (Talmy, 1988).

ToBy y FUERZA

ToBy está relacionada con las propiedades mecánicas de los objetos y eventos. Mi primer presupuesto es que **ToBy** se basa en una noción primitiva, a la que llamaré FUERZA. Reservo el término *energía* para referirme a las fuerzas mecánicas del mundo. Para el correlato cognitivo de la energía, en cambio, utilizo el término FUERZA. La FUERZA está destinada a ser un «primitivo», es decir una noción de sentido común introducida por un sistema modular que ha surgido de la adaptación en la evolución. FUERZA no es el término científico desarrollado culturalmente. Deseo señalar esta distinción en mi terminología. El hecho de que en el mundo el movimiento de objetos dependa invariablemente de la distribución de energía hace ventajoso que el sistema psicológico cuente con un modo de atender y representar fuentes de energía. Esto no significa que **ToBy** posea un sistema muy completo o muy profundo para pensar en el mundo físico, si se lo considera desde el punto de vista de la teoría científica actual o de la aristotélica. Otros autores se han ocupado de nociones psicológicas semejantes a las de FUERZA (por ejemplo, algunos aspectos de la «transmisión generativa» de Shultz [1982] y de los modelos de fuerza de Anderson [1990]), siendo el más próximo del de Talmy (1988).

El uso de la noción de FUERZA es lo que relaciona a **ToBy** con la *mecánica*. También hace que **ToBy** esté interesada en los cuerpos tridimensionales, ya que en el mundo sólo los cuerpos tridimensionales tienen propiedades mecánicas. Más información acerca de la terminología: parece probable que **ToBy** cuente con alguna versión de la distinción en el lenguaje entre sustantivos «masa» (p. ej. *mantequilla* o *agua*) y sustantivos «contables» (p. ej. *perro* o *mesa*). Respecto de los sustantivos «contables», los individuos particulares que representan se pueden identificar y contar (tres mesas, muchos perros), mientras que no sucede lo mismo con los sustantivos masa (se puede decir «mucha agua» pero no «tres aguas»), a menos que un objeto «que se cuenta» organice la masa (p. ej. tres vasos de agua). Trataré de usar el término *objeto* cuando se trate de un objeto específico que se cuenta y el término *cuerpo* cuando se trate de superficies, masas y objetos.

ToBy está interesado en los objetos tridimensionales, ya que son los que principalmente llevan consigo, transmiten y reciben FUERZA. Aunque entidades tales como las letras o los haces de luz en movimiento pueden ser tratados como objetos por los procesos perceptivos que registran su identidad (Treisman, 1988), estos no son cuerpos con propiedades mecánicas.[2]

Una ruta dual para el análisis mecánico

ToBy no se ocupa de entidades que, como los haces de luz o las letras distribuidas sobre una página, carecen de propiedades mecánicas. Por el contrario, es muy difícil que los objetos tridimensionales no tengan propiedades mecánicas. Spelke (1988, 1990, cap. 7 de este volumen) ha postulado convincentemente que los bebés comparten con los adultos ciertas nociones básicas de la noción de objeto físico como algo cohesionado, completo, sólido, tridimensional, cuya existencia es espaciotemporalmente continua. Los bebés aparentemente también consideran a los objetos como opuestos a las masas en cuanto a la posibilidad de contarlos (S. Carey, comunicación personal). Una noción así de los objetos físicos, que yo atribuyo a **ToBy** y su sistema especializado de representaciones, requiere que su descripción mecánica esté disponible. Por esta razón estoy de acuerdo con la propuesta que sigue. El interés de seleccionar y registrar objetos físicos –un interés tanto de bebés como de adultos– es de algún modo un interés respecto de la estructura mecánica del mundo. El jugador clave en este mundo mecánico es el objeto tridimensional.

Espero que mi exposición haya sido tan simple como prometía el párrafo anterior. Sin embargo, los eventos mecánicos por lo general implican un factor de movimiento. Es un hecho que el movimiento de objetos de tres dimensiones resulta de la distribución de energía. El movimiento es, por lo tanto, una fuente de información sobre la FUERZA. El sistema visual procesa movimientos sin una referencia respecto de si el que porta el movimiento es o no un objeto tridimensional. La visión se ocupa de las complejidades en el reconocimiento de los objetos tridimensionales en una etapa muy posterior del procesamiento, de modo que esa información no es útil para el análisis del movimiento. Este último tiene lugar independientemente del procesamiento de la luminosidad, el color y la textura y antes de que se efectúe un análisis de las sombras y de la oclusión de las superficies (Van Essen, 1985; Livingstone y Hubel, 1988). Estos dos hechos, uno de ellos referido al mundo y el otro al procesamiento, sugieren que debe existir una segunda ruta para el análisis mecánico, que sea independiente de los objetos tridimensionales. Para avalarlo, sería importante encontrar evidencias que demostraran la existencia de sensibilidades visuales especialmente dedicadas a los patrones de movimiento, que fuesen muy informativas respecto de la dinámica de la FUERZA. Michotte (1963) encontró algunos patrones de este tipo, el más importante de los cuales es «el lanzamiento de la bola de billar».

En una actividad de lanzamiento, un objeto se mueve hacia otro objeto fijo, lo golpea y lo impulsa al movimiento, mientras que el primer objeto pasa a quedarse fijo en el sitio del impacto (véase fig. 5.1). Michotte descubrió que los adultos, al ver esta configuración, tenían la inmediata impresión de que se trataba de una relación de causa-efecto. Hay dos hechos llamativos en este descubrimiento. En primer

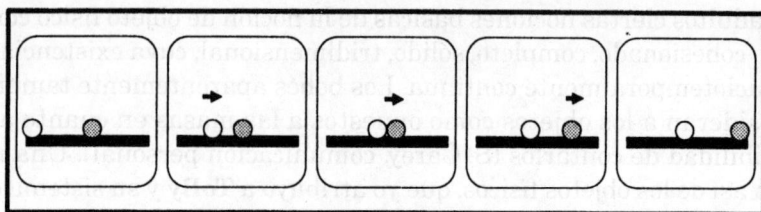

Figura 5.1. El evento de lanzamiento de la «bola de billar».

lugar, que hechos como este casi nunca ocurren en el mundo real. (Por ejemplo, un patrón de este tipo con objetos de igual masa únicamente se produce en colisiones de 180 grados si los objetos tienen una elasticidad perfecta.) En segundo lugar, la impresión de causalidad se produce pese a que los objetos implicados sean tan sólo marcas de lápiz sobre papel o haces de luz sobre una pared. Los observadores saben perfectamente que no existe una conexión entre los movimientos de las entidades no sustanciales y de dos dimensiones. Sin embargo, esa impresión de causalidad es casi incorregible. Este hecho llevó a Michotte a postular, correctamente, a mi juicio, la noción radical de que los adultos son sujetos de una *ilusión* perceptiva de causalidad.

En una serie de estudios demostré que a los seis meses y medio, o posiblemente antes, también los bebés se encuentran sujetos a la ilusión del lanzamiento (Leslie, 1982, 1984b; Leslie y Keeble, 1987; revisado en Leslie, 1988). Postulé que la percepción de causa y efecto en los bebés y en los adultos estaban ligadas por un componente modular del análisis del movimiento que sirve para dar inicio al desarrollo de los movimientos de acción en los niños y que en los adultos tienen el efecto colateral de crear una *ilusión* perceptiva de causalidad. Llamaré a este componente *Módulo de Michotte*.[3]

La *doble ruta* para el análisis mecánico sugiere que **ToBy** recibe desde la visión dos inputs principales: uno desde el dispositivo para el reconocimiento de objetos tridimensionales y otro desde los sistemas de análisis del movimiento, entre los cuales se cuenta el módulo de Michotte. Siguiendo a Warrington (Warrington y James, 1986; Warrington y Taylor, 1978) y a Marr (Marr, 1982; Marr y Nishihara, 1978) y a otros autores, plantearé el siguiente postulado. Las representaciones de la forma de un objeto implican un procesamiento distinto del que rige para otros tipos de informaciones sobre los mismos, tales como su uso o su función. En los pacientes con lesiones cerebrales, cada uno de estos tipos de información se pueden dañar selectivamente. El dispositivo para el reconocimiento tridimensional de los objetos está relacionado solamente con la «geometría» de estos y los reconoce apareando una forma tridimensional con un modelo almacenado en un catálogo.[4] Específicamente, el reconocimiento visual de los objetos no se ocupa de las propiedades mecánicas del objeto y, por lo tanto, no se ocupa de su cohesión, su carácter sustancial, su función mecánica o su identidad numérica a lo largo del tiempo. Estos aspectos del «concepto de objeto» son funciones de **ToBy**. Me referiré al output del módulo de reconocimiento visual del objeto como un *objeto puramente visual* para subrayar la distinción entre un objeto reconocido por su forma y otro constituido desde lo mecánico.

Resumiendo: junto con la información superficial **ToBy** recibe como inputs las descripciones que hacen explícita la geometría de un objeto contenido en una escena, su disposición y su movimiento. A partir de estas descripciones agrega las propiedades mecánicas del escenario. Al hacerlo, **ToBy** interpreta los movimientos, las disposiciones y la geometría de los objetos en términos de fuentes y características de la FUERZA (su dinámica).

Causalidad puramente visual versus causalidad mecánica

Los dos principales inputs visuales de **ToBy** determinan una ruta doble para la generación de descripciones mecánicas. **ToBy** agrega las propiedades mecánicas a los objetos puramente visuales (y, en términos más generales, a los cuerpos y superficies). Sin embargo, tal como hemos visto, algunos patrones de movimiento también conllevan una descripción de la FUERZA, aun cuando no se encuentren involucrados objetos tridimensionales.

El módulo de Michotte, aunque se ocupa de una percepción de causa y efecto, no produce una descripción de la FUERZA. La causa y el efecto del módulo de Michotte son una causa y un efecto puramente visuales, que no se encuentran corporizados. Este supuesto es bastante próximo a lo que dicho autor creía. Michotte rechazaba la idea de que el efecto de lanzamiento dependiera de la percepción de la fuerza (Michotte y Thinès, 1963) y lo relacionaba con lo que llamaba «la ampliación del movimiento». Esta era una noción fenomenológica que al parecer se interpretaba mejor como una extensión puramente visual –es decir, espaciotemporal– del movimiento del primer objeto contra el segundo.

La distinción entre el objeto tridimensional puramente visual de Marr y el objeto mecánico (cohesivo, sólido, portador de FUERZA) se reproduce en aquella otra entre la causalidad «puramente visual» de Michotte y la causalidad mecánica basada en la dinámica de la FUERZA. Estas distinciones probablemente reflejan una distinción arquitectónica más general. La visión habitualmente hace explícitas las propiedades *espaciales* de superficies, objetos y movimientos. Marr llamaba a este hecho la «quintaesencia de la visión humana, que nos informa acerca de la forma y la disposición espacial» (Marr, 1982: 36). Cualquier sistema de procesamiento de la información tiene que representar la información. Cualquier sistema de representación confiere un tipo particular de entidad y aporta tipos particulares de información y las hace «explícitas» (en términos de Marr), mientras que otros tipos de información permanecen implícitos o son empujados hacia el contexto. La visión de acercamiento, como sistema de procesamiento de la información, evidentemente hace explícita la información espacial a partir del procesamiento visual, e incluye la disposición espacial a lo largo del tiempo (p. e. el movimiento).

Postularé que el tratamiento que hace la visión de la descripción espacial excluye las propiedades mecánicas. Estas permanecen implícitas en el «contexto». Por ejemplo, en la ilusión estereoscópica que produce Pulfrich con un doble péndulo (véase fig. 5.2), làs varillas del péndulo parecen traspasarse la una a la otra (Leslie, 1988). La visión no está dotada de una restricción que le haga suprimir las trayectorias ilusorias de las varillas para evitar la anomalía mecánica de la apariencia de que una traspasa a la otra, si bien otras anomalías son pasibles de este afecto de supresión (Leslie, inédito). Aparentemente el procesamiento visual no hace uso de una restricción referida a la solidez mecánica. Más aún, la facilidad con que se construye la imagen de dos objetos sólidos traspasándose sugiere que ni la visión ni la imaginación visual hacen uso de una restricción relativa a la solidez. Pese a esto, los bebés de pocos meses se sorprenden al ver una escena en la cual un objeto oculto parece violar la restricción de la solidez (Baillargeon, 1986; Baillargeon, Spelke y Wasserman, 1985). Pese a la falta de acción de la visión y de la imaginación visual, la restricción de la solidez aparece en el razonamiento mecánico intuitivo. Creo que este curioso patrón se produce porque la restricción mecánica no se encuentra en el dominio de la visión –ni en la imaginación visual ni en la experiencia visual– sino más bien en **ToBy.**

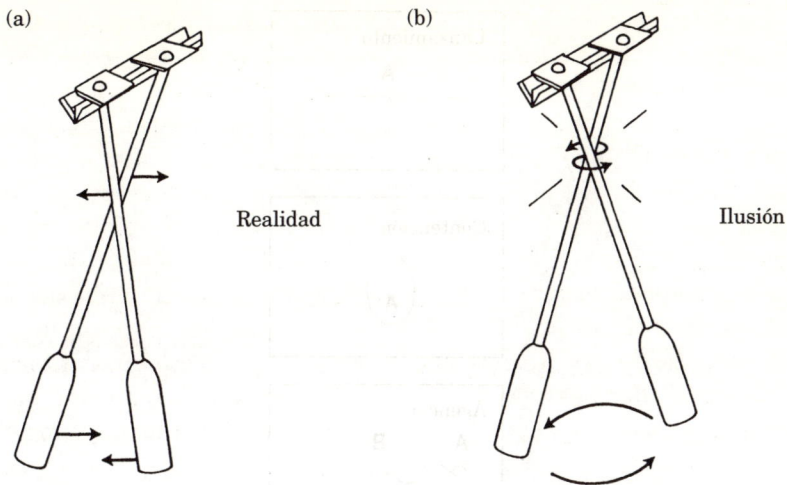

(a) (b)

Realidad Ilusión

Figura 5.2. La ilusión del doble péndulo de Pulfrich. Colocándose un filtro de densidad normal sobre un ojo y mirando con ambos ojos las varillas que se mueven, se crea una ilusión de profundidad estereoscópica. Como resultado, los sujetos ven las varillas sólidas atravesarse la una a la otra (según Leslie, 1988).

El espacio y la mecánica no son lo mismo
(o que la FUERZA esté contigo)

Aunque los patrones espaciotemporales se confunden habitualmente con la mecánica de *contacto*, no son la misma cosa. Desdichadamente, la correlación entre ambos alienta la idea de que las nociones mecánicas se limitan a patrones espaciotemporales y de que la mecánica no es fundamental para nuestra comprensión del mundo. Esto es, por supuesto, el punto de partida del empirismo clásico (p. ej. Hume, 1740) y esta idea ha encontrado ecos en todas partes. Michotte expone ejemplos al respecto. Su distinción entre «mero desplazamiento» y «movimiento» (Michotte y Thinès, 1963) requiere de una interpretación en términos de si el ente que se mueve es el principal portador de FUERZA (= «movimiento») o no lo es (= «desplazamiento»), tal como en el caso de un objeto traspasando a otro. Del mismo modo, como sugiero más adelante, la «ampliación» del movimiento en un evento de lanzamiento se interpreta generalmente como la transmisión de la FUERZA de un objeto al otro a través del contacto.

191

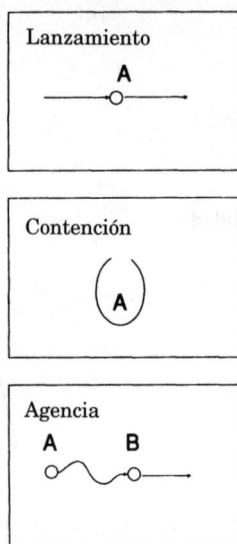

Figura 5.3. Los «esquemas de imagen» de Mandler para lanzamiento, contención y Agencia (según Mandler, 1992).

Más recientemente, Mandler (1992) presentó un trabajo sobre la competencia de los bebés, en el que se da por sentado que las nociones mecánicas se pueden reducir a patrones espaciotemporales.[5] Mandler sostiene que el desarrollo conceptual prescinde del análisis perceptivo de las propiedades espaciotemporales de los objetos y eventos. Este análisis perceptivo configura un tipo de representación a la que ella llama «esquemas de las imágenes». Estos esquemas son representaciones espaciales análogas y proveen los «conceptos» más tempranos. La arquitectura básica para el desarrollo conceptual, según la perspectiva de Mandler, usa un formato puramente análogo, «no proposicional» de la representación. Específicamente se supone que los esquemas de imágenes subyacen en las nociones específicas de causa (lanzamiento), contención y agencia. Los esquemas de imágenes para estos eventos se ilustran en la figura 5.3.

El lector debe sustraerse a la tentación de buscar un significado mecánico en los patrones espaciotemporales representados por los esquemas de imágenes que aparecen en la figura 5.3. Resulta más natural pensar en el lanzamiento, la contención y la agencia como eventos mecánicos y no como patrones puramente espaciotemporales. Por esta razón podemos, inadvertidamente, pensar en la representación (el esquema de la imagen en términos de *aquello a lo que se refiere* y no en términos de cómo representa aquello a lo que se refiere. Por supuesto, a lo que se refiere, por ejemplo, el esquema de lanzamiento, es para el mundo en general un evento mecánico. Sin embargo, Mandler no desea que interpretemos su noción de esta manera. Mandler define los esquemas de imágenes como representaciones que explicitan información espacial (espaciotemporal) y no información mecánica. Esto es fundamental para su afirmación de que los esquemas de imágenes espaciales análogos proveen *por sí mismos* una base suficiente para el desarrollo conceptual.

Sin embargo, las evidencias que surgen de la forma en que los niños captan el lanzamiento (y, como veremos más adelante, también el modo en que captan la contención y la Agencia) nos muestran que ellos tienen una comprensión de la mecánica y no tan sólo de las propiedades espaciotemporales de esta clase de eventos. Leslie y Keeble (1987) demostraron una ilusión causal de lanzamiento en bebés de seis meses, precisamente debido a que encontraron un modo de variar las propiedades mecánicas de los estímulos de la prueba *al tiempo que neutraliza los cambios de las propiedades espaciotemporales*. Esto les permitió llegar a la conclusión de que los bebés habían reaccionado frente a algo que estaba más allá de las propiedades espaciotemporales, es decir frente a las propiedades causales (mecánicas) del lanzamiento. Además, es necesario que nos preguntemos por qué los bebés analizan particularmente los patrones espaciotemporales que Mandler identifica. Hay miles de patrones espaciotemporales en los que podrían haberse fijado. Creo que la repuesta es que estos son los más significativos para la teoría mecánica de los bebés.

Por lo tanto, si los esquemas de imágenes deben desempeñar en el desarrollo conceptual el papel que Mandler les asigna, hacen explícita la clase equivocada de información. Debemos entonces ampliar la teoría de Mandler y proponer que **ToBy** actúa sobre representaciones del tipo de los esquemas de imágenes y los enriquece añadiéndoles información mecánica. De esta manera se crean representaciones internas de un tipo diferente. Los esquemas ya no son simples imágenes análogas sino que se convierten en *diagramas mecánicos*. Los diagramas son en parte representaciones análogas, pero también son en parte simbólicos. Además, sea que los diagramas aparezcan impresos de manera estática sobre una página para ser interpretados por el lector o bien que se desplieguen a través del tiempo en la cabeza del bebé y sean procesados por su sistema cognitivo, para ser eficientes deben disponer de las nociones mecánicas. Estas nociones deben asentarse cuanto menos en una teoría rudimentaria de la mecánica.

Mandler interpreta el trabajo de Choi y Bowerman (1991) acerca de los sistemas de verbos «espaciales» en favor de su tesis acerca del predominio de las representaciones espaciales en el desarrollo. Sin embargo, los verbos también codifican nociones mecánicas, seleccionando aquellas relaciones espaciales que tienen una interpretación mecánica significativa. Para tomar un ejemplo de Choi y Bowerman citado por Mandler, el coreano (a diferencia del inglés) posee una marca sistemática para señalar si dos objetos o partes encajan de manera ajustada o floja. Por supuesto, el modo del encaje tiene correlatos geométricos. Se trata más o menos de la proximidad o la lejanía del contacto. Sin embargo, tal como ocurre con el experimento acerca de la mano como agente que describiré más tarde, la relación espacial es relevante precisamente debido a las propiedades mecánicas que indica. La significación de esta relación espacial –por qué se le presta atención, por qué es informativa y vale la pena codificarla en un sistema verbal– es claramente mecánica: ¿cuánta fuerza se requiere para establecer o romper el contacto? ¿Sostendrá un objeto al otro? ¿Se disolverá el contacto si no se lo sostiene?, etc. La generalización significativa que se puede realizar respecto de estos casos no será en términos de relaciones espaciales sino de *la interpretación que reciben las relaciones espaciales en términos de una teoría de la FUERZA incluida en la mecánica de contacto*. Esta es la información crítica que captan los que están aprendiendo tempranamente el sistema de verbos. Creo que sucede los mismo en la mayor parte de los ejemplos referidos a la percepción en los infantes prelingüísticos a que Mandel se refiere, incluyendo el lanzamiento, la Agencia y la contención.[6]

Parte de la motivación que lleva a Mandel a proponer la noción de esquema de la imagen como base para el desarrollo conceptual y la adquisición del lenguaje es hacer una propuesta que evite atribuir representaciones «proposicionales» (p. ej. predicado-argumento) al bebé. Sin embargo, la plausibilidad de esta solución se ve socavada si los diagramas de FUERZA interpretados mecánicamente son un requerimiento mínimo para lograr la representación interna de las nociones que Mandler propone. Por ejemplo sería necesario enriquecer las representaciones análogas espaciotemporales añadiendo estructuras simbólicas. En realidad, las estructuras predicado-argumento son muy adecuadas para representar las nociones dinámicas de FUERZA. La representación de *roles* mecánicos *y relaciones* mecánicas plantea muchos de los problemas de ligamiento que las estructuras predicado-argumento resuelven muy bien. Los roles y las relaciones mecánicos parecen reflejarse directamente en las estructuras verbo-argumento de las lenguas naturales (Talmy, 1988) muy especializadas en esta tarea, tal vez como resultado de la coevolución adaptativa de las capacidades cognitivas y lingüísticas (Pinker, 1989; Pinker y Bloom, 1990).

Movimiento y FUERZA motriz

Debemos referirnos ahora a cómo **ToBy** dota al bebé para comprender el mundo en movimiento de los objetos físicos y para aprender acerca de él. Analizaré esta pregunta en relación con tres clase de eventos, comenzando por el más simple de todos.

Nada que sea terrestre se mueve sin tener una fuente de energía. Tal como señala Gelman (1990), esto establece un principio básico o «primer principio» en la captación de los movimientos, que consiste en atender a la fuente de energía. Siguiendo este principio, cuando se observa un objeto que comienza a moverse sólo existen dos posibilidades: la primera es que otra cosa (que uno puede o no ver) lo movió, en cuyo caso la energía proviene de otro objeto. La segunda es que el objeto tenga una fuente interna de energía, en cuyo caso se trata de un Agente. Es decir que cuando **ToBy** se ocupa de la descripción de una FUERZA, presta atención a las fuentes de energía. Cuanto más cambia un objeto el estado de movimiento por sí mismo y no como resultado de un impacto externo, más evidencias provee de ser un Agente y más probable es que lo sea.[7] Cabe destacar que ninguna de estas cosas se puede inferir simplemente de las observación de las características espaciotemporales del movimiento en sí, sino de la *interpretación* de esas características en términos de la fuente de la FUERZA. Como siempre, las propiedades espaciotemporales se confunden con las mecánicas. Sin embargo, si no contamos con el acceso a la interpretación mecánica, no es posible acceder a ninguna de las inferencias relativas a la causa o Agencia y quedamos, como David Hume, estancados en las «impresiones de nuestros sentidos», vale decir, en patrones espaciotemporales sin significado. Como veremos en el tercer ejemplo, acceder a esta simple interpretación dinámica de la FUERZA (fuente interna/ externa) permite al niño reconocer un tipo de eventos más complejos, que son las interacciones.

Mi segundo ejemplo es el lanzamiento hacia la colisión, que ya ha sido mencionado. El celebrado análisis de Hume acerca de las causas comienza con este ejemplo. Consideraba que una bola de billar chocando contra otra y haciéndola dispararse tenía que ser «una instancia tan perfecta de la relación entre causa y efecto como cualquier otro que conozcamos...» (Hume, 1740). Sin embargo, no pudo decir por qué tenía que parecer tan perfecto. Al no contar en su marco teórico con ningún tipo de interpretación de lo mecánico, Hume debía basarse solamente en la estadística de la asociación, pero el lanzamiento tiene propiedades especiales, tanto para los bebés como para los aficionados al billar. Desde el punto de vista de la teoría de **ToBy** del contacto mecánico, el lanzamiento es la instancia más simple y más completa de la transmisión de FUERZA.

Interpretados bajo la óptica de la fuerza, a los dos objetos que participan del lanzamiento se les asignan papeles diferentes y desequilibrados. Uno de ellos es el que empuja (el transmisor de la FUERZA) y el otro es el empujado (el receptor de la FUERZA). Como antes he señalado, cuando Leslie y Keeble (1987) encontraron un modo de no confundir las propiedades espaciotemporales, descubrieron que los bebés de seis meses eran sensibles a los roles mecánicos. Un grupo de bebés miraron una película en la que se mostraba un evento de lanzamiento con apariencia causal, mientras que a otro grupo se le mostró una variación del lanzamiento. En esta, la impresión de causalidad se había eliminado al incluir una breve demora (de medio segundo) entre el impacto del primer objeto y la reacción del segundo. Los adultos no conciben este evento demorado como acciones de empujar y ser empujado. Leslie y Keeble acostumbraron a un grupo de bebés a la secuencia causal y a otro grupo, a la secuencia no causal. Luego sometieron a los dos grupos a la misma prueba, mostrándoles a ambos la película que habían visto antes, sólo que ahora el proyector funcionaba en forma reversa. Las propiedades espaciotemporales de la secuencia habían cambiado del siguiente modo: había un cambio en la dirección del movimiento (p. ej. de izquierda a derecha) y también en el orden temporal del movimiento (p. ej. en el primer caso, se movía primero el objeto rojo y luego el verde, y en el segundo caso, primero el verde y después el rojo). Sin embargo, estos cambios espaciotemporales eran los mismos para ambos grupos. Más aún, cualquiera fuera el grado de continuidad espaciotemporal existente en el patrón de movimiento al que el niño estaba acostumbrado, este permanecía sin cambios en la presentación de la prueba: se trataba de la misma película que habían visto.

Sin embargo, en el caso específico del lanzamiento, la presentación reversa produce un cambio en los *roles mecánicos* y este cambio introduce una diferencia entre los dos grupos. En el evento causal, la reversión origina un cambio de roles entre el que empuja y el que es empujado. El que empuja se convierte en empujado. En el evento no causal, como esos roles no están presentes, no se pueden invertir. Si los bebés son capaces de apreciar la estructura mecánica del lanzamiento, entonces atenderán más a la inversión del verdadero lanzamiento que a la versión de una variante en la cual la estructura mecánica no está presente. Esto fue lo que efectivamente observaron Leslie y Keeble. Los bebés de seis meses interpretan los patrones espaciotemporales en términos de la estructura mecánica.

Recientemente Baillargeon (1991a) observó que los bebés tienen expectativas respecto al grado de FUERZA que un objeto en movimiento imparte a un objeto fijo cuando lo impacta. Los objetos más grandes imparten una FUERZA mayor, teniendo esto como consecuencia un recorrido de distancias mayores.

El tercer y último evento nos lleva nuevamente al carácter de Agencia y a las interacciones entre un objeto Agente y un objeto no Agente, como cuando una mano levanta una muñeca. Leslie (1982) acostumbró a bebés de cinco y siete meses a este tipo de evento. A la mitad de los niños se les presentó siempre el mismo evento, al que se le introducían algunos cambios, tales como una mano diferente, una dirección distinta del movimiento, un ritmo distinto, etc. Los bebés no prestaron atención a los cambios. Al otro grupo se le mostró el mismo evento, y el único cambio que se introdujo fue una pequeña brecha entre la mano y la muñeca, de modo que cuando la mano volvía a levantar la muñeca, parecía «por arte de magia». Estos niños sí se interesaron en el cambio. Estas observaciones fueron continuadas por Leslie (1984a), quien señaló que la distancia sólo sorprendía a los niños cuando se les presentaba la acción de levantar a la muñeca pero no cuando la muñeca y la mano estaban fijas. Más aún, sólo se sorprendían cuando participaba una mano. Si se les mostraba un evento con el mismo patrón de movimiento, pero que no incluía una mano (la muñeca era levantada por un cubo de espuma de goma) a los bebés no les preocupaba el contacto espacial (véase fig. 5.4). Estos resultados demuestran que los bebés sólo se interesaban en el contacto espacial cuando pensaban que existía una relación mecánica y que únicamente pensaban que existía la relación mecánica cuando observaban la participación de una mano.

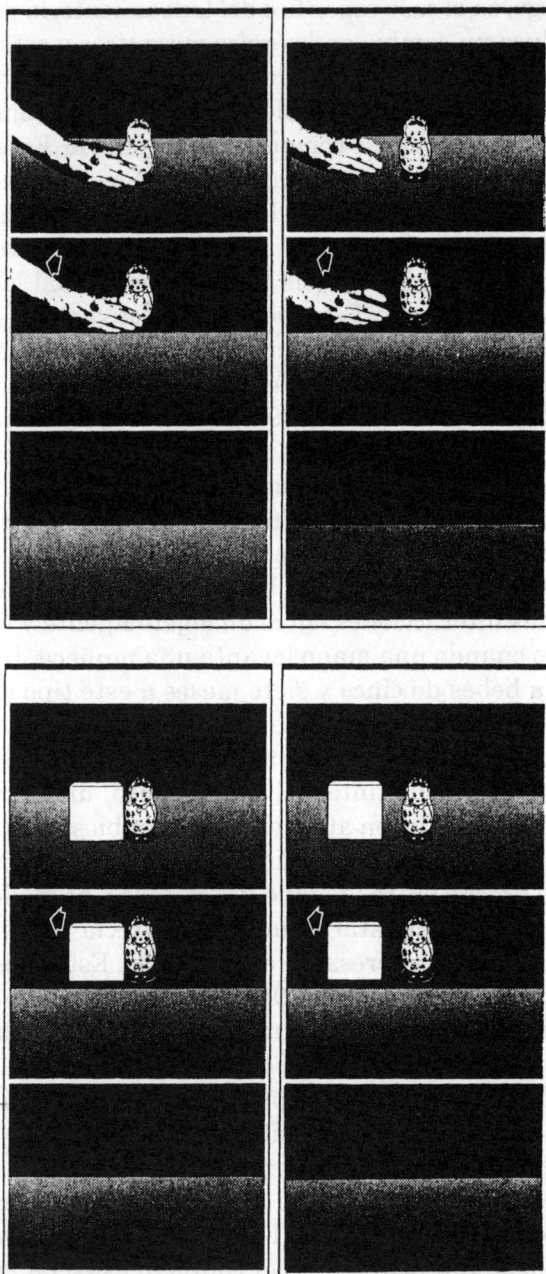

Figura 5.4. Los bebés perciben las manos como Agentes. Esto influye diferencialmente sobre su interpretación de la relación espacial en los pares de eventos superior e inferior (según Leslie, 1984a).

Tengamos en cuenta que los bebés ven a menudo manos que se mueven «por su cuenta». Esto les da fuertes evidencias de que las manos tienen una fuente interna de energía: son Agentes. Cuando el niño ve una mano que se mueve simultánea y conjuntamente con otro objeto, *más allá de cuál sea la reciprocidad espaciotemporal precisa de los dos movimientos,* **ToBy** interpreta que el evento posee una dirección mecánica y que implica roles mecánicos desiguales. La mano, que es la fuente de FUERZA del evento, debe levantar y empujar a la muñeca y lo contrario no es posible. A nuestro juicio esta es una manera tan evidente de interpretar el evento, que vale la pensa trabajar sobre el asunto. En el pasado el bebé ha observado manos y bebés exhibiendo individualmente distintos tipos de movimiento espaciotemporal. Sin embargo, de esto no se desprende que en el futuro, cuando la mano y la muñeca se muevan juntas, el bebé deba considerar a la mano como el objeto causalmente activo, es decir como el que levanta a la muñeca. Por el contrario, *sí* se desprende que el bebé interpreta que los diferentes patrones espaciotemporales previos evidencian propiedades mecánicas distintas. Mandler y yo coincidimos en que estos estudios demuestran que los bebés captan el carácter de Agencia. En cambio, no estoy para nada de acuerdo con su propuesta de que lo captan a partir de un análisis puramente espaciotemporal. A mi juicio, la teoría de **ToBy** da cuenta de una manera más adecuada del mecanismo a partir del cual los bebés aprenden a identificar y comprender el comportamiento de los Agentes.[8]

Dos preguntas para *ToBy*

En la teoría de Piaget (1955) acerca de los orígenes de las nociones causales se dice que hay dos aspectos iniciales de la causalidad que gradualmente divergen en su desarrollo. Uno de ellos es simplemente la tendencia a asociar juntas las secuencias regulares de los eventos. El otro, al que Piaget llama «eficacia», es la supuesta conciencia del bebé acerca de las situaciones de esfuerzo y deseo que acompañan la acción. Me ocuparé de la eficacia, ya que a primera vista se la puede confundir con la siguiente idea, a mi juicio más acertada. Dada su posición en la arquitectura global, **ToBy** puede utilizar las evidencias que le proveen sentidos menos asociados a lo espacial que la visión. Particularmente **ToBy** puede tomar información de lo kinestésico, lo táctil y la presión. Si, como parece razonable pensar, estos sentidos pueden dar (por ejemplo, mientras se acciona con los objetos) un input interpretable como información acerca de la FUER-ZA, entonces el bebé tiene otra valiosa fuente de evidencias acerca del mundo físico. Debemos destacar que esta propuesta dota al bebé de la percepción de propiedades mecánicas de objetos y eventos —cosas que forman parte objetiva del mundo— y no tan sólo de una mera conciencia subjetiva de sensaciones corporales. Esta idea general está apoyada por los hallazgos de Streri y Spelke (1988) acerca de la percepción táctil de la cohesión de los objetos.

Una tercera investigación que surge a partir de **ToBy** tiene que ver con el conocimiento infantil acerca de distintos *tipos* de objetos. Según la teoría de **ToBy** la categorización perceptiva de los objetos es diferente de otras formas de conocimiento acerca de los tipos de objetos. El catálogo del modelo tridimensional, por ejemplo, puede sentar las bases de la categorización perceptiva de los objetos puramente visuales, pero ¿qué sucede con el conocimiento del bebé acerca de tipos de objetos en relación con lo mecánico? Los resultados de la comprensión de las manos como fuentes de energía sugiere que este es un tipo de objeto que los niños conocen y distiguen de otros tipos de objetos. Hasta el presente no se sabe mucho más al respecto. La teoría de **ToBy** predice que las propiedades mecánicas proveerán la información primordial durante la etapa temprana de formación de tipos (conceptuales) de objetos. Como veremos en el siguiente apartado, la información acerca del modo en que los Agentes suelen usar un objeto también adquirirá importancia. La adquisición de este tipo de información implica algo más que la descripción de la FUERZA mecánica de los Agentes. Se requiere un nuevo nivel en la teoría de la Agencia y se puede inferir que también será necesario pensar en otro mecanismo, más allá de **ToBy.**

Más allá de *ToBy*

Nos referiremos ahora a las limitaciones de **ToBy** como teoría de la Agencia. Las propiedades mecánicas de los Agentes no son las únicas que los diferencian de otros objetos. Cuando los Agentes actúan, lo hacen en pos de ciertos objetivos y reaccionan respecto de su entorno distante (percepción). Ninguno de estos hechos encaja con los mecanismos de contacto de **ToBy** ni puede ser representado por ellos. Un objetivo es un estado de cosas que el Agente desea producir. Es habitual que este estado de cosas no exista aún; el Agente actúa para hacerlo real. Podríamos decir que el estado de cosas deseado se encuentra un poco en el futuro. A veces la acción destinada a lograr un objetivo fracasa y el estado de cosas deseada no se produce, sino que permanece «en el futuro». Comprender la búsqueda de un objetivo por parte de un Agente es, entonces, comprender la acción en relación con circunstancias que se encuentran a cierta distancia en el tiempo. Por el contrario, la comprensión de la percepción generalmente implica la comprensión de una relación causal que se encuentra a cierta distancia en el espacio. Ninguna de estas situaciones encaja con el principio de contacto espaciotemporal de **ToBy** de «ninguna acción a la distancia». **ToBy** se ocupa de las relaciones mecánicas que se producen en una circunstancia y que son contiguas espacial y temporalmente. Los mecanismos cerebrales que implementan a **ToBy** deben operar, por lo tanto, en una escala estrictamente local. Sin embargo, la comprensión de los Agentes y la Acción[9] requiere de un análisis en una mayor escala, que permita captar las relaciones entre los Agentes y los estados de cosas que se encuentran «distantes» en tiempo y en espacio. Supongo, por lo tanto, que las propiedades accionales de los Agentes (a diferencia de las mecánicas) no son procesadas por **ToBy** sino por un mecanismo diferente, que opera después de **ToBy**. Llamaré a este mecanismo **ToMM**. **ToMM** se ocupa de las propiedades *intencionales* de los Agentes.

La Agencia y el problema de las «causas ficticias»

Hemos arribado a lo que parece ser el problema más difícil que plantea la existencia de los Agentes a cualquier sistema de procesamiento de la información que desee (ciegamente, por supuesto) mejorar la capacidad para comprender su comportamiento. Hasta ahora nos hemos ocupado sólo del dominio de lo mecánico. Cuando tenemos en cuenta sólo a los objetos físicos, únicamente resultan relevantes las circunstancias *reales* para dar cuenta del comportamiento *real*. Únicamente los objetos presentes son relevantes para la predicción. Sólo los estados de cosas a los que en verdad se llega pueden contener verdaderas causas de verdaderos comportamientos. Esta es tal vez la información más básica y verdadera respecto de los dominios causales: sólo lo real provoca lo real. Sin este presupuesto no existe la noción de causa, no existen las restricciones respecto de la posibilidad, ni las restricciones causales, ni la predicciones causales. Resumiendo: no existe el conocimiento causal. Suponer que algo irreal provocó algo real no tiene sentido. Sin embargo, he aquí un ejemplo de esta clase de razonamiento, propio de la vida cotidiana: ¿por qué Juan entró en el recibidor? Para evitar la lluvia. ¿Llovía realmente? No, pero él creyó que llovía.

Como los Agentes poseen propiedades cognitivas (además de propiedades mecánicas y relativas a la acción), a veces (con frecuencia) actúan respondiendo a situaciones que no son reales sino ficticias. Esto parece significar que en ocasiones algo ficticio provoca algo real. Como se trata de algo desquiciado, voy a suponer que no es esto lo que hacemos. **ToMM** resuelve el modo de describir la relación entre el comportamiento real de los Agentes y las circunstancias ficticias, manteniendo un marco causal, vale decir, racional. La tarea de **ToMM** es conseguir la cuadratura del círculo.

Una breve digresión acerca de Agencia y acciones

Al describir las propiedades de acción de los Agentes, tomé una versión débil de la cuestión de las causas ficticias dentro de la noción de la acción dirigida hacia un objetivo. En este caso, sin embargo, no existen razones para considerar que es la búsqueda de un objetivo la que provoca el comportamiento. Así como en la Agencia mecánica se considera que el Agente posee una fuente interna para originar energía causal o FUERZA, en la Agencia relativa a la acción el Agente tiene la capacidad para llevar adelante una acción (hacia el objetivo). La acción o «presión» para obtener el objetivo surge desde *dentro* del Agente y «fluye hacia afuera» (véase Talmy, 1988 para el tratamiento de cómo las estructuras básicas de los verbos en inglés expresan este tipo de cuadro).

La idea del Agente actuando o tratando de llevar adelante un objetivo encaja con la teoría del deseo de Wellman (1990), atribuida a los niños pequeños. Wellman acierta al postular una noción temprana de deseo que no está basada en una actitud proposicional. Sin embargo, la manera en que formula su teoría no puede ser correcta. Wellman sostiene que el niño sencillamente concibe que otra persona tiene una inclinación interna hacia un objeto, pero no logra incluir este objeto en una proposición. Describe al niño imaginando un par de manos en la cabeza de otra persona y viendo cómo esas manos se dirigen hacia una manzana porque la «desean». Al negar la posibilidad de que el niño formule alguna representación de tipo proposicional como foco del estado de deseo, Wellman trata de evitar atribuir una actitud proposicional a la noción de deseo propia de los niños muy pequeños. Sin embargo, su formulación tiene el desafortunado efecto de hacer que la noción del deseo del niño carezca de valor predictivo respecto de las conductas. Cuando el niño de Wellman piensa que María desea una manzana, es incapaz de representarse qué es lo que María desea hacer con la manzana o en qué estado desea que la manzana esté. De algún modo, María simplemente «desea» la manzana. Por supuesto, el lector de la teoría de Wellman involuntariamente aportará una interpretación enriquecida del «deseo» de María: por descarte, supondrá que María quiere *comer* la manzana. Sin embargo, para Wellman, un niño pequeño no puede concebir esto. Cuando el niño de Wellman piensa que Billy quiere un columpio, no se puede representar si quiere sentarse en el columpio, columpiarse en él o ponerse de pie y acercarse. Representarse algo más específico implicaría representarse a Billy deseando un estado de cosas y no simplemente un objeto. Billy simplemente «quiere» el columpio. Punto final. Desdichadamente, este tipo de noción es bastante inútil para predecir comportamientos.

Sin embargo, existe otro modo de formular la noción de Wellman, pensando que puede existir una noción de deseo que no esté basada en una actitud proposicional, pero que no deje de lado el estado de cosas (descrito por una proposición en la actitud proposicional) sino que deje de lado la actitud. En su forma más simple, esta actitud representa al Agente «ACTUANDO para lograr [un estado de cosas]». En una versión más compleja, esta noción puede representar al Agente como poseedor de una disposición o como estando preparado para ACTUAR con el objeto de lograr [un estado de cosas]. Otras elaboraciones de esta noción general incluyen una fuerza de predisposición, una preferencia o una ACCIÓN en pos de evitar [un estado de cosas], etc. El estado de cosas entre corchetes estaría representado en el niño del modo en que suelen representarse los estados de cosas y si normalmente lo hace de manera proposicional, que así sea. Esta clase de noción, sin embargo, no puede considerarse una actitud proposicional, dado que «ACTUAR para lograr...» no describe una actitud hacia la verdad de una proposición sino un intento de cambiar las circunstancias físicas. Sería necesario, claro está, que el niño fuese capaz de representar estados de cosas posibles o futuros, pero esto ya está establecido debido al tipo de comprensión del mundo *físico* que ha sido demostrada en los bebés, cuestión ya expuesta en apartados anteriores.

Actitudes y ficciones

En las nociones relativas a la acción de Agencia sólo observamos una forma débil del problema de las causas ficticias. Por el contrario, en el caso de las actitudes proposicionales tales como *creer* (y *fingir*), nos enfrentamos al problema de las causas ficticias en toda su magnitud. Aunque la teoría de los Agentes y la Acción nos permite comprender el comportamiento en relación a circunstancias lejanas en tiempo y espacio, no permite, en cambio, construir un comportamiento en relación con (causado por) circunstancias que sean ficticias *aquí y ahora*. Es el tercer nivel de la teoría de la Agencia: los Agentes y las Actitudes, el que hace posible interpretar de este modo los comportamientos. La noción de una actitud proposicional resuelve el problema de las causas ficticias, describiendo al Agente como portador de una actitud activa respecto de la verdad de la proposición.

En una atribución exitosa del estado mental, el estado de cosas descrito por la proposición con la que el Agente se relaciona puede ver verdadero, meramente posible o hasta imposible. Sin embargo, la actitud que asume el Agente (respecto de la verdad) siempre es real. Por ejemplo, Juan *creía* que estaba lloviendo. La lluvia no era real, pero la actitud de Juan, que creía en la lluvia, era ciertamente real. La actitud de Juan (respecto de la verdad de la proposición en cuestión) es la que provoca su comportamiento (no lo causan ni la proposición, ni el estado de cosas descrito por la proposición).

Es necesario pagar un precio por solucionar el problema planteado por el hecho de que el comportamiento de los Agentes está determinado por propiedades cognitivas.[10] El precio consiste en que es necesario disponer de conceptos especiales, es decir que se requiere de un sistema de representaciones especializado. He llamado a este sistema «metarrepresentación» (Leslie, 1987) o más recientemente «Representación M» (Leslie y Thaiss, 1992; Leslie y Roth, 1993). En las últimas páginas esbozaré cómo **ToMM** puede resolver estos problemas.

Resumiendo: **ToMM** posee una estructura interna que comprende al menos dos subcomponentes principales, a los que llamaré *sistema$_1$* y *sistema$_2$*. El sistema1 se ocupa del segundo nivel de la teoría de los Agentes, es decir de los Agentes y las Acciones. El *Sistema$_1$* se vale del sistema de representaciones de «ACTUAR para lograr un estado de cosas». El *Sistema$_2$* implementa el tercer nivel de la teoría de los Agentes, es decir que se ocupa de los Agentes y las Actitudes. El *Sistema$_2$* utiliza Representaciones M.[11]

Sistema 1: Agentes y Acción

Mientras que **ToBy** comienza a desarrollarse entre los tres y los cuatro meses, el *sistema₁* de **ToMM** probablemente comience a desarrollarse más tarde, quizás entre los seis y los ocho meses.[12] Uno de los primeros signos de la aparición del *sistema₁* es el seguimiento de la mirada del otro. A partir de los seis meses, los bebés comienzan a realizar una búsqueda visual en la dirección que adopta la mirada de un adulto que se les enfrenta (Butterworth, 1991). Butterworth señaló que la capacidad del niño para ubicar el objeto que el adulto está mirando se acrecienta rápidamente entre los seis y los doce meses. Durante este período los niños también comienzan a prestar atención al uso que los Agentes hacen de los objetos. Hacia los doce meses, los niños demuestran tener conocimientos acerca de la función convencional de algunos objetos de la vida diaria, como las cucharas y los cepillos (Abravanel y Gingold, 1985). Esto sugiere que son capaces de apreciar conocimientos acerca de los papeles mentales que los objetos pueden desempeñar en las acciones dirigidas a un objetivo y que están almacenando esta información.

Si el *sistema₁* subyace en la capacidad del bebé para representar las propiedades relativas a la acción de los Agentes, entonces se puede poner en acción cuando representa situaciones en las cuales dos Agentes se reúnen e *interactúan.* Los objetivos de los Agentes se pueden entrecruzar de varias maneras. En un nivel general: un objetivo del Agente puede coincidir con el objetivo de otro Agente. Esto puede producir una reacción de ayuda. Por el contrario, es posible que un objetivo se oponga al otro y que esto produzca un bloqueo o una reacción dirigida a dañar (véase Premack, 1990). Más específicamente, durante la segunda mitad del primer año de vida los bebés comienzan a evidenciar comportamientos de «pedido», por ejemplo, pidiendo que los levanten (Bates, Benigni, Bretherton, Camaioni y Volterra, 1979; Bruner, 1976). Estos pedidos requieren que otra persona haga algo o que ayude a lograr un objetivo del bebé. De manera semejante, durante este período los niños comienzan también a consentir o a obedecer las acciones de los demás, por ejemplo, adoptando una posición determinada para que los levanten. También durante esta época comienzan a tratar de bloquear los objetivos de otras personas, adoptando comportamientos de «rechazo» (Bates et al., 1979; Bruner, 1976). Además, durante este período los bebés comienzan a demostrar que captan el papel de las estructuras de algunas (inter)acciones simples y son capaces de invertir los papeles, por ejemplo en los comportamientos de dar y tomar que aparecen alrededor de los 10 meses (Bruner, 1976).

Premack (1990) realiza una serie de interesantes sugerencias acerca de la sensibilidad de los bebés respecto de la dirección hacia un objetivo. Por una parte, sostiene que la dirección hacia un objetivo o «intencionalidad» puede ser percibida a partir de un tipo de patrón de movimiento. De ser así, se trataría de un paralelo respecto de la causalidad mecánica, por ejemplo en el caso del lanzamiento. Además, Premack sostiene que existe un dispositivo especializado que se ocupa de la «dirección puramente visual hacia un objetivo». Esta es una idea interesante que, en caso de ser cierta, se correspondería con los ejemplos antes tratados y los extendería.

Sigue abierta la cuestión de si los bebés están dotados de alguna teoría simple respecto de los tipos de objetivos que pueden tener los Agentes o si deben aprender todas estas cosas. El sistema representacional simple que he propuesto y llamado *sistema₁* permitiría, al menos, que el niño aprenda los objetivos que pueden tener los Agentes a través de la observación de los resultados. El estado de cosas resultante podría ingresar en la representación de acciones como el estado de cosas existente en el planteo del objetivo. Incluso contando con un esquema limitado, la información acerca de los resultados podría ser útil para que, con alguna experiencia, pudiera construir acciones posteriores de Agentes dirigidas al mismo tipo de objetivo, aun cuando el resultado esperado no se lograra.

Sistema 2: Agentes y Actitudes

El *sistema₂* de **ToMM** comienza a desarrollarse más tarde, durante el segundo año de vida. Tal vez la señal más clara y temprana del uso de representaciones M sea la capacidad para fingir y para comprender cuándo los otros están fingiendo (Leslie, 1987). Esta capacidad aparece entre los dieciocho y los veinticuatro meses. Durante este período, los niños llegan a ser capaces de concebir que el comportamiento de otros Agentes está relacionado con estados de cosas ficticios. Por ejemplo, el comportamiento real de una madre que le habla a una banana se puede comprender a partir de la construcción de una representación M del tipo: **Mamá finge** (respecto de) **la banana** (que es verdad que) **«es un teléfono»**. De esta manera se relaciona el comportamiento de la madre, a través de una actitud, con una ficción. Para un tratamiento más detallado del tema, véanse Leslie (1987); Leslie y Thaiss (1992) y Leslie y Roth (1993).

Una ficción compartida puede ser considerada como un ejemplo de comunicación intencional (Leslie y Happé, 1989). Lo que particularmente interesante en este tipo de comunicación es que obliga al niño a captar el *significado del hablante* en el sentido que plantea Grice (1957). Por ejemplo, la madre sigue fingiendo y dice: «Suena el teléfono: es para ti». Y alcanza al niño la banana. Para comprender este comportamiento, que de otro modo sería extravagante, el niño no debe interpretar las palabras de su madre sólo a partir de su significado lingüístico. También debe captar lo que la madre quiere que ellas signifiquen en esta ocasión. En este ejemplo «teléfono» se refiere a la banana y «está sonando» es un predicado verdadero, no respecto de la banana, que permanece absolutamente silenciosa, sino de la identidad fingida de la banana como teléfono. Si el niño no relaciona el significado del hablante con el estado mental del hablante (p. ej. «el hablante finge que...») no comprenderá las acciones de la madre, lingüísticas o de otro tipo.

Antes de que aparezca la capacidad de fingir, aproximadamente a partir de los doce meses, el bebé ya se comunica de manera informativa con otros Agentes y comprende *algunas* de las comunicaciones informativas de otros Agentes que se dirigen a él. Estas nuevas comunicaciones van más allá de los pedidos instrumentales y otros comportamientos comunicativos instrumentales más tempranos propios del primer año, que son controlados por el $sistema_1$ (y posiblemente, en ciertos casos, por el $sistema_0$, [véase nota 11]). Por ejemplo, el bebé comienza a comprender gestos informativos de señalamiento en su entorno alrededor de los catorce meses (Blake, McConell, Horton y Benson, 1992; Butterworth, 1991). Los bebés también suelen comenzar a *mostrar* informativamente al comienzo del segundo año de vida, cuando aparece también la comunicación verbal.

Hay una cantidad de cuestiones engañosas que este breve resumen deja de lado. Por ejemplo, cuál es la relación entre las capacidades lingüísticas y **ToMM**. Mi idea es que el conocimiento lingüístico estructural y los mecanismos de procesamiento del lenguaje son esencialmente independientes de **ToMM**. Sin embargo, el desarrollo de **ToMM** puede ejercer un impacto sobre el uso comunicativo del lenguaje.

Otro conjunto de preguntas se refiere al desarrollo de la atención que se presta a los Agentes, la atención conjunta con los Agentes y los gestos, tales como el señalamiento y el mostrar informativamente, dirigidos a los Agentes. Por una parte, los subsistemas de **ToBy** y **ToMM** configuran una jerarquía de mecanismos de control que gobiernan la atención y las reacciones hacia los Agentes. El punto crítico para comprender el desarrollo de la atención hacia los Agentes, de la atención conjunta y de la capacidad de respuesta social durante los primeros dos años es el modo en que se desarrollan estos mecanismos jerárquicos de control. Una respuesta dada puede tener una significación distinta según el mecanismo que la controle. Por ejemplo, aunque comenzamos a sonreír desde las primeras semanas y seguimos sonriendo y dejando de hacerlo durante toda la vida, el desarrollo cambia drásticamente *las cosas a las cuales* les sonreímos. El bebé de una semana sólo sonríe mientras duerme, el bebé despierto de seis semanas sonríe frente a estímulos muy contrastantes. Meses más tarde, el bebé sonreirá a los rostros animados de las personas familiares, pero ya no lo hará frente a los estímulos muy contrastantes. Más tarde, sonreirá cuando comparta una ficción, etc. El desarrollo de la «sonrisa como respuesta» es, en realidad, el desarrollo de sus mecanismos de control. Las respuestas respecto de la sonrisa, sin duda se aplican también a otras respuestas sociales, tales como el señalamiento, la vocalización, la atención conjunta, etc. Una manera de estudiar estas cosas es examinar aquellos casos trágicos en los cuales el desarrollo cerebral es anormal, como en el autismo infantil. Algunas de estas cuestiones se investigan más profundamente en Leslie y Roth (1993).

En general los desarrollos relativos a los mensajes y la comunicación que se tratan en este apartado indican la nueva perspectiva del niño de un año y medio que considera a los Agentes como posesores, transmisores y receptores de *información*. Considerar a los Agentes como transmisores de información y no solamente de FUERZA, anuncia los comienzos de la capacidad para resolver los problemas que aparecen por el hecho de que el comportamiento de los Agentes en el mundo real está determinado por propiedades cognitivas. La solución de este problema radica en la capacidad de comprender de qué manera el *significado* interviene en la producción del comportamiento. La inteligencia social que actualmente domina este planeta es el resultado de la evolución de mecanismos neurales que encuentran rápidamente las soluciones.

Resumen

He presentado una teoría en tres niveles que apunta a la comprensión del papel de la Agencia. Cada uno de los niveles corresponde a un subsistema de procesamiento de la información especializado para hacer explícitas ciertas clases de informaciones. Cada subsistema se ocupa de una de las tres clases de propiedades que diferencian a los Agentes de los no Agentes. Esas tres clases son: los comportamientos de los Agentes reflejan la propiedad mecánica de poseer una fuente interna de energía; el comportamiento de los Agentes refleja la propiedad relativa a la acción de perseguir objetivos y percibir el entorno y, finalmente, el comportamiento de los agentes está determinado por propiedades cognitivas. Es probable que, dadas las demandas computacionales diferentes que requiere el examen del mundo en cada uno de estos niveles, la arquitectura cognitiva deba disponer de dispositivos distintos para cada uno. Por lo tanto, la función del Agente como dominio de conocimiento posee una estructura compleja. La comprensión del desarrollo conceptual en este dominio requiere de la comprensión de cómo esta estructura se refleja en la arquitectura básica, constituida por aquellos aspectos de la organización del procesamiento de la información que establecen más las bases para el desarrollo que los resultados de éste.

Notas

1. Espero que el lector simplemente considere como nombres estos acrónimos, sin pensar en su significado cada vez que los lee. De este modo llegarán a sonarle como viejos amigos.

2. Existe la posibilidad de que la noción inicial de objeto de **ToBy** sea paralela a la noción de «archivo de objeto» (Kahneman y Treisman, 1984), es decir, que sea una entidad continua espaciotemporal ninguna de cuyas propiedades, como el tamaño o la forma, se considera crítica o relevante para determinar su identidad. El «archivo» en sí mismo es lo que permite referirse al objeto. Las diversas propiedades que se asocian con el objeto se almacenan juntas y «permanecen» en el archivo, pero son consideradas como accidentales para la entidad del objeto. La idea es semejante a la «designación rígida» (Kripke, 1972): se refiere a *esto*, sea lo que fuere. Este tipo de paralelo debe ser especificado de modo tal que los archivos de objetos de **ToBy** sólo abarquen los objetos tridimensionales. De todas maneras, **ToBy** puede valerse de alguna idea inicial acerca del tipo de objeto y/o puede estar preparado para asignar los objetos a categorías determinadas. En este caso **ToBy**

puede intentar decidir cuestiones de identidad respecto de una categoría. En el caso de los archivos de objetos la preguntas es: ¿Se trata de la misma cosa individual (sea lo que fuere)? mientras que en el caso de las clases de objetos, la pregunta es: ¿Es el mismo ejemplar de esta clase? Dejo abierta esta pregunta empírica, ya que sabemos muy poco de esto a partir de los estudios realizados en niños, aunque más adelante sugeriré que hay al menos un tipo de objetos que los niños conocen muy tempranamente (a saber, las manos).

3. Schlottmann y Shanks (1992) aportan más evidencias para la existencia de un módulo de Michotte en los adultos. Ellos obligaron a sus sujetos a prestar atención a las relaciones predictivas entre los movimientos de los objetos en eventos de colisión. Se iba variando la contingencia del segundo movimiento sobre el primero. Los sujetos demostraron ser sensibles al grado de contingencia. En cambio, la contingencia no tenía ningún efecto sobre sus «percepciones causales» de eventos simples de lanzamiento. La ilusión de una causa mecánica era muy sensible a la contigüidad, mientras que los juicios predictivos lo eran en mucho menor grado. Schlottmann y Shanks toman la disociación entre contigüidad y contingencia como datos que apoyan la idea de «un mecanismo diferente para la percepción causal» (p. 340). En términos de **ToBy**, lo que determina el juicio de causa mecánica en los eventos de colisión es en qué medida se cumplen las condiciones de transmisión de la FUERZA y no la estadística del evento. El uso de las relaciones estadísticas en juicio de causa probablemente adquiera importancia en la medida en que el análisis de los mecanismos se torne más complejo, menos viable y menos completo.

4. Dentro de lo que puedo visualizar, nada de lo que postulo se acopla a los detalles del modelo tridimensional de Marr de reconocimiento de objetos. Otros trabajos que apuntan a ellos, como la teoría de los «geones» de Biederman (1987) son igualmente compatibles.

5. Uso el término *espaciotemporal* prefiriéndolo al de *espacial* utilizado por Mandler, ya que éste expresa mejor la importancia del movimiento en su explicación.

6. Leyendo a Mandler (1992) uno podría tener la impresión de que los esquemas de imagen hacen abstracción de la forma y el volumen y luego las hacen explícitas en una disposición espacial de dos dimensiones, de modo que la contención queda representada como una x dentro de un círculo. Sin embargo, la intención de Mandler es que el esquema sea un tipo de modelo tridimensional de la entidad y su continente. De todos modos, cualquiera sea la relación de las propiedades espaciales del INTERIOR captadas por el esquema, el INTERIOR se torna una contención mecánica sólo en el caso de los objetos tridimensionales. Es decir que cuando están implicados objetos tridimensionales, el aspecto espacial de la contención puede adquirir significación mecánica y tener consecuencias: el objeto contenido no puede escapar pasando a través de las paredes del continente. Esto significa que si move-

mos el continente, este transportará consigo al objeto contenido a cualquier lugar que se mueva. Sin embargo, el objeto puede entrar y escapar a través de una apertura en el continente, si se cumplen ciertas condiciones métricas, etc. Estas consecuencias mecánicas se derivan de: 1) la relación espacial INTERIOR, *junto con* 2) ciertos supuestos tomados de la teoría mecánica del contacto de los objetos, tales como la solidez y la transmisión de la FUERZA (en este caso, entrenamiento o transporte). Los bebés de alrededor de 6 meses, o tal vez antes, ya aprecian esta contención mecánica (Leslie y DasGupta, 1991). Sin embargo, en el esquema de la imagen espacial, estas propiedades mecánicas no se hacen explícitas en el sentido de Marr. Aun cuando el esquema de la imagen represente una relación tridimensional a lo largo del tiempo, de todas maneras no logra hacer explícitas las relaciones espaciales. Para lograrlo habría que agregar a la imagen las propiedades mecánicas como la solidez y la transmisión de la FUERZA. Por lo tanto, es poco probable que el esquema sea la base primaria del desarrollo conceptual.

7. Las máquinas no plantean demasiados problemas a **ToBy**. Sin embargo, dado que no pueden haber sido tomadas en cuenta durante la evolución, podrían haber representado un problema. Por ejemplo, según este esquema, un robot sería considerado como un Agente, aunque no lo podríamos considerar animado. Mi presupuesto es, recordarán, que **ToBy** no sabe nada acerca del carácter de animado. Los automóviles pueden parecer animados porque cambian su estado de movimiento (sin embargo, la primera vez que un bebé ve a un auto pasar corriendo, puede pensar que algo exterior lo ha impulsado, como si se tratase de una bola de billar gigante). Por otra parte, una mancha indistinta que se mueve, por ejemplo una mosca, puede parecer (adecuadamente) un Agente, aunque no necesariamente parezca animada. Separar el carácter de Agente del carácter de animado ha tenido beneficios colaterales, ya que nos permite aplicar sin dificultades nuestra comprensión basada en el sentido común para establecer el carácter de Agentes en 1) objetos inanimados y 2) sin necesidad de saber si algo es o no inanimado.

Seleccionar a un objeto como Agente tiene una cascada de efectos. Como veremos más adelante en este capítulo, cuando pensamos que algo es un Agente, deseamos atribuir objetivos a su comportamiento y, en la medida en que somos capaces de atribuir objetivos a un Agente, deseamos atribuirle actitudes proposicionales para explicar, predecir e interpretar su comportamiento. Por ejemplo, las moscas tratan de salir por las ventanas porque no *saben* que hay vidrios.

8. Vaina (1983), trabajando desde un marco semejante al que aquí hemos adoptado, delinea una Teoría de la representación «funcional», que se ocupa de la representación de las propiedades funcionales de los objetos, como si son factibles de ser arrojados, levantados, etc. Aunque Vaina es cuidadosa en su tratamiento de los tipos de información visual que se hace explíci-

ta previamente y durante la formación del input de la computación de la representación funcional, creo que su teoría deja de lado o no da suficiente importancia a dos cuestiones críticas. La primera es la necesidad de que se hagan explícitas las propiedades mecánicas de los objetos y los escenarios. La segunda consiste en hacer explícitas las propiedades relativas a la acción de los Agentes (véase el tratamiento de esta cuestión en los apartados que siguen). Las propiedades funcionales de los objetos están determinadas en parte por sus propiedades mecánicas y más allá de eso por los tipos de usos que hacen de ellas los Agentes en pos de sus objetivos.

9. Esta es una frase bonita, pero además intento resumir en ella la percepción. En realidad, solamente abarca la percepción en un sentido limitado, Por ejemplo, la relación de «ver a x» está comprendida, pero por ejemplo, la relación de «ver que p.» no lo está. Esta última se enmarca dentro del Agente y la Actitud.

10. Hablando estrictamente, no *todos* los comportamientos de los Agentes están determinados por las propiedades cognitivas. Un comportamiento mecánico, como ser arrollado por un autobús, no se determina de este modo. Las *acciones* de los Agentes son las que están determinadas por las propiedades cognitivas.

11. Para evitar mal entendidos, debo reconocer que ni **ToMM** solo, ni **ToMM** y **ToBy** juntos agotan la inteligencia social. Por ejemplo, los mecanismos de reconocimiento facial están fuera de los sistemas que aquí tratamos, aunque claramente forman parte de la capacidad de respuesta social. También es muy probable que estos mecanismos de bajo nivel aporten inputs a **ToMM**. Por esta razón uno podría ubicar juntos a estos mecanismos bajo el nombre de *sistema$_0$*. Existen muchas posibilidades interesantes a este respecto, pero no me ocuparé de ellas aquí.

12. Aunque las épocas particulares que menciono no son críticas para la teoría, creo que son aproximadamente correctas.

Referencias bibliografías

Abravanel, E. y Gingold, H. 1985. Learning via observation during the second year of life. *Developmental Psychology, 218*, pp. 614-623.

Anderson, J. R. 1990. *The adaptive character of thought*. Hillsdale, NJ, Erlbaum.

Baillargeon, R. 1986. Representing the existence and the location of hidden objects: Object permanence in 6– and 8–month–old infants. *Cognition, 23*, pp. 21-41.

—. 1991a. Infant's understanding of the physical world. Trabajo presentado en el Simposio. «Infants: reasoning about spatial relationships». Conferencia anual de la SRCD, Seattle, abril de 1991.

—. 1991b. The object concept revisited: New directions in the investigation of infants' physical knowledge en H. W. Reese (comps.), *Advances in child Development and Behavior, vol. 23.* Nueva York, Academic Press.

Baillargeon, R., Spelke, E. S. y Wasserman, S. 1985. Object permanence in five-month old infants. *Cognition, 20,* pp. 191-208.

Bates, E., Benigni, L., Bretherton, I., Camaioni, L. y Volterra, V. 1979. *The emergence of of symbols: Cognition and communication in infancy.* Nueva York, Academic Press.

Biederman, I. 1987. Récognition-by-components: A theory of human image understanding. *Psychological Review, 94,* pp. 115-147.

Blake, J., McConnell, S., Horton, G. y Benson, N. 1992. The gestural repertoire and its evolution over the second year. *Early Development and Parenting, 1,* pp. 127-136.

Bruner, J. S. 1976. From communication to language - a psychological perspective. *Cognition, 3,* pp. 255-287.

Butterworth, G. 1991. The ontogeny and phylogeny of joint visual attention, en A. Whitten (comp.), *Natural theories of mind: Evolution, development, and simulation of everyday mind reading.* Oxford, Basil Blackwell.

Carey, S. 1985. *Conceptual change in childhood.* Cambridge, MA, MIT Press.

Choi, S. y Bowerman, M. 1991. Learning to express motion events in English and Korean; The influence of language-specific lexicalization patterns. *Cognition, 41,* pp. 83-121.

Chomsky, N. A. 1975. *Reflections on language.* Nueva York, Random House.

—. 1986. *Knowledge of language: Its nature, origin and use.* Nueva York, Praeger. [*El conocimiento del lenguaje: su naturaleza, origen y uso.* Barcelona, Ediciones Altaya, 1999.]

Dennett, D. C. y Haugeland, J. C. 1987. Intentionality, en R. L. Gregory (comp.), *The Oxford companion to the mind.* Oxford, Oxford University Press, pp. 383-386.

Diamond, A. 1988. Differences between adult and infant cognition: Is the crucial variable presence or absence of language?, en L. Weiskrantz (comp.), *Thought without language.* Oxford, Oxford Science Publications, pp. 335-370.

Diamond, R. y Carey, S. 1986. Why faces are and are not special: An effect of expertise. *Journal of Experimental Psychology: General, 115,* pp. 107-117.

Ellis, H. D. y Young, A. W. 1989. Are faces special?, en A. W. Young y H. D. Ellis (comps.), *Handbook of reasearch on face processing.* Amsterdam; Elsevier Science Publishers, pp. 1-26.

Fodor, J. A. 1983. *Modularity of mind.* Cambridge, MA, MIT Press. [*La modularidad de la mente.* Madrid, Ediciones Morata, 1986.]

Gelman, R. 1990. First principles organize attention to and learning abour relevant data: Number and the animate-inanimate distinction. *Cognitive Science, 14,* pp. 79-106.

Grice, H. P. 1957. Meaning. *Philosophical Review, 66*, pp. 377-388.

Hume, D. 1740. *A treatise of human nature*. Londres, Clarendon Press. (*Tratado de la naturaleza humana (Grandes obras del pensamiento; (57))*. Barcelona, Ediciones Altaya, 1994.

Johnson, M. H. y Morton, J. 1991. *Biology and cognitive development*. Oxford, Blackwell.

Kahneman, D. y Treisman, A. 1984. Changing views of attention and automaticity, en R. Parasuraman y D. R. Davies (comps.), *Varieties of attention*. Nueva York, Academic Press, pp. 29-61.

Kripke, S. A. 1972. Naming and necessity, en D. Davidson y G. Harman (comps.), *Semantics of natural language*. Dordrecht, Reidel, pp. 253-355.

Leslie, A. M. 1982. The perception of causality in infants. *Perception, 11*, pp. 173-186.

—. 1984a. Infant perception of a manual pick-up event. *British Journal of Developmental Psychology, 2*, pp. 19-32.

—. 1984b. Spaciotemporal continuity and the perception of causality in infants. *Perception, 11*, pp. 287-305.

—. 1987. Pretense and representation: the origins of «theory of mind». *Psychological Review, 94*, pp. 412-426.

—. 1988. The necessity of illusion: Perception and thought in infancy, en L. Weiskrantz (comp.), *Though without language*. Oxford, Oxford Science Publications, pp. 185-210.

Leslie, A. M. (sin publicar) Further observations on the Pulfrich double pendulum illusion. MCR Cognitive Development Unit, University of London.

Leslie, A. M. y DasGupta, P. 1991. Infants' understanding of a hidden mechanism: Invisible displacement. Trabajo presentado en el simposio «Infants' reasoning about spatial relationships», Conferencia bianual de la SRCD, Seattle, abril de 1991.

Leslie, A. M. y Happé, F. 1989. Autism and ostensive communication: The relevance of metarepresentation. *Development and Psychopathology, 1*, pp. 205-212.

Leslie, A. M y Keeble, S. 1987. Do six-month-old infants perceive causality? *Cognition, 25*, pp. 265-288.

Leslie, A. M. y Roth, D. 1993. What autism teaches us about metarepresentation, en S. Baron Cohen, H. Tager-Flusberg y D. Cohen (comps.), *Understanding other minds: Perspectives from autism*. Nueva York, Oxford University Press, pp. 83-111.

Leslie, A. M. y Thaiss, L. 1992. Domain specificity in conceptual development: Neuropsychological evidence from autism. *Cognition, 43*, pp. 225-251.

Livingstone, M. S. y Hubel, D. H. 1988. Segregation of form, color, movement and depth: Anatomy, physiology, and perception. *Science, 240*, pp. 740-749.

Mandler, J. M. 1992. How to build a baby, II: Conceptual primitives. *Psychological Review, 99*, pp. 587-604.

Marr, D. 1982. *Vision,* San Francisco, W. H. Freeman & Co. [*La visión.* Madrid, Alianza Editorial, 1985.]

Marr, D. y Nishihara, H. K. 1978. Representation and recognition of the spatial organization of three-dimensional shapes. *Proceedings of the Royal Society of London,* B, *200,* pp. 187-217.

Michotte, A. 1963. *The perception of causality.* Andover, Methuen.

Michotte, A. y Thinès, G. 1963. La causalité perceptive. *Journal de Psychologie Normale et Patologique, 60,* pp. 9-36. Traducido por G. Thinès, A. Costall y G. Butterworth en G. Thines, A. Costall y G. Butterworth (comps.), *Michotte's experimental phenomenology of perception.* Hillsdale, NJ, Erlbaum, 1991, pp. 66-87.

Piaget, J. 1953. *The origins of intelligence in the child,* Londres, Routledge and Kegan Paul. [*El nacimiento de la inteligencia en el niño.* Barcelona, Editorial Crítica, 1990.]

—. 1955. *The child's construction of reality,* Londres, Routledge and Kegan Paul. [*La construcción de lo real en el niño.* Barcelona, Editorial Crítica, 1989.]

Pinker, S. 1989. *Learnability and cognition: The acquisition of argument structure,* Cambridge, MA, MIT Press.

Pinker, S y Bloom, P. 1990. Natural language and natural selection. *Behavioral and Brain Sciences, 13,* pp. 707-784.

Premack, D. 1990. The infant's theory of self propelled objects. *Cognition, 36,* pp. 1-16.

Schlottmann, A. y Shanks, D.R. 1992. «Evidence for a distinction between judged and perceived causalty», *Quarterly Journal of Experimental Psychology, 44,* pp. 321-342.

Shultz, T. R. 1982. Rules of causal attribution. *Monographs of the society for research in Child Development, 47,* nº 1.

Spelke, E. 1988. Where perceiving ends and thinking begins: The apprehension of objects in infancy, en A. Yonas (comp.), *Perceptual development in infancy. Minnesota Symposium on Child Psychology,* vol. 20. Hillsdale, NJ, Erlbaum, pp. 191-234.

—. 1990. Principles of object perception. *Cognitive Science, 14,* pp. 29-56.

Streri, A. y Spelke, E. 1988. Haptic perception of objects in infancy. *Cognitive Psychology, 20,* pp. 1-23.

Talmy, L. 1988. Force dynamics in language and cognition. *Cognitive Science, 12,* pp. 49-100.

Tanaka, J. W. y Farah, M. J. 1991. Second-order relational properties and the inversion effect: Testing a theory of face perception. *Perception and Psychophysics, 50,* pp. 367-372.

Treisman, A. 1988. Features and objects: The fourteenth Barlett Memorial Lecture. *Quarterly Journal of Experimental Psychology, 40,* pp. 201-237.

Vaina, L. 1983. From shapes and movements to objects and actions. *Synthese, 54*, pp. 3-36.

Van Essen, D. C. 1985. Functional organization of primate visual cortex, en A. Peters y E. G. Jones (comps.), *Cerebral cortex*. Nueva York, Plenum, vol. 3, pp. 259-329.

Warrington, E. K. y James, M. 1986. Visual object recognition in patients with right-hemisphere lesions: Axes or features? *Perception, 15*, pp. 355-366.

Warrington, E. K. y Taylor, A. M. 1978. Two categorical stages of object recognition. *Perception, 7*, pp. 695-705.

Wellman, H. M. 1990. *The child's theory of mind*. Cambridge, MA, MIT Press. [*Desarrollo de la teoria del pensamiento en los niños*. Bilbao, Editorial Desclée de Brouwer, 1995.]

6

La creencia moral: forma versus contenido*

David Premack y Ann James Premack

Este es un capítulo estructurado en dos partes. La primera atribuye al bebé un domino moral y presenta un modelo de ese dominio. La segunda parte muestra cómo los primitivos del dominio proveen una forma fija para expresar las distintas creencias morales propias de diferentes culturas.

* Este trabajo comenzó en Israel en 1978, en el Instituto Van Leer de Jerusalén, donde pasamos cuatro meses con un pequeño grupo de colegas, la mayor parte de ellos especialistas en desarrollo moral. Aquellos de nosotros que no éramos especialistas escuchamos sus presentaciones semanales, no siempre con completo placer. Al trabajo, aunque era serio, le faltaba simplicidad. Por esta razón nos vimos impulsados a escribir nuestro propio intento, un texto al que titulamos «El perro pastor como modelo de moralidad». Tuvo éxito respecto de su propósito secundario, que era molestar a los especialistas, pero no tanto respecto de su intención primaria: encontrar principios simples de los cuales se derivara la complejidad del comportamiento moral. El presente trabajo, basado en conferencias dictadas en el Collège de France, París, 1991, es una versión mejorada del primero, aunque no está tan mejorada como hubiésemos deseado. Varias personas nos ayudaron con este capítulo. Jonathan Bennett leyó la primera parte. Sus críticas constructivas son una contribución a nuestra formación. John Smith y Hans Kummer nos asesoraron convincentemente respecto de las cuestiones evolucionarias (¡estuvieron de acuerdo en comentarios independientes!). Finalmente, estamos en deuda con el grupo editorial que produjo este libro, particularmente con Susan Gelman y Harry Hirschfeld, no sólo por sus comentarios, sino también por la gentileza de habernos enviado artículos importantes de Ann Arbor a París.

Parte I: El modelo infantil

El tema de la moral corresponde al comportamiento social, ya que se trata de la relación entre los individuos y, en última instancia, del modo en que un individuo trata a otro. La competencia social humana se encuentra altamente desarrollada y la capacidad para realizar juicios morales respecto del comportamiento moral forman parte de esta competencia. Algunos conceptos relativos al juicio moral no son exclusivos sino compartidos. Por ejemplo, la atribución de intención, que es básica en la moral, constituye también un componente fundamental de la teoría de la mente (Leslie, 1987; Premack y Woodruff, 1978; Wellman, 1990; Wimmer y Perner, 1983), mientras que la estética, que participa del juicio moral, si bien se encuentra oculta, es un componente significativo de la pedagogía (Premack, 1984, 1991). Sin embargo, la moral no se construye simplemente a partir de piezas correspondientes a otras competencias sociales.

Los juicios respecto de lo «correcto» y lo «incorrecto» de nuestros actos, de los «derechos» y «responsabilidades» individuales, el concepto del «deber» son sui generis y no se pueden derivar de conceptos pertenecientes a otras partes de la competencia social.

¿Cuál es el origen de estos conceptos morales diferenciados, tales como «lo bueno», «lo malo», «el deber», «la responsabilidad» y otros por el estilo? ¿Se trata de primitivos irreductibles o acaso podemos encontrar sus orígenes en otras fuentes? En este capítulo rastreamos sus orígenes hasta el «conocimiento» o las expectativas del bebé humano y presentamos un modelo que atribuye al infante capacidades relativas a lo que un individuo espera de otro y se ocupa de cómo los conceptos de poder, grupo y posesión afectan estas expectativas. Si bien no se pueden deducir directamente del modelo los primitivos morales tradicionales, las expectativas que el modelo asigna a los infantes confiere nueva luz a estos primitivos.

Criterios para evaluar los actos morales

Un bebé distingue objetos que se mueven solamente cuando ejerce su acción sobre ellos uno de esos objetos que son (o parecen ser) autopropulsados. Cuando se le muestra un objeto que se pone en movimiento y se detiene por sí mismo, el niño interpreta ese objeto como intencional. Hemos encontrado este comportamiento en niños de tres años (Dasser, Ulbaek y Premack, 1989) y postulado que lo mismo puede observarse en los bebés (Premack, 1990). Esta distinción resulta fundamental para nuestros objetivos, ya que la moralidad es una propiedad de los objetos intencionales.

Cuando dos objetos intencionales interactúan de una manera adecuada, el bebé atribuye a quien inició la acción la intención de afectar positiva o negativamente al receptor. ¿De qué criterio se vale el bebé para distinguir un acto positivo de uno negativo?

Los adultos humanos realizan esta distinción sobre la base de por lo menos tres criterios, dos de los cuales son accesibles para los bebés. El más simple de todos se basa en la intensidad del movimiento. Los movimientos suaves o débiles son codificados como positivos, mientras que los violentos o fuertes son codificados como negativos, de modo que si un objeto frota suavemente a otro, ese acto será codificado como positivo, pero, si golpea al otro, se tratará de un acto negativo. Existe una correspondencia entre este criterio del bebé y el que utilizan los organismos simples, que se acercan a los estímulos suaves y evitan los fuertes.

Un infante más grande tendrá, además del criterio de intensidad del movimiento, el de ayuda y agresión. Estos criterios derivan de los conceptos de objetivos, libertad y estética, entre los cuales el más fundamental es el de objetivos. Los seres humanos se encuentran extremadamente predispuestos a catalogar actos como «dirigidos a un objetivo» y los «ven» de este modo a partir de la más ligera provocación. Todo lo que necesitan para percibir una acción como dirigida hacia objetivo es que el objeto al que consideran intencional dirija toda su acción hacia el mismo ítem, se trate de un lugar o de otro objeto, que puede o no ser intencional.

Por ejemplo, si ubicamos una línea curva en la pantalla de un ordenador y luego «movemos» un objetos abstracto –por ejemplo un círculo– subiendo un poco por la línea, luego moviéndose hacia abajo y nuevamente yendo hacia arriba, un observador humano atribuirá al objeto un objetivo: «tratar de subir la pendiente». Este es un ejemplo común, que no se diferencia de otros muchos, todos los cuales ilustran la simplicidad extrema de las condiciones de los estímulos que llevan a los seres humanos a atribuir un objetivo. He aquí otro ejemplo de simplicidad semejante.

Si colocamos una línea vertical partida en una pantalla y «movemos» un objeto abstracto hacia la apertura de la línea, después hacia abajo y luego hacia arriba, nuevamente el observador humano dirá que el objeto tiene el propósito «de pasar a través de la apertura».

Informalmente podemos decir que cada vez que un objeto que es percibido como intencional dirige su acción hacia un solo ítem, un observador humano le confiere un objetivo. A partir de esta descripción informal podemos extraer tres rasgos esenciales de la atribución de objetivos.

En primer lugar, las acciones del objeto deben estar dirigidas hacia un solo ítem: la parte superior de una línea, una apertura, otro objeto, etcétera.

En segundo lugar, el objeto debe repetir su acción. No debe obtener el éxito en un solo acto. En los ejemplos anteriores, un movimiento ascendente no llevó al objeto hasta la cima del «monte» ni le permitió pasar a través de la apertura. El objeto «fracasó» y luego lo «intentó» nuevamente. Irónicamente, el éxito no contribuye a la impresión de dirigirse hacia un objetivo. El fracaso, o los repetidos intentos para superar el fracaso, son los que sugieren esta idea.

En tercer lugar, las repeticiones de las acciones del objeto no deben ser repeticiones perfectas. Los intentos dirigidos a las líneas curva y partida no fueron idénticos. Existía una variación entre las alturas hasta las cuales ascendía el círculo, en la velocidad con que se movían los objetos y/o en otros parámetros del movimiento. En realidad, la necesidad de variación no se relaciona tanto con la atribución de un objetivo como con la atribución de intencionalidad. Si el objeto inicia el movimiento y se detiene por sus propios medios (o se mueve varias veces) –llevando a la atribución de intencionalidad– sin ninguna variación, la perderá. La repetición es una amenaza para la atribución de intencionalidad pero, en cambio, es fundamental para que se atribuya un objetivo al objeto. Para que persistan la atribución de intencionalidad y de objetivo será necesario que la repetición vaya acompañada de variabilidad.

Básicamente, la atribución de un objetivo depende de una relación entre un objeto intencional y un objeto-meta, que en un ejemplo es la línea curva y en el otro la línea partida. Se puede lograr una contundente demostración de esta cuestión simplemente quitando los objeto-meta. Si los eliminamos y mantenemos exactamente los movimientos de los objetos, nos quedaremos sin atribución de objetivo. Cuando los objetos aparecen en una pantalla vacía, aunque dupliquen sus movimientos, ya no parecerá que se dirigen hacia un objetivo. La atribución del objetivo no depende solamente del movimiento del objeto, sino además del movimiento en relación con un objeto-meta. Si cambiamos la ubicación de las líneas, de modo tal que los objetos, aunque se muevan igual que antes, ya no lo hagan en relación con las líneas, nuevamente nos quedaremos sin la atribución de objetivo. La atribución de objetivo depende de una relación distintiva entre un objeto intencional y un objeto-meta.

Así como podemos eliminar la atribución de objetivo quitando un objeto-meta, podemos crear la atribución de objetivo introduciéndolo. Por ejemplo, un objeto intencional que aparece «balanceándose» hacia arriba y hacia abajo en la misma ubicación, parece más «juguetón» que dirigido hacia un objetivo. Si, en cambio, ubicamos una línea vertical cerca del objeto que se balancea, se considerará que el objeto está tratando de pasar sobre ella. Debemos señalar que la relación entre el objeto intencional y el objeto-meta es bidireccional. El agregado de los «ítems blanco» transforma los objetos, cambiándolos de «juguetones» a orientados hacia objetivos, pero cuando agregamos los objetos intencionales también estamos transformando las líneas y convirtiéndolos en ítems blanco: la línea curva se convierte en un monte, la línea partida en un portal y una vertical en una barrera.

En los tres ejemplos la gravedad indirectamente desempeña un papel en la atribución del objetivo. ¿Por qué el objeto intencional no asciende inmediatamente a la colina, no llega a la apertura o supera la barrera? ¿Por qué se eleva una parte del camino pero luego vuelve a caer? Podríamos atribuirle incapacidad o debilidad, pero una inferencia más probable es la gravedad. Esto es así para un observador adulto. ¿Lo es también para un bebé? Desdichadamente esta es aún una de las tantas preguntas sin respuesta.

Cuando atribuimos un objetivo a un objeto sentamos las bases para atribuir ayuda o daño a otro objeto, dado que se lo puede percibir como asistiéndolo o perjudicándolo. Por ejemplo, una vez que se percibe a un objeto como «intentando escalar un monte», se puede introducir un segundo objeto intencional que lo empuja hacia arriba o hacia abajo «de la colina». Podemos hacer que el segundo objeto se parezca al primero en los aspectos más críticos.

Tal como sucedía con el primero, este también se embarca en una acción dirigida a un objetivo específico. En este caso no está orientado hacia un lugar (la cima del monte o el interior del portal). Tampoco tiene éxito inmediatamente. «Intenta» repetidas veces ayudar o perjudicar al otro objeto, variando de alguna manera sus acciones, modificándose de «intento» en «intento». El segundo objeto, entonces, también será percibido como teniendo un objetivo: el de ayudar o perjudicar al primer objeto. Los seres humanos atribuyen «ayuda» o «daño» —objetivos de segundo orden— a los objetos en condiciones de presentación de estímulos tan sencillas como las descriptas. He aquí otro ejemplo igualmente simple.

Un objeto que es percibido como «tratando de pasar a través de la abertura» puede ser ayudado o perjudicado por un segundo objeto que lo empuje «hacia adentro» o «hacia afuera». En este caso, como en los demás, es necesaria una atribución previa de objetivo para el primer objeto, que sienta las bases para atribuir el objetivo de ayuda o de daño al segundo objeto. Desde el momento en que se atribuye un objetivo a un objeto, aparecen la ayuda y el daño como posibilidades principales.

Clásicamente, el «fracaso» participa de la atribución de objetivos, tanto de primer orden como de otro orden, pero es posible que esta condición no sea necesaria. Supongamos que un objeto intencional, si se le ofrece una elección entre cinco alternativas, elige una consistentemente. Aunque cada una de esas elecciones sea exitosa (no hay «fracaso», ni «intentos» de ningún tipo) de todas maneras el objetivo será atribuido. Aunque el fracaso y el intento repetido de superarlo sean indudablemente las condiciones más comunes para la atribución de un objetivo, la elección consistente y exitosa entre alternativas también puede llevar a la atribución de objetivo.

Analicemos ahora algunos problemas que traen consigo los objetivos de orden superior de ayuda o daño. Supongamos que A persigue el objetivo de dañar a B. Si C actúa positivamente tratando de que A consiga su objetivo, está actuando positivamente respecto de A, pero no respecto de B. En realidad C está contribuyendo al daño que se le inflige a B.

Si un objeto intencional daña a alguien mientras ayuda a otro, ¿cómo codificamos el valor de su acto? ¿Es positivo o negativo? Si distinguiéramos entre grados de positivo y negativo, entonces algunas combinaciones de ambos valores arrojarían un valor neto positivo y otros un neto negativo. Por el momento, lamentablemente, no contamos con criterios para distinguir una magnitud de positivo (o de negativo) de otra.

Podemos adoptar un sistema según el cual el valor neto de un acto se decida según el valor del primer acto de una cadena que tenga valor. Realizamos esta calificación porque, por supuesto, no todos los actos tienen valor. Por ejemplo, el acto de escalar un monte no tiene un valor. Sólo los actos que implican una relación entre objetos intencionales tienen valor. En cambio, supongamos que B actúa para perjudicar el intento de A de escalar el monte —un acto negativo sin complicaciones— y que luego C actúa para ayudar a b, lo cual es, en sí mismo, un acto positivo. En estas circunstancias, sin embargo, B y C actúan negativamente: B, dañando a A, y C ayudándolo a hacerlo. De esta manera, aunque C realiza un acto de ayuda, de todas maneras se lo juzga como negativo, porque el acto que está facilitando es negativo y es el primero que tiene un valor en la cadena. En esta circunstancia C podría actuar positivamente si perjudicara a B en lugar de ayudarlo. Si actuara para evitar que B dañara a A, el acto de C sería juzgado como positivo.

El objetivo es la principal fuente de atribución de ayuda o daño; la libertad y la estética, a las que nos referiremos ahora, son recursos menores para este mismo tipo de atribución. Aunque estos recursos sean menores, también son interesantes porque dan un giro especial a las condiciones que llevan a los seres humanos a atribuir ayuda o daño.

El uso que hace un bebé de la libertad se puede apreciar en el ejemplo que sigue: si se le muestran a un bebé dos objetos que se balancean y uno de ellos queda atrapado en un agujero virtual, el niño interpretará la acción de un segundo objeto que restaure el movimiento del primero como ayuda, y la codificará como positiva.

El criterio es más complejo de lo que puede parecer, porque supone que el bebé puede juzgar lo que hubiese hecho el objeto si no hubiese quedado atrapado. Supongamos que a un niño se le muestra un objeto que detiene el movimiento de otro: ¿lo juzgará como positivo o como negativo? Si el objeto hubiese estado solo, ¿se hubiese detenido o hubiese continuado? Si la intención era detenerse, entonces la acción del segundo objeto hubiese sido un tipo de asistencia, pero en caso contrario, la acción fue una interferencia y debería ser juzgada como negativa. Juzgar si la acción de un segundo participante es de ayuda o de daño puede ser complicado, lo cual nos sugiere que el juicio de un bebé puede ser imperfecto y/o estar restringido a los casos simples.

Tomemos ahora un ejemplo de la estética. Mostramos al niño dos pelotas y él prefiere la que se balancea más alto y más rápido. La pelota preferida se mueve hasta la cercanía de la otra y demuestra varias veces la superioridad de su movimiento, como si estuviese dando un ejemplo. Hasta asiste directamente a la otra, colocándose debajo de ella y levantándola, como ayudándola a moverse más alto. El bebé interpretará esas acciones como de ayuda y las codificará como positivas. En este caso la ayuda no consiste en ayudar a un objeto a mantener su libertad sino en asistirlo para que pase de un estado existente a un estado preferido.

Un tercer nivel de valores está asociado al juicio caracterológico y, si bien este nivel no aparece explícitamente en los niños hasta el séptimo o el octavo año de vida (con la emergencia de la teoría de la personalidad; véanse Chaplin, John y Goldberg, 1988; Rholes y Ruble, 1984; pero para precursores, véase Eder, 1989) puede tener una contrapartida implícita en la infancia, que se podría captar a partir de pruebas de acostumbramiento/desacostumbramiento. El valor en estos casos tienen que ver con los rasgos de las personas, que son todos variantes bimodales de bueno/malo, como amable/cruel; generoso/amarrete; amistoso/hostil, etc. Se supone que estos rasgos son transsituacionales, es decir que el origen del rasgo es el carácter o la esencia de la persona y no el entorno en que se encuentra. Aunque los teóricos empíricos de la personalidad discuten acaloradamente este concepto (p. ej. Mischel, 1968), la creencia específica para la especie es que los rasgos de la personalidad son transituacionales. Suponiendo que las críticas sean correctas y la creencia propia de la especie sea falsa, ¿qué peso tendría este hecho sobre el contenido de la creencia? Ninguno, ya que el contenido de la creencia no depende de su valor de verdad (véase pp. 225-227) para un tratamiento completo de este punto).

Volviendo al concepto estético del niño más grande, existe una interesante relación entre el juicio del carácter y la evaluación del rostro. Las personas asocian un buen carácter con un rostro bello. En realidad, no sólo toman en cuenta el rostro, sino todo el cuerpo, el movimiento corporal, la persona física en su totalidad. El rostro ha sido particularmente destacado en las investigaciones, tal vez justificadamente porque se cree que es el indicador más sensible del carácter. Una cantidad de investigaciones (gran parte de ellas resumidas en Berscheid y Walster, 1969; Dixon, Berscheid y Walster, 1972) demuestran que las personas creen en «la tesis de Schiller» (1882): la belleza física y la espiritual son una y la misma. La antigüedad de esta tesis va mucho más allá de Schiller, por supuesto, ya que él no es más que un prominente defensor de la posición expuesta por los griegos.

El reciente hallazgo de que los bebés prefieren los rostros atractivos (seleccionados según el juicio de los adultos) (Samuels y Ewy, 1985) nos ofrece un modo de determinar si la creencia en la tesis de Schiller es aprendida o innata. Si los niños no sólo prefieren los rostros agradables sino también las conductas «agradables», ¿debemos suponer que esperan que ambos aparezcan juntos? Si mostramos a las personas rostros atractivos comportándose de manera negativa

224

(o rostros poco atractivos comportándose de manera positiva) ¿Se sorprenderán los bebés?, ¿se sorprenderán más que cuando hay una conjunción de belleza en el rostro y comportamiento positivo? Naturalmente, deberíamos asegurarnos de que la reacción es específicamente hacia la no confirmación de la expectativa de que los rostros atractivos y el comportamiento positivo vayan juntos y no simplemente una reacción a la discontinuidad de sus términos preferidos, como cuando el color preferido aparece con una forma no preferida.

El poder de la posesión

Normalmente, hablamos de actos positivos o negativos sólo en relación con los objetos intencionales. Sin embargo, la moralidad se puede extender a los objetos no intencionales a través del concepto de posesión. Los objetos intencionales tienen la capacidad de poseer y se considera que «poseen» si se conectan con otro objeto y están juntos. Trabajos de Kummer y Cords (1991) demuestran que los monos definen la posesión precisamente sobre estas bases. Se considera que se posee un objeto cuando está conectado con un mono y se mueve con él. Sólo cuando los objetos estaban conectados con un mono y se movían con él el resto de los monos evitaban intentar quitárselo al «dueño». Trataban a esos objetos como si fuesen parte del cuerpo del mono, de una manera muy parecida a como trataban sus patas.

Lo que Kummer y Cord no pudieron analizar fue cuál era el estatus de un objeto intencional conectado con un mono y que se movía con él. El concepto de posesión no está restringido, por supuesto, a los objetos no intencionales. El concepto humano de esclavitud, por ejemplo, muestra que es posible poseer objetos intencionales. Este caso es importante porque demuestra que la posesión no está meramente determinada por el co-movimiento y la conexión, dado que cuando dos objetos intencionales están conectados y se mueven juntos ¿cuál de ellos es el poseedor?

En este último caso debemos tener en cuenta un tercer factor: la relación de poder entre los dos objetos. La posesión no sólo requiere de conexión y movimiento conjunto sino también hace falta que el objeto poseído sea menos poderoso que el posesor.

El poder de un objeto intencional se puede manifestar de muchas maneras: a través del tamaño, de la fuerza, de la atracción que ejerce, etc. Sin embargo, finalmente se trata de la capacidad de uno para controlar el movimiento del otro. Sólo se puede decidir cuándo un objeto es más poderoso cuando se trata de un objeto intencional, ya que un objeto no intencional es incapaz de controlar el movimiento, inevitablemente es el más débil y siempre es el objeto poseído.

Aunque Kummer-Cords señalan que los monos necesitan de la conexión física para poder interpretar la posesión, los bebés humanos probablemente no la necesitan. Una conexión física entre dos objetos, como por ejemplo un cordón que ata un objeto al mono, puede tornar más fácil la percepción de que un objeto es controlado por el otro, pero no es esencial. Lo que lleva al niño a interpretar la relación entre dos objetos como de posesión es la percepción de que difieren en cuanto al poder y de que uno está controlando al otro.

Generalmente los actos referidos a los objetos no intencionales no tienen consecuencias sobre el bebé. Es posible golpear o mimar a un objeto no intencional, pero el bebé no le asignará valor a esa acción. La posesión, sin embargo, modifica el estatus no intencional de los objetos y hace que el bebé codifique los actos referidos a ellos como positivos o negativos. Además, esperará que estos actos sean recíprocos y que el poseedor retribuya los actos que se ejercen sobre sus posesiones tal como retribuye los actos que se ejercen sobre él.

Respecto de la posesión de objetos intencionales, el ejemplo más común, por supuesto, no es un esclavo, sino un hijo. La relación entre padres e hijos ofrece un ejemplo perfecto de posesión. Cuando un niño y uno de sus padres se mueven juntos, es el padre quien lleva al hijo, tomándolo de la mano, dirigiéndolo verbalmente y controlando de alguna manera sus movimientos.

¿Qué expectativas tiene el bebé respecto de objetos intencionales tales como un hijo? ¿Espera, por ejemplo, que el «hijo», es decir, el objeto intencional poseído retribuya los actos que respecto de él ejecuta el padre? Curiosamente, en la mayor parte de las sociedades, los niños no soportan el peso de tener que retribuir los actos positivos de sus padres, pero también se les niega el derecho de retribuirles los negativos. Por ejemplo, no se espera que el niño alimente a su padre como retribución por la comida que este le ha dado. Ni siquiera se espera que se preocupe por él o que le agradezca. Por otra parte, si por ejemplo, el padre le pega, no está autorizado a devolverle los golpes. Esta combinación de no obligación para la reciprocidad de los actos positivos y carencia de derechos para devolver los negativos está tan difundida entre las culturas humanas que nos lleva a preguntarnos si forma parte de las expectativas del niño. ¿Espera el niño transferir este patrón de reciprocidad a todos los objetos intencionales que son posesiones? Para saberlo, debemos evaluar a los bebés y, afortunadamente, ahora sabemos cómo hacerlo. La posesión es un primitivo importante porque tiene el poder de llevar ciertos objetos al dominio moral. Una vez que se asigna un valor a las acciones, aparece la reciprocidad y, en muchos aspectos, esta es la clave de la moral.

El grupo: una relación entre objetos intencionales

El concepto de grupo, al igual que el de posesión, se refiere a una relación entre objetos, con la diferencia de que en este caso todos los objetos son intencionales. El grupo es el co-movimiento de objetos de igual poder. En un grupo, ningún objeto controla el movimiento del otro. El niño interpretará como grupo a un conjunto de objetos de igual tamaño y fuerza que se mueven juntos. Así como la posesión es una relación entre objetos desiguales, el grupo es una relación entre iguales. En ambos casos existe un co-movimiento, pero el poder se distribuye de otro modo entre los elementos que se mueven juntos: lo hace de manera igualitaria en el caso del grupo y de manera desigual en el caso de la posesión.

La predilección por agrupar los objetos físicamente semejantes, que es formal aun en los bebés de diez meses (Sugarman, 1983), tiene una forma más temprana en el bebé, que espera que los objetos intencionales físicamente parecidos formen grupos y que los diferentes no lo hagan. Cuando se le muestra, por ejemplo, un conjunto de objetos intencionales blancos, esperará que se cohesionen y se muevan juntos, pero no tendrá las mismas expectativas respecto de una mezcla de objetos blancos y negros. Sin embargo, si se le muestra que la mezcla de objetos blancos y negros se mueven juntos, los interpretará como un grupo. Aunque el bebé espera que sean los objetos parecidos los que «se cohesionen», si observa un movimiento conjunto no coercitivo en objetos desemejantes, los acepta como grupo. El criterio de movimiento conjunto sin cohesión predomina sobre la semejanza física.

El concepto de grupo entraña consecuencias muy poderosas. En primer lugar, el niño espera que los miembros de un grupo compartan la reciprocidad, es decir, que cada miembro del grupo retribuya los actos realizados sobre todos los miembros del grupo. Por ejemplo, cuando el niño observa que el objeto C actúa positivamente (o negativamente) sobre el objeto B, espera que no sólo B, sino también A que es un co-miembro del grupo, actúe positivamete (o negativamente) respecto de C.

En segundo lugar, los niños esperan que los miembros de un grupo actúen de una manera semejante. Esto representa una extensión de los presupuestos inductivos normales de un bebé. Así como espera que un individuo repita hasta un cierto punto sus propios comportamientos, también espera este tipo de repeticiones por parte de los miembros del grupo. Los presupuestos inductivos normales del bebé pueden adoptar, por ejemplo, esta forma: cuando un objeto A actúa positivamente respecto de B una determinada cantidad de veces, el niño espera que siga haciéndolo. Luego extiende este presupuesto a los otros miembros del grupo. Si observa que un miembro del grupo actúa positivamente respecto de B cierta cantidad de veces, espera que los otros miembros del grupo hagan lo mismo. Efectivamente, el bebé trata a los diferentes miembros del grupo como si fuesen el mismo «individuo» actuando en diferentes momentos. Iguala a diferentes especímenes de un tipo (los miembros de un grupo) con diferentes instancias de un espécimen (repeticiones de acciones del individuo).

En tercer lugar, el bebé espera que los miembros de un grupo actúen positivamente entre ellos. Esta expectativa positiva respecto de los miembros de un grupo contrasta con la expectativa neutra del bebé respecto de las interacciones entre objetos intencionales no relacionados. Respecto de estos últimos, el niño no alberga expectativas, ni positivas ni negativas.

Evolución y falsas creencias

¿Constituye la difundida tesis de Schiller, que sostiene que la belleza física y la espiritual son una sola, un problema para la teoría de la evolución? Probablemente esta tesis es falsa. ¿Es la teoría de la evolución compatible con las falsas creencias? Sólo una distorsión panglosiana de la teoría de la evolución podría sugerir que no lo es. La evolución no requiere que una alternativa que sobrevive sea ideal, sino sólo que sea la mejor de las alternativas disponibles en un momento dado. En términos más generales, la evolución no requiere de un análisis de costos y beneficios que demuestre que, en los rasgos que perduran, los beneficios invariablemente exceden a los costos. Por el contrario, los costos pueden perfectamente exceder a los beneficios en un rasgo que perdura, con tal que los excedan en menor grado que en un rasgo que no perdura. Por lo tanto, ciertas creencias «innatas» de los seres humanos pueden ser falsas, pero son mejores que las otras creencias que estaban disponibles en su momento. Finalmente, el que evoluciona es el mecanismo del cual dependen las creencias y no las creencias en sí mismas.

¿Es el «deber ser» un concepto innato?

El tratamiento filosófico de la moral distingue afirmaciones prescriptivas y les atribuye un estatus especial en relación con el concepto de «deber ser», que aparece como un primitivo irreductible que corporiza la idea fundamental de moralidad. Desde el punto de vista psicológico no existen razones para cuestionar la distinción entre afirmaciones ordinarias y afirmaciones prescriptivas. Existe, no obstante, una razón para cuestionar la irreductibilidad del deber. Un psicólogo que desee comprender la naturaleza de los primitivos del deber ser (el deber al igual que cualquier otro) puede plantearse las siguientes preguntas:

¿Qué evidencia nos indica la presencia del concepto de deber ser?, vale decir ¿qué distingue al comportamiento de alguien que lo posee? ¿Cuándo aparece por primera vez este concepto en un niño o en un bebé? ¿Cuál es el curso del desarrollo de su comportamiento y de qué depende ese desarrollo? Si encontramos un comportamiento semejante en otras especies no humanas, ¿en qué difiere del que encontramos en los seres humanos? Un psicólogo interesado en el tema de la moral puede plantearse estas preguntas sin malicia, es decir, sin la intención de socavar la idea de que el concepto focal de la moral es el deber ser.

Si bien la presente lista de primitivos no contribuye en sí misma a la explicación del deber, es importante destacar que la mayor parte de los primitivos infantiles adoptan la forma lógica de una expectativa y que el análisis de la naturaleza básica de una expectativa contribuirá a explicar el deber ser. Las expectativas adoptan la siguiente forma: «Si se satisface un antecedente, el individuo espera que se producirá una consecuencia». Si se lee «se deberá producir» en lugar de «se producirá» la afirmación adquiere la característica de deber.

Esta lectura no es igualmente adecuada para cualquier tipo de expectativa. Por ejemplo, el «deber ser» *no* se aplica a aquellas expectativas que dependen enteramente de la experiencia. Un individuo que espera que una secuencia escrita, por ejemplo sea 8, 12, 19, tiene esa expectativa simplemente porque experimentó esa secuencia una determinada cantidad de veces. Si la secuencia que aparece es 8, 12, 11, el individuo evidenciará cuál era su expectativa mostrando una conducta de desacostumbramiento, es decir que observará la secuencia durante más tiempo que si esta no hubiese cambiado.

La expectativas de este tipo no son resistentes a los cambios. Se pueden alterar simplemente variando la experiencia del individuo. La expectativa de 8, 12, 19 se puede convertir en otra serie de alternativas –8, 11, 9; 8, 19, 12, etc.– cambiando la secuencia que se provee al individuo. El «debe ser» no es apropiado para expectativas de esta clase. Para las expectativas que deben su existencia enteramente a la experiencia individual y están totalmente sujetas al cambio, la única lectura adecuada es pues «Si esto..., se producirá aquello».

Existen, sin embargo, otra clase de expectativas que no se basan en la experiencia individual ni están sujetas al cambio. En realidad, estas expectativas son tan resistentes al cambio, que se las puede considerar incorregibles. Según el modelo, un ejemplo de este tipo es la expectativa del niño de que la retribución mantendrá la valencia. Otra expectativa de esta clase es que un objeto sólido obstruirá el pasaje de otro (Baillargeon, Spelke y Wasserman, 1985).

Esta clase de expectativas, a diferencia de las primeras, no se pueden alterar a través de un simple cambio en la experiencia individual. Es decir, si se le muestra a un niño un objeto sólido atravesando a otro, este no abandonará su expectativa de impermeabilidad de los objetos sólidos. Aunque si mostramos, por ejemplo, que un objeto rojo pasa a través de uno verde, finalmente el tiempo de observación de este fenómeno irá declinando y el niño no abandonará su creencia de que los objetos sólidos no pueden atravesarse, Cuando se les muestra una nueva situación de este tipo, volverá a su expectativa original.

¿Podrían los bebés aprender condiciones de contorno arbitrarias que vulneran sus expectativas generales? ¿Se les podría enseñar, por ejemplo, que los objetos pequeños y rojos *pueden* atravesar a los verdes y grandes? ¿Pueden aprender esto y al mismo tiempo conservar su expectativa original? Esta es una pregunta que no tiene respuesta, pero pudiesen o no hacerlo, sus expectativas originales permanecerían intactas. Tal vez una intervención quirúrgica o química pueda cambiar esta expectativa, pero la experiencia por sí sola no puede hacerlo.

Las expectativas innatas e invulnerables al cambio a través de la experiencia son aquellas en las que se puede utilizar el «debe». En estos casos, se puede decir con propiedad, «cuando A actúa positivamente sobre B, B debe actuar positivamente sobre A», o «cuando dos objetos sólidos se encuentran, ninguno debe pasar a través del otro».

¿Responderá el niño de una manera diferente a la falta de confirmación de una expectativa basada simplemente en la experiencia que a la falta de confirmación de una basada en un factor innato? Tal vez lo haga. Desdichadamente, no es posible encontrar una comparación de la conducta de los niños en las dos condiciones, pero uno esperaría una reacción más fuerte en un caso que en el otro. Por ejemplo, una reacción de sorpresa y no tan solo de desacostumbramiento, o tal vez un aumento en el tiempo de observación.

Sin embargo, pese a la (posible) existencia de una reacción distintiva por parte del niño frente a la falta de confirmación de una expectativa innata, la cuestión del deber sigue sin aclararse. Si el deber es sui géneris, entonces la falta de confirmación de una expectativa con contenido moral debe provocar algo diferente que cuando se trata de una expectativa que sólo tiene contenido físico. Sin embargo, la obtención de un resultado de este tipo resulta dudosa. Se podría decir que la expectativa del niño respecto de la reciprocidad y la preservación del valor tiene un contenido «moral», mientras que su expectativa respecto de la impermeabilidad de los objetos sólidos tiene un contenido «físico». Sin embargo, esperamos una reacción igual del niño frente a la falta de confirmación en ambos casos.

¿Reaccionará el niño de una manera diferente frente a una violación intencional de una condición esperada que frente a otro tipo de violación? La intención es la clave del deber ser, de modo que el fracaso de un objeto para preservar la valencia cuando retribuye el acto de otro constituye una violación intencional y es, por lo tanto, un ejemplo de deber ser. Por el contrario, este no es el caso del fracaso de los objetos no intencionales cuando no logran bloquear el pasaje de otro objeto. ¿Tiene el niño en cuenta este factor?

Dado que el bebé no establece la distinción que es la base tradicional del deber ser, no lo hará. El niño no distingue entre los actos intencionales y los actos no intencionales de los objetos intencionales. Esa distinción sólo se encuentra en los adultos. Los bebés no realizan tal clase de interpretaciones.

Según lo ven los bebés, los objetos intencionales son capaces de dos tipos de movimientos. Uno de ellos que cumple con los criterios necesarios para asignarle un valor y otro que no lo hace. Un movimiento que reúne los criterios, por lo tanto cualquier movimiento al que se le asigna un valor, es un acto intencional. Los actos positivos y negativos, según los niños, son siempre intencionales. Puesto que los criterios que poseen los infantes no son exhaustivos, se producirán algunos movimientos a los cuales no asignará un valor. En estos casos, el niño no los interpretará como accidentales o no intencionales, sino que directamente no los interpretará.

Un ejemplo de este tipo se observa cuando el niño mira a un objeto intencional que «sigue» a otro, es decir, que «copia» su marcha, manteniéndose atrás, a una cierta distancia. Ese seguimiento no se acomoda a los criterios que posee el niño para asignar un valor, ya que no se trata de un movimiento suave o violento, de ayuda o de daño, etc. Por lo tanto, cuando el niño observa a un objeto A que sigue a un objeto B, no conferirá ningún valor a ese acto. Tampoco esperará una reciprocidad por parte del objeto B, ya que la reciprocidad se reserva a los actos a lo que se les ha conferido un valor.

Por el contrario, si el niño observa a un objeto que «persigue» a otro, es decir, que copia su camino, pero al mismo tiempo aumenta la velocidad, acercándose al otro objeto como para atraparlo, le dará valor y esperará reciprocidad. Resumiendo: como el niño no atribuye actos no intencionales a los objetos intencionales, estos hechos no resultan útiles respecto del concepto de deber ser, que enfatiza la distinción entre los actos intencionales y los no intencionales.

Parece probable que un bebé no reaccione frente al contenido semántico de una expectativa. En este caso, su reacción será la misma frente a todas las expectativas innatas, sean estas de carácter moral o físico. Si reaccionara de manera diferente frente a las expectativas innatas, pero no frente a las de contenido moral, se trataría de una distinción cultural. En aquellas culturas en las cuales se observa esta distinción, ¿a qué edad se adquiere el concepto de deber? ¿Hay algo que caracterice a las culturas que establecen esta distinción?

Casualmente, no sólo los bebés difieren de los adultos respecto de los juicios de intencionalidad, sino que se han descrito estas discrepancias en niños de hasta cuatro y cinco años (p. ej. Smith, 1978; King, 1971; Berndt y Berndt, 1975). Las acciones humanas que los adultos consideran «accidentales», involuntarias, o como fracasos en la consecución de un objetivo son, para los niños de cuatro años, intencionales. Los niños de esta edad parecen basarse en un criterio del tipo que aquí se propone, basado exclusivamente en la autopropulsión y consideran como intencionales las caídas, los estornudos y hasta los actos que tienen resultados inesperados. Recién a partir de los seis años los juicios de intencionalidad de los niños se parecen a los de los adultos.

Parte II: Forma versus contenido

Las creencias morales de diferentes culturas se pueden comparar con las lenguas que las distintas culturas poseen. Tienen muchas cosas en común, pese a sus evidentes diferencias. Afortunadamente contamos con una teoría del lenguaje que nos permite decir lo que las diferentes lenguas tienen en común. Si bien hay una ardua disputa respecto de cada uno de sus detalles, de todos modos las teoría existe. No tenemos, en cambio, una teoría semejante que se ocupe de la moral y es, por lo tanto, necesario construir una. El «conocimiento» moral que asignamos al niño en la Parte I es un paso en esa dirección.

Así como existen primitivos a partir de los cuales se construyen oraciones, también existen primitivos a partir de los cuales se crean las creencias morales. Estos primitivos no afectan el contenido ni de una frase ni de una creencia moral, sino que afectan las formas. Así, mientras el contenido de las creencias morales puede variar mucho en las diferentes culturas, las formas serán semejantes.

Deberíamos aclarar desde el comienzo lo que esperamos obtener de esta clase de primitivos. ¿Cómo evolucionaron las creencias morales? ¿Cómo las adquieren las personas? ¿Qué papel desempeña el apego hacia los cuidadores? ¿Existen algunas emociones particulares, como la culpa, la vergüenza o la piedad, que estén exclusivamente ligadas a la moral? ¿Cuál es el papel de la empatía? ¿El del complejo de Edipo? ¿Y el de la internalización de las actitudes parentales? Estas no son preguntas que se puedan responder con un listado de primitivos morales, así como los primitivos de una lengua no permiten dar respuestas acerca de la evolución del lenguaje, de su adquisición por parte del niño, del papel de la pragmática, de las aseveraciones de verdad, el interrogativo, las predicaciones, etc. Podemos conocer, en cambio, el papel que los primitivos desempeñaron en la configuración de una forma básica –de la oración o de la creencia moral– que puede expresar una cantidad indefinida de contenidos.

En este apartado haremos algunos comentarios acerca de los primitivos que describimos en la Parte I y mostraremos cómo se cohesionaron para proveer la forma básica de una creencia moral. Los primitivos son: la intención, lo positivo y los negativo (bien/mal), la retribución, la posesión, el poder, el grupo.

1. La intención: La moral es una propiedad de los objetos intencionales. La clase de objetos a los que se aplica la moral es co-igual a la clase de objetos a los que se aplica la intención, aunque la primera se encuentre ampliada por las implicaciones de la posesión.

2. La acción de un objeto intencional respecto de otro se juzga como positiva o negativa (buena o mala) sobre la base de varios criterios. El más simple es la intensidad del movimiento. Lo suave es considerado positivo y lo violento, negativo (suave o violento se definen en relación con un nivel de adaptación). El bebé más grande tendrá, además del criterio de intensidad de movimiento, el criterio de ayuda y daño, que deriva de los conceptos de objetivo, libertad y estética. El objetivo es fundamental, ya que una vez que se ha atribuido un objetivo a un objeto, se han sentado las bases para atribuir la actitud de ayuda o de daño a otro objeto. La libertad y la estética son fuentes más especializadas de ayuda y daño. La atribución de un objetivo es la precondición básica para asignar valores a las acciones sociales de los objetos intencionales.

Es importante tener en cuenta que la evaluación en el dominio moral tiene un carácter distintivo y no es equivalente a la preferencia. Se podría pensar que todos los dominios y no sólo el de los objetos intencionales, cuentan con una dimensión evaluativa especial, pero parecería que no es así. Sólo el dominio moral cuenta con una dimensión evaluativa especial. En todos los demás dominios la evaluación implica preferencia y la preferencia es un proceso no dominio-específico, ya que se aplica a todos, incluyendo al moral.

La evaluación moral cuenta con principios que no están basados en las preferencias sino en los criterios antes descritos. Por ejemplo, la acción de un segundo objeto ¿ayuda o daña al primer objeto? Si permite al primero llevar adelante su objetivo, lo ayuda. En caso contrario, lo daña. Sin embargo, el hecho de que el juicio esté basado en principios, no garantiza que sea correcto. En el juicio moral, nada garantiza la omnisciencia. La decisión tomada puede estar equivocada, por estar basada en una falsa lectura de la acción del segundo objeto. El juicio moral no es necesariamente menos subjetivo ni está menos expuesto al error que el juicio en dominios no morales. Simplemente es diferente, porque no está basado en las preferencias.

Algunos observadores pueden no tener preferencias, estando igualmente dispuestos hacia el caso positivo y hacia el negativo, y algunos pueden incluso preferir el caso negativo, en el cual la consecución del objetivo del primer objeto es obstruida por la acción del segundo. Sin embargo, esto no tiene consecuencias sobre el juicio moral del caso. Supongamos que el objeto B actuó negativamente en la retribución de la acción positiva de A y, por lo tanto, no conservó la valencia. Esto debería sorprender a un bebé que mostró preferencias hacia los actos negativos tanto como al que prefirió los actos positivos (y al que no demostró preferencia alguna).

3. La reciprocidad es la expectativa de que la acción de un objeto intencional respecto de otro llevará a una inversión de los papeles y que esa reversión preservará la valencia de la acción original. Por ejemplo, si A actuó negativamente respecto de B, entonces B actuará negativamente respecto de A. Entre estas actitudes se pueden distinguir una forma fuerte y una forma débil. En la forma fuerte, las acciones serán retribuidas conservando la valencia; en la forma débil si la acción es retribuida, la retribución conservará la valencia. La forma débil parece más sustentable: todas las acciones retribuidas conservarán su valencia, pero no todas las acciones serán retribuidas.

La principal fuente de preocupación, que es el carácter de «deber ser» o juicio moral, puede ser un primitivo en sí mismo, pero la retribución puede tener un origen secundario. En la Parte I sostuvimos que las expectativas no contingentes, que no derivan meramente de la experiencia, cuentan con la fuerza del «deber». La expectativa de que la retribución conservará la valencia puede ser interpretada como que la retribución debe conservar la valencia.

¿Contribuirá la empatía al carácter obligatorio de la creencia moral? Podemos suponer que no. Un niño que puede identificar y sentir el malestar de otro se sentirá inclinado a ayudarlo (Hoffman, 1977), pero es necesario hacer algunas caracterizaciones de esta cuestión. Debemos distinguir entre la capacidad para discriminar la emoción de los demás y la disposición para hacer algo que los ayude. Cuando un individuo percibe el malestar de otro ¿acaso acude invariablemente en su ayuda? ¿No existen ocasiones en las cuales un individuo saca provecho de lo que detecta, llevando adelante acciones negativas que no realizaría en otras circunstancias? (en los desastres naturales, algunas personas acuden a ayudar a los demás y otras les roban). Bischof-Kohler (1990) reconoce esta posibilidad y sostiene que la empatía puede disparar un «deleite malicioso» y que, durante la filogenia, la empatía sentó las bases para la «crueldad intencional». En cualquier caso, antes de aceptar la empatía como fuente de obligaciones morales debemos saber más acerca de la relación que existe entre percibir una emoción negativa y actuar para aliviarla.

4. La posesión extiende el dominio moral a los objetos no intencionales. Si bien no se asigna una valencia a los actos que se dirigen hacia los objetos no intencionales comunes, es en cambio posible asignarla cuando se trata de posesiones. Además, dado que los objetos intencionales también son pasibles de ser poseídos, debemos acomodar los efectos de la posesión y de la reciprocidad, que entran en competencia. Según el modelo, la posesión sobrepasa a la reciprocidad. El niño no espera que los receptores que son posesiones actúen con reciprocidad. Si un individuo actúa negativamente respecto de un objeto intencional que es su posesión, el bebé no espera reciprocidad por parte del receptor. Tampoco espera que actúe con reciprocidad respecto de los actos positivos. Niega la posibilidad de que el receptor dé una retribución y lo exime de la gratitud. A partir de estas afirmaciones diríamos que la posesión anula por completo la reciprocidad. Aunque suponemos que esto es así, se podrían efectuar algunos ajustes para que la competencia entre la posesión y la reciprocidad no se plantee de un modo tan unilateral.

5. Los conceptos de posesión y de grupo presuponen el concepto de poder. La desigualdad es la que hace posible la posesión. Los objetos intencionales de igual poder no se pueden poseer el uno al otro. Cuando objetos intencionales que tienen el mismo grado de poder se mueven juntos, están constituyendo un grupo. No son un objeto poseído y su dueño. El poder se puede evidenciar a partir de diversos índices: el tamaño, la belleza, la sagacidad, etc. Sin embargo, el criterio más indiscutible es la capacidad de un objeto para controlar a otro, ya sea forzando al objeto más débil a comportarse de una determinada manera o impidiéndole actuar como naturalmente lo haría.

6. Cuando objetos intencionales que están dotados del mismo grado de poder se mueven juntos, el niño percibe en ellos a un grupo. La similitud física entre varios objetos promueve la idea de grupo, pero no es necesaria. La formación de un grupo tiene consecuencias internas, que se han descrito en la Parte I. Por ejemplo, se espera que los miembros de un grupo actúen de una manera semejante, que no actúen negativamente entre ellos y que sean recíprocos para con los

otros miembros. Estas son consecuencias internas, ya que tienen que ver con la manera en que un miembro del grupo percibe al otro, con lo que se espera que dé a otro miembro y con lo que cada uno espera recibir a cambio.

La formación de un grupo también da lugar a consecuencias externas: estas se refieren a la forma en que los miembros del grupo perciben a los no miembros. A continuación analizaremos estas consecuencias, que no han sido tratadas en la Parte I.

Desde la perspectiva de un observador, la formación de un grupo no cambia el estatus de los no miembros del grupo. Quienes no son miembros no adquieren las prerrogativas de los miembros; de todos modos, no pierden su estatus original (p. ej. siguen siendo objetos intencionales juzgados en todas sus acciones según los criterios morales estándar). Por lo tanto, un observador de la formación del grupo siente que los miembros están ganando prerrogativas, pero en cambio no percibe que pierdan otras. Por el contrario, un miembro del grupo no ve de este modo a un no miembro.

Al distinguir a los miembros de los no miembros, un miembro del grupo extiende prerrogativas a los miembros y se las quita a los no miembros. Por esto, formar parte del grupo entraña dos consecuencias: la pérdida de las predilecciones neutrales hacia los demás y la adquisición de dos actitudes nuevas: la positiva hacia los miembros del grupo y la negativa hacia los no miembros.

En la Parte I hemos visto que el modelo asigna a los bebés el conocimiento de las propiedades internas del grupo, pero nada se dice acerca de las propiedades externas. ¿Las propiedades externas son conocidas por los niños y forman parte del modelo, o son acaso algo que los niños aprenden? Postulamos que forman parte del conocimiento de los niños, con dos salvedades: en primer lugar, el conocimiento de las propiedades externas del grupo se desarrolla más tarde que el de las propiedades internas, y, en segundo lugar, este primitivo puede dar lugar a una diferencia entre sexos. El conocimiento de las propiedades externas del grupo tiene más probabilidades de desarrollarse, o de lograr una fuerza superior, en el bebé varón. Si consideramos que el sexo produce una distribución superpuesta y no una diferenciación categorial, entonces deberemos decir que la media de la distribución será mayor entre los varones que entre las mujeres. En realidad, la distribución puede llegar a ser tal que algunos bebés femeninos no logren en absoluto el conocimiento de las propiedades externas de un grupo. Si bien *todos* los bebés esperarán que un miembro del grupo actúe positivamente respecto de los demás y la mayoría esperará que un miembro del grupo actúe negativamente respecto de los no miembros, *algunas* niñas no esperarán esto último. Si un bebé que no tiene expectativas negativas luego las presenta cuando niña, será porque las ha aprendido.

La hostilidad intergrupo, una bisagra de la historia humana, se debe más a la «desvalorización» de quienes no son miembros del grupo que a ningún otro factor. Desde el momento de las cruzadas hasta la actualidad, la hostilidad intergrupo parece haber asegurado su futuro en los asuntos humanos. Frecuentemente la hostilidad entre grupos humanos se asemeja a la que existe entre los grupos de chimpancés. Los chimpancés patrullan las fronteras del territorio, buscan a miembros de los grupos y cuando los encuentran los matan (Goodall, 1986). La diferencia entre los sexos es un rasgo prominente en la hostilidad intergrupos. Sólo los chimpancés machos patrullan, buscan y matan (Goodall, 1986). De manera semejante, los machos humanos bombardean, saquean y usan las bayonetas. Las hembras se quedan en casa cocinando y limpiando y cuidando de los niños ¿Cómo podemos explicar esas diferencias?

Hemos sugerido una explicación: el conocimiento de las propiedades externas del grupo en los bebés varones. Ahora agregaremos otra (una explicación que podría funcionar conjuntamente con la primera). Los varones parecen mucho más propensos a conformar grupos y a unirse a ellos que las mujeres. Los chimpancés machos pasan mucho tiempo en grupos de su mismo sexo, mientras que las hembras, en lugar de relacionarse entre ellas, pasan largo tiempo con su prole (Goodall, 1986). Pero ¿por qué el vínculo que las madres forman con sus hijos es menos peligroso que el que se establece entre los miembros del grupo? ¿Por qué no lleva a la desvalorización del otro? La madre y su hijo no son co-miembros del grupo, sino que existe una relación de posesión y la posesión no entraña la desvalorización del otro. La pertenencia a un grupo, en cambio, entraña la inmediata desvalorización de otros.

Si los seres humanos machos se parecen a los machos chimpancés en su predilección por los grupos, su tendencia a pasar más tiempo en ellos y participar de ellos con más fervor, debe ser el varón quien, como miembro del grupo, perciba a los no miembros como objetos intencionales no muy bien calificados y les niegue derechos morales normales. ¿Es esta una característica de los machos humanos? Lamentablemente, aunque la pregunta es relativamente simple, no disponemos de los datos necesarios para responderla.

A partir de esta lista de primitivos podemos ahora construir la forma general de una creencia moral. 1) La creencia se ocupa de una relación entre objetos intencionales, por lo general personas (a veces también dioses). Los objetos no intencionales pueden entrar en esta relación sólo si son posesiones. 2) Las relaciones se codifican como buenas o malas. Aquellas codificadas como buenas son obligatorias, mientras que las codificadas como malas están prohibidas. 3) El grupo al cual pertenecen los participantes se distingue de los otros grupos y sólo las relaciones entre miembros del grupo son válidas.

Dentro de los límites de esta forma, virtualmente no existen restricciones para el contenido. Los criterios –intensidad, objetivo, libertad, estética– según los cuales se juzgan los actos morales no establecen restricciones sobre el contenido de la creencia moral. La libertad, por ejemplo, no se define en relación con una determinada clase de acción, sea de un participante o de un segundo participante. Cualquier acción de un segundo participante que preserve la acción del primero se considera como libertad. La acción del primer participante puede ser de cualquier tipo. Lo mismo se aplica a la ayuda y el daño, que se definen en términos de su relación con la prosecución de objetivos por parte del segundo participante y no por el contenido del objetivo. Cualquiera sea el objetivo que persiga el primer participante, la acción del segundo que tienda a facilitar o a impedir ese logro se considerará de ayuda o de daño.

Las creencias morales se pueden ocupar del tratamiento de los padres por parte de sus hijos, de la adoración de los dioses, del código de vestimenta para las viudas, de cómo hay que encender el fuego, de si los perros deben ser pateados, etc. Las creencias se pueden ocupar de temas que no impliquen relaciones entre personas –código de vestimenta, preparación del fuego, dieta– porque implícitamente entrañan ese tipo de relaciones. Un fuego que se enciende inadecuadamente puede poner en riesgo a otro; una dieta inadecuada puede causar comportamiento inmoral y lo mismo puede ocurrir con la vestimenta inadecuada.

Turiel (1983) postuló que la gente distingue entre las creencias morales y las convencionales, y que hay hechos que son intrínsecamente morales. Sin embargo, podemos ver que las creencias morales pueden tener cualquier contenido. Más aún, no son los hechos en sí mismos los que tienen el carácter de moral o inmoral. Lo que es intrínsecamente moral son los juicios distintivos que se establecen entre los objetos intencionales y los criterios que se usan para formular esos juicios.

Aun más, las creencias morales no son innatas, como parece implicar la postura de Turiel. Las meras convenciones son aprendidas. Las creencias morales son tan dependientes del aprendizaje como cualquier otra creencia. Surgen de la conjunción de factores innatos y aprendidos. Los innatos son los primitivos de la infancia. Shweder, Mahapatra y Miller (1990) rechazan la tesis de Turiel basándose en una detallada comparación entre las creencias morales de los hindúes y los norteamericanos, ya que no pueden encontrar hechos que sean intransigentemente morales o no morales.

Las creencias morales se deben definir con un grado de abstracción suficiente como para permitir una distinción entre forma y contenido. Los primitivos no proveen el contenido de la creencia sino que aportan el marco dentro del cual se forja el contenido. Aunque la forma de la creencia moral refleja los primitivos de los niños, no sucede lo mismo con los contenidos. El contenido de las creencias morales refleja los esfuerzos de poder que realiza la cultura.

La religión organizada es tan sólo uno de los varios grupos embarcados en estos esfuerzos. El hecho de que únicamente los varones puedan cumplir con la función sacerdotal o ser validos o de que los viudos puedan volver a casarse y las viudas no puedan hacerlo son reflejos del dominio masculino. El requerimiento de que los hijos obedezcan a los padres refleja las luchas entre generaciones. Aunque el mensaje de las distintas luchas de poder pueda ser muy diferente, todas ellas han sido formuladas a partir de los mismos primitivos.

Parecería que hay muchas intrusiones en los contenidos de las creencias morales que provienen de fuentes exteriores a la moral. Por ejemplo, en las religiones occidentales no podemos encontrar nada de los primitivos morales. Sin embargo, en Occidente es un lugar común que en las creencias morales occidentales aparezcan los dioses, el pecado original, la vida eterna, la redención, etc. ¿Por qué? ¿Por qué la religión organizada se ha presentado siempre como custodia de la moral? ¿Con qué fundamento? Esta anomalía histórica requiere una explicación.

Referencias

Baillargeon, R., Spleke, E. S. y Wasserman, S. 1985. «Object permanence in five month-old-infants» Cognition, 20, pp. 191-208.
Berndt, T. J. y Berndt, E. G. 1975. «Childrens's use of motives and intentio-

nality in person perception and moral judgment». *Child Development, 46*, pp. 904-912.

Berscheid, E. y Walster, E. H. 1969. *Interpersonal attraction*. Reading, MA, Addison Wesley.

Bischof-Kohler, D. 1990. «The development of empathy in infants», en M. E. Lamb y H. Keller (comps.), *Infant development: Perspectives from German-speaking countries*. Hillsdale, NJ, Erlbaum.

Chaplin, W. F., John, O. P. y Goldberg, L. R. 1988. «Conceptions of states and traits: Dimensional attributes with ideals and prototypes. *Journal of Personality and Social Psychology, 54*, pp. 541-557.

Dasser, V., Ulbaek, I. y Premack, D. 1989. «The perception of intention» *Science, 293*, pp. 186-188.

Dixon, K. K., Berscheid, E. y Walster, E. 1972. «What is beautiful is good.» *Journal of Personality and Social Psychology, 24*, pp. 285-290.

Eder, R. A. 1989. «The emergent personologist: The structure and content of 3 1/2 –to 5– 1/2 and 7 1/2 –year olds' concepts of themselves and other persons.» *Child Development, 60*, pp. 1218-1228.

Goodall, J. 1986. *The chimpanzees of Gombe*. Cambridge, MA, Harvard University Press.

Hoffman, M. L. 1977. «Empathy, its development and social implications» en C.B.Keasy (comp.), *Nebraska Symposium on Motivation, 25*, pp. 169-217. Lincoln, University of Nebraska Press.

King, M. 1971. «The development of some intention concepts in young children». *Child Development, 42*, pp. 1145-1152.

Kummer, H. y Cords, M. 1991. «Cues of ownership in long-tailed macaques, Macaca fascicularis. *Animal Behavior, 42*, pp. 529-549.

Leslie, A. M. 1987. «Pretense and representation: The origins of «theory of mind»», *Psychological Review, 94*, pp. 412-426.

Mischel, W. 1968. *Personality and assessment*. Nueva York, Wiley.

Premack, D. 1984. «Pedagogy and aesthetics as sources of culture», en M. S. Gazzaniga (comp.), *Handbook of cognitive neuroscience*. Nueva York, Plenum Press.

–. 1990. «The infant's theory of self-propelled objects», *Cognition, 36*, pp. 1-16.

–. 1991. «The aesthetic basis of pedagogy» en R. R. Hoffman y D. S. Palermo (comps.), *Cognition and the symbolic processes*. Hillsdale, NJ, Erlbaum.

Premack, D. y Woodruff, G.1978. «Does the chimpanzee have a theory of mind?» *The Behavioral and Brain Sciences, 1*, pp. 516-526.

Rohles, W.S. y Ruble, D.N. 1984. «Children understanding of dispositional characteristics of others». *Child Development, 55*, pp. 550-560.

Samuels, G. y Ewy, T. M. 1985. «Aesthetic perfection of faces during infancy». *British Journal of Developmental Psychology, 3*, pp. 221-228.

Schiller, J. C. F. 1882. *Essays, esthetical and philosophical, including the dissertation on the «Conexions between the animals and the spiritual in man»*. Londres, G. Bell.

Shweder, R. A., Mahapatra, M. y Miller, J. G. 1990. «Culture and moral development», en J. Kagan y S. Lamb (comps.), *The emergence of morality in young children*. Chicago, Chicago University Press.

Smith, M. C. 1978. «Cognizing the behavior stream: The recognition of intentional action», *Child Development, 49,* pp. 736-743.

Sugarman, S. 1983. *Children's early thought: Developments in classification*. Cambridge, Cambridge University Press.

Turiel, E. 1983. *The development of social knowledge: Morality and convention*. Cambridge, Cambridge University Press. [El desarrollo del conocimiento social. Madrid, Editorial Debate, 1984.]

Wellman, H. 1990. *Children's theories of mind*. Cambridge, MA, MIT Press. [Desarrollo de la teoría del pensamiento en los niños. Bilbao, Editorial Desclée de Brouewr, 1995.]

Wimmer, H. y Perner, J. 1983. «Beliefs about beliefs: Representation and constraining function of wrong beliefs in young children's understanding of deception. *Cognition, 13,* pp. 103-128.

7

Conocimiento dominio-específico y cambio conceptual

Susan Carey y Elizabeth Spelke

Panorama

Postulamos que el razonamiento humano está orientado por una cantidad de sistemas de conocimiento de dominio específico. Cada uno de esos sistemas se caracteriza por un conjunto de principios básicos que definen cuáles son las entidades que abarca ese dominio y sustentan el razonamiento acerca ellas. Desde esta perspectiva, el aprendizaje consiste en un enriquecimiento de los principios básicos y su consolidación y la consolidación de la ontología que determinan. Esperaríamos entonces que estos dominios gozaran de una universalidad transcultural: los universales cognitivos serían semejantes a los universales lingüísticos.

Sin embargo, existe una importante diferencia respecto del lenguaje. La historia de la ciencia y la matemática demuestra que el cambio conceptual en los dominios cognitivos es posible y real. El cambio conceptual implica la superación de los principios básicos y la creación de nuevos principios y nuevas categorías ontológicas. Esbozamos aquí un posible mecanismo conceptual subyacente en el cambio conceptual, que ha dado origen a un problema empírico fundamental en la antropología cognitiva: ¿hasta qué punto existe una universalidad transcultural en los dominios que abarcan los sistemas innatos de conocimiento?

Cognición dominio-específica

La noción de cognición dominio-específico que postularemos en este trabajo ha sido expuesta claramente por Chomsky (1980a). Los seres humanos están dotados de sistemas específicos de conocimiento tales como el conocimiento del lenguaje, el de los objetos físicos y el conocimiento numérico. Cada sistema abarca un conjunto distinto de entidades y fenómenos. Por ejemplo, el conocimiento del lenguaje se refiere a las oraciones y sus constituyentes, el de los objetos físicos, a los cuerpos materiales macroscópicos y su comportamiento. El conocimiento numérico se refiere a conjuntos y operaciones matemáticas tales como la suma. Más profundamente, cada sistema de conocimiento está organizado en torno de un cuerpo de principios básicos diferente. En lo que respecta al lenguaje, estos son los principios de la gramática universal; para los objetos físicos, se trata de principios que podrían incluir los principios newtonianos de continuidad y solidez, y para el numérico podríamos pensar en los principios de la correspondencia uno a uno y de la sucesión.

Esta noción de especificidad de dominio provee las bases para determinar los dominios del conocimiento humano y distinguirlos unos de otros: dos sistemas de conocimiento son independientes sólo cuando están basados en principios distintos. Por ejemplo, si se determinara que el conocimiento del lenguaje y el conocimiento numérico se basan en los mismos principios básicos, los psicólogos deberían llegar a la conclusión de que ambos conocimientos corresponden a un mismo sistema, pese a que existieran muchas diferencias evidentes entre los conocimientos que cada uno de ellos abarca. En efecto, Chomsky (1980b) llegó a sugerir que el lenguaje y lo numérico se relacionan de esta manera. Esta noción de similaridad sienta las bases para la distinción de los dominos cognitivos genuinos y su diferenciación de otros conjuntos más triviales de creencias: sólo los dominios genuinos están caracterizados por conjuntos diferentes de principios básicos. El razonamiento acerca de los cuerpos materiales, las personas y los conjuntos puede depender de los sistemas de conocimientos de la física, la psicología y lo numérico. Por el contrario, los razonamientos acerca de las bolas de billar, de los ladrillos y los platos seguramente dependen de un mismo sistema de conocimiento. Los principios básicos que subyacen en el razonamiento acerca de uno de estos conjuntos de objetos seguramente se aplican también a los otros conjuntos (Carey, 1985).

Percepción dominio-específica

Si el razonamiento humano depende de sistemas de conocimiento dominio-específicos, entonces los que razonan enfrentan una tarea fundamental: deben seleccionar las entidades a las cuales se aplica cada sistema de conocimiento. Por ejemplo, un sistema bien desarrollado de conocimientos de psicología sería inútil a menos que quien encara el razonamiento pueda determinar cuándo está frente a una persona. De manera semejante, los sistemas de conocimiento de física sólo pueden entrar en funcionamiento si quien razona puede seleccionar los cuerpos materiales. Los mecanismos para seleccionar las entidades no necesariamente son (y nunca son) infalibles: es suficiente que quien razona capte solamente algunas personas, algunos cuerpos materiales, etc. Sin mecanismos para seleccionar entidades dentro de un dominio, no obstante, los razonamientos no podrían llevarse a cabo. Quien razona acerca de dominios específicos no puede limitarse a preguntarse respecto de una parte de la situación: «¿Cómo se comporta esta cosa?», sino que también debe preguntarse: «¿Qué clase de cosa es esta?» (véase Wiggins, 1980)

El proceso destinado a seleccionar cuerpos materiales, personas, etc., se denomina *percepción dominio-específica*. Estos procesos, sin embargo, pueden no ser perceptivos en sentido estricto. La mayor parte de los procesos estudiados en psicofísica, fisiología sensorial y visión computacional no actúan seleccionando simplemente las entidades sobre las cuales aplicarán el razonamiento, sino que actúan construyendo representaciones del continuo que rodea la distribución de la superficie. La visión, por ejemplo, parece culminar en representaciones de distancias, orientaciones, texturas y movimientos de las superficies que reflejan la luz (Gibson, 1950; Marr, 1982). Estas representaciones no bastan para que actúe el razonamiento dominio-específico. Para razonar acerca de los cuerpos materiales será necesario configurar la distribución de la superficie en objetos unitarios, delimitados y persistentes (Spelke, 1988). Para razonar acerca de lo numérico debemos contar con una representación de un conjunto de cuerpos, superficies u otras entidades como conjuntos (Gelman y Gallistel, 1978; véanse también Shipley y Shepperson, 1990; Wynn, 1992). Para razonar acerca de la acción humana y la vida mental, debemos representar una porción de la superficie percibida como un ser que siente y tiene intenciones. Los procesos que culminan en estas representaciones son nuestro objeto de estudio aquí.

La tarea de aprehender las entidades de un dominio se puede cumplimentar de dos maneras: la percepción dominio-específica puede depender de principios distintos de los que orientan el razonamiento dominio-específico o bien es posible que la percepción y el razonamiento de dominio específico dependan del mismo conjunto de principios. Tomemos como ejemplo el dominio de razonamiento sobre la acción y la experiencia humanas. Es posible que los seres humanos sean captados como tales a partir del reconocimiento de los rostros, del reconocimiento de las voces, del reconocimiento de la marcha, etc. Cada vez que quien percibe se enfrenta con una configuración adecuada de ojos, cabellos y otros rasgos, su mecanismo de reconocimiento de rostros le indicará la presencia de una persona. Esta señal disparará el funcionamiento de los procesos de razonamiento psicológicos, mientras que las acciones de la persona serán comprendidas en términos de sus objetivos y sentimientos. Según esta perspectiva, aprehender a las personas y razonar acerca de las acciones humanas dependen de dos principios diferentes: por una parte, los principios que gobiernan la disposición física de ojos, narices y demás y, por otra, los principios que se ocupan de la relación entre propósitos, percepciones, etc. El razonamiento psicológico se llevará a cabo adecuadamente porque los mecanismos que se ocupan de estos principios diferentes se pueden relacionar adecuadamente.

Es posible también que quienes perciben detecten a las personas analizando el comportamiento de las entidades, preguntándose si el comportamiento de una determinada entidad parece estar orientado hacia ciertos objetivos, guiado por las percepciones de su entorno, teñido por emociones, etc. Las entidades serían percibidas como personas sólo si su comportamiento es consistente con este tipo de análisis. Desde esta segunda perspectiva, los procesos de percepción y de razonamiento acerca de las entidades psicológicas están íntimamente ligados: son guiados por el mismo sistema de conocimientos.

Creemos que durante la infancia humana, la percepción y el razonamiento son guiados por un mismo sistema de conocimientos, al menos en lo que respecta a tres dominios: la física, la psicología y lo numérico. Comenzaremos con el caso de la física, revisando los hallazgos de las investigaciones sobre la percepción de los objetos y el razonamiento físico en la infancia (véanse Spelke, 1990, o Spelke y Van de Walle, en prensa, para una revisión más extensa).

Percibir los objetos físicos y razonar acerca de ellos.

Las investigaciones acerca de la percepción de objetos proveen evidencias de que los bebés pueden percibir la unidad, los límites, las formas completas y la persistencia de los objetos bajo ciertas condiciones. La percepción de los objetos parece depender de mecanismos amodales que dividen la disposición de la superficie en cuerpos según una pequeña cantidad de principios, cada uno de los cuales refleja restricciones respecto del movimiento del objeto.

Tomemos en primer lugar la percepción de la unidad de los objetos visibles por parte de los bebés. Los experimentos que se valen de los métodos de mirada preferencial, basados en la tendencia bien documentada que exhiben los niños de mirar durante más tiempo aquellas cosas que perciben como nuevas, provee evidencias de que los bebés de tres meses ya perciben un objeto tridimensional que se les presenta contra un fondo uniforme como un cuerpo unificado que, si se mueve, mantendrá su unidad. Por ejemplo, los bebés familiarizados con un objeto cohesionado miraron durante más tiempo el resultado de una acción a partir de la cual el objeto se partía en dos que una escena en la cual el objeto se movía como un todo (Spelke, Breinlinger y Jacobson, 1992). La preferencia de los bebés por el primer caso era mayor que la de aquellos que, a partir de una línea de base, observaban el mismo resultado sin eventos que lo precedieran. Este experimento nos aporta evidencias de que percibían el objeto original como un cuerpo unificado que debía mantener su unidad durante el movimiento.

Experimentos posteriores, centrados en la mirada preferencial y en la conducta de alcanzar objetos, proveen evidencias de que los bebés perciben los objetos adyacentes como distintos si estos están sujetos a diferentes movimientos rígidos (Hofsten y Spelke, 1985; Spelke, Hofsten y Kestenbaum, 1989). Los bebés también perciben la independencia de objetos inmóviles si éstos se encuentran separados espacialmente. Los objetos espacialmente separados son percibidos como unidades diferentes aunque sólo estén separados por la profundidad y no exista una brecha directamente visible entre ellos (Hofsten y Spelke, 1985; Kestenbaum, Termine y Spelke, 1987; Spelke, Hofsten y Kestenbaum, 1989).

Los hallazgos mencionados sugieren que los bebés perciben los objetos conforme a restricciones acerca del movimiento de estos. En primer lugar, los objetos son cuerpos unificados que mantienen su unión cuando se mueven: Dos objetos espacialmente separados o dos objetos adyacentes que se deslizan uno respecto del otro son percibidos como dos entidades distintas. En segundo lugar los objetos no están conectados entre ellos y mantienen su independencia cuando se mueven: Dos objetos fijos y adyacentes, que no tengan ningún límite espacial o espaciotemporal especificado, se perciben como un solo cuerpo. Estas dos restricciones se pueden englobar en un único *principio de cohesión*: las superficies de una determinada distribución se consideran como un único objeto sólo si están conectadas.

Veamos ahora qué sucede con la percepción de la unidad de un objeto cuyos bordes son visibles o tangibles, pero cuyo centro se encuentra oculto. Se familiarizó a bebés de tres meses con un determinado objeto y luego se les presentaron un objeto completo plenamente visible o dos separados por una brecha en la cual se había ocultado el objeto original. Si los bebés percibían el objeto original como un cuerpo íntegro, entonces mirarían la presentación con los dos objetos durante más tiempo que aquellos a quienes se les presentaba la misma escena sin ninguna familiarización previa.

Estos experimentos aportaron evidencias de que los bebés de cuatro meses perciben un objeto visible ocluido en el centro como un cuerpo unido, si los bordes del objeto experimentan un movimiento rígido común (Kellman y Spelke, 1983; Slater, Morison, Somers, Mattock, Brown y Taylor, 1990; Craton y Baillargeon, comunicación personal, 1991). El movimiento rígido en cualquier dirección, inclusive el movimiento en profundidad, especifica la unidad del objeto (Kellman, Spelke y Short, 1986). Por el contrario, un patrón de desplazamiento retinal común, en ausencia de verdadero movimiento, no lo hace (Kellman, Gleitman y Spelke, 1987). Los estudios acerca de la modalidad táctil proveen evidencias de que los bebés perciben la unidad de los objetos cuyos bordes son tangibles del mismo modo en que perciben la unidad de los objetos cuyos bordes son visibles (Streri y Spelke, 1988, 1989; Streri, Spelke y Rameix, 1992). Los bebés de cuatro meses y medio sostienen los extremos de un conjunto manipulable con las dos manos aunque no tengan acceso ni visual ni táctil a la totalidad del objeto. Perciben al conjunto como un cuerpo en tanto los bordes se muevan juntos de manera independiente.

Los hallazgos aportados por estos experimentos sugieren que los bebés perciben los objetos según dos restricciones del movimiento de los objetos. En primer lugar, las superficies se mueven juntas sólo si están en contacto: los dos extremos en movimiento de un objeto visible con el centro ocluido o de un conjunto manipulable se encuentran, por lo tanto, conectados. En segundo lugar, las superficies se mueven de manera independiente sólo si se encuentran espacialmente separadas. Si se observa o se palpa a dos objetos que se mueven de manera independiente, estos dos objetos se encuentran separados por una brecha. Las dos restricciones están comprendidas en un solo *principio de contacto*: las superficies se mueven juntas si y sólo si están en contacto.

Finalmente, consideremos la percepción de objetos que se mueven completamente fuera de nuestra vista. Los experimentos que se basan en métodos de preferencia visual proveen evidencias de que los bebés perciben la identidad persistente o la distinción de objetos a lo largo de sucesivos encuentros según el principio de contacto (antes tratado) y el principio de continuidad: un objeto se mueve a lo largo de un camino integrado en tiempo y espacio. En primer lugar, Van de Walle y Spelke (1993) mostraron a los bebés un objeto que se movía hacia adelante y hacia atrás detrás de un elemento que lo ocluía de modo tal que sus dos extremos se veían siempre en sucesión inmediata pero nunca simultáneamente: el lado izquierdo del objeto se movía detrás del elemento que lo ocluía hasta que el objeto estaba totalmente oculto y entonces comenzaba a aparecer el lado derecho del lado opuesto, moviéndose a la misma velocidad a lo largo del mismo camino. La preferencias de la mirada respecto de los objetos completos no ocluidos y los objetos partidos proveyeron evidencias de que los bebés consideraban al objeto como un cuerpo integrado, respetando el principio de contacto. En segundo lugar, Spelke y Kestenbaum (1986) y Xu y Carey (1992) les presentaron eventos en los cuales un objeto se movía hasta quedar fuera de la vista, ocluido por el primero de dos elementos separados espacialmente y luego de una pausa aparecía otro objeto desde detrás del segundo de los elementos. Las preferencias visuales primero hacia uno y luego hacia dos objetos completamente visibles proveen evidencias de que los bebés percibían los objetos que se mostraban en este evento respetando el principio de continuidad: como no aparecía ningún objeto entre las dos pantallas, el objeto que se movía a la izquierda tenía que ser un objeto diferente del que aparecía por la derecha.

En síntesis, los bebés parecen percibir los objetos según los principios de cohesión, contacto y continuidad. Nos preguntamos ahora si también respetan estos principios cuando razonan acerca de los objetos que desaparecen de su vista.

Una gran variedad de experimentos aportan evidencias de que los bebés pequeños se representan la existencia de un objeto que desaparece de la vista y realizan ciertas inferencias acerca de su movimiento (p. ej. Baillargeon, 1986; Leslie, 1991; Spelke, Breinlinger, Macomber y Jacobson, 1992). Estos experimentos utilizaron métodos de mirada preferencial para evaluar la reacción de los bebés frente a una «tarea de desplazamiento invisible» (Piaget, 1954), en la cual un objeto desaparece de la vista y ellos deben inferir su movimiento. Los experimentos aportan evidencias de que los bebés realizan algunas, pero no todas las inferencias que elaboran los adultos y los niños más grandes acerca del movimiento de los objetos. El análisis de los éxitos y fracasos de los bebés aclarará los principios que orientan las inferencias que ellos realizan.

Experimentos realizados en tres laboratorios distintos aportan evidencias de que los bebés realizan las inferencias respetando dos restricciones acerca del movimiento de los objetos: la continuidad (los objetos se mueven solamente por caminos integrados) y la solidez (los objetos se mueven solamente por caminos no obstruidos, de modo tal que dos objetos nunca pueden ocupar el mismo espacio al mismo tiempo) (Baillargeon, 1986; Leslie, 1991; Spelke et al., 1992). En uno de los experimentos (Spelke et al., 1992, Exp. 1), se familiarizó a bebés de cuatro meses con un evento en el cual una pelota caía detrás de una pantalla ubicada sobre un escenario abierto y aparecía sobre el piso del escenario. Luego se colocaba una segunda superficie encima del piso del escenario y se presentaba una secuencia en la cual la pelota caía detrás de la pantalla y se levantaba la pantalla para mostrar la pelota quieta, o bien sobre la superficie más alta o bien sobre la superficie más baja. La segunda posición no respetaba las restricciones de continuidad y solidez, ya que la pelota solamente podía alcanzar la superficie más baja saltando de manera discontinua y pasando a través de la superficie más alta. Los bebés miraban durante más tiempo esta segunda secuencia que la primera. Su preferencia por este resultado que no respetaba las restricciones era más marcada que la de otro grupo, al que se le mostró el mismo resultado pero como corolario de una secuencia que sí respetaba las restricciones. Este experimento, por lo tanto, provee evidencias de que los bebés de cuatro meses pueden inferir que un objeto oculto se moverá a lo largo de un camino integrado y sin obstrucciones, respetando las restricciones de continuidad y solidez. Otros experimentos también aportan evidencias de esta habilidad en edades que van desde los dos meses y medio hasta los diez meses, valiéndose de diversos objetos y eventos (p. ej. Baillargeon, 1986; Baillargeon, Graber, DeVos y Black, 1990; Leslie, 1991; Spelke et al., 1992).

Las restricciones de continuidad y solidez están muy vinculadas entre sí: mientras la restricción de la continuidad indica que un objeto debe moverse al menos por un camino integrado (es decir, el camino de un objeto no puede contener brechas), el principio de solidez indica que el objeto debe moverse en como máximo un camino integrado (es decir, los caminos de dos objetos no pueden intersectarse en tiempo y espacio). Las dos restricciones pueden entonces ser englobadas en el principio de continuidad: un objeto traza exactamente un camino integrado.

Otros experimentos adicionales proveen evidencias de que los bebés son capaces de inferir que un objeto escondido se moverá conforme a los principios de cohesión y contacto. Carey, Klatt y Schlaffer (1992) sometieron a bebés de ocho meses a una prueba en la cual un objeto se bajaba, se levantaba y se volvía a bajar detrás de una pantalla. Luego la pantalla se levantaba y dejaba ver uno o dos objetos en el piso. Los bebés miraban durante más tiempo el evento en el cual aparecían dos objetos, en comparación con el tiempo de mirada durante un experimento de control destinado a fijar la línea de base. El experimento aportó evidencias de que los bebés inferían que el objeto debería moverse según el principio de cohesión: a diferencia de lo que ocurre con las sustancias no sólidas (incluidas en otros experimentos), los objetos sólidos no pierden partes en su pasaje. Ball (1973) familiarizó a los bebés con un evento en el cual un objeto desaparecía de la vista detrás de una pantalla y luego un segundo objeto, que al comienzo era semivisible e inmóvil aparecía completamente frente a la vista. Luego se efectuaron pruebas con objetos no ocluidos, en las cuales el primer objeto iba a ponerse en contacto con el segundo, o bien se detenía a poca distancia de él. Los bebés miraban durante más tiempo el evento en el cual los objetos no llegaban a ponerse en contacto, comparativamente con la línea de base de los controles. Este experimento povee evidencias de que los bebés inferían que el primer objeto debía ponerse en contacto con el segundo, según el principio de contacto (para más evidencias, véase Leslie, 1988).

En síntesis, los bebés parecen inferir que los objetos ocultos se moverán según los principios de cohesión, contacto y continuidad. Estos son los mismos principios que los llevan a percibir la unidad, los límites y la pesistencia de los objetos que ven y sienten. Parecería entonces que un único sistema de conocimiento subyace en la percepción de conocimientos y en el razonamiento físico durante la infancia. Ahora indagaremos brevemente si también es uno solo el sistema de conocimiento que guía la percepción y el razonamiento de los bebés en los terrenos de la psicología y el número.

Percibir a las personas y razonar acerca de ellas

El sistema de conocimiento que guía el razonamiento acerca de la acción humana y la vida mental es objeto de muchos estudios y algunos debates (véanse Astington, Harris y Olson, 1988; Leslie, 1987; Perner, 1991; Wellman, 1990, para el tratamiento de este tema). Parecería que para comprender a otros seres humanos, sin embargo, es fundamental la noción de que las personas son seres que sienten y eligen sus acciones (véase Wellman, 1990, par el análisis de este tema). Si esta noción resulta fundamental para poder razonar acerca de la acción humana, entonces el sistema de conocimientos de la psicología es diferente del de la física. Debemos preguntarnos, en consecuencia, cómo hace el sujeto que razona para seleccionar a una persona como entidad en el dominio del razonamiento psicológico.

Los bebés parecen contar con una representación innata de la estructura del rostro humano. Esta representación permite a los neonatos dirigir su atención hacia los rostros que se mueven dentro de su campo visual (véase Johnson y Morton, 1991, para una revisión). Es posible que los bebés se valgan de esa representación para identificar a las personas como entidades capaces de percepciones y actos con propósitos. Sin embargo, existen evidencias de que esto no es así: los bebés, los niños y los adultos, identifican a los seres animados que sienten a partir de sus acciones y no del análisis del aspecto superficial.

Veamos en primer lugar las reacciones de los niños frente a las muñecas. Muchos niños pequeños están encantados con las muñecas y realizan con ellas interacciones fingidas. Sin embargo, parecería que a ninguna edad los rasgos aparentemente humanos de las muñecas los llevan a confundirlas con seres animados capaces de sentir (R. Gelman, 1990; R. Gelman, Spelcke y Meck, 1983). Hasta los bebés responden de una manera diferente a los rostros vivientes y a las muñecas. El rostro inmóvil de una muñeca puede ser un objeto de encantamiento o de interés, mientras que un rostro humano inmóvil en circunstancias semejantes puede producir miedo o aversión (Tronick, 1982). Además, los bebés pequeños parecen responder a los objetos que carecen de rasgos animados (p. ej. a los móviles) como si fueran seres sociales y animados cuando el comportamiento de esos objetos se acerca al comportamiento de un agente social con capacidad de responder. Estos y otros hallazgos (Heider y Simmel, 1944) sugieren que los niños y los adultos se valen de algunos principios de psicología intuitiva no sólo para razonar acerca de las personas sino también para percibir a las personas como tales (para una exposición más detallada de esta perspectiva, véanse R. Gelman, 1990 y Premack, 1990).[1]

Percibir el número y razonar acerca de él

El origen y la naturaleza del conocimiento acerca del número ha sido un tema de discusión filosófica por lo menos desde los tiempos de Hume (p. ej. Kitcher, 1983). La investigación psicológica en bebés (p. ej. Wynn, 1992) y en animales (véase Gallistel, 1990, para una revisión) apoya fuertemente la existencia de un conocimiento innato de lo numérico que incluye los principios básicos de la correspondencia uno a uno y de la sucesión (cada número tiene un único sucesor, Gallistel y R. Gelman, 1992). Si esta perspectiva es correcta, entonces parecería que lo numérico constituye un dominio de conocimientos diferente de la física o la psicología. ¿Cómo hace el que razona para seleccionar las entidades propias de este dominio, aprehendiendo los conjuntos y su carácter numérico?

Existe una controversia respecto de las relaciones entre la percepción de conjuntos pequeños y el razonamiento que a ellos se refiere. Desde una perspectiva, la percepción de pequeños conjuntos depende de un proceso especial de reconocimiento de patrones llamado «subitización», mientras que la percepción de conjuntos grandes se relaciona con el proceso de contar (Klahr y Wallace, 1973; Davis y Pérusse, 1988). Los principios de operación del proceso de subitización son desconocidos, pero se cree que son diferentes de los procesos que gobiernan el razonamiento numérico. Desde una perspectiva distinta (Gallistel, 1990, Gallistel y R. Gelman, 1992) se piensa que los conjuntos de cualquier tamaño son enumerados a través del proceso de contar. Quienes aceptan ambos puntos de vista sostienen que los principios básicos del proceso de contar incluyen la correspondencia uno a uno y la sucesión y que estos principios subyacen no sólo en el proceso de contar sino también en las operaciones de aritmética espontánea.

A nuestro criterio, la diferencia entre los dos puntos de vista antes mencionados es exactamente la diferencia entre la tesis que sostiene que hay un solo sistema de conocimiento que subyace en la percepción del número y en el razonamiento numérico y la tesis que sostiene que estas capacidades están sustentadas por sistemas diferentes. Debemos señalar que, en ambas perspectivas, se considera que un solo conjunto de principios permite a los seres humanos percibir grandes conjuntos y razonar acerca de ellos.

En síntesis, el razonamiento dominio-específico y la percepción dominio-específica parecen depender de un único sistema de conocimiento en el dominio de la física, la psicología y lo numérico (al menos en lo que respecta a los grandes conjuntos). Indagaremos ahora acerca de cómo crece y cambia el conocimiento en estos dominios.

El desarrollo cognitivo

Resulta natural suponer que los seres humanos aprenden acerca del mundo a través de la observación. Aprendemos que los objetos caen observándolos caer; aprendemos que los insultos enojan a las personas observando la reacción de la gente frente a los insultos; aprendemos que $2 + 2 = 4$ observando a dos conjuntos de dos cosas combinándose para dar origen a un conjunto de cuatro. Se pueden establecer algunas variantes de esta tesis. Los niños pueden aprender a través de la manipulación activa (soltando o arrojando objetos, golpeando a personas o combinando conjuntos) o a través de la interacción social (arrojando pelotas, participando de intercambios sociales, jugando juegos con números).

Si alguna de estas propuestas es correcta, entonces los niños y los adultos sólo aprenderán acerca de las cosas que perciban. Un niño que no pueda percibir ningún objeto que caiga, ninguna persona enojándose ni conjunto de dos cosas que se combien para configurar conjuntos de cuatro nunca aprenderá estas entidades por muchos que observe, manipule o comunique respecto del entorno circundante. La percepción limita el desarrollo del conocimiento.

Las consecuencias de este límite dependen de la relación entre los principios que rigen la percepción y los que gobiernan el razonamiento. Si la percepción y el razonamiento son guiados por principios diferentes, entonces la experiencia puede modificar los principios originales que gobiernan el razonamiento. Por ejemplo, supongamos que la percepción de personas depende del reconocimiento de rostros, mientras que el razonamiento acerca de las personas depende de las nociones de acción generadas internamente conforme a las acciones y sentimientos. En este caso, al ver una muñeca, el niño percibirá a una persona. Sin embargo, el comportamiento de la persona no parecerá depender de elecciones sino de la operación ciega de las reglas de la mecánica. Como la muñeca debe ser admitida dentro de la categoría de las personas (estamos suponiendo que es el reconocimiento de rostros y no el razonamiento sobre la psicología el que toma esta decisión), el niño podrá aprender que su psicología inicial es falsa: no todas las personas tienen propósitos o sienten. Si se aumenta la exposición a las muñecas, los animales de peluche, los retratos, etc., este conocimiento irá creciendo y se irá extendiendo. El aprendizaje provocará cambios en el sistema inicial de conocimiento del niño.

Por el contrario, si un único sistema guía la percepción y el razonamiento, los niños *no podrían* aprender que el sistema inicial de conocimiento es falso a partir de la observación del mundo. Por ejemplo, supongamos que la percepción y el razonamiento están orientados por la noción de que las personas sienten y tienen propósitos. En este caso, cuando los niños se encuentren con una entidad que parezca una persona pero que no realice acciones autogeneradas, no llegarán a la conclusión de que su idea acerca de las personas es falsa, sino que más bien concluirán que esta entidad no pertenece al dominio de la psicología: no es una persona.

En cualquier dominio en el cual la percepción y el reconocimiento dependan del mismo sistema de conocimiento, todos los aprendizajes, ya provengan de la observación, de la acción o del intercambio social, tenderán a preservar el sistema inicial de conocimiento. El conocimiento crecerá a través de un proceso de enriquecimiento y los principios básicos se irán afianzando. El sistema inicial de conocimiento no se verá amenazado por ningún proceso de inducción que parta de la experiencia, ya que sólo se podrá experimentar con aquellos objetos que se adecuan al sistema. El desarrollo cognitivo tendrá como resultado el enriquecimiento de los conocimientos en torno de principios básicos inalterables.

Algunos aspectos del razonamiento maduro basado en el sentido común apoyarían la perspectiva que sostiene que el conocimiento de los objetos físicos, las personas y los números crece bajo la forma de un enriquecimiento. En el dominio de la física, principios tales como la cohesión, el contacto y la continuidad parecen ser fundamentales para la configuración de las intuiciones maduras de persistencia de los objetos (véase Hirsch, 1982) y su movimiento (véase Spelke, 1991, para el tratamiento de este tema). En el dominio de la psicología, la noción de que las personas eligen sus acciones parece estar profundamente arraigada en el razonamiento maduro de sentido común (Wellman, 1990). Finalmente, en el dominio numérico, Gallistel y R. Gelman (1992) sostienen que las concepciones intuitivas más maduras referidas al número son aquellas que derivan de los principios de correspondencia uno a uno y sucesión.

De todas manera, este razonamiento lleva a una contradicción. El cambio conceptual en el dominio de la física, la psicología y lo numérico no sólo es posible sino que es un hecho. En la historia de la ciencia y de la matemática se han producido a partir de las mecánicas newtoniana y cuántica, de la aparición de intentos por construir una psicología puramente conductista o mecanicista y con el descubrimiento de los números racionales, reales y complejos. En cada uno de estos casos, el desarrollo de la ciencia ha llevado a la construcción de nuevos principios y al abandono de los que anteriormente eran fundamentales para el conocimiento del correspondiente dominio. En cada uno de esos casos se han descubierto o postulado nuevos tipos de entidades. La existencia de cambios conceptuales en la ciencia cuestiona la noción de que el conocimiento se desarrolla a partir del enriquecimiento de nociones básicas constantes y plantea la posibilidad de que no existan universales cognitivos, es decir, que no haya principios básicos de razonamiento inmunes a la variación cultural.

El cambio conceptual

La naturaleza y existencia del cambio conceptual ha sido analizada y debatida extensamente desde que Feyerabend (1962) y Kuhn (1962) adoptaron en forma independiente el término matemático de «inconmensurabilidad» (falta de medida común) para referirse a lenguajes teóricos imposibles de ser traducidos (véase Suppe, 1977 para una completa crítica de las posiciones originales de Kuhn / Feyerabend). Estos debates han llevado a suavizar las posiciones planteadas originalmente por Kuhn / Feyerabend. Los análisis actuales del cambio conceptual en la ciencia niegan que los significados de todos los términos de una teoría cambien cuando algunos lo hacen, que las teorías determinen completamente la evidencia y que, por lo tanto, sean no falsables o que el cambio teórico se deba a la conversión religiosa. Estos análisis, de todos modos siguien sustentando la idea básica de los primeros trabajos de Kuhn / Feyerabend: la historia de la ciencia está marcada por transiciones a lo largo de las cuales los estudiosos del mismo fenómeno hablan en lenguas inconmensurables.

Carey (1991) resume los recientes análisis del cambio conceptual planteados por los distintos filósofos de la ciencia (Kitcher, 1988; Kuhn, 1982; véase también Hacking, 1993; Nersessian, 1992) y por los científicos cognitivos (Thagard, 1988; véase también Chi, 1992; Vosniadu y Brewer, 1992). El cambio conceptual consiste en diferenciaciones conceptuales tales que el concepto madre no desempeña ningún papel en las teorías subsiguientes (Carey, 1991; Kuhn, 1977) y se crean nuevas categorías ontológicas (Thagard, 1988; Chi, 1992). El cambio conceptual implica un cambio en los principios básicos que definen las entidades propias del dominio y gobiernan el razonamiento acerca de esas entidades. Conduce a la aparición de nuevos principios, inconmensurables con los viejos, que exploran el mundo en sitios diferentes.

La ciencia cognitiva y la historia de la ciencia

Hay quienes dudan de la importancia del análisis histórico del cambio conceptual para la ciencia cognitiva y para el desarrollo cognitivo. Se podría argumentar que el razonamiento y los conceptos científicos son diferentes del razonamiento y los conceptos ordinarios y que sólo los primeros experimentan cambios en lo referido a los principios básicos.

Creemos que es importante la pregunta empírica de si los conceptos básicos del razonamiento de sentido común están sujetos al cambio. Sin embargo, cualquiera sea la respuesta que demos a esta pregunta, la existencia del cambio conceptual en la ciencia seguirá desafiando al argumento del enriquecimiento que antes expusimos. Si el desarrollo en el razonamiento dominio-específico está restringido por la percepción dominio-específica, y si es uno solo el sistema que subyace tanto en el razonamiento como en la percepción, entonces ninguna persona con ningún nivel de saber experto está en condiciones de darse cuenta de que su sistema inicial de conocimientos es falso. Este argumento se aplica a cualquier sujeto que perciba y razone, sea humano o animal, persona común o científico. La existencia de cambio conceptual en el conocimiento básico dominio-específico constituye un contraejemplo importante respecto del argumento del enriquecimiento y debe ser explicada (Carey, 1991).

Aquellos que enfatizan las diferencias entre teorías intuitivas y teorías científicas explícitas a menudo suponen que esas diferencias *explican* el cambio conceptual. Especialmente la comunidad científica, la naturaleza autorreflexiva de la construcción explícita de teorías y las instituciones educativas que forman científicos son motores del cambio conceptual (p. ej. Spelke, 1991). Estamos convencidos de que la ciencia desarrollada es diferente del conocimiento intuitivo debido a estos factores. Sin embargo, la comunidad entre científicos, la reflexión y la instrucción no proveen por sí mismos un mecanismo para el cambio conceptual.

En primer lugar, los procesos que tienen lugar dentro de una comunidad interactiva de científicos no pueden producir un cambio conceptual porque las interacciones de una comunidad científica sólo pueden ser tan efectivas como las concepciones de sus miembros lo permitan. La comunicación entre científicos sólo tiene éxito en la medida en que dos científicos puedan seleccionar las mismas cosas como temas para tratar (véase Kuhn, 1962). Los argumentos que se oponen a la posibilidad del cambio conceptual se aplican tanto a la comunidad de científicos como a un científico en particular.

En segundo lugar, pensemos en la posibilidad de que las personas que razonan utilicen una «reflexión disciplinada» para revisar las concepciones acerca de un dominio. Muchas veces se ha argumentado que las capacidades metacognitivas permiten a la inteligencia humana extenderse más allá de sus límites iniciales (p. ej. Rozin, 1976; Sperber, cap. 2 de esta obra). Sin embargo, la reflexión no puede hacer nada por sí misma para dar a luz las concepciones que se están desarrollando a partir del ciclo antes descrito, que tiende a autoperpetuarse. Como seres humanos, sólo podemos reflexionar acerca de las entidades que percibimos. Si nuestras concepciones iniciales determinan ciertas entidades, entonces podremos reflexionar sólo acerca de aquellas entidades cuyo comportamiento concuerde con nuestras concepciones iniciales. La reflexión por sí misma no producirá el cambio conceptual.

Por último, las instituciones educativas que forman científicos tampoco pueden dar cuenta del cambio conceptual por dos razones. En primer lugar, la instrucción no puede dar cuenta de los descubrimientos o invenciones individuales. En segundo lugar, la instrucción, al igual que el resto de las formas de comunicación, está limitada por la capacidad que tienen los estudiantes para aprehender los objetos a los que se refiere. Si un estudiante no es capaz de aprehender las entidades incluidas en una teoría a conocer, es posible que pronuncie las palabras correctas, pero les asignará significados sesgados por sus propios conceptos (véase la revisión de la literatura acerca de las falsas concepciones en la ciencia de Carey, 1986 y el capítulo 16 de Vosniadou, esta obra, vol. 2).

En resumen, no ponemos en duda que la ciencia occidental es un proceso social, producto de adultos que reflexionan y son metaconceptualmente sofisticados, ni que se requiera de una instrucción sistemática para formar a esos adultos. Estos hechos, sin embargo, no explican el cambio conceptual. Necesitamos una explicación de cómo una persona, razonando, puede llegar más allá de los principios básicos de un sistema de conocimiento. Una vez que lleguemos a esta explicación podremos preguntarnos cómo estas acciones atemperan la generalización del conocimiento que surge del enriquecimiento de principios básicos constantes.

Mecanismos del cambio conceptual

Correspondencias entre dominios

Las reflexiones formales de los científicos nos proveen una fuente de evidencias respecto de los procesos de cambio conceptual. Comenzaremos por las reflexiones del físico, historiador y filósofo de la ciencia Pierre Duhem. Duhem (1949) postuló que la física científica no está construida directamente a partir de la comprensión corriente de los fenómenos del mundo físico, sino que depende de traducciones entre el lenguaje de la experiencia común y el lenguaje de la matemática. Según Duhem, los objetos de la ciencia no son cuerpos materiales concretos sino números. Para dar explicaciones acerca de los fenómenos físicos, los físicos en primer lugar traducen una descripción física del mundo a una descripción matemática y luego buscan generalizaciones y regularidades en esa descripción matemática. Estas generalizaciones, al volver a traducirse al lenguaje de los objetos cotidianos, constituyen las leyes de la física.

Desde nuestra perspectiva, cuando los científicos realizan una traducción de la física a la matemática, están utilizando su sistema innato de conocimiento de lo numérico para aclarar los fenómenos propios del dominio de su sistema innato de conocimientos físicos. Los científicos logran esto diseñando y utilizando sistemas de medición para crear correspondencias entre los objetos del primer sistema (números) y los del segundo (cuerpos).[2] Una vez que se crea una correspondencia, los científicos pueden utilizar concepciones acerca de los números para razonar acerca de los objetos físicos. De esta manera pueden escapar de las restricciones que imponen los principios del razonamiento físico. Efectivamente, la correspondencia desde la física hacia los números crea un nuevo sistema perceptivo para el dominio de la física, que no se centra en los principios de cohesión, contacto y continuidad sino en los principios de correspondencia uno a uno, sucesión, etc. Las entidades seleccionadas por este nuevo sistema perceptivo no son necesariamente comparables con las seleccionadas por el antiguo.

Duhem presta atención exclusivamente a la construcción de la traducción o correspondencia de la física a la matemática. El cambio conceptual también se puede producir a partir de correspondencias entre otros dominios. Parecería que en la ciencia muchos cambios han surgido de la construcción y el uso de correspondencias de la psicología hacia la física. Considerando a los animales y a las personas como máquinas, la biología y la psicología mecanicistas han tratado de explicar la acción animal y la acción humana en términos de principios físicos. Más adelante retomaremos estos cambios conceptuales.

¿Cómo hacen los científicos para construir correspondencias entre dominios? Los documentos informales de la ciencia (anotaciones de laboratorio, revistas) proveen una excelente fuente de datos respecto de este proceso. Recientemente los científicos cognitivos, los historiadores y los filósofos de la ciencia comenzaron a explotar esta fuente (p. ej. Gruber, 1974 sobre Darwin; Nersessian, 1992, sobre Maxwell; Tweney, 1991 sobre Faraday). Nersessian (1992) se ocupa de dos pares interconectados de procesos que son recurrentes en casos históricos de cambio conceptual: 1) el uso de la analogía física y 2) la construcción de experimentos mentales y el análisis de casos límite. Estos procesos sirven tanto para demostrar tensiones e irregularidades dentro de un sistema de conocimiento como para reestructurar ese sistema a través de la construcción de correspondencias entre dominios de conocimiento.

Analogías físicas

El análisis que efectúa Nersessian del uso de analogías físicas hecho por Maxwell provee un ejemplo elaborado del empleo productivo de las correspondencias en el proceso de cambio conceptual. Según Nersessian, el mismo Maxwell utilizó el término «analogía física» para explicar su método. Una analogía física se vale de un conjunto de relaciones matemáticas corporizadas en un dominio fuente para analizar un dominio-diana *(target domain)*, acerca del cual sólo se tiene un conocimiento parcial. En el caso de Maxwell, el dominio fuente era la mecánica de los fluidos como corporización de las matemáticas de la mecánica del continuum y el dominio-diana era el electromagnetismo. Construyendo una analogía entre las dos áreas de la física Maxwell pudo construir una teoría matemática eficiente del electromagnetismo.

A partir de este caso, Nersessian aporta alguna lecciones importantes. En primer lugar, la analogía entre la mecánica de los fluidos y el electromagnetismo se constituyó en un trabajo inferencial: los errores más importantes que cometió Maxwell en sus primeras caracterizaciones del campo electromagnético se pueden rastrear y ubicar en los puntos en que la analogía se quebraba. En segundo lugar, el proceso de construir correspondencias entre dominios es complicado: cada correspondencia se debe explorar y controlar profundamente para establecer su utilidad. En tercer lugar, las «representaciones en imágenes» desempeñan un papel importante en la construcción de la correspondencia de la física a lo numérico: ellas expresan las relaciones matemáticas de una manera directa y comprensible y por lo tanto sirven como puente entre dominios. En cuarto lugar, el proceso de construir una correspondencia entre dominios no consiste en transferir las relaciones del dominio fuente al dominio-diana de un solo golpe transfiriendo y controlando valores, sino que el científico debe explorar distintas correspondencias posibles de uno al otro dominio y para ello debe aplicar distintas conceptualizaciones al dominio-diana. Finalmente, la correspondencia que se crea puede producir el cambio conceptual en ambos dominios. Al usar la matemática newtoniana de la mecánica del *continuum* para comprender los campos electromagnéticos, Maxwell construyó una matemática más general que la que constituía su dominio fuente (Nersessian, 1992).

Experimentos mentales y análisis de casos límite

Otra actividad de modelado es la construcción de experimentos mentales, que incluye el análisis de casos límite. Los filósofos de la ciencia a menudo se han ocupado del modo en que los experimentos mentales pueden ser *experimentales*, si es que pueden serlo. ¿Pueden tener un contenido empírico aunque no impliquen datos? Kuhn (1977), al analizar un experimento mental a través del cual Galileo diferenció la velocidad instantánea de la velocidad promedio, postuló que una de las funciones de los experimentos mentales es demostrar que los conceptos actuales no se pueden aplicar al mundo sin que aparezcan contradicciones. Nersessian (1992) amplió el análisis de Kuhn postulando que los experimentos mentales implican simulaciones del modelo mental que forman parte de sus contenidos empíricos.

El ejemplo utilizado por Nersessian es el famoso experimento mental de Galileo que demuestra que los objetos más pesados no caen más rápido que los más livianos. Galileo imaginó dos objetos, uno grande y pesado y otro pequeño y liviano, ambos en caída libre. Según la física aristotélica y la escolástica, el objeto más pesado debía caer más rápido. Galileo imaginó entonces a ambos objetos unidos por una varilla extremadamente fina, conformando un objeto compuesto. Este experimento mental sugiere dos resultados contradictorios: 1) que el objeto compuesto es todavía más pesado y que, por lo tanto, debe caer aun más rápido y 2) que la menor velocidad del objeto pequeño dificulta la velocidad del objeto más grande, por lo cual el objeto compuesto ¡debe caer más lentamente! Para resolver esta contradicción, Galileo prosiguió con la construcción de un análisis de caso límite respecto del medio en el cual los objetos caen. Llegó a la conclusión de que en el vacío todos los objetos caen a la misma velocidad. Este experimento mental y el análisis de un caso límite desempeñaron un papel importante en la construcción de una concepción diferenciada y detallada del peso. Esta concepción, a su vez, depende de la distinción matemática entre la suma y el promedio.[3]

El cambio conceptual y los universales cognitivos

Si procesos tales como los analizados por Nersessian son componentes necesarios del motor que produce el cambio conceptual, podemos entonces considerar plausible la intuición de que el cambio conceptual resulta de la actividad cooperativa de una comunidad científica, la reflexión y la instrucción. Galileo, Maxwell, Faraday, Einstein y Darwin dejaron escritos, diarios y anotaciones que demuestran que utilizaron los procesos heurísticos descritos por Nersessian y que lo hicieron con plena conciencia. Ellos se valieron de estos procesos en el contexto de una comprensión autorreflexiva de un objetivo: construir teorías científicas nuevas. Cuando alguien construye por primera vez una correspondencia entre dominios no sabe si ese procedimiento resultará útil o lo llevará a un resultado engañoso. Los experimentos mentales, las analogías físicas y los análisis de casos límite funcionan como dispositivos para comunicar nuevas conceptualizaciones a la comunidad científica, pero esas nuevas conceptualizaciones sólo serán adoptadas si proveen soluciones para enigmas vigentes y promueven un programa de investigación productivo. El jurado está constituido por las instituciones sociales de la ciencia.

¿Pero acaso los procesos heurísticos que describe Nersessian y las correspondencias que de ellos surgen existen también fuera de la ciencia? ¿Pueden aportar también el cambio conceptual a los niños y adultos comunes, creando diferencias culturales en los sistemas básicos de conocimiento? La evidencia estudiada hasta el momento da lugar a tres hipótesis distintas respecto del cambio conceptual fuera de la ciencia, cada una de ellas portadora de consecuencias diferentes para la existencia de universales cognitivos transculturales.

Según la *hipótesis fuerte de universalidad,* solamente los científicos expertos en lo metaconceptual pueden modificar los principios básicos que determinan de manera innata la ontología y el razonamiento. Si esta hipótesis es verdadera, entonces las teorías intuitivas de la gente en todas las culturas serían versiones enriquecidas de esos principios innatos. Los principios básicos del razonamiento de sentido común son, por lo tanto, universales.

Según la *hipótesis débil de universalidad*, los niños y adultos comunes pueden modificar los principios básicos innatos de razonamiento, pero sólo a partir de su experiencia en una cultura con una ciencia desarrollada. La fuente del cambio conceptual es la asimilación por parte de los niños de las concepciones de los adultos que los rodean y que son expresadas a través del lenguaje, de los dispositivos de medición y de la tecnología de esa cultura y de la sistemática que reciben en la escuela. Por su parte, la fuente del cambio para los adultos comunes es la asimilación cultural de los cambios conceptuales que *originalmente* fueron desarrollados por científicos expertos. Si es verdadera la hipótesis débil de universalidad, entonces los sistemas de conocimiento intuitivo de todas las culturas tendrán un núcleo innato común, excepto en los casos de culturas con una ciencia desarrollada.

Según la *hipótesis de no universalidad*, los procesos de cambio conceptual que se observan en los científicos también se producen espontáneamente en los niños y los adultos comunes. Aunque los niños de todo el mundo comparten un conjunto de sistemas iniciales de conocimiento, esos sistemas pueden ser modificados espontáneamente a lo largo del proceso de desarrollo y aprendizaje, dado que los niños construyen, exploran y adoptan correspondencias entre los sistemas de conocimiento. Dada la diversidad de posibles correspondencias entre dominios, es poco probable que los sistemas de conocimiento de miembros de distintas culturas compartan sus principios básicos.

En lo que queda del capítulo nos ocuparemos de las evidencias que sustentan estas hipótesis. No nos basaremos en los datos transculturales sino que estudiaremos una población que permanece fuera de las instituciones culturales de la ciencia y que no tiene una conciencia metaconceptual acerca de la construcción y selección de teorías: los niños norteamericanos. Aunque los niños no están inmersos en el proceso social de construcción explícita de teorías y no teorizan autorreflexivamente, existen muchas evidencias de cambio conceptual en la niñez. El cambio conceptual se produce espontáneamente, a medida que el niño aprende el lenguaje y los sistemas de conocimiento intuitivos de la cultura de los adultos, y también como resultado de la instrucción sistemática en la escuela. La existencia de cambio conceptual en la niñez provee evidencias contrarias a la hipótesis fuerte de universalidad.

El cambio conceptual en la niñez

El número

El concepto de número del niño preescolar es el *entero positivo* (véase R. Gelman, 1991), definido según los principios de la correspondencia uno a uno y la sucesión. Esta noción básica cambia tempranamente durante la etapa escolar del niño, a partir de que construye el concepto de 0 (Wellman y Miller, 1986), el concepto de *infinito* (bajo la forma de conciencia de que no existe un número mayor; R. Gelman y Evans, 1981) y el concepto de *número racional* (R. Gelman, 1991) y toma conciencia explícita de los principios básicos que definen el número, adquiriendo la capacidad de razonar acerca de la conservación del mismo (véase R. Gelman y Gallistel, 1978 para una revisión).

Se podría argumentar que la construcción del *0* y de la *no existencia de un número mayor* implica un cambio en el concepto de número, ya que ambos cambios comienzan a separar los números de la acción de contar. Más aún, la construcción del concepto de *número racional* trae aparejado un cambio conceptual más profundo todavía. Llegar a considerar que tanto 0,5 como 1/3 son números requiere dejar de lado la identificación de los números con la acción de contar, abandonando el principio de sucesión y construyendo una nueva comprensión de la división (como una operación diferente de la sustracción repetida). Los nuevos principios que conjuntamente determinan lo que constituye un número y gobierna el razonamiento con números incluyen a la división construida de esta nueva manera.

R. Gelman (1991) postuló que el cambio en la concepción de los números depende en parte de la construcción de correspondencias entre los números y los objetos físicos (a medida que el niño aprende a efectuar mediciones) y de correspondencias entre el número y la geometría (a través de dispositivos tales como la línea numérica). La capacidad de los niños para obtener beneficios de las correspondencias sugiere que la tesis fuerte de universalidad es falsa para el dominio del número. Sin embargo no está claro si los niños o los adultos diseñarían espontáneamente dispositivos de medición de no contar con una ciencia y una matemática desarrolladas. Tanto la hipótesis débil de universalidad como la de no universalidad son compatibles con los estudios expuestos.

Biología y psicología

Los principios que determinan las entidades de la psicología temprana –el movimiento autogenerado y la atención y reacción contingente respecto de los hechos del entorno– determinan no sólo la clase ontológica de *persona*, sino también la de *animal*. Por esta razón, Carey (1985) postuló que la biología intuitiva de los niños pequeños no se diferencia de su psicología intuitiva. Su idea de que los niños de cuatro años no cuentan con un dominio autónomo de la biología intuitiva ha sido examinada por muchos autores (p. ej. Inagaki y Hatano, 1988; Springer y Keil, 1989; Wellman y S. Gelman, 1992). Más allá de si se puede atribuir a los niños preescolares una biología independiente, está claro que su comprensión de los fenómenos biológicos difiere radicalmente de la de los niños mayores. Desde la perspectiva de Hatano e Inagaki (1987) los niños avanzan desde una biología vitalista hacia una biología mecanicista.

Carey (1985, 1988) analizó la mayor parte de las evidencias respecto de este cambio conceptual: las referidas a la diferenciación de los conceptos de *muerto* e *inanimado*, para un cambio en el estatus de *persona* como *animal* y a la unión de los conceptos de *planta* y *animal* en un nuevo concepto: el de *ser viviente*. A estas evidencias, Keil y sus colegas añadieron muchos fenómenos que sugieren cambios conceptuales en estas etapas (Keil, 1989; Springer y Keil, 1989). Los datos de Keil cumplen dos funciones importantes: proveen información respecto de la caracterización de la biología inicial en los niños preescolares y acerca del cambio conceptual sobre el concepto de *animal* y probablemente del de *persona*.

Veamos los estudios de Keil acerca de la transformación. Los niños preescolares creen que con una operación se puede transformar una mofeta en un mapache. Hacia los nueve años, en cambio, creen que el animal que resultaría de una operación como esta sería una mofeta con aspecto de mapache (Keil, 1989). Los niños preescolares, sin embargo, no creen que todo lo que se parece a un mapache es un mapache: una mofeta disfrazada como mapache es considerada una mofeta (Keil, 1989). De igual manera, un perro al que le han quitado todo lo interno (los huesos, la sangre, etc.) ya no es considerado un animal (S. Gelman y Wellman, 1991). Estos datos sugieren que para los niños preescolares la noción de *animal* incluye una estructura corporal. Ni la apariencia de animal (p. ej. un perro de peluche) ni tampoco la de ser un animal en particular (p. ej. una mofeta disfrazada de mapache) bastan para que una entidad sea un animal o un tipo particular de animal. Es necesario que el ente cuente con la estructura adecuada, incluyendo la estructura interna. Estos datos también demuestran que hacia los nueve años los niños ya han construido una noción más profunda de cómo se origina la estructura corporal. Entre los cuatro y los seis años los niños piensan que se puede lograr con la cirugía. A los nueve, en cambio, piensan que la estructura corporal debe ser el resultado de un proceso de crecimiento natural. Tomamos esta diferencia en el desarrollo para mostrar los cambios en los principios que definen las entidades correspondientes al dominio de la biología: hacia los nueve años, ciertos aspectos del ciclo de la vida han pasado a formar parte de los principios básicos. Los cambios de esta clase son históricamente casos típicos de cambio conceptual (Kitcher, 1988).[4]

Que este cambio refleja un cambio conceptual y no un enriquecimiento se observa claramente en la comprensión que adquieren los niños respecto de los motivos del parecido de los hijos respecto de sus padres. Tanto Springer y Keil (1989) como S. Gelman y Wellman (1991) sostienen que los niños preescolares entienden que los bebés (incluyendo los bebés de animales) heredan de sus padres un potencial innato para adquirir ciertos rasgos y no otros. Sin embargo, estos datos no establecen que los niños posean una comprensión de la herencia *biológica* de propiedades.

Consideramos que la comprensión de la herencia de propiedades debe incluir, como mínimo, dos componentes esenciales. En primer lugar, los hijos se parecen a sus padres. Los padres negros suelen tener hijos negros. Los padres que tienen ojos azules tienen más probabilidades de tener hijos de ojos azules que los padres de ojos castaños. Los perros tienen hijos perros y no hijos gatos, etc. En segundo lugar, el *mecanismo* que subyace en ese parecido está relacionado con el nacimiento. Los hijos se pueden parecer a los padres a partir de diversas situaciones. Los padres con cabello rizado pueden tener niños con cabello rizado porque les hacen hacer permanentes. Los padres prejuiciosos pueden tener hijos con prejuicios porque les enseñan a pensar de ese modo. Estos mecanismos no forman parte del proceso de herencia de propiedades. Para considerar que los niños poseen un concepto biológico de herencia no es necesario que los niños conozcan los mecanismos genéticos, sino que puedan distinguir el proceso que subyace en el parecido familiar de otros procesos mecánicos o psicológicos. Como mínimo, los niños deben darse cuenta de que el proceso a partir del cual se origina un animal –el nacimiento– está asociado al proceso a través del cual los animales llegan a adquirir sus características específicas.

Los niños en edad preescolar sin duda comprenden que los hijos se parecen a sus padres. Springer (1992) dijo a niños de cuatro a ocho años que un animal dibujado tenía una característica inusual (p. ej. el caballo tenía pelo dentro de las orejas) y luego trataron de verificar la proyección de la propiedad en un caballo físicamente semejante, descrito como un amigo sin relación de parentesco, y en un caballo físicamente distinto, descrito como el hijo del caballo en cuestión. Los niños, sea cual fuere su edad, proyectaban más la característica inusual en el hijo que en el amigo. Este importante resultado confirma la creciente evidencia de que los niños preescolares no se basan en la apariencia (S. Gelman, Coley y Gottfried, cap. 13, vol. 2 de esta obra) sino que consideran al parecido familiar como un componente de la creencia en la herencia de propiedades. Springer distingue entre lo que considera una relación biológica (parentesco) y una relación social (amistad), pero, al igual que Carey (1985, 1988) señala que el parentesco es también una relación social. Como mínimo, quisiéramos ver al parentesco adoptivo diferenciado del parentesco biológico.

El mismo problema aparece en los datos de Springer y Keil (1989). Se informó a niños de siete años y a adultos que ambos padres tenían una propiedad atípica (p. ej. corazones rosados en lugar de los típicos corazones rojos) y se les preguntó si creían que su descendencia tendría también esta característica. Pudieron manejar asimismo información adicional respecto de esa insólita propiedad (si los padres habían nacido con esa característica o la habían adquirido por accidente; si la propiedad era interna o externa respecto del cuerpo y si la propiedad tenía consecuencias «biológicas» funcionales).[5] De esta prueba surgieron resultados importantes. En primer lugar, sólo los adultos basaron sus juicios únicamente en la información acerca de cómo los padres habían adquirido la característica en cuestión: esto significa que sólo los adultos relacionaron la herencia con el nacimiento. En uno de los estudios se observó, no obstante, que los niños de siete años estaban comenzando a tomar en cuenta esta información. En segundo lugar, hasta los niños de edad preescolar establecieron juicios sistemáticos basándose en si la propiedad tenía o no consecuencias biológicas. A partir de este resultado, Springer y Keil llegaron a la conclusión de que los preescolares tienen un concepto biológico de la herencia, pero que este es diferente del que poseen los adultos. Nuevamente es necesaria una comparación entre la paternidad biológica y la paternidad adoptiva para determinar si el concepto de la herencia de los preescolares va más allá de la comprensión del parecido familiar.

S. Gelman y Wellman (1991) opusieron específicamente la crianza a la herencia. Por ejemplo, preguntaron si una vaca llamada Edith, que había sido separada de las otras vacas desde que había nacido y se había criado junto a los cerdos, 1) produciría sonidos de vaca o de cerdo y 2) si tendría el rabo liso o rizado. Hasta los niños de cuatro años dijeron que mugiría y tendría el rabo liso. El problema es que la historia sostiene que Edith es una vaca, a pesar de haberse criado con cerdos, y existen evidencias, muchas de ellas provistas por la misma Gelman (S. Gelman, Coley y Gottfried, cap. 13, vol. 2 de esta obra) de que los preescolares consideran la pertenencia a una categoría como un predictor de las características relevantes de esa categoría, aun cuando exista otra información en conflicto. Más aún, la historia no enfatiza que Edith haya sido criada en el seno de una familia de cerdos, siendo una hija más entre otros hijos cerdos. S. Gelman y Wellman también expusieron una historia acerca de una semilla de manzana que fue plantada en una maceta de flores y observaron que los niños de cinco años consideraron que nacería una manzana y no una flor. Este escenario plantea una oposición entre el entorno (en compañía de flores) y el parentesco (semilla de una manzana) y confirma el hallazgo de Springer (1992) de que el parecido *familiar* es fundamental. Sin embargo, el experimento no aporta evidencias de la comprensión de la herencia biológica ni de la diferenciación entre el parentesco biológico y el adoptivo.

Solomon, Johnson, Zaitchick y Carey (1993) llevaron a cabo varios estudios en los que opusieron el parentesco biológico y el adoptivo. Por ejemplo, se le contó al niño una historia acerca de un pastor (alto) a quien le quitaron un hijo recién nacido para llevárselo a un rey (bajo), que lo crió como príncipe. Se le preguntó luego al niño si cuando ese hijo creciera sería alto como el pastor o bajo como el rey. Los adultos proyectan características físicas tales como la altura teniendo en cuenta el parentesco biológico, pero este patrón recién comienza a aparecer en los niños a los siete años, que es la edad en la cual Springer y Keil (1989) comienzan a observar el efecto de esta información procesado de maneras diferentes según se trate de una propiedad innata o adquirida por los padres. Hasta ahora no tenemos evidencias de que los niños preescolares cuenten con una concepción de la herencia biológica que vaya más allá del parecido entre los padres y su descendencia.

Estos datos concuerdan con los que Carey revisó en 1985 e indican cambios en la comprensión que tienen los niños acerca de la reproducción durante los primeros años de su escolaridad. Los niños preescolares no consideran a la reproducción como uno de los principios básicos que define a los animales y gobierna las inferencias respecto de ellos. Por el contrario, hacia los diez años, el conocimiento de la reproducción comienza a organizar la comprensión que los niños tienen acerca de los animales, tal como se refleja en la aparición de la comprensión de la herencia biológica y en las reflexiones acerca de por qué una mofeta es una mofeta (Keil, 1989). Este cambio forma parte de la construcción de la nueva categoría ontológica de los *seres vivientes*, que incluye tanto a plantas como a animales (Carey, 1985). Los nuevos principios básicos y las nuevas entidades del dominio son los hitos que generan el cambio conceptual.

¿Cómo inciden estos cambios fundamentales en el concepto de *animal* que tiene el niño sobre su concepto innato de *persona*? ¿Cambia la noción de persona como ser que siente y actúa libremente cuando el niño comienza a construir una biología mecanicista? De ser así, ¿cómo aparece este cambio, siendo que los principios básicos del concepto inicial de persona subyacen no sólo en el razonamiento psicológico sino también en la percepción de personas?

Aunque las respuestas a estas preguntas aún no están claras, podemos aportar las siguientes observaciones al respecto. En primer lugar, los conceptos biológicos parecen ejercer alguna influencia sobre la psicología madura de sentido común. Por ejemplo, los adultos occidentales tienden a pensar que el descendiente de dos personas es una persona, aunque no tenga la capacidad de realizar acciones (p. ej. está durmiendo o en estado de coma). Los adultos también tienden a negar la condición de persona a los monos, los delfines y los loros, por asombrosos que sean sus comportamientos. El de *persona* es, al menos en parte, un concepto de especie (véase, p. ej. Wiggins, 1980). En segundo lugar, la concepción inicial de la persona como un ser que siente y actúa libremente perdura como parte importante de la comprensión corriente de los adultos occidentales respecto de la acción humana y coexiste con el posterior desarrollo de la concepción biológica que surge más tarde. Las tensiones entre estas dos concepciones no sólo se observan en la psicología científica y en la filosofía de la mente, sino que también aparecen en la vida diaria y forman parte de los debates acerca del aborto, de la responsabilidad criminal y otros temas.

Finalmente debemos señalar que el desarrollo de la biología y la psicología mecanicistas depende en parte de la construcción de correspondencias entre los dominios de la psicología y la física. La investigación que hemos examinado aporta evidencias de que la construcción de estas correspondencias es un proceso largo y complejo. De todos modos, a medida que se va produciendo, aparece la posibilidad de cambio conceptual. Una persona no sólo puede ser considerada como un agente libre, sino además como una máquina compleja y como un miembro de una especie viviente (véase Gentner y Grudin, 1985 para un análisis histórico de los cambios en las metáforas de la mente a lo largo de 90 años de psicología científica).

Los estudios acerca de las concepciones biológicas y psicológicas cambiantes de los niños norteamericanos arrojan dudas sobre la hipótesis fuerte de universalidad, pero no establecen una distinción entre la hipótesis débil de universalidad y la de no universalidad. Para poder investigar la idea de que el cambio conceptual requiere de una tradición científica desarrollada necesitamos estudios empíricos acerca de las teorías biológicas y psicológicas intuitivas propias de niños y adultos pertenecientes a un amplio espectro de culturas. Atran (1990) encontró evidencias de la universalidad transcultural de las taxonomías de la biología pero no examinó las investigaciones acerca de las explicaciones de sentido común de fenómenos biológicos tales como las enfermedades, la reproducción, la herencia y las funciones de las partes del cuerpo. Como trabajo que investigue las concepciones biológicas intuitivas valiéndose de metodologías actuales sólo conocemos la investigación de Jeyifous (1986), a la que se agrega el trabajo de Keil (1989). Los resultados de Jeyifous sugieren que el desarrollo de las concepciones biológicas que esbozamos en este capítulo también aparece en culturas aisladas del pensamiento biológico occidental. Por ejemplo, los niños yoruba no escolarizados cambian su idea de que una mofeta operada se convierte en mapache a la creencia de que sigue siendo una mofeta aproximadamente a la misma edad que los niños norteamericanos. Esta transformación en las ideas refleja un cambio conceptual. Por tal razón, el estudio de Jeyifous nos lleva a dos conclusiones. En primer lugar, el cambio conceptual no requiere de la existencia de instituciones científicas desarrolladas. Si bien la biología de los yoruba difiere en gran medida de la biología intuitiva de los americanos, ambas incluyen una noción de especies animales que es más profunda que la estructura corporal. Esta noción, sin embargo, no aparece en la biología intuitiva de los niños preescolares en ninguna de las dos culturas. En segundo lugar, aunque el cambio conceptual aparece en ambas culturas, de todas maneras se sigue apreciando universalidad transcultural. Queda abierta la pregunta de si la biología intuitiva de los yoruba es conmensurable respecto de la biología intuitiva norteamericana.

La materia y los objetos físicos

Hemos postulado que los bebés definen los objetos en términos de cohesión, continuidad y contacto: los objetos son sólidos cohesionados que tienen sus límites, se mueven a lo largo de caminos espacio-temporales continuos y actúan el uno respecto del otro solamente a través del contacto. Sin embargo, existen ciertas tensiones en las aplicaciones de estos principios por parte del bebé y estas tensiones son las que siembran las semillas para el futuro cambio conceptual. Estos principios no se aplican con la misma eficacia a las personas (que habitualmente parecen violar el principio de contacto, mientras que se comportan conforme a los principios de cohesión y continuidad). De la misma manera, las sustancias no sólidas, cómo los líquidos, las gelatinas y los polvos, si bien obedecen al principio de continuidad (p. ej. la arena no puede traspasar barreras sólidas) no respetan en cambio el principio de cohesión (p. ej. la arena, cuando se mueve, se puede dispersar y volver a unir). Si bien la ontología del niño está determinada por los principios básicos innatos, estos no definen conjuntos de entidades completamente superpuestos. ¿Cómo hacen los niños para conceptualizar las entidades que corresponden a sectores superpuestos de su universo ontológico y cómo cambian estas concepciones a partir del desarrollo y la experiencia? Nos centraremos aquí en las concepciones cambiantes respecto de las sustancias no sólidas y en las concepciones emergentes de *materia*.

La distinción entre objetos y sustancias no sólidas es muy importante para los niños pequeños. Los objetos se suelen cuantificar como individuos mientras que las sustancias no sólidas en general no se cuantifican de ese modo. Esta distinción se marca como contable/masa en la sintaxis de muchas lenguas y condiciona las hipótesis de los niños de dos años respecto de los significados de las palabras (Soja, Carey y Spelke, 1991). ¿Pero acaso los niños pequeños se dan cuenta de que tanto los objetos como las sustancias no sólidas son materiales?

Los niños de cuatro años consideran que tanto los objetos como las sustancias no sólidas respetan el principio de continuidad. Juzgan que es imposible llenar con agua una caja si ya está llena con un bloque de acero de la misma dimensión (Carey, 1991). Hasta los niños de tres y cautro años distinguen objetos de ideas, sueños e imágenes a partir de dos propiedades relevantes para discriminar las entidades materiales de las no materiales: el acceso perceptivo objetivo y la interacción causal con otras entidades materiales (Estes, Wellman y Woolley, 1989). La capacidad de los niños para distinguir entre algunas entidades materiales (objetos) y algunas inmateriales (p. ej. ideas) sobre la base de algunas propiedades que para los adultos forman parte de los rasgos distintivos básicos entre lo material y lo inmaterial no implica, sin embargo, que los niños sean capaces de establecer una distinción material/inmaterial. A partir de estas propiedades, ellos establecen más bien una distinción entre objetos y entidades mentales o entre entidades reales e imaginarias. Para atribuir a un niño la capacidad de distinguir lo material de lo inmaterial hacen falta dos clases de información más: es necesario establecer más claramente cuáles son las entidades abarcadas por el niño en esta distinción y conocer cuál es la función explicativa que esta distinción cumple en los niños, comparándola con la que cumple en el caso de los adultos.

Carey (1991) realiza una investigación de este tipo y llega a la conclusión de que los niños preescolares y los de los primeros años de primaria pueden establecer una distinción material/inmaterial. Sin embargo, el concepto de materia de estos niños es inconmensurable con el de los adultos. El cambio conceptual que se produce entre los cuatro y los doce años abarca los conceptos de *materia, tipo de material, peso, densidad* y *aire*. El análisis incluye dos ejemplos acerca de conceptos inicialmente indiferenciados que son inconmensurables con los conceptos de los adultos: *peso / densidad* y *aire / nada*.[6] Los principios que permiten a los niños preescolares seleccionar las entidades materiales y razonar acerca de ellas son el principio de que una determinada porción del espacio sólo puede ser ocupada por una porción de materia al mismo tiempo (principio de continuidad), el principio de que las entidades materiales se pueden observar abiertamente y el principio de que las entidades materiales interactúan causalmente (principio de contacto). A diferencia de los adultos, los niños pequeños no consideran al peso una propiedad básica de la materia. Esto se hace evidente en el juicio de los niños, que estiman que el calor, la luz y la electricidad «están hechos de alguna cosa», como los automóviles, los árboles y los animales. Las ideas y los sueños, en cambio, no lo están. Asombrosamente, el peso es considerado una propiedad accidental de las entidades materiales prototípicas. Por ejemplo, la mayor parte de los niños hasta los diez años consideran que un trozo de espuma de goma del tamaño de un guisante es material, pero no pesa nada. El peso no es, por lo tanto, una propiedad necesaria de aquellas entidades a las que consideran materiales.

Si el peso no es una propiedad necesaria de las entidades materiales, entonces no servirá para medir la cantidad de materia. Al igual que los griegos (Jammer, 1961), los niños pequeños no miden la materia (Piaget e Inhelder, 1941; Carey, 1991). Para los niños pequeños, el peso (que es una magnitud extensiva) no es diferente de la densidad (una magnitud intensiva) y por lo tanto no puede ser una propiedad extensiva de la materia (Carey, 1991; Smith, Carey y Wiser, 1985). Los niños saben que si el objeto A pesa 250 gramos y el objeto B pesa menos que el objeto A, entonces el objetos B pesará menos de 250 gramos. Sin embargo, el mismo niño está perfectamente conforme considerando que el objeto A se puede romper en 10 partes y que cada una de ellas ¡pesará 0 gramos!

Finalmente, los niños preescolares y casi la mitad de los de nuestro grupo de seis a diez años no construyeron el modelo de materia como algo continuo y homogéneo. Cuando se les pidió que imaginaran que cortaban un trozo de acero en mitades repetidas veces, dijeron que finalmente uno llega a un trozo tan pequeño que ya no ocupa lugar y que también se llegará a un trozo en el cual se podría (en principio) ver todo el acero, ya que no tendría acero por dentro. La otra mitad de los niños de escuela primaria y todos los niños de doce años consideraron que el acero es continuo, homogéneo e indefinidamente divisible: no importa cuán pequeño sea el trozo, de todos modos seguirá ocupando espacio y tendrá acero por dentro. (Hacia los doce años, independientemente de la educación en ciencias que hayan recibido, la mayor parte de los niños ya han construido un modelo continuo de la materia.) El modelo continuo de la materia sustenta la distinción entre peso y densidad, haciendo posible que el peso se convierta en una de las propiedades básicas de las entidades materiales.

¿Cómo llegan los niños a conceptualizar la materia y los objetos materiales? Las correspondencias entre los dominios de la física y el número, construidos a través de los procesos descritos por Nersessian, parecen desempeñar un papel en este proceso. Carol Smith y sus colaboradores (p. ej. Smith, Snir y Grosslight, 1992; Smith, Grosslight, Macklin y Davis, 2993) han investigado el uso de las analogías físicas que llevan a los niños de once a trece años a reconceptualizar la materia, prestando especial atención a la diferenciación entre peso y densidad y a la constitución del peso como una cantidad extensiva. Las comprobaciones se efectuaron en el ámbito de la enseñanza de las ciencias. El currículo desarrollado por Smith y colaboradores se centra en modelos visuales interactivos, implementados a través de ordenadores, que sirven para representar las matemáticas de las cantidades intensivas y extensivas. Por ejemplo, en un modelo, el peso se representa por la cantidad de puntos, el volumen por la cantidad de cajas de un determinado tamaño y la densidad por la cantidad de puntos por caja. Los estudiantes comienzan trabajando con los modelos y explorando las relaciones entre las cantidades extensivas e intensivas incluidas en los modelos. Luego trabajan haciendo correspondencias entre los modelos y el mundo material, investigando cuestiones como la proporción constante entre tamaño y peso en cada material y las leyes de flotación y hundimiento. Establecer la correspondencia es lento y difícil: al no haber diferenciado el peso de la densidad los niños no pueden lograr rápidamente la asociación entre el número de puntos por caja y la densidad, el peso absoluto y otra variable física.

Para facilitar estas asociaciones, Smith y colaboradores utilizan como dominio fuente la analogía física del azúcar que se disuelve en el agua (en esta analogía, la dulzura es la cantidad intensiva y las cantidades de azúcar y de agua las cantidades extensivas) y el modelo visual de la cantidad intensiva (la cantidad de puntos). El modelo visual encarna las matemáticas de las cantidades intensivas y extensivas y sirve como puente entre la representación matemática y el dominio-diana. Tal como lo hizo Maxwell, los estudiantes investigan la analogía de una manera sencilla a lo largo del tiempo. Cuando descubren el fenómeno de la expansión térmica e intentan trasladarlo al modelo, deben cambiar el modelo (las sustancias materiales no tienen densidades constantes). Este proceso amplía y consolida la comprensión del modelo matemático de las cantidades extensivas e intensivas y contribuye al cambio de concepto respecto de la materia. Se produce una correspondencia entre la física y la matemática que da lugar a un nuevo concepto básico: *la cantidad de materia.*

Smith et al. también usan en sus intervenciones educativas experimentos mentales y análisis de casos límite. Veamos un ejemplo de análisis de caso límite (ejemplificado concretamente y no como parte de un experimento mental). Los niños que carecen de un concepto extensivo de peso sostienen que un grano de arroz no pesa nada. Se dio a una clase un ejercicio en el cual grupos de alumnos debían descubrir cuántos granos de arroz hacían falta para desequilibrar un naipe que se balanceaba sobre un fulcro fijo (alrededor de 50). Se les pidió entonces que explicaran por qué caía la carta. (La mayor parte dijo: «El arroz era pesado».) Luego se colocó la carta sobre un eje más fino, de modo que con 10 granos bastaba para hacerla caer, y, más tarde, sobre un eje tan fino que un solo grano bastaba para desequilibrarla. Se les pidió a los estudiantes que pensaran nuevamente si un grano de arroz pesaba muy poco o no pesaba nada. A los niños de siete años esta experiencia no les alteraba las ideas. Seguían creyendo que un solo grano de arroz no pesaba nada. A los niños de diez u once años, en cambio, les ocurría algo completamente diferente. En primer lugar, se mostraban muy interesados en el experimento y se embarcaban en una acalorada discusión entre los que habían cambiado de idea y creían que un grano de arroz pesaba algo y los que seguían sosteniendo que no pesaba nada. En todas las clases en las que se observó este cambio, los que lo sostenían proponían espontáneamente dos argumentos: 1) un argumento respecto de la sensibilidad del dispositivo de medición y 2) el argumento de que un solo grano de arroz tenía que pesar algo porque si un grano pesaba 0, entonces 50 granos también tenían que pesar 0.

Cabe señalar que los dos argumentos dependen de la correspondencia entre objetos físicos y números: sólo en el terreno de la matemática la división repetida de una cantidad siempre arroja un resultado positivo y la adición repetida de 0 siempre lleva a 0. En el terreno de la física, por el contrario, cada interacción física posee un umbral. La división repetida de un objeto siempre, en algún momento, lleva a un objeto tan pequeño que no puede ser detectado a través de ningún dispositivo. Más aún, un conjunto de objetos cada uno de los cuales está por debajo del umbral de un determinado dispositivo posiblemente pueda ser detectado por este. Al igual que los físicos aristotélicos estudiados por Jammer (1961, véase nota 3), los niños de siete años que se resistieron al caso límite de Smith y siguieron insistiendo en que un solo grano de arroz no pesaba nada, no necesariamente estaban evidenciando un comportamiento irracional. Más bien estaban razonando dentro del dominio de los objetos perceptibles y fuera del dominio de los números. El análisis del caso límite de Smith forma parte de la construcción de una correspondencia entre el peso y el número e incentiva el desarrollo del concepto extensivo de peso. Sin embargo, no garantiza que esa asociación pueda ser construida y utilizada.

Smith et al. (1993) presentaron recientemente su currículo basado en un modelo, que incluye experimentos mentales y análisis de casos límite y es más eficiente para inducir el cambio conceptual que un currículo control que no incluye este tipo de heurística. Wiser (1988) obtuvo resultados semejantes utilizando analogías físicas para inducir el cambio conceptual en los conceptos térmicos de estudiantes secundarios, especialmente para lograr la diferenciación entre calor y temperatura.

Estos resultados sustentan las propuestas de Duhem y Nersessian respecto de los mecanismos que provocan el cambio conceptual. Además, muestran que los individuos que no son sofisticados desde el punto de vista metaconceptual ni forman parte del proceso social de construcción teórica pueden, sin embargo, utilizar el tipo de heurística que usan los científicos para lograr el cambio conceptual. El éxito de estos currículos sugiere que el cambio conceptual durante la niñez implica el mismo tipo de procesos que el cambio conceptual durante la historia de la ciencia. Los estudios acerca del cambio conceptual en la física aportan evidencias contra la hipótesis fuerte de universalidad.

Al igual que en el caso del número y la psicología, sin embargo, la hipótesis débil de universalidad queda intacta. Los estudiantes de Smith no exploraron espontáneamente la correspondencia entre el número y el peso y no inventaron la analogía física, los experimentos mentales o el análisis de casos límite. Estas herramientas fueron construidas por adultos que comprendían las concepciones que tenían los estudiantes acerca de la materia y que sabían el cambio conceptual que debían realizar. Esta demostración, por lo tanto, deja abierta la posibilidad de que sólo quienes construyen las teorías y son conscientes de cuestiones metaconceptuales sean capaces de inventar experimentos mentales, análisis de casos límite y analogías físicas para construir correspondencias entre diferentes dominios de conocimiento.

En resumen: los estudios del cambio conceptual durante la niñez muestran que la hipótesis fuerte de universalidad es falsa. Los niños y los adultos, al igual que los científicos, son capaces de realizar cambios en sus sistemas básicos de conocimiento dominio-específico a través de la construcción y el uso de correspondencias entre esos sistemas. Estos estudios disminuyen las expectativas de que existan universales cognitivos transculturales, aun en aquellos dominios sustentados por principios innatos. Las cualidades personales de los científicos maduros y las instituciones culturales de la ciencia no son indispensables para el cambio conceptual. Los psicólogos y antropólogos no pueden, por lo tanto, esperar que las teorías intuitivas que sostienen las personas de todo el mundo sean simplemente versiones enriquecidas de los principios innatos propios de estos dominios.

Conclusiones

Los estudios acerca del cambio conceptual, tanto en la historia de la ciencia como en la niñez, sugieren que las personas razonan más allá de los principios de sus sistemas iniciales de conocimiento. Lo hacen, en parte, construyendo correspondencias entre diferentes dominios de conocimiento. Como las posibilidades de efectuar asociaciones entre distintos dominios de conocimiento son enormes, no existen a priori muchas razones para esperar que los adultos de todas las culturas tengan concepciones conmensurables, ni siquiera en aquellos dominios en los cuales los seres humanos están dotados de sistemas de conocimiento cuyos principios determinan las entidades propias del dominio y facilitan el razonamiento acerca de esas entidades.

No obstante, aún no sabemos si los niños o los adultos construyen espontáneamente estas correspondencias entre dominios a través de los procesos heurísticos que hemos descrito durante el proceso de desarrollo de sistemas de conocimiento construidos culturalmente. Cuando no existe una ciencia desarrollada, ¿hace falta para el desarrollo cognitivo un cambio conceptual, puesto que los sistemas cognitivos de los miembros de distintas culturas son inconmensurables con los sistemas iniciales? ¿Lleva la construcción cultural del conocimiento en esos dominios a teorías intuitivas propias de distintas culturas, que serán diferentes e inconmensurables entre sí? Creemos que estas dos preguntas, relacionadas entre sí, constituyen el problema central de la antropología cognitiva. Por lo menos, son dos preguntas que hubiésemos deseado contestar.

Notas

1. Algunos investigadores consideran que los grandes cambios que se producen alrededor de los cuatro años en las capacidades de razonamiento de los niños acerca de las creencias, la distinción entre la apariencia y la realidad y ciertas tareas que implican perspectivas son evidencias de cambio conceptual en la teoría de la mente de los niños (p. ej. Perner, 1991). Otros, en cambio, sostienen que la concepción madura psicológica de una persona es una versión enriquecida de la concepción que se posee a los dos años (Wellman, 1990; Fodor, 1992). No tomaremos partido en este debate pero cabe señalar que los investigadores de ambos bandos sostienen que el niño, y aun el bebé, atribuyen a las personas la capacidad de acción autogenerada, de reacciones contingentes a las propias reacciones del bebé y de prestar atención a las entidades del mundo. Los desarrollos de la teoría de la mente del segundo tipo parecen preservar esta concepción básica de que las personas son seres que sienten y tienen propósitos.

2. Los puntos de vista diferentes respecto del razonamiento analógico en la ciencia cognitiva (p. ej. Gentner, 1989; Holyoak y Thagard, 1989; Carbonell, 1986) ponen en evidencia los detalles acerca de cómo se construyen y usan los mapeos.

3. El experimento imaginario de Galileo demuestra que el concepto aristotélico de peso no diferencia entre una cantidad extensiva (el peso de un objeto compuesto es aditivo) y una cantidad intensiva (el peso de un objeto compuesto es un promedio). Según Jammer (1961), el concepto aristotélico de peso era verdaderamente indiferenciado. En realidad, Aristóteles tuvo en cuenta

una versión del experimento de pensamiento de Galileo y llegó a la conclusión de que un objeto compuesto caería más rápido, dado que el peso de cualquier parte de la sustancia era una función de la totalidad de la cual formaba parte ¡Tanto el objeto grande como el pequeño serían más pesados si formaran parte de un solo objeto! El experimento imaginario de Galileo, por lo tanto, no llevó a una contradicción dentro de la física aristotélica. Los experimentos imaginarios, como cualquier otro experimento, dependen de la conceptualización vigente y no garantizan el cambio conceptual.

4. Esta profundización continúa hasta los diez años. Los niños de diez años consideran que una mofeta, si se le da una inyección con un producto químico al poco tiempo de nacer, que la hace crecer con la forma de un mapache, será realmente un mapache (Keil, 1989).

5. Springer y Keil (1989) no ofrecen un análisis de lo que constituye una consecuencia "biológica" funcional e incluyen este tipo de ejemplos como un modo de «ampliar la mirada para ver más fácilmente a los enemigos.»

6. Por ejemplo, todos los niños de cuatro años y aproximadamente la mitad de los niños entre seis y diez años opinaron que la caja aquí mencionada podía contener tanto al bloque de acero como a un volumen de aire igual al mismo tiempo, «porque el aire no es nada». Los mismos niños también reconocieron que necesitaban aire para respirar, que el viento está hecho de aire y que no hay aire en el espacio exterior o en la luna. En otra entrevista con niños de seis años en la cual no se había mencionado al aire, alrededor de la cuarta parte sostuvieron ¡que el aire era el material con el cual estaban hechos los sueños y las ideas!

Referencias bibliográficas

Astington, J. W., Harris, P. L. y Olson, D. R. (comps.). 1988. *Developing theories of mind*, Nueva York, Cambridge University Press.

Atran, S. 1990. *Cognitive foundations of natural history,* Cambridge, Cambridge University Press.

Baillargeon, R. 1986. «Representing the existence and the location of hidden objects: Object permanence in 6– and 8–month old infants», *Cognition, 23,* pp. 21-41.

Baillargeon, R., Graber, M., DeVos, J. y Black, J. C. 1990. «Why do young infants fail to search for hidden objects?», *Cognition, 36*, pp. 255-284.

Ball, W.A. 1973, abril. «The perception of causality in the infant». Trabajo presentado en la «Society for Research in Child Development», Filadelfia, PA.

Carbonell, J. 1986. «Derivational analogy: A theory of reconstructive problem solving and expertise acquisition» en R. Michalski, J. Carbonell y T. Mitchell (comps.), *Machine learning: An artificial intelligence approach*, Los Altos, CA, Morgan-Kaufmann, pp. 371-392.

Carey, S. 1985. *Conceptual change in childhood.* Cambridge, MA, Bradford/MIT Press.

–. 1986. «Cognitive science and science education», *American Psychologist, 41*, pp. 1123-1130.

–. 1988. «Conceptual differences between children and adults», *Mind and language, 3,* pp. 167-181.

–. 1991. «Knowledge acquisition: Enrichment or conceptual change?» en S. Carey y R. Gelman (comps.), *Epigenesis of mind: Studies in biology and cognition,* Hillsdale, NJ, Erlbaum.

Carey S., Klatt, L. y Schlaffer, M. 1992. «Infants' representations of objects and nonsolid substances», Manuscrito inédito, MIT.

Chi, MTH. 1992. «Conceptual change within and across ontological categories: Examples from learning and discovery in science», en R. N. Giere (comp.), *Cognitive models of science. Minnesota Studies in the Philosophy of Science, 15*, pp. 129-186. Minneapolis, University of Minnesota Press.

Chomsky, N. 1980a. *Rules and representation.* Nueva York, Columbia University Press.

–. 1980b. «Rules and representations», *Behavioral and Brain Sciences, 3,* pp. 1-61.

Davis, H., Pérusse, R. 1988. «Numerical competence in animals: Definitional issues, current evidence, and a new research agenda», *Behavioral and Brain Sciences, 11,* pp. 561-615.

Duhem, P. 1949. *The aim and structure of physical theory.* Princeton, Princeton University Press.

Estes, D., Wellman, N. M. y Wooley, J. D. 1989. «Children's understanding of mental phenomena», en H. Reese (comp.), *Advances in child development and behavior* Nueva York, Academic Press, pp. 41-87.

Feyerabend, P. 1962. «Explanation, reduction, empiricism», en H. Feigl y G. Maxwell (comps.), *Minnesota Studies in the Philosophy of Science, 3*, pp. 41-87, Minneapolis, University of Minnesota Press.

Fodor, J. 1992. «A theory of the child's theory of mind», *Cognition, 44,* pp. 283-296.

Gallistel, C. R. 1990. *The organization of learning,* Cambridge, MA, Bradford MIT Press.

Gallistel, C. R. y Gelman, R. 1992. «Preverbal and verbal counting and computation», *Cognition, 44*, pp. 43-74.

Gelman, R. 1990. «First principles organize attention to and learning about relevant data: Number and the animate-inanimate distinction as examples», *Cognitive Science, 14*, pp. 79-106.

–. 1991. «Epigenetic foundations of knowledge structures: Initial and transcendent constructions», en S. Carey y R. Gelman (comps.), *The epigenesis of mind: Essays on biology and cognition.* Hillsdale, NJ, Erlbaum, pp. 293-322.

Gelman, R. y Evans, R. 1981. «Understanding infinity: A beginning inquiry». Trabajo presentado en la Society for Research in Child Development, Boston MA.

Gelman, R. y Gallistel, C. R. 1978. *The child's understanding of number,* Cambridge, MA, Harvard University Press.

Gelman, R., Spelke, E. S. y Meck, E. 1983. «What preschoolers know abour animate and inanimate objects» en D. Rogers y I. A. Sloboda (comps.), *The acquisition of symbolic skills,* Nueva York, Plenum.

Gelman, S. A. y Wellman, H. M. 1991. «Insides and essences: Early understandings of the nonobvious», *Cognition, 38,* pp. 213-244.

Gentner, D. 1989. The mechanisms of analogical learning, en S. Vosniadu y A. Ortony (comps.), Similarity and analogical reasoning. Cambridges, Cambridge University Press, pp. 200-241.

Gentner, D. y Grudin, J. 1985. «The evolution of mental metaphors in psychology: A 90 year retrospective», *American Psychologist, 40,* pp. 181-192.

Gibson, J. J. 1950. *The perception of the visual world,* Boston, Houghton-Mifflin.

Gruber, H. E. 1974. *Darwin on man: A psychological study on scientific creativity,* Nueva York, E. P. Dutton. [*Darwin sobre el hombre: un estudio psicológico de la creatividad.* Madrid, Alianza Editorial, 1984.]

Hacking, I. 1993. «Working in a new world: The taxonomic solution», en P. Horwich y J. Thomson (comps.), *World changes,* Cambridge, MA, MIT Press.

Hatano, G. e Inagaki, K. 1987. «Everyday biology and school biology: How do they interact?», *The Quarterly Newsletter of the Laboratory of Comparative Human Cognition, 9,* pp. 120-128.

Heider, F. y Simmel, M. 1944. «An experimental study of apparent behavior», *The American Journal of Psychology, 57,* pp. 243-259.

Hirsch, E. 1982. *The concept of identity,* Nueva York, Oxford University Press.

Hofsten, C. von y Spelke, E. S. 1985. «Object perception and object-directed reaching in infancy», *Journal of Experimental Psychology: General, 114,* pp. 198-212.

Holyoak, K. y Thagard, P. 1989. «Analogical mapping by constraint satisfaction: A computational theory», *Cognitive Science, 13,* pp. 295-356.

Inagaki, K. y Hatano, G. 1988. «Young children's understanding of the mind-body distinction.» Trabajo presentado en el Meeting of the American Educational Research Association, Nueva Orleans.

Jammer, M. 1961. *Concepts of mass,* Cambridge, MA, MIT Press.

Jeyifous, S. 1986. *Atimodemo: Semantic conceptual development among the Yoruba,* Tesis de doctorado, Cornell University.

Johnson, M. H. y Morton, J. 1991. *Biology and cognitive development: The case of face recognition,* Oxford, Blackwell.

Keil, F. C. 1989. *Concepts, kinds and cognitive development,* Cambridge, MA, MIT Press.

Kellman, P. J. y Spelke, E. S. 1983. «Perception of partly occluded objects in infancy», *Cognitive Psychology, 15,* pp. 483-524.

Kellman, P. J., Spelke, E. S. y Short, K. 1986. Infant perception of object unity from translatory motion in depth and vertical translation. *Child Development, 57*, pp. 72-86.

Kestenbaum, R., Termine, N. y Spelke, E.S. 1987. «Perception of objects and object boundaries by three-month-old infants», *British Journal of Developmental Psychology, 5,* pp. 367-383.

Kitcher, P. 1983. *The nature of mathematical knowledge,* Oxford, Oxford University Press.

–. 1988. «The child as parent of the scientist», *Mind and Language, 3,* pp. 217-228.

Klahr, D. y Wallace, J. G. 1973. «The role of quantification operators in the development of conservation», *Cognitive Psychology, 4,* pp. 301-327.

Kuhn, T. S. 1962. *The structure of scientific revolutions.* Chicago, University of Chicago Press. [La estructura de las revoluciones científicas. Madrid, Fondo de Cultura Económica, 1990.]

–. 1977. «A function for thought experiments», en T. S. Kuhn, *The essential tension,* Chicago, University of Chicago Press. [*La tensión esencial.* Madrid, Fondo de Cultura Económica, 1983.]

–. 1982. Commensurability, comparability, communicability» *PSA 1982, 2,* East Lansing, MI, Philosophy of Science Association, pp. 669-688.

Leslie, A. M. 1987. «Pretense and representation: The origins of "Theory of mind"», *Psychological Review,* 94, 412-426.

–. 1988. «The necessity of illusion: Perception and thought in infancy» en L. Weiskrantz (comp.) *Thought and language,* Oxford, Oxford University Press, pp. 185-210.

–. 1991, abril. «Infants' understanding of invisible displacement». Trabajo presentado en la Society for Research in Child Development, Seattle, WA.

Marr, D. 1982. *Vision* San Francisco, CA, Freeman. [*La visión.* Madrid, Alianza Editorial, 1985.]

Nersessian, N. J. 1992. «How do scientists think? Capturing the dynamics of conceptual change in science», en R. N. Giere (comp.), *Cognitive models of science, Minnesota Studies in the Philosophy of Science, 15,* pp. 3-44. Minneapolis, University of Minnesota Press.

Perner, J. 1991. *Understanding the representational mind,* Cambridge, MA, Bradford/MIT Press. [*Comprender la mente representacional.* Barcelona, Ediciones Paidós Ibérica, 1994.]

Piaget, J. 1954. *The construction of reality in the child,* Nueva York, Basic Books. [*La construcción de lo real en el niño.* Barcelona, Crítica, 1989.]

Piaget, J. e Inhelder, B. 1941. *Le development des quantités chez l'enfant,* Neufchatel, Delchaux et Niestle. [*El desarrollo de las cantidades en el niño.* Barcelona, Hogar del libro, 1985.]

Premack, D. 1990. «The infant's theory of self-propelled objects», *Cognition, 36* (1) pp. 1-16.

Rozin, P. 1976. «The evolution of intelligence and access to the cognitive unconscious. *Progress in Psychobiology and Physiological Psychology, 6*, pp. 245-279.

Shipley, E. F. y Shepperson, B. 1990. «Countable entities: Developmental changes», *Cognition, 34*, pp. 109-136.

Slater, A, Morison, B, Somers, M., Mattock, A., Brown, E. y Taylor, D. 1990. «Newborn and older infants' perception of partly occluded objects», *Infant Behavior and Development, 13,* pp. 33-49.

Smith, C., Carey, S. y Wiser, M. 1985. «On differentiation: A case study of the development of the concepts of size, weight and density», *Cognition, 21,* pp. 177-237.

Smith, C., Grosslight, L., Macklin, D. y Davies, H. 1993. «A comparison of IPS and a parallel model-based curriculum in producing conceptual change.» Trabajo presentado en la American Educational Research Association.

Smith, C., Snir, Y. y Grosslight, L. 1992. «Using conceptual models to facilitate conceptual change: The case of weight and density.» *Cognition and Instruction, 9*, pp. 221-283.

Soja, N., Carey, S. y Spelke, E. 1991. «Ontological constraints on early word meanings», *Cognition, 38*, pp. 179-211.

Solomon, G., Johnson, S., Zaitchik, D. y Carey, S. 1993. «The young child's conception of inheritance», Trabajo presentado en la Society for Research in Child Development, Nueva Orleans.

Spelke, E. S. 1988. «Where perceiving ends and thinking begins: The apprehension of objects in infancy» en A. Yonas (comp.). *Perceptual development in infancy. Minnesota Symposium on Child Psychology, 20,* pp. 191-234, Hillsdale, NJ, Erlbaum.

–. 1990. «Principles of object perception», *Cognitive Science,* 14, 29-56.

–. 1991. «Physical knowledge in infancy: Reflections on Piaget's theory» en S. Carey y R. Gelman (comps.), *Epigenesis of mind; Studies in biology and cognition,* Hillsdale, NJ, Erlbaum.

Spelke, E.S., Breinlinger, K. y Jacobson, K. 1992. «Gestalt relations and object perception in infancy». Manuscrito inédito, Cornell University.

Spelke, E. S., Breinlinger, K., Macomber, J. y Jacobson, K. 1992. «Origins of knowledge, *Psychological Review, 99,* pp. 605-632.

Spelke, E. S., Hofsten, C. von y Kestenbaum, R. 1989. «Object perception and object-directed reaching in infancy: Interaction of spatial and kinetic information for object boundaries.», *Developmental Psychology, 25,* pp. 185-196.

Spelke, E. S. y Kestenbaum, R. 1986. «Les origines du concept d'objet». *Psychologie Française, 31,* pp. 67-72.

Spelke, E. S. y Van de Walle, G. (en prensa). «Perceiving and reasoning about objects: Insights from infants» en N. Eilan, W. Brewer y R. McCarthy (comps.), *Spatial representation,* Oxford, Basil Blackwell.

Springer, K. 1992. «Children's beliefs about the biological implications of kinship», *Child Development, 63,* pp. 950-959.

Springer, K. y Keil, F. C. 1989. «On the development of biologically specific beliefs: The case of inheritance.», *Child Development, 60*, pp. 637-648.

Streri, A. y Spelke, E. S. 1988. «Haptic perception of objects in infancy.» *Cognitive Psychology, 20,* pp. 1-23.

Streri, A. y Spelke, E.S. 1989. «Effects of motion and figural goodness on haptic object perception in infancy.», *Child Development, 60*, pp. 1111-1125.

Streri, A., Spelke, E. S. y Rameix, E. 1992. *Modality-specific and amodal aspects of object perception in infancy: The case of active touch.* Manuscrito inédito.

Suppe, F. 1977. *The structure of scientific theories,* Urbana, University of Illinois Press.

Thagard, P. 1988. *Conceptual revolutions.* Princeton, NJ, Princeton University Press.

Tronick, E. 1982. *Social interchange in infancy,* Baltimore, MD, University Park Press.

Tweney, R. D. 1991. «Faraday's notebooks: The active organization of creative science», *Physics Education, 26*, pp. 301.

Van de Walle, G. A. y Spelke, E. S. 1993. «Integration of information over time: Infants' perception of partly occluded objects». Afiche presentado en la Society for Research in Child Development, Nueva Orleans, LA.

Vosniadou, S. y Brewer, W. F. 1992. «Mental models of the earth: A study of conceptual change in childhood.» *Cognitive Psychology, 24*, pp. 535-585.

Wellman, H. M. y Miller, K. F. 1986. «The development of understanding of the concept of number zero, 3-7 year-olds.» *British Journal of Developmental Psychology, 4,* pp. 31-42.

Wellman, H. M. 1990. *The child's theory of mind,* Cambridge, MA, Bradford/MIT Press.

Wellman, H. M. y Gelman, S. A. 1992. «Cognitive development: Foundational theories of core domains», *Annual Review of Psychology, 43*, pp. 337-375.

Wiggins, D. 1980. *Sameness and substance,* Cambridge, MA, Harvard University Press.

Wiser. 1988. «Can models foster conceptual change? The case of heat and temperature», Harvard University: Informe técnico del Educational Technology Center.

Wynn, K. 1992. «Addition and substraction by human infants.», *Nature, 358,* p. 749.

Xu, F. y Carey, S. 1992. «Infants' concept of numerical identity». Trabajo presentado en la Boston University Language Acquisition Conference.

8

¿La adquisición de categorías sociales se basa en una competencia dominio-específica o en la transferencia de conocimientos?*

Lawrence A. Hirschfeld

Tal como se ha expuesto en esta obra, algunos dominios conceptuales pueden comprenderse a partir de una competencia dominio-específica. Tal es el caso de los objetos físicos de tamaño intermedio (Carey y Spelke), de la clasificación de los seres vivientes (Atran, Keil), de la teoría de la mente (Gopnik y Wellman; Leslie) y de lo numérico (R. Gelman y Brenneman). Esta competencia dominio-específica subyacente no está presente, en cambio, en otros dominios conceptuales tales como por ejemplo la astronomía, la física de las partículas, la tecnología informática, o (tal como sugiere el capítulo de Boyer y Vosniadou) las representaciones religiosas y la cosmología. No está tan clara la cuestión en dominios como la química o los

* Agradezco a Scott Atran, Susan Gelman, Doug Medin y Ann Stoler sus comentarios sobre los borradores previos de este capítulo, que me han sido de gran ayuda, y a Ed Rothman sus sugerencias sobre los análisis. Estoy especialmente agradecido a Dan Sperber por sus concienzudas lecturas de los borradores previos y sus valiosas sugerencias. La investigación comentada en este capítulo fue financiada con becas de la Fundación Fyssen y de la Fundación Nacional de la Ciencia (INT-8814397 y RCD-8751136) y con fondos de la Oficina del Vicepresidente para la Investigación de la Universidad de Michigan.

objetos confeccionados por el hombre. En el dominio de las categorías sociales tampoco se ha tomado una decisión al respecto (Turiel, 1983).

¿Cómo se desarrolla el conocimiento en dominios para los cuales no existe una competencia innata determinada ad hoc? El mecanismo al que se alude con más frecuencia es la analogía y la transferencia desde dominios que están arraigados de un modo más sólido. En particular, se ha postulado que la adquisición de categorías sociales no se basa en una competencia dominio-específica sino más bien en una transferencia desde el dominio de la biología (Atran, 1990; Boyer, 1990; Rothbart y Taylor, 1990). En este capítulo aportaré evidencia y argumentos que sugieren que las categorías sociales no dependen de este tipo de transferencia. Esto podría deberse o bien al hecho de que existe una competencia innata dominio-específica concretamente para el ámbito social, o bien a que las categorías sociales caen desde un principio dentro del alcance de competencias más amplias. En la conclusión me ocuparé de tratar estas y otras posibilidades.

Si bien hay muchos ejemplos plausibles, no existe ninguna descripción adecuada acerca de los mecanismos psicológicos de la transferencia analógica. En las ciencias sociales podemos encontrar numerosos ejemplos útiles, particularmente en lo que se refiere a la historia de la ciencia y la antropología. Los antropólogos tienen un acendrado interés en la explotación de las analogías entre los dominios naturales y sociales que se pueden observar en todo el mundo. El ejemplo más conocido es el totemismo. Es frecuente que los registros etnográficos muestren evidencias de la representaciones de cuestiones sociales y culturales «a través de la mediación simbólica de los animales» (Turner, 1985: 49; Crocker, 1977; Tambiah, 1969; Lévi-Stauss, 1962) y que, inversamente, observen la atribución de rasgos psicológicos y sociales humanos a animales (Hallowell, 1976) y, en ocasiones, a objetos inanimados (Daniel, 1984). En estas analogías entre seres humanos y animales ¿es generalmente un mismo dominio la fuente y el otro el objetivo de la transferencia de una representación? ¿Podría ser que uno de los dominios estuviese basado en una competencia dominio-específica y el otro estuviese construido a partir del primero por analogía? ¿O en el caso de ambos subyace una competencia dominio-específica, tal como sugeriré más adelante?

Ciertamente, dos competencias dominio-específicas están bastante bien establecidas: la psicología intuitiva en el ámbito humano (pero no en el social) y la biología intuitiva en el ámbito animal. La psicología intuitiva tiene interés en la explicación psicológica de la acción individual, del comportamiento, mientras que la biología intuitiva se ocupa de la explicación del aspecto y el carácter de los seres en función de sus esencias específicas subyacentes. Se ha postulado tanto la transferencia de la psicología humana a otras especies vivientes como la transferencia de la clasificación esencialista a las categorías sociales. Este capítulo se ocupa de la transferencia del dominio biológico al social y cuestiona su papel en la constitución del mismo. (La relación entre los dos tipos de transferencia es tratada por Hirschfeld, en prensa-a).

A diferencia de lo que sucede con las clasificaciones de las especies vivientes, no todas las categorizaciones sociales son esencialistas. En antropología se ha observado muchas veces que existe un contraste entre dos clases de categorías sociales reconocidas: unas han sido claramente creadas por los seres humanos a partir de una elección individual o una decisión o convención colectiva, mientras que otras son naturales, ya que no pueden ser adquiridas o alcanzadas sino a través de procesos que son naturales o sobrenaturales como ellas mismas. En otras palabras, algunas propiedades sociales son dependen de la identidad de la persona mientas que otras son esenciales (Hirschfeld, 1988). Las castas, las aristocracias, las brujas (a diferencia de las hechiceras), los linajes sacerdotales, las etnias, la razas, los parentescos, el género son ejemplos de las categorías de apariencia natural. Por el contrario, las profesiones, los cargos electivos, las clases económicas, los amigos, la pertenencia voluntaria a asociaciones, la hechicería y otras son ejemplos de categorías establecidas por el hombre.

Son las categorías de apariencia natural las que sugieren la posibilidad de una transferencia de la biología intuitiva. La idea de la existencia de esta clase de transferencia surge de dos tipos de evidencias: por una parte, la sorprendente y frecuentemente observada semejanza entre el esencialismo propio de las categorías de las esencias vivientes y el de las categorías sociales relevantes y, por otra, la resistencia a aceptar una competencia innata dominio-específica directamente subyacente en las categorías sociales. A partir de los hallazgos obtenidos en mis propias investigaciones, postulo que las categorías sociales entran en el terreno de las competencias dominio-específicas y no aparecen a partir de una mera transferencia tecnológica (esto no implica que dicha transferencia no exista, sino que ayuda a explicarla mejor).

Este problema es importante tanto para las preocupaciones clásicas de los antropólogos como para las actuales investigaciones de los estudiosos del desarrollo que trabajan sobre la transferencia de conocimiento. Creo que para avanzar en nuestra comprensión de este problema compartido serán necesarias las perspectivas de la antropología y de la psicología.

Dos modelos de transferencia

Durante al menos un siglo los antropólogos han debatido acerca de cuál es la mejor manera de interpretar la frecuente asociación que se observa en dos sistemas: el de las especies y el de las categorías sociales humanas. De estas asociaciones la más estudiada ha sido la del totemismo, que es el uso de las diferencias entre especies naturales para simbolizar las diferencias entre grupos sociales.

Antiguos estudios acerca de las creencias totémicas, en las cuales la pertenencia a una cierta especie de planta o animal se identificaba con la pertenencia a una categoría social determinada solían interpretar estas asociaciones no tanto como transferencias sino más bien como equivalencias. Para citar uno de los ejemplos más conocidos, los bororos del centro de Brasil sostienen que son loros (o miembros de otras especies totemizadas) (Crocker, 1977; Turner, 1989). Von den Steinen (1984), quien realizó el estudio original, sostiene que los bororos no podían distinguir entre los seres humanos y los animales. Esta es una interpretación que más tarde nadie ha tomado muy seriamente. Sin embargo, hasta los etnógrafos modernos confirman que los bororos y otros grupos semejantes realizan este tipo de afirmaciones con evidente sinceridad y de un modo tan explícito que hacen falta interpretaciones más detalladas para explicarlas (Crocker, 1977; Turner, 1989). Por lo tanto, aunque diversos estudiosos han considerado que la relación cognitiva no es tan directa y que no se trata de identificar a los animales con los seres humanos, todavía existen discusiones acerca de cómo caracterizar esta clase de creencias. Mauss, por ejemplo, anticipándose al interés más reciente de los cognitivistas respecto del pensamiento esencialista, sugirió que estas identificaciones totémicas implican un «parentesco de sustancia entre los seres humanos y las especies adoradas» (1947: 161).

La mayor parte de los investigadores del campo de la antropología, sin embargo, han postulado que las afirmaciones totémicas son evidencia de asociaciones simbólicas, figurativas, basadas en consideraciones culturales (Boas, 1916) o afectivas (Radcliffe-Brown, 1992). Lévi-Strauss (1962, 1966), en su trabajo decisivo sugiere que esas relaciones simbólicas se comprenden mejor como un modo de pensamiento omnipresente en la relación entre los órdenes natural y cultural. Muchos estudiosos han señalado que aunque la afinidad entre las categorías de la variación animal y humana es intuitiva, no es tanto una función de un paralelo objetivo y percibido, sino más bien el resultado de una comparación construida (y generalmente inverosímil) (Tambiah, 1969; Rosaldo, 1972; Leach, 1964; Douglas, 1966). La relación entre los órdenes natural y humano no salta a la vista, sino que implica «un pasado histórico, durante el cual el hombre pasó de lo natural a lo cultural» (Tambiah, 1969: 454).

Tanto los antropólogos como los psicólogos siguen considerando que el orden natural irrumpe en nuestra organización del mundo humano a través de la transferencia de conocimiento. Los investigadores que trabajan desde una perspectiva basada en dominios han sugerido recientemente, sin embargo, que el orden social y el natural pueden estar relacionados a través de un modo de pensamiento que no es tan literal sino más bien (cognitivamente) simbólico. Atran (1990), Boyer (1990) y Rothbart y Taylor (1990), por ejemplo, han postulado de manera independiente que los órdenes natural y humano convergen en el momento en que las categorías sociales «se naturalizan». La naturalización, en este caso, implica un proceso en el cual los principios que derivan de la comprensión de la variación biológica pasan a gobernar la comprensión de las diferencias sociales. Según estas propuestas, la creencia de que los miembros de una categoría comparten una esencia que da lugar a semejanzas superficiales supuestamente comunes a los miembros de una categoría es exportada del dominio natural al dominio social.

La propuesta de la naturalización de las categorías sociales (de aquí en adelante, el modelo de la naturalización) tiene también consecuencias respecto del desarrollo: Según esta perspectiva, los niños maturalizan las diferencias sociales aplicando su conocimiento acerca de las variaciones biológicas a su incipiente comprensión del mundo social. «Es posible que inicialmente los niños tomen prestadas sus presunciones acerca de la naturaleza de los seres vivientes para organizar mejor su conocimiento sobre los seres HUMANOS y que combinen estos conocimientos con los que poseen acerca de otros SERES VIVIENTES.» (Atran, 1990:74).

Tanto Atran (1990) como Boyer (1990) han postulado de manera independiente que este préstamo surge de una confluencia entre la similaridad conceptual y la necesidad cognitiva, que son aproximadamente los mismos impulsos que distinguen Radcliffe-Brown (1922) y Boas (1916) en sus primeras especulaciones acerca del origen cultural de las creencias totémicas. Sin embargo, este argumento se refiere a representaciones individuales y no a representaciones colectivas y está enmarcado epistemológicamente: los niños transfieren rápidamente los principios que organizan los conceptos biológicos a los sociales debido a la proximidad ontológica entre los dos dominios, ya que los seres humanos y los animales son «dominios ontológicos adyacentes» (Atran, 1990: 74; véanse también Greeno, 1983; Spiro, Feltovich, Coulson y Anderson, 1989). Al mismo tiempo, la proyección de los principios biológicos al dominio social viene a cumplir con la necesidad de economía cognitiva (Boyer, 1990; véanse también Spiro et al., 1989; Vosniadou, 1989; cfr. Inagaki y Sugiyama, 1988; Inagaki y Hatano, 1987). Estas transferencias implican restricciones que se aplican a las categorías sociales pero que la semántica de estas categorías no avala.

Para cualquiera que conozca la literatura de la ciencia cognitiva actual es evidente que si existe una transferencia entre las especies vivientes y las categorías sociales, esa transferencia va de lo biológico a lo social. Sin embargo, la propuesta inversa fue sugerida por Durkheim y Mauss (1903/1963) en un trabajo cuyos ecos llegan hasta las ciencias sociales actuales (p. ej. Douglas, 1986). Ellos sostenían que

Las primeras categorías lógicas fueron categorías sociales; las primeras clases de cosas fueron clases de hombres a las cuales se integraron esas cosas. Debido a que los hombres se agrupaban y pensaban en ellos mismos como grupos, comenzaron a agrupar otras cosas y al comienzo los dos modos de agrupar se mezclaron hasta el punto de llegar a ser indistintos. Las tribus fueron el primer género; los clanes, la primera especie (Durkheim y Mauss, 1903/1963: 82-83).

La relación que Durkheim y Mauss describen (en adelante el modelo societal) implica una transferencia del orden humano al animal (para una afirmación más reciente, véase Dwyer, 1976).[1] Durkheim y Mauss también postulan que la relación entre estos órdenes implica la transferencia de principios de razonamiento acerca de la variación humana a la variación animal. Por lo tanto, este modelo societal es claramente el reverso del modelo de naturalización antes mencionado.

La noción de que sólo algunos aspectos del dominio fuente son importados al dominio diana es propia de cualquier modelo de transferencia. La utilidad de una analogía depende en gran medida de esta transferencia parcial (Spiro et al., 1989). Por ejemplo, si bien el átomo de hidrógeno se parece al sistema solar, esto

No implica que *todo* el conocimiento que se posee acerca del sistema solar pueda atribuirse al conocimiento del átomo. La herencia de características es sólo parcial... Los modelos analógicos utilizados en la ciencia se pueden caracterizar como correspondencias estructurales entre sistemas complejos. Esta analogía implica que sistemas de relaciones semejantes corresponden a dominios diferentes... Por lo tanto, una analogía por correspondencia estructural demuestra que pueden existir operaciones y relaciones idénticas entre cosas que no son idénticas. Se preserva la estructura de relaciones, pero no los objetos (Gentner y Gentner, 1983: 101-102).

Respecto de los dominios biológico y humano, el problema se puede plantear en términos de cuál es la estructura que se preserva. Muchos estudiosos están de acuerdo en que los niños, cuando coordinan sus conocimientos acerca de los mundos humano y biológico, están extendiendo su comprensión acerca de algo que conocen mucho hacia algo que conocen menos.[2] ¿Qué es, entonces, lo que conocen mucho y qué es lo que conocen menos? Podría resultar útil a este respecto comparar los aspectos precisos del conocimiento biológico y el conocimiento social que acaban siendo genuinamente análogos entre dominios.

Según el modelo de naturalización propuesto por Atran, Boyer y Rothbart y Taylor, las nociones que se transfieren son dos: en primer término la variación biológica se convierte en un modelo adecuado para la variación humana y, en segundo lugar, los miembros de una categoría social dada pasan a ser considerados como parecidos entre ellos. Los modelos de Atran, Boyer, y Rothbart y Taylor postulan la disponibilidad perceptiva. Resulta muy evidente que la variación entre plantas y animales no se produce de manera continua ni al azar, sino que se da de modo tal que los distintos grupos constituyen clases discretas. De manera análoga, los niños parecen poseer evidencias, ya sean genuinas o espurias, de que los seres humanos también varían de un modo que sugiere la existencia de grupos discretos.

Por analogía, estas variedades limitadas de seres humanos se tipifican a partir de esencias subyacentes compartidas, del mismo modo que la variedad limitada de otros seres vivientes se tipifica en términos de esencias compartidas (véase también Hirschfeld, 1989a). Así como existen las manzanas y las naranjas, existen los japoneses y los javaneses. Así como todas las manzanas comparten la esencia subyacente que produce que las flores de manzana (especialmente sus ovarios) se conviertan en manzanas (y no en naranjas), todos los japoneses (supuestamente) comparten una esencia subyacente que hace que los niños japoneses lleguen a ser japoneses adultos (y no javaneses). Las investigaciones llevadas a cabo por Gelman y sus colaboradores (Gelman y Wellman, 1991; Gelman, Coley y Gottfried, cap. 13, vol. 2 de esta obra) sugieren que este tipo de pensamiento esencialista surge tempranamente en lo que respecta a las clases biológicas.[3] Tanto los trabajos de antropólogos (Mauss, 1947) como los de los psicólogos sociales (Allport, 1954) indican que se trata de un rasgo recurrente en el pensamiento adulto en muchas culturas y épocas.

Sin embargo, tal como he señalado, no todas las categorías sociales se construyen de un modo esencialista. Algunas se basan en la comprensión del comportamiento per se de los miembros de la categoría. Aunque las regularidades de ese comportamiento se podrían atribuir a alguna *causa* subyacente (por ejemplo, los patrones de comportamiento recurrentes que se asocian con una ocupación derivan de la función que cumple esa ocupación), estas causas no se encuentran esencializadas. Se podría apelar a un argumento semejante para explicar las regularidades del comportamiento que surgen de una personalidad. En estos casos se piensa en una causa subyacente, pero no en una esencia. Si este tipo de categorías surgieron de una transferencia, sería más a partir de la psicología intuitiva que de la biología intuitiva. Nuevamente, la evidencia que presentaré contradice la hipótesis de la transferencia y a favor de una competencia dominio-específica disponible desde el comienzo.

La representación mental de las categorías raciales

Trataré de demostrar que, tal como sostiene el modelo de naturalización, existe una competencia dominio-específica para el dominio biológico que subyace en el pensamiento esencialista en biología y, tal como se ha sugerido en el modelo societal, existe una competencia dominio-específica para el dominio social (que posee los aspectos relevantes del dominio social completo) que subyace en el pensamiento esencialista acerca de las categorías sociales. Si esto es correcto, tanto el modelo de naturalización como el modelo societal están equivocados al suponer que la competencia para un dominio se constituye por transferencia a partir del otro. Las transferencias que se encuentran bien documentadas son fáciles y fructíferas debido a las semejanzas entre los dos campos (véase Hirschfeld, en prensa-a).

En una sociedad secular moderna, existen pocas categorías sociales que guarden semejanza con las naturales. La mayor parte de las categorías son del tipo de las construidas por el hombre, como las categorías ocupacionales o las pertenencias voluntarias. Sin embargo, aquellas categorías de tipo natural que siguen apareciendo en las sociedades modernas son de fundamental importancia. Aparecen en cuatro áreas: la edad, el género la raza o etnia y el parentesco.

La edad y el sexo son campos de estudio muy desarrollados, a los cuales no puedo aportar investigaciones originales. Son, no obstante, áreas en las cuales el modelo de naturalización parece muy poco plausible: sería muy extraño proponer que el pensamiento esencialista respecto de la edad o el sexo humanos deriva de antecedentes sobre el pensamiento esencialista acerca de los animales, en parte porque el pensamiento esencialista respecto del sexo precede durante el desarrollo al pensamiento esencialista respecto de los animales (véase Bem, 1989; cfr. la cita de Carey más adelante en este mismo capítulo). No sólo resulta admisible que la comprensión del sexo y la edad se base en una competencia de dominio específico, sino que hasta podría pensarse, en el caso del género, que el dominio relevante no es el social en su totalidad, sino el género en sí mismo.

En el caso del parentesco, por el contrario, no existe entre los antropólogos ni entre los psicólogos un acuerdo acerca de cuál es el contenido de la comprensión popular al respecto, se trate de un conocimiento esencialista o basado en una nominación convencional de las relaciones reproductivas. Sin embargo, en una serie de artículos he postulado que, al menos parcialmente, se pone en juego una comprensión esencialista del parentesco. Volveré sobre el tema más adelante en este capítulo (véase Hirschfeld, 1986; 1989b).

Sin embargo, el mejor caso para comprobar el funcionamiento del esencialismo en la sociedad secular moderna es el de la raza. Aquí, resulta poco discutible la visión popular esencialista que los adultos poseen sobre la cuestión. La pregunta que está verdaderamente vigente es si el esencialismo deriva de una transferencia desde la biología intuitiva o si en realidad existe una competencia de dominio específico al respecto. Para poder tomar una decisión, he llevado a cabo series de experimentos acerca del desarrollo del pensamiento racial en los niños pequeños.

Tanto para los niños como para los adultos, la raza (y el origen étnico) constituyen un rasgo social universalmente prominente (Van den Berghe, 1981; Katz, 1982; Aboud, 1988). Sin embargo, se ha postulado la existencia de cambios importantes acerca del pensamiento racial durante los primeros años de la niñez. Por ejemplo, los adultos creen que la raza está íntimamente ligada a nociones concernientes a la esencia subyacente (Allport, 1954), pero en cambio no es seguro que los niños pequeños sean capaces de asociar estos criterios abstractos con las categorías raciales (Aboud, 1988). En segundo lugar, la raza, según la visión adulta basada en el sentido común, es un fenómeno biológico que se extiende tanto a los seres humanos como a los animales (Van den Berghe, 1981). Generalmente, en cambio, se considera que los niños no son capaces de apreciar las implicaciones biológicas de la raza (Aboud, 1988). Por último, mientras que los niños más grandes y los adultos ven a los seres humanos como «un mamífero, entre otros muchos» (Carey, 1985: 94), los niños pequeños aparentemente separan al ser humano de otras especies biológicas y los tratan como una categoría taxonómica (Carey, 1985; Johnson, Mervis y Boster, 1992; Inagaki, 1990) u ontológica aislada (Keil, 1979). Si el pensamiento de los niños acerca de la variación racial humana se va desarrollando junto con su conocimiento biológico, podríamos esperar encontrar evidencias de que esas estructuras de conocimiento aparecen y cambian durante los primeros años de la niñez bajo el influjo de ciertos patrones específicos. Sin embargo, no es esto lo que hemos observado.

La conciencia racial en los niños pequeños

Los niños no comprenden todos los factores que hacen que la raza posea para los adultos una dimensión social tan importante. Sin embargo, generalmente se admite que muestran una temprana sensibilidad para captar diferencias raciales, lo cual se entiende como inevitable tanto en adultos (Taylor, Fiske, Etcoff y Ruderman, 1978) como en niños (Aboud, 1988; Vaughan, 1987; Katz, 1982) debido a la capacidad de percepción. De ser así, los niños deberían asociar la variación racial humana con los patrones de la diversidad no humana, que de manera semejante «piden a gritos un nombre» (Berlin, 1978; véase Johnson et al., 1992). Esto significa que los niños podrían llegar a naturalizar las diferencias raciales en la creencia de que (por lo menos algunas) diferencias existentes en la morfología humana son semejantes a las diferencias morfológicas que existen entre las especies animales no humanas. Muchos estudios sustentan este punto de vista: en primer lugar, se cree que la información perceptiva desempeña un papel muy importante en el modo en que se infieren y representan las categorías sociales en general y las raciales en particular (Aboud, 1987; Alejandro-Wright, 1985; Furth, 1980; Kosslyn y Kagan, 1981; Rosenberg, 1979). En segundo lugar, cuanto más marcada es una categoría social, más precozmente se cree que se la adquiere (Aboud, 1987; Hartley, Rosenbaum y Schwartz, 1948).

El modelo de la naturalización aplicado a la cuestión de la raza predice, por lo tanto, que los niños percibirán en primer lugar las variaciones entre los seres humanos, verán algunas de ellas como discontinuas y como generadoras de tipos humanos discretos y, para comprender estas observaciones, recurrirán al modelo esencialista ya desarrollado para los seres vivientes, sobre la base de una competencia de dominio específica. Las dos predicciones empíricas que pueden ser sometidas a comprobación son 1) que la percepción de las diferencias raciales precede a la formación de las categorías raciales y 2) que las categorías raciales se construyen desde el comienzo para incorporar y comprender las diferencias observadas. Sin embargo, a continuación, pondré en cuestión estas predicciones.

En primer lugar, cabe señalar que la idea de que las categorías sociales se basa en criterios perceptivos engendra una paradoja empírica. Esta paradoja desaparece si se considera que las categorías raciales no son tan ricas en lo perceptivo. Una buena cantidad de evidencias demuestran que los niños en edad preescolar son capaces de distinguir entre grupos raciales. Otra abundante cantidad de estudios ponen en evidencia la disposición de los niños para tener prejuicios acerca de los miembros de esas categorías (Clark y Clark, 1940; Katz, 1982; Semaj, 1981; Sorce, 1979; Durrett y Davy, 1979; Madge, 1976). Sin embargo, la pertenencia a un grupo racial no desempeña casi ningún papel en la configuración de las interacciones de estos niños, por ejemplo, en la selección de sus compañeros de juegos (Doyle, 1983; Finkelstein y Haskins, 1983; Singleton y Asher, 1979; McCandless y Hoyt, 1961; Lambert y Taguchi, 1956; Stevenson y Stevenson, 1960).

Estos datos resultan paradójicos respecto de lo que puede parecer un supuesto inocuo y trivial: que las creencias de los niños pequeños respecto de un grupo racial en particular los lleva sistemáticamente a reconocer a los miembros de ese grupo. Esta afirmación parece estar sustentada en trabajos que demuestran que los niños pequeños 1) clasifican a los seres humanos a partir de su morfología racial y 2) expresan actitudes hacia las diferentes razas establecidas. Se ha dado por sentado que los niños pequeños aúnan estas dos competencias y que, por lo tanto, las extensiones de las categorías raciales de niños y adultos son iguales. Sin embargo, este supuesto sólo estaría asegurado en el caso de que las clasificaciones perceptivas de los niños y sus evaluaciones de esas categorías realmente se combinasen. Si la atención de los niños se dirige más hacia las distintas categorías de razas que hacia sus correlatos físicos, el supuesto no se convalidaría. Los niños podrían –y demostraré que de hecho lo hacen– centrarse en la raza como un modo de clasificar de manera abstracta a las personas más que como un modo de denominar las regularidades perceptivas que captan en el mundo humano. De ser así, por una parte tenderán a clasificar «adecuadamente» a los seres humanos y, por otra, expresarán actitudes hacia lo racial que les son familiares, pero no combinarán estas dos acciones.

Resumiendo, si los niños son más capaces de pensar en las diferencias raciales que de conferirles un valor, entonces sería poco probable que esas categorías raciales tuviesen las mismas consecuencias en la conducta y las actitudes de los niños que las que se aprecian en los adultos. Para evaluar esta posibilidad es necesario estudiar las selecciones de información perceptiva que aparecen en los primeros conceptos raciales. Si las representaciones raciales de los niños pequeños no gozasen de una riqueza de información perceptiva, (y, por lo tanto, no estuviesen directamente asociadas con diferencias específicas en la apariencia), entonces los niños preescolares no podrían trasladar su rechazo hacia miembros de grupos minoritarios a un comportamiento consecuente, porque no estarían seguros de cuáles individuos son miembros de esos grupos minoritarios.

A fin de evaluar la idea difundida de que la información perceptiva constituye integralmente los conceptos raciales de los niños preescolares, llevé a cabo una serie de estudios para investigar la selección de información social que los niños pequeños franceses extraían de la experiencia cotidiana (Hirschfeld, 1993). En el primer estudio, observé la capacidad de los niños para efectuar clasificaciones respecto de la variación racial. Los principales datos que avalan la idea de que las categorías raciales son ricas en información perceptiva provienen de estudios que demuestran que los niños de tres años y medio pueden distinguir rápidamente entre personas que poseen distintos colores de piel (Clark y Clark, 1940; Lemaine, Santoli, Bonnet y Ben Brika, 1985; Katz, 1982). En todos estos estudios se utiliza una tarea en la cual se les pide a los niños que apareen el nombre de una raza con estímulos que contrastan respecto de una sola dimensión física. Por ejemplo, se les presenta un conjunto de muñecas, la mitad de las cuales tienen piel clara y la otra mitad, piel oscura. Cuando se les pide que seleccionen las muñecas negras, los niños rápidamente eligen las que tienen piel oscura. Yo utilicé una tarea un poco más compleja, que es más semejante a la realidad social cotidiana, ya que evaluaba la comprensión de la raza por parte de los niños en un contexto de múltiples (y, por lo tanto, ambiguas) posibilidades. Se les pidió a niños preescolares franceses que aparearan tres nombres de categorías raciales familiares con sus referentes.[4] Los niveles de desempeño de los niños sugieren que esta tarea (más válida ecológicamente) les resultó compleja: los niños de cuatro años sólo la realizaron correctamente en un 40% de los casos, y los de tres años sólo tuvieron éxito en el 17% de los intentos.

¿Por qué estos desempeños difieren tanto de los informados por investigadores en trabajos anteriores? Una explicación posible es que, aunque los niños comprenden que existen correlatos físicos de la raza y el origen étnico, saben muy poco respecto de cuáles son los correlatos físicos de cada categoría racial o étnica. Cuando la tarea implica el apareamiento de una sola categoría racial con la variación de un solo rasgo físico (como cuando a los niños se les presentan dos muñecas, una con piel oscura y otra con piel clara y se les pide que indiquen cuál de ellas es negra), la elección es relativamente sencilla. Cuando la tarea implica el apareamiento de varios tipos físicos posibles con varios rótulos raciales, la elección no es tan simple.

Si esta interpretación es adecuada, los niños aprenden sobre las razas prestando más atención a las claves discursivas que a las visuales. Por esta razón, los niños pequeños conocen más acerca de las razas como categorías verbales que como fenómenos visuales. Para investigar esta posibilidad, llevé a cabo una segunda serie de estudios (Hirschfeld, 1993). En estos trabajos recopilé datos acerca de la riqueza perceptiva de las categorías raciales tempranas. A partir de la utilización de dos tareas narrativas complejas, pude observar que los niños logran evocar más información acerca de lo racial luego de escuchar un discurso narrativo complejo que luego de mirar uno visual de aproximadamente la misma complejidad. Estas diferencias en la evocación no se pueden atribuir a la modalidad de la tarea, dado que la recuperación de información de otros tipos de informaciones sociales fue mayor con la tarea visual que con la verbal. Si bien la relación entre el nombre de la raza y su referente era señalada inmediatamente luego de observar el texto en forma visual, los niños prácticamente no hacían uso de estos nombres. Más aún, después de controlar los factores asociados a la memoria, no encontré evidencias de tendencias de desarrollo en cuanto al reconocimiento y la evocación racial durante la edad preescolar. También observé que si se usaba una tarea narrativa (que incluyera juicios respecto de la raza en un contexto social que simulaba la experiencia cotidiana), la importancia de la raza como modo de clasificar personas era menor que la de otras categorías sociales.

Estos hallazgos sugieren que los niños al comienzo adquieren el conocimiento de que existen diferencias raciales y sólo más tarde descubren en qué consisten esas diferencias (lo cual no significa que la información perceptiva sea irrelevante en la formación de los conceptos raciales). En este sentido, la comprensión de las razas humanas por parte de los niños pequeños difiere de su comprensión de las categorías animales: aunque la pertenencia a una categoría natural puede hacer que los niños dejen de lado ciertas diferencias en el aspecto y guiarlos hacia la inducción de propiedades ocultas (Gelman y Markman, 1986, 1987) si no existen ciertas claves perceptivas la sola pertenencia a una clase natural no permite estas inferencias (Davidson y Gelman, 1990; Boster, 1988). Teniendo en cuenta lo anterior, deja de resultar convincente la noción de que las categorías sociales se naturalizan porque la variación en la morfología de los seres humanos se considera semejante a la variación en la morfología de las especies naturales.

Resumiendo, las diferencias naturales y sociales se reconocen de dos maneras distintas. Por esta razón se pierde la motivación perceptiva para incluir a las dos bajo el mismo principio de organización que se transfiere de un dominio a otro. Por supuesto, no queda descartada la posibilidad de que las categorías sociales se naturalicen a través de la transferencia analógica, pero no contamos ya con un mecanismo que explique cómo se produce la transferencia. Hay muchos tipos de categorías sociales, la mayor parte de las cuales no se naturalizan. Si los niños pequeños no cuentan con la analogía visual entre las categorías de lo racial y de los seres vivientes, ¿qué es lo que los lleva a la construcción de *esta* clase particular de categoría social?

Identidad social e implicaciones biológicas de la raza

En los estudios antes descritos, en los cuales se debían evocar narraciones, si bien las respuestas que se obtenían a partir de las representaciones verbales y visuales eran asombrosamente diferentes en cuanto a la cantidad de información evocada, el tipo de información que aparecía en las respuestas era bastante semejante. Ciertas clases de información social estaban más presentes en los preescolares, independientemente de cuál fuese la modalidad de presentación de la historia (verbal o gráfica). Específicamente, los niños pequeños tienden a recordar más la ocupación que la raza o los rasgos físicos no raciales de las personas. Estos hallazgos pueden explicarse postulando que cuando los niños pequeños analizan un contexto social se preocupan por descubrir los tipos de personas que aparecen en ese contexto. Es decir que no sólo están preocupados por comprender el contexto como un marco de referencia situacional (Ross, 1981) sino que también exploran sus posibilidades ontológicas.

Vale decir que los niños evocan la raza de una persona con más rapidez que otras informaciones que son anatómicas y no raciales (p. ej. la información acerca de la estatura o el físico). Este hallazgo es muy curioso, ya que se dice que los niños pequeños se basan en el aspecto físico para la clasificación de las personas (Flavell, 1985; Furth, 1980; Aboud, 1988; Rosenberg, 1979). La gran atención que prestan los niños a la ocupación se puede explicar por la mayor relevancia de las dimensiones conductuales significativas y de la indumentaria en la representación de la experiencia social. Sin embargo, fue muy interesante descubrir que evocaban los rasgos raciales con más frecuencia que otros rasgos físicos relevantes (p. ej. referencias físicas tales como ser obeso o alto). Si, tal como se sostiene habitualmente, los niños se basan tanto en la apariencia y no comprenden que algunos tipos de aspectos físicos son fundamentalmente distintos que otros tipos de diferencias físicas, ¿por qué las diferencias raciales les resultan más evidentes que otras clases de diferencias corporales?

Este problema está relacionado con la conceptualización que los niños pequeños hacen de la identidad social. El punto de vista más difundido en los trabajos que tratan acerca de la identidad es que los niños pequeños no conciben la diferencia social en términos biológicos. Aunque algunos de ellos pueden fácilmente clasificar a las personas según su raza o su origen étnico, una gran cantidad de estudios sugieren que los niños de ocho años no comprenden que la raza o el origen étnico de una persona son inmutables (Aboud, 1987, 1988; Semaj, 1980). En otros términos, los niños pequeños no comprenden que la identidad racial de una persona no se modifica por más que experimente cambios en su aspecto. No los comprenden, según Aboud (1988), sólo son conscientes de los rasgos evidentes de la raza y el origen étnico. Por eso no comprenden que la raza y el origen étnico derivan del contexto familiar (Alejandro-Wright, 1985). Por ejemplo, en uno de sus estudios, Aboud y Skerry (1983) observaron que la mayor parte de los niños judíos menores de ocho años, si se les mostraba una fotografía de ellos mismos vestidos con ropa de esquimales, se identificaban como esquimales y no como judíos. Esta excesiva importancia conferida a la apariencia para establecer juicios de identidad puede ser bastante general. Los estudios de Keil (1989), por ejemplo, indican que los niños de cuatro años no logran captar el carácter constante de la identidad cuando observan cambios en la apariencia exterior de animales no humanos. De manera semejante, muchos estudios sugieren la misma conducta en el caso de los sexos en seres humanos (Gelman, Collman y Maccoby, 1986; Carey, 1985; Emmerich, Goldman, Kirsch y Sharabany, 1977; Slaby y Frey, 1975; Kohlberg, 1966).

Estas conclusiones, sin embargo, contrastan notablemente con trabajos recientes acerca de la biología intuitiva que contradicen la idea de que los niños pequeños creen, por lo menos respecto de los seres vivientes no humanos, que la apariencia exterior determina otros aspectos relevantes de la naturaleza intrínseca de una criatura. Los preescolares parecen, en cambio, tener una noción de causalidad más semejante a la de los adultos (Gelman y Kremer, 1991; Massey y R. Gelman, 1988), y no se basan tanto en las apariencias como propone el modelo externalista para decidir si una especie viviente tiene una propiedad que no es evidente (Gelman y Markman, 1986) o una esencia subyacente determinada (Gelman y Wellman, 1991; véanse también Brown, 1989 y Carey, 1985). A la luz de estas conclusiones resulta curioso que los estudios acerca de la identidad señalen que los niños pequeños tienen tan poca capacidad para apreciar la importancia biológica del sexo, la raza y otras propiedades sociales. Para los adultos, estas categorías son biológicamente relevantes. Tal como señalan Atran (1990), Boyer (1990) y Rothbart y Taylor (1990), gran parte del potencial inferencial de estas categorías sociales deriva de su asociación con categoría biológicas.

Si los niños pequeños no contasen con una comprensión de las categorías sociales en términos de sus esencias subyacentes, entonces existiría una marcada discordancia entre la comprensión temprana del mundo social y la del mundo biológico. La aparición tardía de un constructo biológico de la raza o el sexo, sugeriría que el modelo biológico está siendo transferido al dominio social. Muchos creen que esto ya ha sido demostrado:

Está bien claro que... para los niños de menos de siete años, el género no es un hecho básicamente biológico respecto de las personas. Su significado es, para los niños, primordialmente de orden social: la ropa que usan, la forma en que se cortan el cabello, los juegos que les gusta desarrollar y el modo en que otras personas reaccionan frente a estas elecciones. Se llega a considerar al género como un don biológico a partir de la emergencia de la biología como un dominio separado de la teorización intuitiva, cosa que sucede durante la primera década de la vida. Seguramente uno de los factores que incide en este cambio es el aprendizaje acerca de la reproducción, ya que las diferencias de género desempeñan un papel fundamental en la explicación del origen de los bebés (Carey, 1985: 54).

Si en esta cita reemplazásemos la palabra género por la palabra raza captaríamos apropiadamente al punto de vista clásico acerca de la adquisición de la categoría «raza» (Aboud, 1987; 1988).[5]

Sin embargo es posible que las personas, y particularmente los niños, tengan una comprensión esencialista a priori de la cuestión del género, aunque no están bien informados respecto de cuestiones biológicas. Además, la reproducción es sólo un aspecto de la biología del género y la raza, y poner en ella demasiado énfasis puede no dejar ver el punto hasta el cual los preescolares encuentran implicaciones biológicas en estos conceptos. Por ejemplo, aunque los niños pequeños no puedan apreciar algunas de las significaciones biológicas del género, esto no significa que no comprendan que las propiedades físicas que no son evidentes forman parte de la constancia del género. Bem (1989) observó que hasta los niños pequeños mantenían la constancia del género pese a las transformaciones de aspecto una vez que tenían el conocimiento de dominio específico de que los genitales son atributos no evidentes que definen lo masculino y lo femenino. (Los genitales no son evidentes en el sentido de que no se los puede inspeccionar, a diferencia de lo que sucede con aquellas claves culturales que las pruebas de constancia definen, a menudo equivocadamente.)

La sensibilidad al género aparece tempranamente, a mediados de la etapa del gateo (Katz, 1983; Lewis, 1981). El dominio de otras categorías sociales, entre ellas la raza y la ocupación, se produce más tarde, a mediados de la edad preescolar (para la raza, véanse Hirschfeld, 1988; Aboud y Skerry, 1984; para la ocupación, véase Blaske, 1984). Nuevamente, el hecho de que los niños no logren apreciar la significación biológica que los adultos confieren a la raza no implica que su comprensión de raza no sea esencialista.

Identidad, crecimiento y herencia

Uno de los modos de comprobar si la interpretación de un rasgo es esencial o contingente consiste en evaluar si el individuo cambia su identidad al adquirir o perder ese rasgo, o hasta qué punto sería concebible un cambio de ese tipo. Por ejemplo, según el sentido común de las personas adultas, el cambio de vestimenta no implica un cambio de identidad, mientras que el cambio de sexo sí lo produce. El cambio de raza, por el contrario, no resulta concebible como una posibilidad genuina. Llevé a cabo una serie de experimentos para investigar el significado de diferentes identidades sociales para los preescolares y en particular para establecer hasta qué punto la comprensión de los rasgos raciales es esencialista. Con ese propósito utilicé una tarea que evaluaba la expectativas de los niños preescolares respecto de la posibilidad e imposibilidad de cambios relevantes para la identidad dentro del contexto normal e crecimiento y herencia. Deseaba observar si los niños se valían de sus conocimientos acerca de las categorías sociales –especialmente su comprensión de las cualidades corporales tales como el tamaño físico y el color de piel, por una parte, y de los rasgos no corporales, tales como la ocupación y la vestimenta– para establecer juicios acerca de la preservación de la identidad. Trabajos anteriores sugieren que los niños pequeños se basarían en estas claves debido a la contribución que aportan para el aspecto exterior. Estos trabajos anteriores también sugieren que los contrastes conceptualmente enriquecidos (por ejemplo, entre los rasgos corporales versus los no corporales o entre las cualidades relevantes para las colectividades versus las no relevantes para las colectividades) no ejercerían influencia sobre los juicios de identidad que establecen los niños pequeños.

La mayor parte de los estudios acerca de la identidad piden a los niños que evalúen la posibilidad o las consecuencias de los cambios en claves características pero no esenciales (vestimenta) versus los cambios de rasgos característicos y esenciales (color de piel). La noción de que los rasgos no esenciales son no corporales mientras que los esenciales son corporales se encuentra implícita en estos contrastes. Aunque todas las tareas toman propiedades que son familiares, no todas las transformaciones que incluyen lo son. Los niños (y presumiblemente los adultos) no suelen ser testigos de un cambio abrupto e importante en el cuerpo de una persona o en la presentación de su yo. Por lo tanto, cuando se les pide a los niños que determinen si la identidad de una persona sigue siendo la misma bajo el efecto de distintos cambios significativos pero no familiares en su aspecto, pueden confundirse porque no les resulta claro si los individuos son (o podrían ser) los mismos antes y después de una transformación (Bem, 1989). De la misma manera, si se les pregunta a los niños si ellos cambiarían su género o su raza en caso de que su aspecto exterior se transformase (p. ej. Aboud y Skerry, 1983; Guardo y Bohan, 1971), se puede obtener más información acerca de las creencias de los niños respecto de su identidad personal que respecto de su comprensión de la identidad social.[6]

Sin embargo, los niños tienen bastante experiencia –y conocimiento– de los principales cambios físicos y conductuales que se producen a lo largo de la vida (p. ej. el crecimiento) y a través de las generaciones (p. ej. la herencia). Más aún, los niños pequeños parecen saber que esas transformaciones naturales responden a una ley y no son azarosas y, aparentemente, esta conciencia implica un conocimiento de dominio específico (Rosengren, Gelman, Kalish y McCormick, 1991; Springer y Keil, 1989; Keil, 1989).

Con este criterio, presenté a niños de tres, cuatro y siete años una serie de figuras, cada una de las cuales mostraba a un adulto de una raza particular y un tipo de físico determinado, vestido con la indumentaria de una ocupación (p. ej. un policía robusto y negro). Luego les mostré otra serie de figuras en pares, cada uno de los cuales representaba a niños que compartían dos de los tres rasgos sociales (constitución física, raza y ocupación) de la figura blanco. Cada uno difería, por lo tanto, en un rasgo con la figura blanco (por ejemplo, un par estaba constituido por un niño negro y delgado, que llevaba una gorra de policía y un silbato, y un niño robusto y blanco, con el mismo atuendo). Se presentaban todos los contrastes posibles. La presentación se efectuó en dos condiciones: la condición de crecimiento y la condición de herencia. En la condición de herencia se preguntaba a los niños cuál de los miembros de cada par era el hijo del sujeto presentado en la tarjeta blanco y en la condición de crecimiento se les preguntaba cuál de los miembros del par era el mismo sujeto de la tarjeta blanco cuando era niño. Véase figura 8.1.

No se encontraron diferencias entre los juicios respecto del crecimiento y los relativos a la herencia. Esto indica que, para los niños pequeños, las cualidades sociales que mantienen la identidad a través del crecimiento son esencialmente las mismas que se heredan por generaciones.[7] Por otra parte, los desempeños de los niños variaron significativamente según la edad y también según el tipo de comparación que debían efectuar (p. ej. si el contraste era entre raza

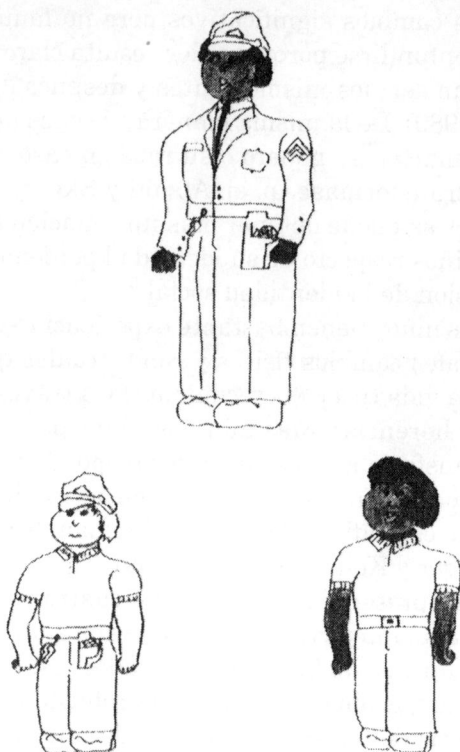

Figura 8.1. Ejemplo de ítems de la tarea de constancia de la identidad. Conjunto masculino de ocupación versus raza.

y ocupación, entre ocupación y contextura física o entre raza y contextura física). Los niños solían elegir la raza por sobre la contextura física más que la raza por sobre la ocupación. Preferían, además, estas dos elecciones por sobre la ocupación frente a la contextura física. Sin embargo, si se analizan los desempeños de cada grupo etario por separado, sólo la preferencia de la raza por sobre la contextura física es significativa en los niños más pequeños. En los niños de cuatro años, en cambio, los tres contrastes superan el nivel de azar. En el grupo de niños mayores, las elecciones de la raza por sobre la contextura física y de la raza por sobre la ocupación alcanzan un nivel fiable, mayor al porcentaje de azar.[8]

Resumiendo, a diferencia de lo observado en estudios anteriores, pude comprobar que los niños no consideran que todas las características físicas de una persona sean igualmente informativas respecto de su identidad y, por extensión, no creen que sean todas igualmente resistentes al cambio (siendo la identidad, por definición, el aspecto de una persona que no cambia). Si los niños, para realizar sus juicios sobre la identidad, considerasen solamente los cambios en la apariencia corporal, pensarían que existe la misma posibilidad de que un cambio en el color de la piel o un cambio en la contextura física sean señal de un cambio en la identidad. Claramente, no fue esto lo que se observó. Mis resultados tampoco apoyan la idea de que recién a mitad de la niñez aparece una noción clara de la naturaleza biológica de la raza. A diferencia de lo que plantean trabajos anteriores, este muestra que a los cuatro años los niños consideran que la raza es más esencial para la identidad que las ocupación o la contextura física. Más aún, la coincidencia de los desempeños en la condiciones de herencia y de crecimiento indica una comprensión biológica de los rasgos esenciales.

Carey y Spelke (cap. 7 de esta obra) se oponen específicamente a la idea de que los niños pequeños aprecien la relevancia biológica de los rasgos físicos: «Hasta ahora no existen evidencias de que los niños preescolares posean una concepción acerca de la herencia biológica que vaya más allá de las expectativas de parecido entre los padres y su descendencia». Ellos citan una serie de trabajos (Solomon, Johnson, Zaitchik y Carey, 1993) que demuestran que los niños preescolares no proyectan a la familia propiedades físicas tales como la altura. Lo que sucede es que, como demuestran mis estudios, los niños preescolares no creen que propiedades físicas tales como la altura sean los rasgos más relevantes para determinar la identidad: el color de la piel y hasta la ocupación son, para ellos, mejores predictores. Por lo tanto, los resultados de esos trabajos, lejos de contradecir los de los míos, los confirman. Sus resultados, en realidad, no establecen que los niños preescolares nieguen las implicaciones biológicas (opuestas a la sociales) de las características físicas, sino que más bien aportan evidencias de que estos niños no consideran que ciertas características físicas posean implicaciones biológicas.

Carey y Spelke (cap. 7 de esta obra) también sostienen que los niños preescolares no creen que las propiedades físicas se adquieran al nacer. Postulan que los niños creen que los hijos se parecen a sus padres por razones que son de un carácter más social que biológico. En otra serie de estudios (Hirschfeld, 1993) aporto evidencias de que los niños preescolares en realidad esperan que el color de la piel de un bebé esté determinado desde el nacimiento y no que se produzca por factores ambientales. En ese estudio se presentó a niños preescolares y a niños de segundo y sexto grado una historia (figura) en la cual dos bebés eran cambiados en el hospital, a poco de haber nacido. Se les pedía entonces que identificaran las figuras correspondientes a los niños que habían crecido a partir de estos bebés. Aproximadamente el 80% de los niños preescolares, el 80% de los de segundo grado y el 100% de los de sexto esperaban que los niños tuviesen el color de piel de sus padres biológicos y no el de sus padres de crianza.

Estos resultados muestran otra cualidad interesante de las categorías raciales a las que aludíamos anteriormente. Si bien el descubrimiento de las categorías raciales por parte de los niños pequeños no se puede atribuir a la observación de las diferencias perceptivas, la información perceptiva tiene importancia para la configuración de los conceptos raciales. Basándome en los resultados de los estudios narrativos, sostengo que algunos rasgos perceptivos son relevantes para la raza (p. ej. el color de la piel), mientras que otros no lo son (p. ej. el largo de los dedos). Los niños pequeños, en sus primeras representaciones de conceptos raciales, sin embargo, no parecen en absoluto preocupados por determinar *cuáles* de los rasgos físicos relevantes corresponden a una determinada raza. Los datos actuales avalan esta afirmación, ya que sugieren que los niños asocian ciertos rasgos físicos (el color de la piel) pero no otros (la contextura física) con la conservación de la identidad. Estos datos no demuestran que los niños pequeños asocien particularmente un determinado color de piel con un grupo racial específico.

La identidad y las estrategias para el razonamiento social

Uno de estos resultados requiere explicación: los niños de tres años parecen comprender que el color de la piel es más importante que la contextura física en la determinación de la identidad, pero no consideran que el color de piel sea más importante que la indumentaria. Esto es curioso. La ropa está mucho menos relacionada con la naturaleza intrínseca de una persona que, por ejemplo, su peso. Estudios realizados con niños preescolares un poco mayores sugieren que los niños reconocen lo siguiente: el vestido es mucho menos importante que la raza, la edad o el sexo cuando se trata de clasificar personas (Davey, 1983).

Existen dos posibles explicaciones para el patrón de resultados que obtuve. Una podría ser atribuir la diferencia en el desempeño de los niños de tres años (que no consideraron, en sus juicios de identidad, que la raza fuese más importante que la vestimenta) y el de los niños de cuatro (que sí lo hicieron) a un cambio que se produjo en el desarrollo y los llevó de una confianza en la apariencia a una comprensión más profunda de la diferencia social. Los niños mayores, que se basan en los rasgos físicos intrínsecos pueden estar utilizando una estrategia basada en una teoría (porque dan preponderancia a rasgos físicos que son diagnóstico de grupos socialmente relevantes por sobre otros rasgos que no cumplen con esta función). Por el contrario, los niños que privilegian el uso de la misma vestimenta tanto en los juicios respecto de la herencia como en los que se refieren al crecimiento, estarían basándose, para clasificar, en una estrategia más relacionada con el aspecto que con una teoría. Los niños que usan esta estrategia seguramente aún no han efectuado el cambio que los llevará de un interés por las apariencias no esenciales y superficiales a una estrategia basada a la definición de atributos (Keil, 1989; Keil y Batterman, 1984). Esta interpretación, sin embargo, se basa en el supuesto de que cuando los niños utilizan la ocupación para determinar la identidad social, en realidad están haciendo juicios acerca de la similaridad en la indumentaria. Estos juicios están basados en la apariencia y no en una teoría hasta el punto que la fundamentación sobre la base de la vestimenta no implica la presencia de complejos conceptuales enriquecidos. ¿Pero es este el caso, verdaderamente?

La diferencia de importancia que los niños confieren a la vestimenta en mi estudio (en contraposición a lo que ocurría en el estudio previo de Davey) se podría explicar también en términos del significado diferente que tenía la indumentaria en las pruebas utilizadas en mi estudio. Si bien las categorías correspondientes a las ocupaciones, que son duraderas y pueden ser nombradas, están relacionadas con la vestimenta, refieren más fuertemente a conceptos que la indumentaria en sí misma. Esto podría explicar la mayor atención que los niños prestaron a la vestimenta en mis pruebas. Los resultados del estudio acerca de la identidad, no obstante, no nos permiten evaluar si los niños están distinguiendo entre las ropas como una característica de las ocupaciones y la indumentaria en sí misma.

A fin de investigar si las elecciones de los niños reflejaban una idea de que ciertos tipos de ropa son claves importantes para determinar la pertenencia a un grupo, los niños que participaron en el estudio sobre la herencia efectuaron una segunda tarea en la cual se les mostraron dos conjuntos de figuras. Cada uno de ellos consistía en una figura blanco que representaba a un niño con ropas de un cierto color e indumentaria asociada a una ocupación, por ejemplo un niña que llevaba un vestido rosa y un delantal de camarera. Se les pedía entonces que establecieran un juicio de identidad entre dos estímulos, en uno de los cuales se presentaba la versión adulta del niño de la figura blanco, o bien 1) con ropas del mismo color, pero sin los símbolos de la ocupación, o bien 2) con ropas de otro color, pero con los mismos emblemas ocupacionales que aparecían en la tarjeta blanco. En síntesis, se planteaba el contraste entre vestimenta compartida y ocupación compartida. Los niños no mostraron preferencia, considerando que tanto la ropa como la ocupación podían predecir la identidad. Sin embargo, cuando se evaluaron por separado los ítems que representaban varones y mujeres, se observó un patrón distinto. Las respuestas de los niños demostraron que esperaban que se preservara la ocupación en el caso de los varones pero no en el caso de las mujeres.[9]

Estos resultados indican que los niños pequeños encuentran significativas las indumentarias propias de oficios, al menos en el caso de los varones. No explican, en cambio, cuál es el significado que comportan. Los niños que eligen decidir la identidad a partir de la vestimenta no están basándose en las semejanzas superficiales de aspecto per se. Esta estrategia puede más bien estar indicando que la noción de actividades comunes es la que subyace en su razonamiento. Esta clase de elección se puede interpretar así porque la indumentaria es importante no sólo para los niños más pequeños sino también para los más grandes. La proporción de niños que se basaban en la indumentaria para tomar sus decisiones se mantuvo estable durante los años de preescolaridad, si bien el patrón general se modificó porque los niños más grandes se basaban más en la raza y menos en la contextura física que los niños más pequeños. Los niños de siete años, aunque preferían la raza como predictor de la identidad, seguían considerando que la vestimenta era un predictor tan bueno como la contextura física.[10]

Todo esto da lugar a una posibilidad interesante: que las variaciones en el desempeño en estas tareas (en las que algunos se basan en la raza y otros en la ocupación) no revele la falta de un patrón sino más bien la existencia dos patrones conflictivos de juicios. Por ejemplo, en la primera prueba de identidad, el niño más pequeño no demostró en sus juicios preferencia por la raza ni por la ocupación. Esas respuestas pueden haber estado indicando, más que una confusión o la falta de criterio, la existencia de dos tipos de preferencias equilibrados. Cuando se trata de establecer juicios de identidad, algunos niños pueden optar por la raza, mientras que otros se inclinan hacia la ocupación.

Resumiendo, es posible que los niños se basen en dos estrategias de razonamiento para dar cuenta de las regularidades de la vida social: una de ellas está basada en el modo en que las personas se integran a las interacciones y asociaciones habituales y la otra más centrada en la naturaleza intrínseca y corporal. Más aún, las estrategias de razonamiento pueden estar distribuidas de manera desigual: cuando deben hacerse una representación de la variación social, algunos niños se basan más en una de las estrategias que en la otra. De todas maneras, ambos procedimientos están incluidos en la comprensión social. Es posible y hasta probable, teniendo en cuenta las recientes investigaciones acerca de la variación intrapoblación de modelos mentales compartidos (véanse Boster, en prensa, D'Andrade, 1990), que los niños lleguen a modelos más o menos parecidos respecto de la concepción de un fenómeno a partir del uso de estrategias diferentes (véase Shweder y LeVine, 1976, para la aparición un patrón análogo de comprensión de los sueños en los niños hausa).

Con el propósito de evaluar esta posibilidad, observé los patrones individuales de respuesta de los niños, para apreciar si la variación en sus desempeños tenía un significado. Deseaba saber si las elecciones eran regulares, especialmente cuando se trataba de determinar la naturaleza de cualquier regularidad que pudiese estar condicionando sus juicios. ¿Utilizaban los niños una estrategia transitiva de razonamiento en sus elecciones? ¿O acaso era posible que un niño prefiriese la raza a la ocupación y la ocupación al peso corporal, pero que de todos modos prefiriese el peso corporal a la raza? Un patrón de este tipo violaría tanto el principio de transitividad como la coherencia. Supuestamente, cuanto más coherentes son las elecciones de un niño, más estable es la estrategia subyacente. Por el contrario, si el niño no tiene clara la estrategia subyacente que lo lleva a sus juicios de identidad, sus elecciones no serán muy coherentes. En efecto, observé que la mayor parte de las elecciones de los niños eran transitivas: 57 de los 78 niños (73%) hicieron solamente elecciones regulares y transitivas. La coherencia varió ampliamente en función de la edad: 17 de los 25 niños de tres años 68%; 18 de los 29 niños de cuatro años (62%) y 22 de los 24 niños de 7 años sólo efectuaron elecciones regulares.

La tareas daban a los niños dos oportunidades de actuar de manera incoherente. La primera es la cuestión de la transitividad entre pares contrastantes que acabamos de plantear (raza u ocupación; ocupación o contextura física y raza o contextura física). La segunda oportunidad para actuar de manera incoherente tiene que ver con la posibilidad de desempeñarse de manera diferente en los diferentes ítems. Se utilizaron dos conjuntos de figuras estímulo: uno de ellos estaba centrado en un oficial de policía y el otro en una enfermera. No se encontró ningún efecto dependiente del ítem utilizado. Los niños trataron ambos conjuntos de la misma manera. Nuevamente, la cantidad de respuestas coherentes varió en función de la edad: 8 de 17 niños de tres años (47%); 13 de 18 niños de cuatro años (72%) y 21 de los 22 niños de siete años realizaron elecciones consistentes (p. ej. si elegían la raza como factor determinante en el primer conjunto, con estímulos masculinos, elegían también la raza en el conjunto que incluía estímulos femeninos; si elegían la ocupación en el primer conjunto, también la elegían en el segundo).

Aquellos casos en los cuales los niños trataron de manera distinta los dos conjuntos, si bien fueron infrecuentes, aportaron información. Existían seis tipos posibles de elecciones incoherentes: los niños podían elegir la raza en el caso del conjunto masculino e inclinarse por la contextura física o la ocupación en el conjunto que incluía estímulos femeninos. También podían elegir la ocupación en el conjunto masculino y preferir la raza o la contextura física en el femenino y, finalmente, podían elegir la contextura física en el masculino y la raza o la ocupación en el femenino. La distribución de las respuestas incoherentes fue interesante. En primer lugar, predominaron dos de los seis posibles tipos de respuestas incoherentes. Aparecieron respuestas en las que se prefería la raza en un conjunto (por ejemplo, cinco de nueve niños de tres años prefirieron la ocupación en el conjunto masculino y la raza en el femenino y cuatro de cinco niños de cuatro años también prefirieron la ocupación en un conjunto y la raza en el otro). Este patrón de error, que fue significativamente mayor que el nivel de azar, sugiere que los niños pequeños no saben cuál de dos estrategias transitivas es la adecuada.[11]

El conjunto de estos datos sugiere que en la comprensión de las diferencias sociales emergente en los niños pequeños aparecen dos estrategias de razonamiento para asignar a los individuos a una categoría y que estas estrategias compiten entre sí. Los niños pueden centrarse en rasgos de tipo natural o en patrones de comportamiento habitual. Estas posibilidades están relacionadas con el interés hacia la naturaleza de los seres en términos de su naturaleza intrínseca (tipos raciales) o en términos de actividades orientadas hacia objetivos (tipos de ocupación). Aunque los niños evidencien una preferencia hacia un tipo de categoría, no dejan de lado la otra. Incluso aquellos que están más interesados en las categorías ocupacionales que en las raciales, abordan las categorías raciales desde una perspectiva esencialista, tal como demuestra el hecho de que dan más peso a rasgos intrínsecos tales como el color del piel que a otros más contingentes, como la contextura física.

Las evidencias experimentales que he presentado aportan evidencias contra las ideas más difundidas acerca del desarrollo de las categorías raciales y, más en general, del modelo de naturalización según las cuales el esencialismo no está presente desde el comienzo en el dominio social, sino que se lo importa. A la luz de estos datos, será necesario revisar el estudio de las verdaderas transferencias, sean espontáneas o culturales.

Categorías de parentesco

¿Existen otras situaciones en las cuales se lleve a cabo este tipo de mediación en las estrategias de razonamiento durante el desarrollo cognitivo social? ¿Existen otras instancias de comprensión de lo social en las cuales las naturalezas intrínsecas y los patrones de asociación habituales configuren la categorización social, haciendo que los niños deban elegir entre una interpretación esencialista y una interactiva de las diferencias sociales? Creo que el parentesco es un caso de este tipo. En otros trabajos he desarrollado detalladamente esta noción, tanto en términos de las representaciones infantiles, tanto como de las adultas (1986; 1989b). Presentaré aquí mis postulaciones de manera esquemática.

Casi todos los estudios acerca de la adquisición de los términos de parentesco suponen que la definición madura de los términos de parentesco incluye necesariamente el conocimiento de las historias reproductivas. Existe un amplio consenso respecto de que los predicados genealógicos son el rasgo esencial de los términos de parentesco (véase Hirschfeld, 1986; 1989b). Como los niños pequeños desconocen estos predicados, por definición no podrán acceder a una representación completa del concepto adulto de parentesco. Sin embargo, hasta los niños muy pequeños, que no comprenden claramente la naturaleza de los efectos de las relaciones reproductivas sobre el parentesco, usan muy bien los términos de parentesco. En efecto, los niños pequeños prácticamente no cometen errores al emplearlos durante las conversaciones cotidianas. Quiere decir entonces que el uso correcto de los términos de parentesco no puede depender de la comprensión del mapa biológico de las relaciones familiares.

¿Por qué? La explicación más sencilla, tal como he expuesto anteriormente (1986; 1989b) es que el parentesco no se refiere, ni siquiera para los adultos, a predicados episódicos tales como la paternidad y la maternidad. Las relaciones de parentesco implican más bien el reconocimiento de una «comunidad natural».[12] Esta comunidad natural no puede depender de la distancia biológica objetiva entre dos individuos: los sistemas de parentesco en todas las culturas desean incluir como familiares a un conjunto de parientes que tienen la misma distancia biológica, en tanto que dejan de lado a otros que guardan aproximadamente la misma distancia (biológica) pero que son individuos distantes desde el punto de vista estructural (por ejemplo, cuando se favorece el matrimonio con un primo cruzado [p. ej. primos que se relacionan a través de hermano y hermana en la generación precedente] en tanto que prohíben, por considerarlo incestuoso, el matrimonio con un primo paralelo [p. ej. primos cuya relación es ser hijos de dos hermanos varones o dos hermanas mujeres]). La comunidad natural tampoco depende simplemente del parecido físico. Nadie, por ejemplo, (por más que desconozca el origen genético del trastorno) piensa que los niños con Síndrome de Down son todos parientes porque tienen un parecido físico. La comunidad natural parece más bien comprender una cantidad de cualidades, entre las cuales se cuenta el parecido físico y la paternidad y maternidad putativas. Se trata, por lo tanto, de una cualidad originada por la naturaleza intrínseca de las personas a través de generaciones.

De todas maneras, este no es un constructo completamente elaborado en los niños pequeños. Ellos, para construir el significado de los términos de parentesco, parecen basarse en dos principios. Por una parte se valen de una noción de familia constituida por la expectativa de una comunidad de individuos relacionados de una manera básica, predecible y duradera que comparten, según interpreto, una cierta comunidad natural. Por otra parte, los niños, al igual que los adultos, se basan en ciertos patrones de asociación e interacción habitual para construir los significados de los términos de parentesco.

A partir de un segundo análisis de los trabajos que se ocupan de los términos de parentesco (Hirschfeld, 1989b) llegué a la conclusión de que el concepto de familia es espontáneamente relevante para los niños pequeños y que les permite inferir relaciones no evidentes de parentesco y de comunidad natural a partir de patrones de corresidencia. Sin embargo, su comprensión de la noción de familia o del subyacente carácter semejante de su miembros es suficientemente flexible como para extenderse sin inconvenientes más allá del dominio de las relaciones sociales. Markman (1973, 1981) investigó la influencia de los términos que designan series y que designan clases en los problemas de inclusión en una categoría y observó que los términos que designan series facilitan el desempeño en estas tareas. En su estudio inicial utilizó la familia como término que designa una serie. Curiosamente más tarde Fuson, Lyons, Pergament, Hall y Kwon (1988), en estudios que utilizaron familia, pero también ejército (versus soldados) y equipo de hockey (versus jugador de hockey), no lograron replicar los resultados de Markman –los términos que designan series facilitan la conservación de los juicios– excepto en los casos en que el término de serie presente en el estímulo era familia. Aparentemente el concepto de familia está asociado a un procesamiento más eficaz de tareas inferenciales no relacionadas con el parentesco per se.

Para construir los significados de los términos de parentesco los niños también se basan en los patrones de comportamiento que observan, específicamente la asociación habitual y duradera relacionada con dormir y comer juntos y otras relaciones que se agrupan bajo el rótulo de cohabitación. Esto sucede tanto con los adultos como con los niños, si bien la mayor parte de los registros cognitivos acerca del parentesco han ignorado este aspecto del concepto.

Nuevamente podemos observar de qué manera el razonamiento social, y en particular la creación de ontologías sociales, implica el uso de dos tipos de comprensión: una relacionada con la cualidad innata e intrínseca del individuo y la otra con las consecuencias de las acciones y asociaciones de los individuos. Los sistemas de parentesco de distintas culturas parecen conferir un peso diferente a cada uno de estos tipos de comprensión. Por ejemplo, el mejor amigo de mi padre (a quien llamo «tío Bob») probablemente sea de algún modo menos pariente para mí que para un bororo. Más aún, según los resultados de nuestro estudio, en diferentes momentos del desarrollo se confieren pesos distintos a cada tipo de comprensión. Esta variación también señala lo que puede ser un contraste significativo entre las intuiciones de los niños (y de los adultos) respecto del parentesco y de otras diferencias sociales: parecería que cuando se trata de parentesco, los niños pequeños combinan estrategias de razonamiento –usando tanto una conceptualización interaccional como una esencialista de las diferencias– mientras que otros tipos de construcciones sociales los llevan a hacer una elección en favor de una de ellas: la esencialista en el caso de las categorías raciales y la conductual en caso de las categorías de ocupaciones. Ninguna de las estrategias es un prestamo de otro dominio. Más bien su combinación es una característica de una competencia específica del dominio social.

Conclusión

Los biólogos y los antropólogos, desde una perspectiva comparativa, han sostenido durante largo tiempo que las creencias respecto de la raza no pueden derivar solamente de las observaciones de la variación humana. También son necesarias restricciones culturales, históricas y ambientales (Gould, 1980; Van den Berghe, 1981; Alland, 1971). Yo he postulado que las expectativas de los niños pequeños acerca de la raza tampoco pueden derivar únicamente de sus observaciones de las diferencias físicas. Los niños están preparados para descubrir que los seres humanos se presentan por grupos, es decir, que poseen identidades sociales. Los niños no naturalizan estas identidades porque identifiquen las variaciones humanas con patrones de la variación que se produce en especies no humanas. Ellos adoptan desde el comienzo un abordaje esencialista respecto de algunas categorías sociales.

La forma de esencialismo que se encuentra en la comprensión del parentesco implica una propiedad esencial subyacente, una característica común que difiere de dos modos de las esencias subyacentes en la clasificación de las especies vivientes: se trata más bien de una propiedad relacional que de una propiedad individual y puede aparecer en mayor o menor grado. Vale decir que el parentesco depende de una relación tal como la define un individuo específico y no una colectividad independiente. En segundo lugar el carácter común entre dos individuos relacionados por parentesco depende del grado de relación entre los parientes. Los parientes cercanos se parecen más entre sí que los parientes lejanos. Si bien la raza puede ser conceptualizada en términos de gradientes, de modo que las «sangres mezcladas» comparten menos una misma esencia que las «sangres puras», si no existe esta diferencia, todos los miembros de un grupo racial comparten la misma esencia. Las diferencias entre el pensamiento esencialista respecto del parentesco y respecto de la raza hacen poco plausible la idea de que el esencialismo que subyace en el parentesco dependa de una transferencia desde el esencialismo biológico.

La raza es el único dominio conceptual en el cual las comprensiones globales, propias del dominio, parecen preceder a otras más específicas. Varios autores han enfatizado la importancia de las estrategias de arriba hacia abajo (top-down) en la comprensión ontológica propia de los niños pequeños. Entre ellas se incluyen las que inicialmente seleccionan y elaboran clases generales de hechos o acontecimientos pero no se ocupan de la discriminación de objetos particulares. Carey (1978), en su trabajo acerca de la denominación de colores, describe un proceso parecido: aparentemente los niños reconocen el hecho de que los términos para denominar colores captan los contrastes cromáticos relevantes antes de poder representar de manera efectiva cuáles son esos colores. Mandler, Bauer y McDonough (1991) sugieren que el hecho de que los niños realicen algunas distinciones en el nivel básico no nos permite llegar a la conclusión de que estén efectuando esas distinciones debido a su comprensión de los mecanismos que subyacen en los contrastes relevantes:

> Los niños podrían ser capaces de discriminar una gran variedad de animales de cuatro patas, y probablemente hasta tendrían diferentes denominaciones para ellos, siendo capaces de decir que los perros «ladran» y los caballos «relinchan». Sin embargo, si el conocimiento que poseen sólo consiste en unas pocos segmentos de información aislados y desorganizados, estos elementos podrían ser insuficientes para sustentar la teoría de que estos objetos corresponden a diferentes categorías (Mandler et al., 1991: 270).

En efecto, aunque la teoría del niño pueda sustentar correctamente la noción de que existen distintas categorías de objetos, es posible que no logre especificar cómo descubrir cada uno de ellos. Esto es posible para las especies vivientes en general y, según postularé, es probable en particular para las categorías sociales.

He argumentado que el dominio social está dentro de la esfera de alguna competencia determinada de manera innata. Esta idea abre varias posibilidades. La más simple es que exista un competencia dominio-específica dedicada al dominio social (o varias competencias de tal tipo dedicadas a distintos aspectos de este dominio). No obstante, esta no es en absoluto la única posibilidad. Podrían existir megadominios dentro de los cuales una parte correspondiera a la esfera social o a algún aspecto de su extensión. Así, por ejemplo, podría existir un dominio de las categorías que se basase en las esencias subyacentes, dentro de las cuales estarían los seres vivientes y las categorías sociales de tipo natural (y también, posiblemente, las sustancias). También podría existir un dominio para las explicaciones intencional y disposicional de la conducta, que incluyera no sólo la psicología de los seres humanos en general, sino también la de las categorías de seres humanos y de especies animales (Hirschfeld, en prensa-a).

Estas competencias también se podrían describir no como megadominios sino como modos de interpretación (Keil, cap. 9 de esta obra). Un modo de interpretación puede ser más apropiado que un dominio conceptual. Keil ha propuesto que las categorías biológicas se relacionan a partir de un modo de interpretación particular (teleológico). Este modo particular de interpretación no necesita ser asociado durante el desarrollo a todas las especies biológicas y sólo a ellas. Si bien probablemente los adultos y la mayor parte de los niños no se pregunten cuál es el propósito de una protuberancia en una roca, y en cambio es posible que se pregunten por la finalidad que cumple la pinza de un bicho, tanto nosotros como nuestros hijos seguramente nos preguntaremos cuál es el propósito de una costumbre particular (como lo han hecho una gran cantidad de antropólogos). La explicación de que las costumbres son propias de las personas, la especie biológica preeminente, no es adecuada. Las costumbres no son «de las personas» sino «de los pueblos».

También es posible que para comprender adecuadamente un dominio debamos comprender algo acerca de su relación específica con otros dominios. De ser así, es posible que una caracterización productiva de las diferencias en un dominio no revele los contenidos de este o no dependa de si el dominio es un producto de un programa de aprendizaje de origen innato. Más bien podría depender de cómo el conocimiento que le es propio se articula, se extiende y se elabora a través de distintos dominios. Esto es lo que Rozin y Schull (1988) llaman la cuestión de la accesibilidad. La accesibilidad, es decir el proceso dominio-específico de coordinación del conocimiento, tiene la ventaja de que traduce esos lazos epistémicos en términos dominio-específicos, algo que la noción de transferencia de conocimientos no explica con tanta eficacia: finalmente la comprensión de la accesibilidad significará que no sólo reconocemos la acción de la economía mental, sino que además podemos comprender bien cómo se produce.

Desde una perspectiva dominio-general es importante la cuestión del menor esfuerzo en la transferencia del conocimiento. Desde el punto de vista de los abordajes dominio-específicos, es crucial. Según la perspectiva dominio-específica, el conocimiento propio de un dominio es producto de dispositivos diferenciados y especializados que «se comunican con otras estructuras cognitivas solamente de maneras muy limitadas» (Garfield, 1987: 1). Sin embargo, por «limitadas» que sean estas comunicaciones, igualmente son fundamentales para el desarrollo conceptual (Brown, 1989) y el cambio evolutivo (Rozin y Schull, 1988). El meollo empírico de este capítulo, que es la relación entre las comprensiones biológica y humana emergentes, es un caso relevante de esta clase de comunicación. Sin embargo, y pese a la importancia de la coordinación de los conocimientos entre dominios, tanto desde el punto de vista empírico como desde el teórico, la mayor parte de los estudios llevados a cabo hasta la fecha *centran* su análisis de una manera abrumadoramente mayoritaria en la reorganización conceptual de uno solo de estos dominios (por lo general, lo ha centrado en la biología ingenua. Véanse Carey, 1985; Inagaki, 1990). Tal vez por este motivo se ha prestado poca atención a *cómo* los principios psicológicos se integran en el razonamiento biológico, aunque sí se reconoce que esto ocurre. En este capítulo, he intentado replantear la cuestión.

Resulta sorprendente la escasa cantidad de investigaciones que se han dedicado a explorar el modo en que se articulan los conocimientos provenientes de distintos dominios. Después de todo, la perspectiva dominio-específica resulta atractiva en parte debido a su carácter contraintuitivo: pese a que existen evidencias convincentes de que el conocimiento humano se encuentra representado en dominios independientes y organizados de manera particular, también se acepta que nuestras observaciones acerca del mundo están condicionadas por la intuición de que nuestro conocimiento se puede generalizar a distintas instancias y puede ser coherente en distintas áreas de la comprensión. En otras palabras, las personas no sienten que sus conocimientos sean modulares, a pesar de que estén representados mentalmente de ese modo. La mayor parte de los trabajos en psicología se han centrado en los mecanismos de funcionamiento necesarios para comprender y superar los desafíos que plantea esta coherencia cognitiva que percibimos (en psicología social, Festinger, 1957; en psicología cognitiva, Holland, Holyoak, Nisbett y Thagard, 1989; en psicología del desarrollo, Piaget, 1967). Por su parte, también la antropología está interesada en la coherencia cognitiva, y trabaja en la investigación e identificación de los laberintos culturales que producen estructuras propias de cada lugar y que enmarcan las interpretaciones compartidas y los potenciales comunes para la acción (Quinn y Holland, 1987).

Dejando de lado los casos en que se produce este tipo de articulación, los estudios acerca de la transferencia revelan una paradoja: aunque existe una sólida intuición que indica que los problemas se resuelven a través del razonamiento analógico, los intentos de demostrar experimentalmente esas habilidades no han sido del todo exitosos (Novick, 1988; Resnick, cap. 19, vol. 2 de esta obra). Brown (1990, 1989) también observa este tipo de «curiosas disparidades» en la literatura sobre el desarrollo, en la cual se encuentran fácilmente transferencias dentro de un mismo dominio durante la primera infancia, pero en cambio ha resultado mucho más difícil hallar transferencias entre dominios en niños más grandes. Se puede interpretar, como lo ha hecho Brown (1989) que la dificultad con que se han topado los investigadores para obtener experimentalmente evidencias de la transferencia entre dominios de esa aparentemente «intuitiva» capacidad para resolver problemas es una muestra de la fortaleza de los dispositivos dominio-específicos, revirtiendo la lógica del modelo de la naturalización, según el cual la facilidad de una transferencia es señal de que están operando mecanismos dominio-específicos.

Para decidir entre estas alternativas, todavía hace falta mucho trabajo empírico. Sería interesante estudiar la adquisición de categorías de tipo natural en aquellas sociedades en las cuales estas categorías son predominantes, como por ejemplo en las castas de la India. También se requiere más trabajo experimental para lograr la comprensión de los parentescos en distintas culturas. Del mismo modo, es necesario estudiar las categorías sociales adultas a partir del conocimiento de más información cognitiva. Espero que este capítulo haya logrado dar sentido a una recomendación: los abordajes antropológico y psicológico se pueden combinar de una manera fructífera y así debe ser si deseamos comprender mejor los mecanismos de la comprensión social.

Notas

1. «Para Rofiafo, las especies están objetivamente "en el afuera", pero el concepto de especie es una transformación internalizada a partir de las relaciones sociales humanas», especialmente de las de parentesco (p. 434).

2. Incidentalmente se considera que este no es sólo el caso en la transferencia de lo biológico a lo social que postula el modelo de naturalización, sino también en la transferencia de la psicología intuitiva del comportamiento humano a otras clases vivientes que sugieren Carey (1985) e Inagaki y sus colegas (1990; Inagaki y Hatano, 1987).

3. Recientemente he concluido un trabajo que indica que las nociones paralelas de categorías sociales se desarrollan casi al mismo tiempo (Hirschfeld, en prensa-a).

4. Los nombres eran árabe, chino, blanco y negro.

5. Carey (1982: 96) postula algo semejante acerca de la relación entre los términos de parentesco y el conocimiento acerca de la reproducción: «recién cuando el niño ha aprendido algo acerca del contexto biológico de la paternidad puede adquirir el concepto de hermano que implica que tanto los adultos como los animales tienen hermanos». Esto no es exactamente lo mismo que sugerir que los niños pequeños no tienen algún conocimiento biológicamente relevante de términos tales como hermano. En otras investigaciones (Hirschfeld, 1989b), he postulado que la noción de relaciones familiares y el contexto familiar son fundamentales para las primeras representaciones de los términos de parentesco de los niños. Está claro que los niños pequeños utilizan claves perceptivas, tales como la corresidencia, para construir el significado de los términos de parentesco. Sin embargo, ellos no reducen los términos de parentesco a esos rasgos perceptivos como sugieren algunas investigaciones. Esto es evidente, ya que los niños pequeños invariablemente comprenden que los parientes que no viven juntos, como por ejemplo los abuelos o los primos, son de todas maneras verdaderos parientes (véase Hirschfeld, 19896).

6. Los trabajos acerca de la identidad social de los niños sugieren un paralelo entre el razonamiento social de niños y adultos: una cantidad de investigadores han postulado recientemente que al igual que para los adultos, para los niños pequeños las identidad personal y la pertenencia a un grupo son completamente independientes (Cross, 1991; Jackson, McCullough y Gurin, 1988; Spencer, 1985). Esta distinción tiene implicaciones importantes para interpretar los desempeños de los niños pequeños en las tareas de constancia de identidad. En primer lugar, no siempre es evidente si es la identidad personal o si es la pertenencia a un grupo de referencia lo que prima en los desempeños en las tareas que se suelen utilizar para evaluar la constancia de la identidad. En segundo lugar, los niños pueden considerar que la pertenencia a un cierto grupo contribuye más a la identidad grupal que otras clases de pertenencia, y por lo tanto está asociada más establemente con la identidad de un grupo. Los adultos suelen considerar que la raza contribuye más profundamente a la identidad grupal de un individuo que la ocupación. Algunos niños, por el contrario, pueden pensar que los grupos que se fundamentan en actividades y asociaciones comunes (que se identifican a partir de la vestimenta) son más relevantes para la identidad grupal que los rasgos físicos en común. Estos niños subestimarán el papel de la raza en las tareas de constancia de identidad antes descritas, no porque ignoren el carácter constante de la raza, sino más bien porque tienen ciertas creencias acerca de la identidad grupal. En tercer lugar, algunos niños, cuando razonan acerca de categorías que los adultos atribuyen a esencias profundas y diferentes (p. ej. el sexo) se pueden centrar en las ocupaciones o las asociaciones y creer entonces que si cambia la ocupación o la asociación se modifica también la identidad. Hacen esto no porque no comprendan la constancia de la entidad sino porque su estrategia de razona-

miento atiende selectivamente a las asociaciones habituales y a las ocupaciones, privilegiándolas por sobre las esencias subyacentes.

7. Una interpretación posible de estos resultados es que los niños consideran que las cualidades sociales que preservan la identidad en ambos casos surgen de la naturaleza intrínseca de las personas y que esa naturaleza intrínseca se mantiene durante el crecimiento y también se hereda. Esto sugiere un paralelo entre las categorías sociales naturalizadas y las categorías biológicas, ya que las propiedades biológicas se conceptualizan como parte de la naturaleza intrínseca de los seres vivientes (Atran, 1990; Gelman y Coley, 1990).

8. Específicamente un análisis de la variancia (ANOVA) de 3 (grupo de edad) × 2 (condición de crecimiento versus condición de herencia) usando tipos de comparación como medida repetida arrojó efectos significativos para la edad, $F(2, 72) = 4,89$, p <0,02, y el tipo de comparación $F(2,72) = 9.54$, p < 0,0001. Las comparaciones post hoc indicaron que las elecciones de la raza por sobre la contextura física (M = 1,62) eran significativamente mayores que las elecciones de raza por sobre ocupación (M = 1,15) las cuales, a su vez, eran significativamente mayores que las elecciones de ocupación por sobre la contextura física (M = 1,15). No se producía un efecto de condición. En el caso del grupo de los niños más pequeños, sólo la raza respecto de la contextura física arrojó un resultado superior al nivel de azar, $t(24) = 3,17$, p < 0,05. En el caso de los niños de cuatro años, las tres estuvieron por encima del nivel de azar; la raza por sobre la contextura física, $t(28) = 3,78$, p < 0,001; la raza por sobre la ocupación $t(28) = 2,20$, p < 0,04 y la ocupación por sobre la contextura física, $t(28) = 2,29$, p < 0,03. En el caso de los sujetos más grandes, las elecciones de raza por sobre contextura física estuvieron significativamente por encima del nivel de azar, $t(23) = 23,00$, p < 0,0001, al igual que las elecciones de la raza por sobre la ocupación, $t(23) = 4,65$, p < 0,0001.

9. La cantidad de veces que los niños eligieron la ocupación compartida se sumó en todos los ítems, en cada grupo de edad y esos datos se procesaron con un ANOVA de 3 (edad) × 2 (sexo de la persona representada). El análisis mostró un efecto principal significativo para el sexo del ítem, de modo que la ocupación era más relevante para los juicios de identidad acerca de los ítems masculinos (M = 1,20 [entre 2] que para los juicios de identidad de ítems femeninos (M = 0,81), $F(1,35) = 7,07$, p < 0,02. Teniendo en cuenta a los tres grupos de edad en conjunto, la media del número de veces que la ocupación se eligió por sobre la vestimenta tendió a estar por encima del nivel de azar para los ítems masculinos (M = 1,18), $t(37) = 1,74$, p < 0,09. Los niños de tres años, sin embargo, se ubicaban significativamente por encima del nivel de azar (M = 1,36, $t(10) = 2,39$, p < 0,04. La media de la cantidad de veces que la ocupación fue elegida por encima de la vestimenta en el caso de los ítems femeninos, por el contrario, estuvo significativamente por debajo del nivel de azar, $t(37) = -2,09$, p < 0,05.

10. Las medias de la cantidad de veces (entre dos) por tipo de comparación para los tres grupos de edades son:

	3 años	4 años	7 años
Raza por sobre contextura física	1,37*	1,52*	1,96*
Raza por sobre ocupación	1,20	1,31*	1,67*
Ocupación por sobre contextura física	1,09	1,27*	1,08

* por encima del nivel de azar, $p < 0,05$

11. Cabe señalar que las incoherencias de los niños más pequeños están aun más restringidas: Todos pusieron la ocupación en primer lugar en el caso de los ítems masculinos, mientras que la raza ocupaba el primer lugar en el caso de los ítems femeninos. El papel que desempeñan las distintas categorías sociales en la configuración de las expectativas de los niños pequeños es evidente: al justificar sus respuestas, varios de los sujetos dieron respuestas que revelaban que creían que la ocupación es más importante para configurar la identidad en el caso del hombre que en el caso de la mujer.

12. En trabajos anteriores llamé a esto «parecido natural». Esta expresión da cuenta de la idea de una propiedad natural que, a diferencia de las esencias subyacentes en las clases naturales, es de carácter comparativo, es decir que se puede presentar en mayor o en menor medida. Sin embargo, a diferencia de lo que se suele considerar «carácter común» o «parecido», en este caso la condición depende tanto del observador como del contexto. Por ejemplo, según el sistema de parentescos inglés existe una mayor semejanza natural entre hermanos que entre primos lejanos, cualquiera sea el contexto y el punto de vista.

Referencias bibliográficas

Aboud, F. E. 1987. The development of ethnic self-identification and attitudes» en J. S. Phiney y M. J. Rotheram (comps.) *Children's ethnic socialization*. Newbuy Park, Sage Publications, pp. 32-55.

—. 1988. *Children's prejudice*. Nueva York, Basil Blackwell.

Aboud, F.E. y Skerry, A. 1983. «Self and ethnic concepts in relation to ethnic constancy». *Canadian Journal of Behavioural Science*, 15, pp. 14-26.

—. 1984. «The development of ethnic attitudes: A critical review». *Journal of Cross-Cultural Psychology, 15*, pp. 3-34.

Alejandro-Wright, M. N. 1985. «The child's conception of racial classification: A socio-cognitive developmental model» en M. B. Spender, G. K. Brookins y W. R. Allen (comps.), *Beginnings: the social and affective development of black children*, Hillsdale, NJ, Erlbaum, pp. 185-201.

Alland, A. 1971. *Human diversity*, Nueva York, Columbia University Press.

Allport, G. 1954. *The nature of prejudice*, Cambridge, Addison-Wesley.

Atran, S. 1990. *Cognitive foundations of natural history*, Nueva York, Cambridge University Press.

Bem, S. 1989. «Genital knowledge and gender constancy in preschool children», *Child Development, 60,* pp. 649-662.

Berlin, B. 1978. «Ethnobiological classification» en E. Rosch y B. Lloyd (comps.), *Cognition and categorization*, Hillsdale, NJ, Erlbaum.

Blaske, D. 1984. «Occupational sex-typing by kindergarten and fourth grade children, *Psychological Reports*, 54(3), pp. 795-801.

Boas, F. 1916. «The origin of totemism», *American Anthropologist, 18,* pp. 319-326.

Boster, J. 1988. «Natural sources of internal category structure: Typicality, familiarity and similarity of birds», *Memory & Cognition, 16*(3), pp. 258-270.

Boster, J. (en prensa). «The information economy model applied to biological similarity judgments» en J. Levine, L. Resnick y S. Behrend (comps.), *Socially shared cognition*, American Psychological Association.

Boyer, P. 1990. *Tradition as truth and communication*. Nueva York, Cambridge University Press.

Brown, A. 1989. «Analogical learning and transfer: What develops?» en S. Vosniadou y A. Ortony (comps.), *Similarity and analogical reasoning*, Nueva York, Cambridge University Press, pp. 369-412

Brown, A. 1990. «Domain-specific principles affect learning and transfer in children», *Cognitive Science, 14*(1), pp. 107-134.

Carey, S. 1978. «The child as language learner» en M. Halle, J. Bresnan y G. A. Miller (comps.) *Linguistic theory and psychological reality*, Cambridge, MA, MIT Press, pp. 264-293.

–. 1982. «Semantic development: The state of the art» en E. Wanner y L. Gleitman (comps.), *Language acquisition: The state of the art*, Nueva York, Cambridge University Press.

–. 1985. *Conceptual development in childhood*, Cambridge, MA, MIT Press.

Clark, K. y Clark, M. 1940. «Skin color as a factor in racial indentification of Negro preschool children, *Journal of Social Psychology, 11*, pp. 159-169.

Crocker, J. 1977. «My brother the parrot» en J. Sair y J. Crocker (comps.) *The social use of metaphor: Essays on the anthropology of rethoric*, Filadelfia, University of Pennsylvania Press, pp. 164-192.

Cross, W. E. 1991. *Shades of black: Diversity in African-American identity*, Filadelfia, Temple University Press.

D'Andrade, R. 1990. «Some propositions about the relations between culture and human cognition» en J. Stigler, R. Shweder y G. Herdt (comps.) *Cultural psychology: Essays on comparative human development*, Nueva York, Cambridge University Press.

Daniel, E. Valentine. 1984. *Fluid signs: Being a person the Tamil way*, Los Angeles, University of California Press.

Davey, A. 1983. *Learning to be prejudiced: Growing up in multi-ethnic Britain*, London, Edward Arnold.

Davidson, N. y Gelman, S. «Induction from novel categories: The role of language and conceptual structure», *Cognitive Development, 5*, pp. 151-176.

Douglas, M. 1966. *Purity and danger: An analysis of concepts of pollution and taboo*, Londres, Routledge y Kegan Paul.

—. 1986. *How institutions think*, Syracuse, Syracuse University Press.

Doyle, A. 1983. «Friends, acquaintances, and strangers: The influence of familiarity and ethnolinguistic background on social interaction» en K. Rubin y H. Ross (comps.) *Peer relationships and social skills in childhood*, Nueva York, Springer-Verlag.

Durkheim, E. y Mauss, M. 1963. *Primitive classification*, Chicago, University of Chicago Press. (Trabajo original publicado en 1903).

Durrett, M. E. y Davy, A. 1979. «Racial awareness in young Mexican-American, Negro and Anglo children *Young Children, 26*, pp. 16-24.

Dwyer, P. 1976. «An analysis of Rogaifo mammal taxonomy. *American Ethnologist, 3*(3), pp. 425-445.

Emmerich, W., Goldman, K., Kirsch, B. y Sharabany, R. 1977. «Evidence for a transitional phase in the development of gender constancy», *Child Development, 48*, 930-936.

Festinger, L. 1957. *A theory of cognitive dissonance*, Palo Alto, Stanford University Press. [Teoría de la disonancia conoscitiva. Madrid, Centro de Estudios Constitucionales, 1975.]

Finkelstein, N. y Haskins, R. 1983. «Kindergarten children prefer same-color peers», *Child Development, 54*, pp. 502-508.

Flavell, J. 1985. *Cognitive development*, Englewood Cliffs, NJ, Prentice Hall. [El desarrollo cognitivo (nueva edición revisada). Madrid, Visor Distribuciones, 1993.]

Furth, H. 1980. *The world of grown ups: Children's conceptions of society*, Nueva York, Elsevier-North Holland.

Fusson, K., Lyons, B., Pergament, G., Hall, J. y Kwon, Y. 1988. «Effects of collection terms on class-inclusion and on number tasks», *Cognitive Psychology, 20*, pp. 96-120.

Garfield, J. 1987. «Introduction: Carving the mind at its joints» en J. Garfield (comp.) *Modularity in knowledge representation and natural-language understanding*, Cambridge, MA, MIT Press, pp. 1-13.

Gelman, S. y Coley, J. 1990. «The importance of knowing a dodo is a bird: Categories and inferences in 2-year-old children», *Developmental Psychology, 26*, pp. 796-804.

Gelman, S., Collman, P. y Maccoby, E. 1986. «Inferring properties from categories versus inferring categories from properties: The case of gender», *Child Development, 57*, pp. 396-404.

Gelman, S. y Kremer, K. 1991. «Understanding natural cause: Children's explanations of how objects and their properties originate», *Child Development, 62*, pp. 396-414.

Gelman, S. y Markman, E. 1986. «Categories and induction in young children», *Cognition, 23*, pp. 183-209.

—. 1987. «Young children's inductions from natural kinds: The role of categories and appearances», *Child Development, 58*, pp. 1532-1541.

Gelman, S. y Wellman, H. 1991. «Insides and essences: Early understandings of the non-obvious», *Cognition, 38*, pp. 213-244.

Gentner, D. y Gentner, D. 1983. «Flowing waters or teeming crowds: Mental models of electricity» en D. Gentner y A. Stevens (comps.), *Mental models*, Hillsdale, NJ, Erlbaum.

Gould, S., 1980. *The panda's thumb: More reflextions in natural history*, Nueva York, W. W. Norton & Co. [El pulgar del panda. Barcelona, RBA Coleccionables, 1994.]

Greeno, J. 1983. «Conceptual entities», en D. Gentner y A. Stevens (comps.), *Mental models*, Hillsdale, NJ, Erlbaum.

Guardo, C. y Bohan, J. 1971. «Development of a sense of self-identity in children», *Child Development*, 42, pp. 1909-1921.

Hallowell, A. 1976. *Contributions to anthropology: Selected papers of A. Irving Hallowell*, Chicago, University of Chicago Press.

Hartley, E., Rosenbaum, M. y Schwartz, S. 1948. «Children's perceptions of ethnic group membership, *Journal of Psychology, 26*, pp. 387-398.

Hirschfeld, L. 1986. «Kinship and congition: Genealogy and the meaning of kinship terms.» *Current Anthropology, 27*(3), pp. 217-242.

—. 1988. «On acquiring social categories: Cognitive development and anthropological wisdom», *Man, 23*, pp. 611-638.

—. 1989a. «Discovering linguistic differences: domain specificity and the young child's awareness of multiple languages». *Human Development, 32*, pp. 223-236.

—. 1989b. «Rethinking the acquisition of kinship terms», *International Journal of Behavioral Development, 12*(4), pp. 541-568.

—. 1993. «Discovering social difference: The role of appearance in the development of racial awareness», *Cognitive Psychology, 25*, pp. 317-350.

Hirschfeld, L. (en prensa-a). «Anthropology, psychology and the meaning of social causality», en A. Premack (comp.), *Causal understandings in cognition and culture*, Nueva York, Oxford University Press.

Hirschfeld, L. (en prensa-b). «The child's representations of human groups», en D. Medin (comp.), *The psychology of learning and motivation: Advances in research and theory, Vol. 30*. San Diego, Academic Press.

Holland, J., Holyoak, K., Nisbett, R. y Thagard, P. 1989. Induction: Processes of inference, learning and discovery, Cambridge, MA, MIT Press.

Inagaki, K. 1990. «Young children's everyday biology as the basis for learning school biology», *The Bulletin of the Faculty of Education, Chiba University, 38*, pp. 177-184.

Inagaki, K. y Hatano, G. 1987. «Young children's spontaneous personification and analogy», *Child Development, 58*, pp. 1013-1020.

324

Inagaki, K. y Sugiyama, K. 1988. «Attributing human characteristics: Developmental changes in over-and underattribution», *Cognitive Development, 3*(1), pp. 55-70.

Jackson, J., McCullough, W. y Gurin, G. 1988. «Family, socialization environment and identity development in Black Americans» en H. P. McAdoo (comp.), *Black families*, Newbury Park, CA, Sage Publications, pp. 242-256.

Johnson, K., Mervis, C. y Boster, J. 1992. «Developmental changes within the structure of the mammal domain», *Developmental Psychology, 28*, pp. 74-83.

Katz, P. 1982. «Development of children's racial awareness and intergroup attitudes» en L. G. Katz (comp.), *Current topics in Early Childhood Education* (vol.4, pp. 16-54), Norwood, NJ, Ablex.

–. 1983. «Developmental foundations of gender and racial attitudes» en R. L. Leahy (comp.), *The child's construction of social inequality*. Nueva York, Academic Press.

Keil, F. 1979. *Semantic and conceptual development: An ontological perspective,* Cambridge, MA, Harvard University Press.

–. 1989. *Concepts, kinds, and cognitive development*, Cambridge, MA, Bradford Books/MIT Press.

Keil, F. y Batterman, N. 1984. «A characteristic-to-defining shift in the development of word meaning», *Journal of Verbal Learning and Verbal Behavior, 23*, pp. 221-236.

Kohlberg, L. 1966. «A cognitive-developmental analysis of children's sex role concepts and attitudes» en E. Maccoby (comp.), *The development of sex differences*, Stanford, Stanford University Press.

Kosslyn, S. y Kagan, J. 1981. «Concrete thinking» and the development of social cognition» en J. Flavell y L. Ross (comps.), *Social cognitive development: Frontiers and possible futures*. Nueva York, Cambridge University Press, pp. 82-96.

Lambert, W. y Tachuchi, Y. 1956. «Ethnic cleavage among young children», *Journal of Abnormal and Social Psychology, 53*, pp. 380-382.

Leach, E. 1964. «Anthropological aspects of language: Animal categories and verbal abuse» en E. Lennberg (comp.), *New directions in the study of language*, Cambridge, MA, MIT Press, pp. 23-63. [Nuevas direcciones en el estudio del lenguaje. Madrid, Revista de Occidente, 1974.]

Lemaine, G., Santolini, A., Bonnet, P. y Ben Brika, J. 1985. «Préferences raciales, identité et soi idéal chez les enfants de 5 à 11 ans», *Bulletin de Psychologie, 39*, pp. 129-157.

Lévi-Strauss, C. 1962. *Totemism*, Boston, Beacon Press.

Lévi-Strauss, C. 1966. *The savage mind*, Chicago, University of Chicago Press. [*El pensamiento salvaje*. Madrid, Fondo de Cultura Económica, 2002.]

Lewis, M. 1981. «Self-knowledge: A social cognitive perspective on gender identity and sex role development» en M. Lamb y L. Sherrod (comps.), *Infant social cognition: Empirical and theoretical considerations*, Hillsdale, NJ, Erlbaum.

McCandless, B. y Hoyt, J. 1961. «Sex, ethnicity and play preferences of preschool children, *Journal of Abnormal and Social Psychology, 62*, pp. 683-685.

Madge, N. 1976. «Context and the expressed ethnic preference of infant school children», *Journal of Child Psychology and Psychiatry, 17*, pp. 337-344.

Mandler, J., Bauer, P. y McDonough, L. 1991. «Separating the sheep from the goats: Differentiating global categories, *Cognitive Psychology, 23*(2), pp. 263-298.

Markman, E. 1973. The facilitation of part-whole comparisons by use of the collective noun «Family». *Child Develpment, 44*, pp. 837-840.

–. 1981. «Two different principles of conceptual organization» en M. Lamb y A. Brown (comps.), *Advances in developmental psychology*, volumen I, Hillsdale, NJ, Erlbaum.

Massey, C. y Gelman, R. 1988. «Preschooler's ability to decide whether a photographed unfamiliar object can move itself», *Developmental Psychology, 24*(3), pp. 307-317.

Mauss, M. 1947. *Manuel d'ethnographie*, París, Payot. [*Introducción a la etnografía*. Tres Cantos, Ediciones Istmo, 1974.]

Novick, L. 1988. «Analogical transfer, problem similarity, and expertise», *Journal of Experimental Psychology: Learning, Memory, and cognition, 14*, pp. 510-520.

Piaget, J. 1967. *Etudes sur la logique de l'enfant. Tome II: Le jugement et le raisonnement chez l'enfant*, Neuchatel, Delachaux et Niestlé.

Quinn, N. y Holland, D. 1987. «Culture and cognition» en D. Holland y N. Quinn (comps.), *Cultural models in language and thought*, Nueva York, Cambridge University Press, pp. 3-40.

Radcliffe-Brown, A. 1992. *The Andaman Islanders*, Cambridge, Cambridge University Press.

Rosaldo, M. 1972. «Metaphor and folk classification», *Southwestern Journal of Anthropology, 28*, pp. 83-89.

Rosenberg, M. 1979. *Conceiving the self*, Nueva York, Basic Books.

Rosengreen, K., Gelman, S., Kalish, C y McCormick, M. 1991. «As time goes by. Children's early understanding of growth in animals», *Child Development, 62*, pp. 1302-1320.

Ross, L. 1981. «The "intuitive scientist" formulation and its developmental implications» en J. Falvell y L. Ross (comps.), *Social cognitive development: Frontiers and possible futures*, Nueva York, Cambridge University Press, pp. 1-42.

Rothbart, M. y Taylor, M. 1990. «Category labels and social reality: Do we view social categories as natural kinds?» en G. Semin y K. Fiedler (comps.), *Language and social cognition*, Londres, Sage.

Rozin, P. y Schull, J. 1988. «The adaptive-evolutionary point of view in experimental psychology» en R. Atkinson, R. Herrnstein, G. Lindzey y R.

Luce (comps.), *Steven's handbook of experimental psychology*, Nueva York, John Wiley & Sons.

Semaj, L.T. 1980. «The development of racial evaluation and preference: A cognitive approach», *The Journal of Black Psychology, 6*(2), pp. 59-79.

—. 1981. «The development of racial classification abilities, *Journal of Negro Education, 50*, pp. 41-47.

Shweder, R. y LeVine, R. 1976. «Dream concepts of Hausa children: A critique of the "doctrine of invariant sequence in cognitive development"» en T. Schwartz (comp.), *Socialization as cultural communication: Development of a theme in the work of Margaret Mead*, Berkeley, University of California Press, pp. 117-138.

Singleton, L. y Asher, S. 1979. «Racial integration an children's peer preferences: An investigation of developmental and cohort differences», *Child Development, 50*(4), pp. 936-941.

Slaby, R. y Frey, K. 1975. «Development of gender constancy and selective attention to same-sex models», *Child Development, 46*, pp. 849-856.

Solomon, G., Johnson, S., Zaitchik, D. y Carey, S. (Abril de 1993). *The young child's conception of inheritance*. Trabajo presentado en la Society for Research in Child Development, Nueva Orléans.

Sorce, J. 1979. «The role of physiognomy in the development of racial awareness, *The Journal of Genetic Psychology, 134*, pp. 33-41.

Spencer, M. 1985. «Cultural cognition and social cognition as identity factors in black children's personal-social growth» en M. B. Spencer, G. K. Brookins y W. R. Allen (comps.), *Beginnings: The social and affective development of black children*, Hillsdale, NJ, Erlbaum, pp. 215-230.

Spiro, R., Feltovich, P., Coulson, R. y Anderson, D. 1989. «Multiple analogies for complex concepts: Antidotes for analogy-induced misconception on advanced knowledge acquisition» en S. Vosniadou y A. Ortony (comps.), *Similarity and analogical reasoning*, Nueva York, Cambridge University Press.

Springer, K. y Keil, F. 1989. «On the development of biologically specific beliefs: The case of inheritance», *Child Development, 60*, pp. 637-648.

Stevenson, H. y Stevenson, N. 1960. «Social interaction in an interracial nursery school», Genetic Psychology Monographs, 61, pp. 37-75.

Tambiah, S. 1969. «Animals are good to think and good to prohibit», *Ethnology, 8*(4), pp. 422-459.

Taylor, S., Fiske, S., Etcoff, N. y Ruderman, A. 1978. «The categorical and contextual bases of person memory and stereotyping», *Journal of Personality & Social Psychology, 36*, pp. 78-793.

Turiel, E. 1983. *The development of social knowledge: Morality and convention*, Nueva York, Cambridge University Press. [El desarrollo del conocimiento social. Madrid, Editorial Debate, 1984.]

Turner, T. 1985. «Animal symbolism, totemism, and the structure of myth» en G. Urton (comp.), *Animal myths and metaphors in South America*, Salt Lake City, University of Utah Press.

Turner, T. 1989. «"We are parrots" "Twins are bird": Play of tropes as operational structure», en J. Fernadez (comp.), *Beyond metaphor: the theory of tropes in anthropology*, Stanford, Stanfors University Press, pp. 121-158.

Van den Berghe, P. 1981. *The ethnic phenomenon*, Nueva York, Elsevier.

Vaughan, G. 1987. «A social psychological model of ethnic identity» en J. Phinney y M. Rotheram (comps.), *Children's ethnic socialization*, Beverly Hills, CA, Sage, pp. 73-91.

Von den Steinen, K. 1984. *Unter den Naturvolkern Zentral-Brasiliens*, Berlín, Verlagsbucklandlub Dietrich Reimer.

Vosniadou, S. 1989. «Analogical reasoning as a mechanism in knowledge acquisition: A developmental perspective: en S. Vosniadou y A. Ortony (comps.) *Similarity and analogical reasoning*, Nueva York, Cambridge University Press, pp. 413-437.

9

El nacimiento y enriquecimiento de conceptos por dominios: el origen de los conceptos de seres vivientes*

Frank C. Keil

La resurrección del interés en los dominios de la cognición y especialmente en el contexto de los estudios transculturales y del desarrollo manifiesta una nueva conciencia acerca del modo en que diferentes clases de conceptos y sistemas de creencias se pueden adaptar a determinadas clases de regularidades en el mundo físico y en el social. Para que este nuevo énfasis lleve a lograr buenos progresos, sin embargo, hace falta que se establezcan distinciones más precisas entre distintas clases de dominio y que se obtengan mejores descripciones de los modos en que esos diferentes dominios varían conforme al desarrollo y a las culturas. Se puede tratar de dominios tan enrarecidos como el conocimiento que un cardiólogo tiene acerca de las arritmias o tan frecuentes como la psicología de sentido común. Los dominios pueden ir desde las concretas y causales relaciones propias de la mecánica intuitiva de los objetos físicos hasta las relaciones abstractas y no causales de la matemática o de la sintaxis del

* La preparación de este documento y gran parte de la investigación descrita en él fue financiada por la beca del NIH R01HD23922.

lenguaje natural. Es probable que agrupar todos estos tipos de dominios como si tuviesen efectos semejantes en el desarrollo cognitivo sólo lleve a confusiones y a desinformación. En este capítulo me ocuparé de algunas distinciones y de sus consecuencias respecto de cuestiones relativas al origen de los conceptos.

Este capítulo se centrará en la aparición del pensamiento biológico. Los conceptos acerca de los seres vivientes pueden ofrecer una explicación particularmente clara acerca de cómo los dominios participan en el origen de conceptos más específicos y de cómo conceptos específicos se relacionan para conformar sistemas de creencias más amplios. Por otra parte, distintos abordajes que se ocupan de la estructura y el uso de los conceptos invocan cada vez más la importancia de esos amplios sistemas de creencias llamados teorías. Varias líneas convergentes de investigación interesadas en el desarrollo (Carey, 1985; Keil, 1989) y el uso de los conceptos (Murphy y Medin, 1985) han afirmado que la mayor parte de las estructuras de conceptos están íntimamente mezcladas con las creencias causales, explicativas de una naturaleza sistemática. Las simples tabulaciones de frecuencias de rasgos y correlaciones no llegan a determinar la estructura de un concepto. Por ejemplo, la curvatura es tanto un rasgo de un bumerang como de una banana, pero es mucho más fundamental en la caracterización de un bumerang (Medin y Shoben, 1988). Para adquirir, representar y usar conceptos son necesarias estructuras y relaciones que trascienden aquellos modelos en los cuales la condición de lo típico gobierna todos los aspectos de la estructura.

El consenso respecto de la existencia de conceptos encastrados en las estructuras de tipo teórico es cada vez mayor, pero no ha llevado a un consenso semejante respecto de cómo se producen estas interrelaciones. Es debido a esta falta de acuerdo que el papel de los dominios en el desarrollo cognitivo se torna particularmente importante. En el tratamiento de este problema predominan dos puntos de vista. Uno de ellos, fuertemente empirista, sostiene que los conceptos tempranos están desprovistos de teoría y que esta se va formando luego gradualmente. El otro punto de vista, al que podríamos llamar el criterio de la teoría original, sostiene que los conceptos están incluidos desde el comienzo en relaciones de tipo teórico. Estas inclusiones, no obstante, a menudo son incorrectas ya que al comienzo sólo están disponibles dos conjuntos de teorías: uno correspondiente a la mecánica intuitiva y otro a la psicología intuitiva. Todo lo demás se ve obligado a incluirse dentro de estas relaciones.

Afirmar que los dominios de la física y la psicología tienen un lugar privilegiado porque son las teorías originales que dan lugar a todas las demás parecería una apreciación muy arriesgada, aunque está apoyada por evidencias contundentes. Una gran cantidad de trabajos recientes con bebés y poblaciones especiales, tales como grupos de niños autistas, sugiere que existen sensibilidades innatas para estos dos patrones de regularidades. Estos trabajos se tratan detalladamente en otros capítulos de este volumen (p. ej, Carey y Spelke, Leslie, Hirschfeld, Cosmides y Tooby, Premack, y Gopnik y Wellman) por lo cual no es necesario que nos ocupemos de ellos aquí.

Los fenómenos biológicos están muy presentes en nuestra vida diaria. Sin embargo, los diferentes abordajes sobre el tema sugieren que el dominio correspondiente al pensamiento biológico surge muy tardíamente en el curso del desarrollo cognitivo, sólo después de los seis o siete años de edad. Desde la perspectiva empirista, los conceptos de la biología, al igual que los de otros dominios, surgen a partir de mecanismos generales asociativos o inductivos. Los patrones de explicación y descubrimiento particulares que se asocian con la biología tienen sus orígenes en mecanismos de aprendizaje dominio-general que funcionan de la misma manera para cualquier contenido. Los conceptos tempranos de distintos dominios no se distinguen unos de otros desde el punto de vista estructural, dado que son meras tabulaciones de frecuencias y correlaciones y que las reestructuraciones provocadas por la teoría no se manifiestan durante varios años.

La otra perspectiva, en cambio, considera que el pensamiento biológico no surge de tabulaciones de las regularidades del ambiente que se producen sin dirección alguna. Postula, en cambio, que el pensamiento biológico surge de un modo específico de construcción, que gobierna adecuadamente su propio dominio pero que abarca también indebidamente a la biología hasta que ella es capaz de pararse sobre sus propios pies y emerger de una manera libre y clara. Carey (1985) resumió de una manera muy explícita este punto de vista y sugirió que muchas de las creencias tempranas de los niños relacionadas con las especies biológicas se expresan a través de una psicología intuitiva, lo cual lleva a distorsiones y falsas construcciones acerca de los objetos biológicos, ya que se trata de hacerlos encajar en la estructura de los objetos psicológicos, y también a una incapacidad para realizar distinciones importantes entre los fenómenos biológicos y los psicológicos. Según esta idea, un niño podría comprender el acto de comer solamente a partir de las creencias y deseos asociados con la comida y no lo entendería en términos de su función fisiológica/nutricional. De manera semejante, la propiedad de «tener bebés» sólo se comprendería en términos de los roles sociales de la paternidad y no a partir del significado reproductivo de esta acción.

En efecto, los niños preescolares en algunas tareas dicen que los animales comen en la medida en que son suficientemente parecidos desde el punto de vista psicológico al hombre, que es el ser prototípicamente intencional. Por ejemplo, consideran que los perros tienen bebés y comen, pero los gusanos no son capaces de estas acciones. Carey cita a un niño que manifestó: «Los gusanos no tienen bebés. Sólo tienen gusanos pequeños» para ilustrar cómo los niños construyen la acción de tener bebés sobre la sola base de lo psicológico (es decir, del papel de la paternidad. Carey, 1989). En esta cita, sin embargo, se plantea la cuestión de por qué el niño realizó el comentario de que los gusanos podían tener gusanos pequeños. Si el niño sólo tiene una comprensión social en la cual los gusanos no encajan, entonces no debería hacer un comentario de este tipo, que sería irrelevante.

Estos ejemplos muestran por qué los conceptos biológicos aportan una evaluación tan crítica de los dos puntos de vista acerca de la estructura y adquisición de los conceptos. Ambas perspectivas pueden evaluarse en función de su postulación común de que inicialmente los seres vivientes no son apreciados como tales, y también pueden oponerse una a la otra, ya que una sostiene que los conceptos biológicos se distorsionan desde el comienzo porque tienen que ser forzosamente encastrados en un dominio conceptual original diferente, mientras que la otra sostiene que aparecen en forma gradual y se tornan distintivos a partir de un mecanismo más general de aprendizaje. En un sentido más amplio, la pregunta fundamental se refiere al modo en que se relacionan las primeras clasificaciones del mundo en categorías significativas y las construcciones más tardías y sofisticadas.

Algunas propiedades distintivas de los seres vivientes

Para que el pensamiento biológico sea de interés como un dominio de cognición independiente, los adultos deberían considerar que los seres biológicos poseen sus propiedades y relaciones especiales. Algunas distinciones sólo son conocidas por científicos expertos, mientras que otras son mucho más universales. Para ilustrar esta diferencia, mostraremos siete distinciones, ninguna de las cuales es estrictamente verdadera para todos los seres biológicos y falsa para las demás cosas, pero que sin embargo parecen ser propias del mundo biológico (véase también Keil, 1992):

1. Los seres biológicos se reproducen, preservando las propiedades importantes de su especie tanto a nivel de la especie como del individuo. Las nociones correspondientes a la herencia de propiedades, incluyendo las propiedades que se heredan y el modo en que procede la herencia están ligadas a la reproducción.
2. Las especies biológicas tienen una estructura interna compleja y heterogénea. Exceptuando los amplios ejes de simetría que poseen, si se las corta en trozos, estos suelen diferir el uno del otro y no suelen ser versiones pequeñas del original. Está claro que ni el oro ni el agua se comportan de esa manera. Por otra parte, esas unidades heterogéneas suelen encontrarse dispuestas en jerarquías funcionales.
3. Las especies biológicas crecen y pasan por patrones de cambio canónicos y a menudo irreversibles que van diferenciando las especies biológicas. Los cristales también pueden crecer, pero el cambio no pasa por una secuencia distintiva de diferenciación (a menudo el mismo ciclo se repite una y otra vez). Finalmente, los patrones de cambio tienden a un estado ideal de la especie, un estado que habitualmente no es el estado final (tal como ilustran los miembros más viejos de una especie).
4. Algo intrínseco de las especies biológicas produce la mayor parte de sus propiedades fenoménicas estables, que no son ni las fuerzas naturales externas, ni las intencionales propias de los seres humanos.
5. Las propiedades fenoménicas típicas a menudo evidencian otras no fenoménicas. No sólo damos por sentada una esencia, sino además un conjunto de relaciones causales entre esa esencia y lo puramente fenoménico y reconocemos el potencial de lo fenoménico para engañarnos (hay mamíferos que parecen peces, serpientes que parecen lagartijas, etcétera).
6. Las propiedades tienen propósitos respecto de las especies biológicas. Es clara la sensación (aunque a veces resulte equivocada) de que las propiedades de las especies biológicas tienen este propósito (véase Gould y Lewontin, 1978) y de que resuelven pro-

blemas de diseño de las especies que las poseen. Esta justificación teleológica es más débil para las clases naturales no biológicas como el oro, el agua o los carámbanos. Las propiedades de los artefactos también tienen, claro está, propósitos, pero en el caso de las especies vivientes suele ser más un servicio para con ellas mismas (p. ej. los conejos tienen la piel espesa para mantenerse calientes) mientras que en el caso de los artefactos, las propiedades cumplen la función de servir a otros (p. ej., los abrigos están rellenos con poliéster para mantener calientes a las personas).

7. Las especies biológicas tienen partes que funcionan juntas para sustentarse las unas a las otras de una manera complementaria, lo cual constituye una versión profana de la homeostasis.

Estas siete distinciones no son independientes unas de otras y pueden colapsar y expandirse de varias maneras, pero ilustran la factibilidad de que exista un conjunto de creencias y un patrón especial de explicación propio de las especies biológicas.

Estas distinciones nos aportan un contexto para evaluar la perspectiva empirista según la cual los pensamientos biológicos se incorporan a partir de asociaciones e no teóricas inducciones independientes de creencias.

El caso del empirismo

En alguna medida parece que el conocimiento biológico surge de inducciones efectuadas a partir de las regularidades del mundo. Durante casi un siglo se ha postulado que los conceptos inmaduros son tabulaciones de la información relevante (cuya relevancia es puramente perceptiva). Estos conceptos tempranos luego derivan, a partir de los seis años de edad aproximadamente, en otros que están organizados sobre la base de principios o teorías. Este cambio ha sido descrito como, por ejemplo, de lo holístico a lo analítico, de lo concreto a lo abstracto o de lo accidental a lo esencial por la mayor parte de los teóricos importantes del desarrollo del siglo XX, entre los cuales se cuentan Vygotsky, Werner, Piaget y Bruner (p. ej. Bruner, Oliver, Greenfield et al., 1966; Inhelder y Piaget, 1964; Vygotsky, 1934/1986; Werner, 1948). Además, esta idea está presente en propuestas actuales respecto de los cambios de los conceptos organizados sobre la base de atributos de similaridad a conceptos organizados sobre la base de similaridad de relaciones de otro orden (Gentner y Toupin, 1988). Existe también una amplia tradición filosófica que sostiene postulaciones parecidas y que va desde Locke y Bacon hasta Quine (1977). Este tipo particular de empirismo parece favorecer la existencia de etapas, ya que sostiene que los conceptos propios del primer año de vida están completamente desprovistos de teoría y que la teoría recién comienza a ejercer influencia cuando promedia la niñez. Por tal razón, cualquier dominio temprano de la cognición estará organizado exclusivamente a partir de los principios de la similaridad fenoménica, sin que participen principios explicativos más profundos. Otro tipo de empirismo, por el contrario, plantearía que los dominios van apareciendo gradualmente, de modo que, aun durante la infancia, pueden existir algunos esbozos primarios de teoría surgidos de las regularidades implícitas en los mundos social y físico. Más adelante este capítulo abordará este segundo punto de vista.

Mis primeros trabajos sobre los conceptos de las especies biológicas también parecían sustentar la existencia de un cambio que se operaba desde un niño preescolar carente de teorías a un niño dotado de perspectivas teóricas de dominio específico. Por ejemplo, si todos los rasgos característicos relevantes de una especie se modificaban hasta parecer los de otra especie, como si se cambiaba el aspecto de un caballo de modo tal que pareciera y actuara como una cebra, los niños más pequeños sostenían que la especie había cambiado. Aparentemente una cebra fenoménica es una cebra pura y simple.

Los conceptos parecían estar organizados puramente en términos de tabulaciones de rasgos típicos y no se centraban en principios o desviaciones más profundos. La resistencia al cambio biológico en los niños más grandes, por el contrario, parecía apoyarse en la aparición que creencias biológicas que iban más allá del conjunto de rasgos típicos, de modo tal que aunque un espécimen pareciera y actuara como una cebra, sabían que los conjuntos de rasgos no bastaban.

Estos cambios desde una similaridad fenoménica en los niños preescolares hacia una reestructuración basada en teorías en los niños más grandes, parecen sustentar ampliamente el modelo empírico y más particularmente su versión de la organización en etapas. Sin embargo, existen serias objeciones respecto de este modelo, tanto de tipo conceptual como de naturaleza más práctica. En primer lugar, los trabajos empiristas tienen severas dificultades para demostrar cómo podría surgir en algún momento un conjunto interconectado de creencias explicativas o una teoría intuitiva. No existe ninguna ruta conocida que vaya desde la asociación hacia las teorías de dominio específico o hacia conjuntos de principios y no se base en una predisposición preexistente para la construcción de ciertas clases de teorías y no de otras, y esas predisposiciones, además, no pueden fundamentarse solamente en lo perceptivo. Durante siglos los empiristas han postulado que todo el conocimiento se podría configurar a partir de las restricciones que establece un conjunto de primitivos perceptivos y sensoriales, pero aún no hemos visto que un modelo de este tipo logre dar cuenta siquiera de nociones de origen aparentemente simple. Cualquier intento de diseño de modelo de funcionamiento o bien se construye a partir de restricciones de dominio específico planteadas para el mismo proceso de aprendizaje o bien provee datos que son cuidadosamente seleccionados, de modo que ellos encarnan esas restricciones. Es posible que algún día se describa un proceso general de aprendizaje que sea capaz de procesar datos no sesgados, o quizá se llegue a la conclusión de que los verdaderos datos de la experiencia encarnan más patrones tendientes a la formación de un pensamiento de dominio específico que los que conocemos hoy. Por ahora, sin embargo, la falta de modelos adecuados hace poco plausibles estas postulaciones.

El segundo riesgo que entraña el abordaje empirista es que en la última década la psicología ha aportado muchas demostraciones respecto de capacidades infantiles que trascienden lo fenoménico y que hasta ese momento habían sido ignoradas. Una y otra vez se ha demostrado que ni los niños preescolares ni los bebés pueden ser engañados por la semejanza superficial, sino que se suelen basar en relaciones y principios más profundos (Baillargeon, 1987; Spelke, 1988). No importa cuán pequeños sean los niños, ellos siempre apelan a conjuntos coherentes de principios subyacentes que pueden superar la semejanza superficial.

Sin embargo, aun cuando el programa empirista sea problemático, de todas maneras es importante explicar la «visión empirista». Es necesario dar cuenta de las razones por las cuales durante más de medio siglo los investigadores postularon que existía un pasaje de la organización de conceptos a partir de la mera similaridad holística a una visión del mundo en términos de principios explicativos subyacentes más profundos. Una de estas postulaciones surge de considerar que los conceptos son mezclas intrínsecas de asociación y creencia.

Aun las teorías más sofisticadas de los expertos pierden poder explicativo cuando comienzan a explorar distinciones y relaciones muy sutiles. Cuando la teoría pierde su poder explicativo, se necesita un mecanismo de apoyo que permita agrupar entidades y acumular información. Este mecanismo suele requerir un modo asociativo para almacenar las correlaciones y frecuencias de los rasgos. Vale decir que a los adultos no les basta con la semejanza apoyada en la teoría y que, probablemente, de modo semejante, a los niños pequeños no les baste con la semejanza fenoménica basada en la asociación. Es posible que a ninguna edad existan los conceptos puramente asociativos, excepto en los casos de categorías artificiales y sin significado, tales como la de los «blik», pequeños cuadrados azules con rayas. Dado que este tipo de conceptos artificiales han sido los estímulos utilizados con más frecuencia en los estudios de aprendizaje de conceptos durante décadas de 1960 y 1970, no resulta sorprendente que los conceptos que aprendían los niños pudiesen ser descritos en términos puramente asociativos. El aparente pasaje hacia la comprensión de una regla arbitraria para la organización de esas categorías puede haber sido una postulación equivocada. Es posible que los niños no trasladen sus sistemas de explicación de las creencias a los conceptos como un paso posterior en el desarrollo, sino que hasta los más pequeños siempre estén tratando de encajar las entidades nuevas en los sistemas de los que disponen. Sólo en caso de desesperación podrían poseer representaciones de una categoría o lo que podríamos llamar pseudoconceptos puramente asociativos, sin los aportes y el apoyo de las creencias y los principios, ya que estos son los que aportan la carne y la sangre a la inducción.

Puede ser que parezca que los conceptos biológicos realizan un cambio cualitativo de la no teoría a la teoría, pero probablemente en realidad estemos ante la aparición de teorías cada vez más poderosas, capaces de explicar lo que anteriormente se representaba sólo por asociación. La ilusión de un cambio cualitativo se produce porque los observadores tienden a presuponer partes de la teoría del niño de un modo tan automático que quizá sólo capten el residuo asociativo que se incorpora a la teoría en expansión o al conjunto de creencias. Probablemente algunas partes de las teorías sean tan básicas que casi nunca se las tenga en cuenta de una manera explícita. Es más natural que se perciban aquellas partes que cambian, y que se contemple entonces un pasaje ilusorio de conceptos y dominios organizados según una similaridad asociativa a otros organizados según teorías y creencias explicativas.

Esta concepción alternativa del desarrollo temprano de los conceptos predice que hasta el niño más pequeño será capaz de ir más allá de lo fenoménico si el investigador encuentra un modo de acceder a las creencias básicas que organizan los dominios de esos niños.

En mis propias investigaciones he observado que los niños pequeños superan esos espacios de semejanza fenoménica que consideramos los hitos de las representaciones asociativas simples. Además, logran hacerlo no sólo en los juicios donde deben establecer si algo es un animal o una planta, sino también cuando deben juzgar de qué clase de animal o planta se trata. De este modo, ninguna clase de cambio podrá transformar un animal en planta y ni siquiera será aceptada como cambio verdadero una transformación de caballo en cebra si la transformación no radica en algo que los preescolares consideren biológicamente relevante. Por ejemplo, el uso de un disfraz ceñido será considerado de un modo diferente que el cambio permanente de las partes superficiales (Keil, 1989).

Estos y otros estudios, como los llevados a cabo por S. Gelman y sus colegas (p. ej. Gelman y Coley, 1991; Wellman y Gelman, 1988), refutan la idea de que los niños, para construir sus categorizaciones de seres biológicos se basen ciegamente en tabulaciones y correlaciones de frecuencias de rasgos. En realidad estos trabajos no demuestran que los procedimientos de tabulación de dominio general no puedan operar, pero dada la falta de demostración de la eficacia de esos procedimientos, invierten el peso de la prueba. No es necesario evaluar a recién nacidos para sembrar dudas respecto del programa empirista. Es suficiente con mostrar que las tendencias relevantes del desarrollo no se extrapolan hacia atrás de un modo que sustente las postulaciones de ese abordaje. El abordaje empirista no es el más económico ya que debe demostrar cómo un conjunto de propiedades y relaciones se torna cada vez más capaz de seleccionar los seres vivientes y pensar en ellos, especialmente en aquellos casos en los cuales muchas propiedades no son evidentes en una experiencia inmediata. Pasaré entonces a continuación a las perspectivas que se basan en la existencia de una teoría original, partiendo de la idea de que no existen evidencias positivas de que los niños muy pequeños estructuren sus conceptos basándose en simples semejanzas sólo restringidas por principios perceptivos y leyes de tipo asociativo. Como se ha mencionado previamente, luego se expondrá una visión empirista más sutil.

Evaluación de la perspectiva de la teoría original

Dado que los modelos empiristas que postulan la existencia de etapas presentan problemas tanto conceptuales como pragmáticos, la perspectiva de la teoría original se nos ofrece como una alternativa posible. El modelo de la teoría original predice que el pensamiento biológico temprano no es un dominio independiente sino que está subsumido en una teoría intuitiva de la mente y la conducta. Para comprobar esta predicción será necesario examinar el pensamiento acerca de muchas facetas de lo biológico para ver si existen distorsiones sistemáticas en los modos de construcción llevados a cabo por las teorías originales. En caso de que esto no ocurra, habrá que investigar si hay algún conjunto coherente de creencias que esté organizando el pensamiento biológico como un todo o si más bien este se encuentra dividido en muchos subdominios de la biología, que no cuentan con modelos unificados de explicación y comprensión. Sólo es posible investigar estas alternativas llevando a cabo diversos estudios que se ocupen de áreas diferentes de la biología, como por ejemplo las creencias acerca de las especies y otros conceptos taxonómicos, el crecimiento, la reproducción, la herencia, la enfermedad, la fisiología, etcétera.

Solamente a partir de esas comparaciones lograremos una mejor comprensión de la diferencia entre dominios que comprenden conocimientos expertos muy restringidos y la posibilidad de que existan modos de explicación y construcción mucho más amplios. Mis colegas y yo nos encontramos actualmente en medio de una serie de estudios acerca de diferentes fenómenos biológicos. Cada vez que podemos, contrastamos las relaciones físicas y psicológicas con las relaciones biológicas propuestas por los siete principios que hemos descrito anteriormente. Este capítulo ilustra tal abordaje con ejemplos acerca de las creencias sobre la herencia y la enfermedad.

La transmisión biológica de las propiedades

A lo largo de la historia todos los pueblos y culturas han dado por sentado que los seres vivientes transmiten algunas de sus propiedades a su descendencia (Jacob, 1982). De la misma manera, todos los adultos llegan a comprobar que sólo algunas propiedades tienen esta condición especial de poder ser transmitidas y seguramente cuentan con un rango de intuiciones acerca de la probabilidad ligada a cada una de esas propiedades. Las diferencias entre las probabilidades que intuitivamente barajan los adultos y las que tienen en cuenta los niños pueden arrojar luz sobre la aparición del pensamiento biológico. Ken Springer y yo (Springer y Keil, 1989, 1991) hemos llevado a cabo una extensa serie de estudios para investigar cómo los cambios en las creencias sobre distintas propiedades que se producen durante el desarrollo pueden arrojar luz sobre interrogantes más amplios respecto de la aparición del pensamiento biológico. Cada vez está más claro que, si bien los niños pequeños pueden tener creencias diferentes respecto de cuáles son las propiedades que tienen probabilidades de ser heredadas y cuáles son los mecanismos plausibles, esas creencias nunca están guiadas ni por su inclusión dentro de una psicología intuitiva ni por referencia a una semejanza fenoménica con los ejemplos más frecuentes y/o más notables. Más bien el niño se inclina hacia aquellas propiedades que cumplen papeles funcionales/fisiológicos y hacia mecanismos internos de los organismos en cuestión (Keil, 1992).

En su tesis de doctorado, Springer analizó las relaciones entre las creencias sobre la herencia y las referidas a los parentescos (Springer, 1990). Las relaciones de parentesco implican los modos de construcción biológico y social y al mismo tiempo los mantienen independientes. Se mostró a los preescolares una representación de tres animales en la cual el animal A era visualmente semejante al animal B, pero no tenía relación con él, mientras que era menos semejante al animal C, aunque guardaba relación con él.

Se preguntó a los niños si los animales B y C poseían propiedades biológicas imperceptibles (p. ej. «tiene huesos diminutos en su interior») o propiedades imperceptibles y no biológicas (p. ej. «está muy sucio porque ha jugado en el barro») que también tenía el animal A. Una serie de investigaciones demostró que los niños preescolares (de aproximadamente cuatro años y medio) atribuían con más frecuencia propiedades biológicas comunes a los animales relacionados, aunque no fuesen parecidos que a los animales similares pero no relacionados. Por el contrario, cuando la propiedad no era biológica, la atribuían con mayor frecuencia a los animales parecidos pero no relacionados que a los diferentes pero relacionados. Por lo tanto, se observó un patrón reverso en la atribución de las características como función del tipo de propiedad. Las propiedades biológicas se proyectaban inductivamente a la línea de sangre y las propiedades sociales/conductuales, en cambio, a quienes compartían una semejanza fenoménica.

En resumen, los juicios de herencia no demuestran una indistinción entre lo conductual y lo biológico, sino que evidencian una particular sensibilidad respecto de la naturaleza funcional de las propiedades de los seres vivientes (véase también Hirschfeld, cap. 8 de esta obra). Una cuestión clave es la presencia de patrones semejantes a estos en el terreno de la enfermedad.

El contagio biológico

Las condiciones sociales/psicológicas, como la risa o la depresión, se pueden considerar contagiosas, pero para los adultos, este contagio psicológico es completamente diferente del contagio biológico. Una manera de investigar si los niños pequeños captan la naturaleza particular del biológico es preguntarles cuáles son las clases de síntomas que se pueden contagiar. Cualquier conjunto de creencias sobre el contagio biológico deben contemplar solamente como transmisibles algunas condiciones poco frecuentes. De no ser así, el contacto con otros seres vivientes sería considerado peligroso.

Llevamos a cabo varios estudios para investigar qué clases de condiciones poco habituales se pueden «contagiar». En uno de los estudios, la condiciones podían variar en tres dimensiones: comienzo repentino versus carácter congénito (p. ej. uno de pronto se enferma o siempre ha tenido una enfermedad), buena versus mala (la condición es dañina o es beneficiosa) o es conductual o fisiológica (un estado mental poco habitual versus un estado biológico funcional). Los adultos ponen mucho énfasis en los contrastes conductual/fisiológica y comienzo repentino/congénita, pero en cambio tienen intuiciones menos fuertes respecto de si síntomas beneficiosos versus dañinos es un contraste relevante. Si los niños incluyeran toda la biología dentro de la psicología, en cambio, podríamos esperar que no establecieran diferenciaciones entre lo conductual y lo físico ni entre el comienzo abrupto y el carácter congénito. Una perspectiva empirista podría predecir que prestarían más atención a la diferenciación bueno/malo porque todas las enfermedades contagiosas conocidas tienen efectos negativos relevantes.

Se procuró que los síntomas que se les presentaban fueran bastante diferentes de los propios de enfermedades conocidas, para que no se pudiesen valer de analogías con ellas. Además, algunas de las afecciones del comportamiento que se presentaban incluían deliberadamente efectos fisiológicos colaterales para ver si los niños eran capaces de evaluar estados semejantes que eran producto de mecanismos subyacentes distintos. Por ejemplo, se presentó el caso de una niña que repentinamente desarrollaba la falsa creencia de que sus manos estaban sucias y se las lavaba permanentemente hasta que enrojecían y se irritaban. Este era un claro resultado fisiológico semejante al de enfermedades conocidas pero cuyo origen estaba claramente en un conjunto de síntomas conductuales. Una vez que se describía a las personas afectadas se preguntaba al niño si, luego de pasar con ellas un fin de semana, uno podría «contagiarse» ese problema.

Los niños de cuatro años ya consideraban que los comportamientos anormales no eran contagiosos por mucho contacto que uno tuviese con la persona afectada. El contraste comportamental/fisiológico incidía sobre los juicios en una medida mucho mayor que los otros dos contrastes. La distinción bueno/malo, que podría llevar a la comparación con las enfermedades conocidas por simple analogía, no sólo tuvo el efecto más pequeño, sino que además mostró una tendencia a ser menor en los niños pequeños. Aparentemente la experiencia con distintas enfermedades aumenta la importancia del contraste bueno/malo en lugar de reducirla. El contraste comienzo repentino/congénito no tuvo influencia sobre los juicios de los niños más pequeños. Al comenzar el segundo año, sin embargo, pasa a tener una incidencia importante. Este hallazgo concuerda con el aumento de la importancia de los factores congénitos en los juicios respecto de la herencia (véase también Keil, 1992).

El rechazo hacia las afecciones conductuales es especialmente notable si se tiene en cuenta que muy a menudo se habla coloquialmente acerca del carácter contagioso de las conductas, como por ejemplo de la risa. El importante cambio que durante el desarrollo se produce respecto del aumento en la comprensión de la escasa transmisibilidad de los trastornos congénitos ilustra las importantes diferencias que existen entre los niños pequeños y los adultos. Esto significa que el hecho de compartir ciertos sesgos con los adultos no garantiza que los niños posean las mismas teorías y conceptos que ellos respecto de la enfermedad. Este carácter común sólo evidencia que prevalecerán los modos de construcción compartidos en niveles más amplios.

Estos niños dieron por sentado que las causas biológicas y las psicológicas no se mezclarían. Permanecerían completamente separadas. Una mayor comprensión de los fundamentos de sus juicios nos ayudaría a responder a preguntas acerca de la organización de los dos dominios. Para cumplir con ese propósito actualmente estamos llevando a cabo un estudio en el cual se interroga a niños de tres a diez años acerca de alteraciones fisiológicas y conductuales más sutiles. Por ejemplo, se estableció una gama que va desde la más mental de las alteraciones, que es la existencia de creencias falsas o ilusorias, pasando por casos de creencias apropiadas acompañadas por procesos mentales alterados (tales como perturbaciones de la atención y la memoria) y casos en que tanto las creencias como los procesos mentales son adecuados, pero aparecen comportamientos patológicos (tales como los tics faciales), hasta llegar a casos de alteraciones puramente fisiológicas (como dolor en las articulaciones). Aunque estos trabajos todavía están en curso, los primeros resultados de los estudios sugieren que al comienzo la mayor parte de los comportamientos se consideran igualmente no contagiosos. Más tarde, a medida que el niño va creciendo, aparece la conciencia de que cuanto más centrada en el comportamiento está una alteración, menos probable es que se contagie. Solamente a través de un análisis muy detallado de este tipo llegaremos a aclarar por qué la distinción conductual/biológico es tan clara para estos niños y cómo se relaciona esta comprensión con el desarrollo de las nociones acerca de los seres vivientes.

Causas y síntomas de las enfermedades

Además del estudio del contagio, el análisis de las creencias acerca de posibles agentes causantes de enfermedades puede servir para investigar la comprensión que los niños tienen respecto de causas muy diferentes, en un dominio en el cual no es posible la experiencia directa de los mecanismos responsables de la enfermedad. Para los adultos existen por lo menos dos diferentes causas de enfermedades: agentes biológicos como los gérmenes y los virus y agentes no biológicos como los venenos y las toxinas. Este contraste nos lleva a preguntarnos si el simple conocimiento de que un agente es biológico conduce a un patrón de inferencias diferente respecto del modo en que producirá un conjunto de resultados superficiales que también pueden ser producidos por un agente no biológico. Esto fue confirmado por un estudio preliminar en el cual los niños manifestaron que la ingestión de un polvo, que puede producir la aparición de manchas rojas en la piel, lo hace de un modo diferente que cuando la erupción es causada por un germen.

En un segundo estudio se llamó «cosa» al agente causante de la enfermedad, para evitar asociaciones con agentes conocidos como los gérmenes. Se plantearon tres descripciones respecto de la «cosa»: una descripción funcional o teleológica que sostenía que la cosa debía meterse adentro y utilizar partes del cuerpo para enfermar a la persona; una descripción mecánica simple en la cual la «cosa» se frotaba en el interior del cuerpo, provocando la enfermedad a través de un daño mecánico tal como la abrasión, y una descripción intencional que atribuía a la «cosa» intenciones y deseos de enfermar (siendo este un contraste importante respecto de la descripción teleológica).

Para la mayor parte de los adultos, la descripción teleológica implica la participación de un agente biológico. La descripción de objetivos y deseos no sólo involucra una cuestión biológica sino también una de orden psicológico y la descripción mecánica sugiere una cosa no viviente. Se presentaron estas descripciones a niños de dos y cuatro años y se les pidió que hiciesen inferencias acerca de otras propiedades probables, utilizando una versión de un paradigma de inducción común.

Los resultados fueron contundentes: 1) cuando se planteaba que la «cosa» utilizaba las partes del cuerpo, los niños de todas las edades la consideraban tan viva, capaz de moverse por sí misma y de reproducirse como cuando se la presentaba con la intención de "entrar dentro de tu cuerpo y enfermarte"». También en ambos casos consideraban que la cosa tenía una estructura interna heterogénea (las partes interiores eran diferentes unas de otras). Todas estas características contrastaban fuertemente con las que se atribuían al caso de la abrasión. Esto significa que tanto la entidad funcional como la dotada de intención/deseo tenían en promedio más de dos veces más de probabilidades de poseer características de reproducción, movimiento y estructura heterogénea y de ser entidades vivientes. Estos resultados se resumen en la figura 9.1, que muestra los resultados promedio para todas estas propiedades, ya que no se evidenciaban diferencias significativas entre ellas (véase también Keil, 1992).

Por otra parte, tal como se observa en la figura 9.2, los niños de todas las edades pensaban que el ente funcional/teleológico era tan ignorante de lo que estaba haciendo como la mecánica, a diferencia de lo que ocurría con la intencional, a la cual atribuían un conocimiento tres veces mayor.

Este patrón demuestra que hasta los niños más pequeños establecen una diferencia entre los agentes productores de enfermedad y los animales prototípicos o los seres humanos, que saben lo que ha-

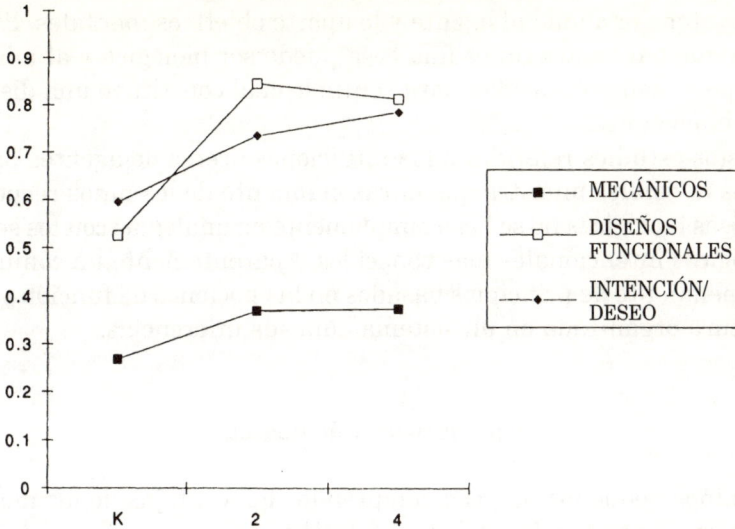

REPRO/VIVO/HETERO/MOVIMIENTO

Figura 9.1. Punto hasta el cual los niños de diferentes edades consideraron que los agentes patógenos de cada uno de los tres tipos podían reproducirse, moverse, estar vivo o tener una estructura interna heterogénea. Se muestran las medidas generales porque no hay diferencias significativas entre las distintas preguntas.

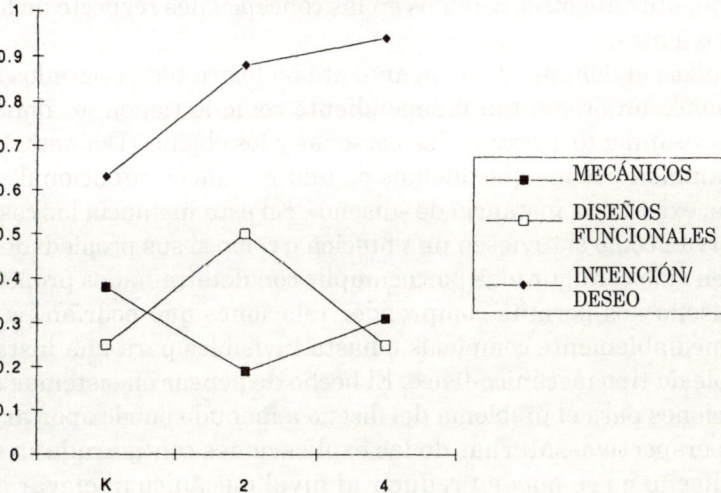

CONOCIMIENTO

Figura 9.2. Punto hasta el cual los niños de diferentes edades consideran que los agentes patógenos de cada tipo poseen conocimientos que guían sus acciones.

cen. Aparentemente no consideran que la descripción teleológica confiera intencionalidad al agente y le aporte objetivos mentales. Parecería que para estos niños una cosa puede ser biológica y al mismo tiempo no tener capacidad para sentir, lo cual constituye una distinción importante.

Estos estudios referidos a las intuiciones acerca de agentes patógenos invisibles muestra que el razonamiento de los niños respecto de cosas biológicas no se basa simplemente en analogías con los seres biológicos intencionales más conocidos. Aparentemente un conjunto independiente de principios basados en las nociones de función y estructura organizada en un sistema guía sus inferencias.

Una postura teleológica

Los niños pequeños parecen comprender las ventajas de los modos de construcción funcional de tipo teleológico para su aplicación a todas las categorías biológicas y son más capaces de asociarlos con estas categorías que con otras clases de objetos. También configuran los objetos biológicos confiriéndoles esencias más ricas o más potentes desde el punto de vista causal. Es posible que estos modos de construcción sean la restricción constante fundamental para el pensamiento biológico en desarrollo y confieran coherencia a este pensamiento durante otros cambios en las concepciones respecto de los seres vivientes.

Quizás el dominio del pensamiento biológico tenga para los seres humanos un origen tan independiente como lo tienen los dominios del pensamiento acerca de las personas y los objetos (Dennett, 1987). Es también posible que además de una instancia intencional y una física, exista una instancia de «diseño». En esta instancia las cosas se observan como si tuviesen una función o como si sus propiedades hubiesen sido configuradas para cumplir con determinados propósitos. El diseño nos permite comprender relaciones que podrían parecer irremediablemente complejas o hasta invisibles para una instancia simple de tipo mecánico-físico. El hecho de pensar en sistemas como soluciones para el problema del diseño a menudo puede aportar nuevas perspectivas. Muchas de las explicaciones configuradas a nivel del diseño no se pueden reducir al nivel mecánico ni elevar al nivel causal sin que pierdan especificidad y/o poder explicativo.

En la cultura, la explicación a través del diseño suele aparecer muchas veces en la historia como una motivación respecto de un dios o de los dioses (Dawkins, 1986). Aun después de Darwin y de Wallace, algunos sostienen que en la biología evolucionaria se siguen utilizando las explicaciones teleológicas con demasiada pasión (Gould y Lewontin, 1978). Por lo tanto, es interesante investigar los orígenes de las intuiciones de los adultos que se plantean que algunas preguntas no encajan con las categorías naturales no biológicas. Podemos preguntarnos por qué el agua es transparente, pero no lo hacemos en el sentido de interrogarnos sobre «¿Qué función cumple la transparencia para el agua? ¿Qué tiene de bueno el hecho de ser transparente? ¿Por qué no sería tan buena si fuese opaca?». Estas preguntas, en cambio, son perfectamente adecuadas en el caso de una medusa. Según el criterio de los adultos, estas preguntas teleológicas y sus respuestas son apropiadas para la mayor parte de las categorías biológicas y no lo son para otras categorías naturales. También se pueden aplicar a los artefactos, pero el sentido de los propósitos de las propiedades será otro.

Algunas de las observaciones informales de mis propios hijos en edades tempranas me convencieron de que alguna versión de este modo de construcción era la que estaba organizando sus conceptos. Por ejemplo, uno de ellos, a los dos años y medio, vio por primera vez un lepisma, señaló las pinzas y preguntó «¿Para qué son esas cosas?». No es tan frecuente toparse con este tipo de preguntas referidas a propiedades de cosas naturales no vivientes. Con la intención de indagar experimentalmente si la explicación predilecta de un niño, o si la propiedad misma pueden variar considerablemente en función del objeto involucrado, diseñamos varias pruebas en las cuales se pedía a los niños que escogiesen entre distintos tipos de explicaciones. Las explicaciones en realidad no agregaban información útil, pero ayudaban a configurar otras más abstractas. Por ejemplo, en uno de los estudios se relataba a niños de cinco a siete años que «Dos personas están hablando acerca de por qué las plantas son verdes. Una de las personas dice que es mejor para las plantas ser verdes y que esto ayuda a que haya más plantas. La otra dice que es porque en las plantas hay pequeñas partes que cuando se juntan dan ese color verde. ¿Cuál es la mejor razón en el caso de x (plantas/esmeraldas)?». Se presentan las mismas opciones para las esmeraldas. Ambas explicaciones son adecuadas para las plantas, pero sólo la más trivial y reduccionista se aplica a las esmeraldas.

En la totalidad del estudio, los niños prefirieron las explicaciones de tipo teleológico a las reduccionistas en una proporción de 2 veces y media más cuando se trataba de categorías biológicas. Por el contrario, en el caso de las categorías no biológicas, la elección se inclinó 5 veces más hacia las explicaciones reduccionistas que hacia las teleológicas. En otro estudio, se mostraron dos figuras a los niños, una con una planta pegajosa y otra con un mineral pegajoso. En realidad, las figuras eran idénticas excepto por el nombre. Se les decía que ambos eran pegajosos, pero que sólo uno de ellos era pegajoso porque le resultaba beneficioso. Se les pedía entonces que señalaran cuál era. Hasta los niños de cinco años evidenciaron una preferencia de las explicaciones teleológicas en los casos de plantas y animales.

Aunque esta técnica no es buena para aplicarla a niños más pequeños, no se descarta que ellos también pasen por una instancia de diseño. Quizá ya desde el primer año de vida los niños sea capaces de adoptar actitudes claramente funcionales respecto de distintos artefactos, comprendiendo que sus diversas propiedades tienen distintos propósitos y pudiendo, además, inventar nuevas herramientas (Kolstad y Baillargeon, 1992). Sin embargo, hacer uso de la instancia de diseño no es lo mismo que ser explícitamente conscientes de que ciertas afirmaciones sean compatibles con esa instancia. Además, un niño pequeño puede haber llegado a ella y tener incluso cierta sensibilidad respecto de la estructura proposicional característica de las explicaciones que a ella corresponden y, sin embargo, no conocer la afinidad que ella tiene con los seres vivientes. Algunas de las investigaciones acerca de las enfermedades han sugerido de una manera más implícita, algún tipo de relación funcional con las categorías biológicas. Sin embargo, el desarrollo del reconocimiento explícito del papel de estas explicaciones puede demandar mucho más tiempo.

El alejamiento del azar

Tal vez un componente menos verbal del modo de interpretación teleológica se ocupe de las expectativas acerca de la arquitectura funcional de las partes internas de ciertos tipos de entidades. Una de las características fundamentales de los seres vivientes es que sus partes internas no están estructuradas aleatoriamente. Este alejamiento del azar puede ir desde la simetría bilateral de elementos semejantes hasta el encastramiento espacial de las partes parecidas. Los minerales, los cristales y las rocas también pueden tener estructuras internas no aleatorias, pero algunos patrones pueden ser más específicos en el caso de los seres vivientes y cierto tipo de no aleatoriedad es más improbable en las rocas. Supongamos que nos muestran a tra-

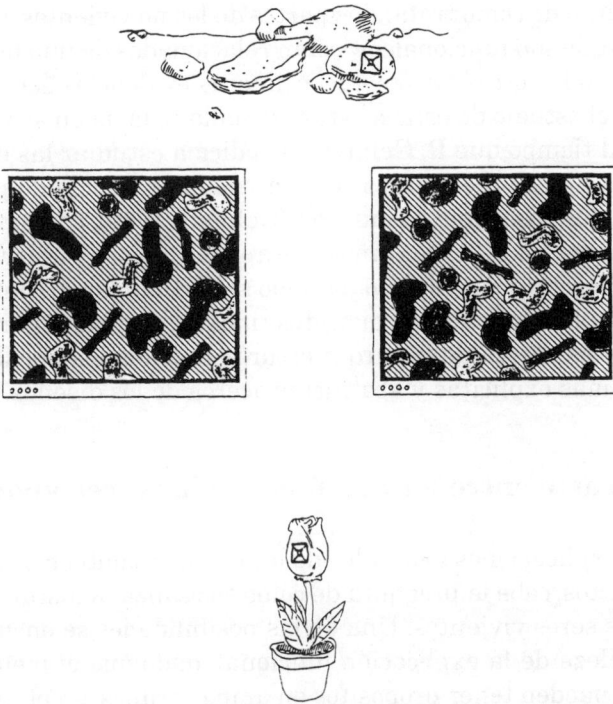

Figura 9.3. Ejemplos de los estímulos utilizados en un estudio en curso. Se pide al niño que elija cuál de las estructuras internas (tal como las muestra una supermáquina de rayos X) encaja mejor con el objeto representado. En este caso se muestran una roca y una flor y se les ofrecen las opciones de un conjunto organizado al azar y de otro que tiene partes complementarias.

vés de «una supermáquina de rayos X» dos vistas posibles de las partes interiores de plantas, animales y rocas. Una de estas vistas es un conjunto de elementos agrupados aleatoriamente, mientras que la otra presenta simetrías o encastramientos, o relaciones complementarias repetidas, tal como se observa en la figura 9.3.

Aunque quizá visualmente sean menos convincentes, las configuraciones complementarias se asocian muy fuertemente con los seres vivientes, ya que evidencian una arquitectura funcional interna. Nos preguntamos, en consecuencia, si los niños de sólo tres años son sensibles a la asociación entre la no aleatoriedad –por ejemplo la complementariedad– y el carácter de ser viviente. Los niños pequeños podrían tratar las partes discernibles de los seres vivientes de un modo muy distinto de como tratan las partes de los no vivientes, dando por supuesto que son funcionales y están relacionadas de una manera coherente con las otras partes. Las primeras evidencias son alentadoras, pero el estudio de esta cuestión se halla todavía en sus primeras etapas. Al tiempo que R. Gelman se dedica a estudiar las expectativas de los niños preescolares respecto de la presencia de partes internas en las cosas que se mueven (Gelman, 1990), comienza a surgir la idea de que hasta los niños que apenas pueden hablar tendrían fuertes expectativas respecto de cómo se asocian las distintas configuraciones funcionales con distintos tipos de objetos. A partir de estas hipótesis acerca de las arquitecturas funcionales pueden surgir nociones más explícitas y abstractas acerca de los diseños.

El contraste entre los artefactos y los seres vivientes

Como la explicaciones generales de los diseños también se aplican a los artefactos, cabe la pregunta de cómo se realiza la distinción entre ellos y los seres vivientes. Una de las posibilidades se encuentra en la naturaleza de la explicación funcional, dado que si bien las propiedades pueden tener propósitos en ambos grupos, en el caso de los seres vivientes estos propósitos suelen estar más dedicados al autoservicio. Las rosas tienen espinas para evitar que los animales se les acerquen, mientras que el alambre de púas tiene púas para proteger algo que posee valor para el ser humano. Los artefactos complejos pueden contar con algunas propiedades de auto-preservación y las especies domesticadas pueden tener propiedades que se han acrecentado para servir a las necesidades humanas, pero el contraste general sigue siendo válido.

Contamos actualmente con algunos indicios preliminares de que los niños de tres años consideran que los seres vivientes son mucho más propensos a tener propiedades de autoservicio que realzan la presencia de otras. Siendo así ¿acaso los niños preescolares, si se les presentan dibujos de rosas y de alambre de púas, podrían establecer que las rosas tienen espinas para su propio beneficio, mientras que el alambre tiene púas para el beneficio de otros? A partir de este contraste pueden surgir diferentes perspectivas acerca de la agrupación y la organización jerárquica de las propiedades: las de los seres vivientes estarían bien encastradas y serían autosuficientes, mientras que las de los artefactos se deberían evaluar en función de los contextos sociales y las necesidades e intenciones humanas.

Una segunda manera de individualizar artefactos y seres vivientes estaría relacionada con las esencias de estos últimos, que son más claras y causalmente más potentes. En varios de los estudios descritos hasta ahora se pueden percibir esbozos de este modo de selección. Los elementos más interesantes al respecto aparecen en los estudios sobre el desarrollo llevados a cabo por S. Gelman y sus colegas y en los trabajos de análisis transcultural del sistema de creencias acerca de lo biológico realizado por Atran (Gelman y Coley, 1991 y cap. 13, vol. II de esta obra; Atran, 1990 y cap. 12, vol. II de esta obra).

Conclusiones: dominios y conceptos

Este trabajo tiene varias implicaciones respecto de las cuestiones relativas a la relación entre conceptos y dominios. En primer lugar, resaltaremos dos puntos dentro de los hallazgos empíricos:

1. Si bien muchos fenómenos propios del desarrollo sugieren un cambio en los niños preescolares, que pasarían de aprender a partir de asociaciones dominio-generales a generar teorías dominio-específicas, un análisis más fino muestra que muchos conceptos aparentemente asociativos están, en realidad, basados en creencias explicativas, que si bien son fundamentos no muy fuertes que suelen dar paso rápidamente a redes asociativas, de todos modos son creencias. Los niños pueden, de todos modos, efectuar tabulaciones dominio-generales siendo aun más pequeños, pero, sin embargo, diversos estudios han demostrado que muchos de esos casos son ilusorios. Más aún, no existe ninguna demostración positiva de la existencia de conceptos naturales no sesgados de ningún modo, ni siquiera en los niños más pequeños. Por lo tanto, el peso de la prueba ha cambiado de lugar. Quizá ni siquiera se pueda modelar el surgimiento de las creencias explicativas a partir de redes asociativas. No existe una correspondencia evidente que vaya de las regularidades más relevantes para un sistema que opera a partir de los primitivos perceptivos a un conjunto de creencias explicativas.
2. En los estudios que hemos referido no existe un patrón que avale la aparición gradual de una teoría biológica a partir de la psicológica de sentido común. Cuando investigamos a niños cada vez más pequeños, no observamos que sus juicios estén cada vez más dirigidos por lo psicológico. Aunque la verdadera fuente del co-

nocimiento biológico todavía está abierta a la investigación, estos conocimientos no parecen provenir de la psicología. Por otra parte, los niños pequeños tienen pocas creencias explícitas acerca de los seres vivientes. Está claro que nunca habían pensado en las cosas que les preguntamos y, sin embargo, tenían marcados sesgos respecto de algunas clases de mecanismos por sobre otros. Estos sesgos no parecen surgir de una psicología intuitiva o de una prepsicología, sino que sugieren la existencia de un conjunto abstracto de principios que pueden dar cuenta de la generación de intuiciones acerca de un conjunto indefinidamente grande de fenómenos biológicos nuevos. ¿En qué consisten estos principios? Volviendo a los siete contrastes que hemos enumerado al comienzo del capítulo, creemos que ellos pueden ser generados por la ramificación de los sesgos esencialistas y teleológicos y sus interacciones.

En los primeros diez años de vida se produce un importante cambio conceptual respecto del pensamiento biológico. Muchos de los estudios que aquí hemos presentado describen ese cambio. Sería fundamental saber hasta qué punto se pueden acomodar los patrones de cambio conceptual conocidos a un sistema en el cual algunos principios comunes, tales como los provenientes de los sesgos esencialista y teleológico, están siempre presentes. Parecería que los modos de construcción no encarnan creencias específicas acerca de los seres biológicos, sino más bien sesgos respecto de algunas clases de explicaciones y arquitecturas funcionales, que son preferidas por sobre otras. Si esto es así, entonces el cambio conceptual se puede producir dentro de un marco más amplio y más estable que puede ayudar a que el niño se oriente cognitivamente hacia tipos de objetos biológicos.

En nuestras explicaciones acerca de cómo se organiza el conocimiento por dominios y cómo cambia a través del tiempo, podemos entonces desear hacer una distinción entre los modos de construcción amplios y los conjuntos detallados de creencias. Es posible que contemos con relativamente pocos modos de construcción (o instancias, si se prefiere), tales como el mecánico, el intencional y el teleológico (y tal vez una media docena más), pero podemos utilizar estos puntos de partida para adquirir sistemas de creencias mucho más elaborados en una cantidad extraordinaria de dominios especializados.

Aunque las instancias mecánica, intencional y teleológica precedan a la diferenciación de sistemas de creencias más particulares y se constituyan en su guía, estas tres instancias por sí mismas podrían ser adquiridas inicialmente a través de mecanismos de aprendizaje más generales. Yo he postulado que las recientes investigaciones con bebés sugieren que es poco probable que este modelo sea factible en el caso de lo mecánico y lo intencional. Por el contrario, existen menos evidencias en lo que respecta al modo más temprano de construcción funcional. Sin embargo, la extraordinaria facilidad con la que aprendemos nociones acerca de los objetos funcionales, tales como las herramientas, en relación con otras especies que requieren aprendizajes sofisticados en muchas áreas, da por tierra con la idea de la reducción del aprendizaje a un proceso general. Si existe realmente una fuerte especificidad propia de la especie para la instancia funcional/ de diseño, esto podría constituir también otra evidencia respecto de la especificidad de dominio.

Si se comprobara que todas estas instancias se aprenden a través de un procedimiento de dominio general, este hallazgo sería, por derecho propio, de notable interés. Significaría que, en todo el mundo, los seres humanos están expuestos a patrones de regularidades tan coherentes que los procedimientos de dominio general invariablemente logran extraer principios fundamentales semejantes para interpretar las informaciones de tales dominios. Esos principios podrían variar dramáticamente según los dominios pero serían compartidos por todos los individuos que compartan un dominio. Sólo serían accesibles para los seres humanos y no para el resto de los animales, ya sea por una diferencia importante de la experiencia humana o por el poder adicional que poseen sus mecanismos generales de aprendizaje. Finalmente, estos modelos generales de aprendizaje tendrían que ser capaces de poner en evidencia no sólo cómo se desarrollaron tan rápidamente esas instancias universales en las primeras etapas del aprendizaje, sino además cómo persistieron cuando un marco más restringido comenzó a guiar el cambio conceptual. Esta alternativa empirista en particular no cuenta actualmente con evidencias que la sustenten. Sin embargo, sigue siendo una alternativa teórica, aunque no sea demasiado económica ni básica.

Volviendo al amplio tema de cómo participan los distintos dominios en los orígenes de los conceptos, la aparición del pensamiento biológico se puede considerar como el sustento de una visión según la cual existen ciertas restricciones sobre los conceptos que constituyen los aspectos de la cognición más relacionados con las creencias. Estas restricciones no son eficaces en la misma medida para todos los tipos de fenómenos. A estos conjuntos de restricciones los he llamado modos de construcción para indicar que conllevan diferentes formas de explicación que resuenan con conjuntos específicos de fenómenos y también que probablemente ellos no son en sí mismos teorías o conceptos reales, sino más bien predisposiciones para interpretar patrones de relaciones en todos los niveles de análisis, desde el perceptivo hasta el más abstracto y conceptual.

Estos modos de construcción se pueden considerar entidades oportunistas y exploratorias que están tratando continuamente de encontrar resonancias con aspectos de la estructura del mundo. Tal vez se encuentren limitados en cuanto al alcance exitoso que pueden lograr, pero no hechos a medida exclusivamente para un dominio como la biología. Aunque algunos de esos modos de construcción pueden haber evolucionado como respuesta directa a la presión de la necesidad de aprender rápidamente acerca de patrones particulares de causación, también en su naturaleza puede estar la necesidad constante de nuevas resonancias con otros conjuntos de fenómenos. De allí nuestras tendencias a antropomorfizar los ordenadores, a atribuir una personalidad a los términos que designan la dinámica de los fluidos o a observar diseños en lo que está construido al azar (a menudo a través de la metáfora). Esta explicación genera mucho interés por la posibilidad de que sólo haya una pequeña cantidad de modos básicos de construcción, digamos una media docena que surgen de la vida diaria. La existencia de un modesto conjunto de instancias de este tipo implicaría que la estructura de los conceptos no sería ni reductible a un conjunto de leyes originadas en un solo modelo de aprendizaje ni tampoco estaría dispersa en miles de diferentes áreas de habilidad y pericia. En estos sesgos básicos podría haber suficiente diversidad como para ayudarnos a comprender los distintos clases de patrones que aparecen en el mundo biológico y el social, pero no tanta como para convertir el estudio de los conceptos en un catálogo interminable de diferentes estructuras incluidas en diferentes dominios diminutos.

Estos dominios diminutos existen en un sentido diferente, pero debemos tener en cuenta que cumplen un papel muy distinto en el desarrollo de los conceptos. El conocimiento experto y la explicación pueden no ser lo mismo. En un extremo, es posible que estos modos de construcción fundamentales sean los únicos sistemas explicativos de los que dispongamos a lo largo de nuestra vida y que aprendamos nuevos patrones descubriendo cuál de estos modos de construcción o de sus combinaciones nos da un mejor acceso a un conjunto de fenómenos (y a veces no funcionan demasiado bien). Tal vez algunas formas de conocimiento experto tan sólo impliquen este tipo de descubrimiento, por ejemplo, descubrir cómo realizar una intrincada combinación de las instancias intencional y de diseño para comprender los ordenadores. Otras formas de conocimiento experto pueden, en cambio, apoyarse más en nuestros antiguos mecanismos de asociación y en la automatización de rutinas muy repetitivas. Esto podría suceder, por ejemplo, con los expertos en la determinación del sexo de los pollos que describieron Gibson (1969) y muchos otros. Estos expertos podían discriminar el sexo en las anatomías de los pollos recién nacidos mientras que los novatos no podían encontrar en ellos ninguna señal significativa. Además, los primeros expertos eran incapaces de explicar la base a partir de la cual establecían sus juicios. Dominios de este tipo no parecen tener nada que ver con lo explicativo. Los aspectos más curiosos de estas formas de conocimiento experto radican en que los expertos mismos suelen ser incapaces de acceder a las creencias que utilizan ni de enseñarlas a otros.

Es mi intención señalar que solemos mezclar estos diferentes significados de lo que es un dominio y que eso entraña un peligro. Los modos básicos de construcción nos aportan sensaciones intuitivas inmediatas no sólo de cómo y porqué las cosas son como son, sino además, y lo que es igualmente importante, nos permiten saber con qué tipos de cosas estamos tratando: producen nuestras ontologías. A través de las metáforas, de las combinaciones de dominios y de algunas incorporaciones de mecanismos más generales de aprendizaje, podemos utilizar estos modos de construcción para comprender fenómenos más circunscritos y locales, pero a medida que nos acercamos a un conocimiento experto «ciego» en cuanto a lo cognitivo, como el del sexo de los pollos, comienza a desvanecerse esa sensación de explicación inmediata, que desaparece junto con lo ontológico.

Referencias bibliográficas

Atran, S. 1990. Cognitive foundations of natural history: Towards an anthropology of science. Cambridge, Cambridge University Press.
Baillargeon, R. 1987. «Young infants' reasoning about the physical and spatial characteristics of a hidden object». Cognitive Development, 2, pp. 179-200.
Brunner, J. S., Oliver, R. R., Greenfield, P. M. et al. 1966. Studies in cognitive growth, Nueva York, John Wiley.
–. 1985. Conceptual change in childhood, Cambridge, MA, MIT Press.

Carey, S. 1989. «Conceputal differences between children and adults», Mind and Language, 3, 167-181.

Dawkins, R. 1986. The blind watchmaker, Nueva York, Norton. [El relojero ciego. Barcelona, RBA Coleccionables, 1993.]

Dennet, D. C.1987. The Intentional Stance, Cambridge, MA, MIT Press.

Gelman, R. 1990. «First principles organize attention to and learning about relevant data: Number and the animate-inanimate distinction as examples». Cognitive Science, 14, pp. 79-106.

Gelman, S. A. y Cooley, J. D. 1991. «Language and categorization: the acquisition of natural kind terms» en S. A. Gelman y J. P. Byrnes (comps.), Perspectives on language and thought: interrelations in development. Cambridge, Cambridge University Press, pp. 146-196.

Gentner, D. y Toupin, C. 1988. «Systematicity and surface similarity in the development of analogy». Cognitive Science, 10, pp. 277-300.

Gibson, E. J. 1969. Principles of perceptual and cognitive development, Nueva York, Appleton-Century-Crofts.

Gould, S. J. y Lewontin, R. C. 1978. «The spandrels of San Marco and the Panglossian paradigm», Proceedings of the Royal Society, London, 205, pp. 581-598.

Inhelder, B. y Piaget, J. 1964. The early growth of logic in the child, Nueva York, Norton.

Jacob, F. 1982. The logic of life: A history of heredity, Nueva York, Pantheon Books.

Keil, F. C. 1989. Concepts, kinds and cognitive development, Cambridge, Bradford Books for MIT Press.

—. 1992. «The origins of the autonomous biology», en M. A.Gunnar y M. Maratsos (comps.), Minnesota Symposium on Child Psychology, volumen 25, Hillsdale, NJ Erlbaum, pp. 103-158.

Kolstad, V. y Baillargeon, R. 1992. «Appearance and knowledge-based responses of 10.5-month-old infants to containers» Manuscrito presentado para publicación.

Medin, D. L. y Shobin, E. J. 1988. «Context and structure in conceptual combination», Cognitive Psychology, 20, pp. 158-190.

Murphy, G. L. y Medin, D. 1985. «The role of theories in conceptual coherence», Psychological Review, 92, pp. 289-316.

Quine, W. V. O. 1977. «Natural kinds» en P. Schwartz (comp.), Naming, necessity and natural kinds. Ithaca, NY, Cornell University Press, pp. 155-175.

Spelke, E. S. 1988. «The origins of physical knowledge» en L. Weiskrants (comp.), thought without language. Oxford, Oxford University Press, pp. 168-184.

Springer, K. 1990. Children's awareness of the biological implications of kinship. Tesis de doctorado inédita, Cornell University.

Springer, K. y Keil, F.C. 1989. «On the development of biologically specific beliefs: The case of inheritance», Child Development, 60, pp. 637-648.

–. 1991. «Early differentiation of causal mechanisms appropriate to biological and nonbiological kinds». Child Development, 62, pp. 767-781.

Vygotsky, L. S. 1934/1986. Thought and language, Cambridge, MA; MIT Press. [Pensamiento y lenguaje. Barcelona, Ediciones Paidós Ibérica, 1995.]

Wellman, H. y Gelman, S. 1988. «Children's understanding of the nonobvious» en R. J. Sternberg (comp.), Advances in the psychology of human intelligence. Hillsdale, NJ, Erlbaum. pp. 99-13.

Werner, H. 1948. Comparative psychology of mental development, Nueva York, International Universities Press, 2.ª edición.

Índice de autores

Hirsch, E., 255
Hirschfeld, L. A., 46, 48, 59, 71, 96, 163, 291, 293, 296, 297, 301, 305, 311, 312, 316, 318n3, 319n5, 331, 341
Hodes, R. L., 161
Hoff-Ginsberg, E., 29
Hoffman, M. L., 235
Hofsten, C., 247
Holyoak, K., 278n2, 317
Holland, J., 317
Horton, G., 207
Hoyt, J., 295
Huang, C., 160, 161
Hubel, D. H., 187
Hug, K., 133, 150
Hume, D., 195, 196, 253
Humphreys, G. W., 111, 112
Hunkin, N. M., 111, 112
Hutchinson, J., 40, 49, 54, 57, 97

Inagaki, K., 54, 58, 265, 290, 294, 317, 318n2
Inhelder, B., 37, 273, 334

Jackendoff, R., 133
Jackson, J., 319n6
Jacob, F., 339
Jacob, P., 71
Jacobson, K., 247, 250
James, M., 188
Jammer, M., 273, 276, 278n3
Jeyifous-Walker, S., 271
Job, R., 110, 112
John, O.P., 224
Johnson, D., 49
Johnson, G., 305
Johnson, K., 294,
Johnson, M. H., 179, 252
Johnson, S., 269

Kagan, J., 295
Kahneman, D., 209n2
Kaiser, M. K., 37

Kalat, J. W., 139
Kalish, C., 303
Kandel, E., 121
Kanwisher, N., 177
Kaplan, H., 165
Kaplan, S., 161
Karmiloff-Smith, A., 37, 158
Katz, P., 294, 295, 296, 301
Kay, P., 45, 46, 60n2, 60n3
Keeble, S., 153, 184, 193, 197
Keil, F. C., 34, 35, 36, 39, 40, 42, 56, 57, 59, 61n5, 75, 84, 88, 93, 144, 154, 159, 265, 266, 267, 268, 269, 271, 279n4, 285, 294, 303, 307, 316, 330, 333, 338, 340, 342
Kellman, P. J., 248
Kelly, M., 93
Kestenbaum, R., 247, 249
King, M., 232
Kirsch, K., 300
Kitcher, P., 253, 257, 266
Klahr, D., 253
Klatt, L., 251
Klima, E., 30
Klopfer, D., 55
Koch, C., 152
Koelling, P., 43
Kohlberg, L., 300
Kolstad, V., 348
Kosslyn S., 295
Kremer, K., 300
Kripke, S., 39
Kuhn, T. S., 256, 257, 258, 262
Kummer, H., 225, 226
Kwon, Y., 313

Lakoff, G., 52, 60n3
Lambert, W., 295
Landau, B., 30, 34
Lang, P. J., 161
Langlois, J., 44
Leach, E., 289
Leek, E.C., 59
Lemaine, G., 296

363

Índice temático

percepción de objetos, 246-250

percepción dominio-específica, 246-256

percepción espacio-temporal, 183-184, 187-188, 210n6, 211n7

teoría de los objetos mecánicos, 181, 195-200

y ToBy, 195, 200

bienestar,

debilidad del sistema de dominio-general, 142

dependencia del dominio, 141-142

y transmisión cultural, 163-164

bilingües, módulos, 104n6

biología de sentido común o *folk biology*, 329-355

cambios en el concepto de, 265-266, 269-270

concepto de contagio, 341-343

conocimiento zoológico, 95

falta de influencia de la psicología de sentido común, 340, 352

función/teleología en, 339-348

inputs culturales, 95

instancia «de diseño», 346-348

modos de construcción, 331, 339-340, 351-355

molde modular, 95

organización de la información semántica, 116, 121

orígenes, 329-355

teoría empirista, 330-331, 334-338

teoría original, 330, 339-348

transferencia a la categorización social, 290-292

transformación, 266

uniformidad transcultural, 46-47, 271

y adquisición de las categorías sociales, 285-321

y psicología intuitiva, 265-271

biológica, clasificación (*véase* biología de sentido común)

Bororo, 288

cambio conceptual,

asociaciones de los dominios en el, 259-261

en el desarrollo cognitivo, 256

en el razonamiento biológico, 329-355

inconmensurabilidad respecto de viejos conceptos, 256-257

mecanismos de, 259-264

modos de construcción en el, 329-355

universales cognitivos, 262-264

cantidades extensivas, 274-275

capacidad de aprender, 137-139, 143-150

caracterológico, juicio, 224-225, 227-228

categorías ocupacionales, 299, 302-311

categorías vivientes, conceptos de (*véase también* biología de sentido común),

arquitectura funcional, 348-349

cambios conceptuales, 270;

niños, 266, 269

como metamolde para la clasificación racial, 96-97, 289-291

comprensión no librada al azar, 348-350

contraste de artefactos, 350-351

déficits específicos en el léxico, 110-112, 117-118

desarrollo, 270-271

en niños, 154, 315

explicaciones funcionales/teleológicas, 339-348

orígenes de los conceptos, 329-355

y modelo societal de aprendizaje,
290-318
y respuesta social, 208
y transferencia del
conocimiento, 286-288
socialización, 164
sordera, 30
sueños, 309
en los niños hausa, 309

tareas de denominación oral,
113-115, 124-127
teoría
de Duhem, 250-260
de la acumulación óptima de
alimentos, 165
del mecanismo corporal, *véase*
ToBy
teorías (*véanse también* teorías
intuitivas, teorías de la mente y
teorías científicas),
científicas, cambio conceptual en
las, 257-259
en el aprendizaje animal, 43-44
en la adquisición del
conocimiento, 36-40
teoría intuitiva, 37, 56, 257-
259
teorías intuitivas,
en la adquisición cotidiana del
conocimiento, 36-40
incorregibilidad, 56
modularidad, 75
vs. principios básicos
organizacionales, 116
y cambio conceptual, 257-259
y teoría científica, 36, 56, 257-
259
ToBy, 177-200
en bebés, 182-185, 195-200
inputs visuales, 188-189
objetivo de, 185

percepción del objeto, 199-200
y FUERZA, 185-186
y niveles de comprensión, 181
TOMM, 177-182, 200-208
niveles de comprensión, 181
sistema 1, 205-206
sistema 2, 206-208
transferencia analógica,
distinción de dominios, 51
en la adquisición de categorías
sociales, 285-321
fallos experimentales, 318
fortaleza intuitiva, 318
transferencia parcial en la, 291
transmisión cultural, 161-167
compatibilidad con la dominio-
especificidad, 161-167
falsificación de la presunción de
equipotencialidad, 163
tridimensionales, objetos, 183-189

universales,
y cambio conceptual, 262-265,
270-271, 276-277
universalidad, hipótesis de, 262-
265, 276-277

visión,
inputs de análisis mecánico,
186-189
percepción de la causalidad,
189-191
teoría computacional de Marr,
32
teoría modular de la, 31-32
y representaciones semánticas,
119-122
vygotskiana, psicología,
anticipación de dominio
específico, 23-24

yoruba, niños, 271

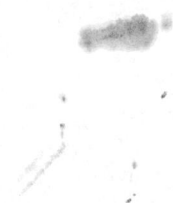

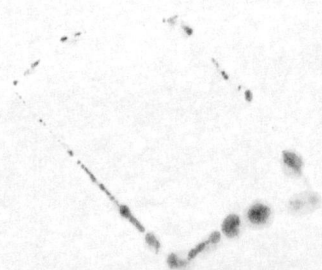

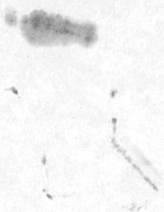

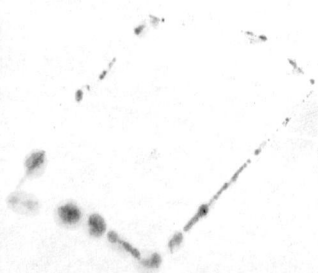